Tim Severin

Auf den Spuren der Argonauten

Tim Severin

Auf den Spuren der Argonauten

ECON Verlag
Düsseldorf · Wien · New York

Titel der englischen Originalausgabe:
The Jason Voyage
Originalverlag: Hutchinson, London
Übersetzt von Gernot Barschke

Alle Fotos – auch des Schutzumschlages – und Zeichnungen sind dem englischen Original entnommen.
Karten: Joachim Zwick

CIP-Kurztitelaufnahme der Deutschen Bibliothek

Severin, Timothy:
Auf den Spuren der Argonauten / Tim Severin.
[Übers. von Gernot Barschke].
Düsseldorf; Wien; New York: ECON Verlag, 1987.
Einheitssacht.: The Jason Voyage ⟨dt.⟩
ISBN 3 430 18375 8

Lektorat: Wolfgang Drescher
Gesetzt aus der Trump Mediäval der Fa. Berthold
Satz: Dörlemann-Satz, Lemförde
Papier: Papierfabrik Schleipen GmbH, Bad Dürkheim
Druck und Bindearbeiten: Bercker, Kevelaer
ISBN 3 430 18375 8

Inhalt

Einführung

Das Unternehmen, eine zwanzigrudrige Galeere von Griechenland bis in das sowjetische Georgien zu rudern bzw. zu segeln, über eine Strecke von ungefähr 1500 Seemeilen, ist eine Gemeinschaftsleistung *par excellence* gewesen. Als Kapitän der *Argo* scheint es mir am angemessensten zu sein, meinen Bericht mit der Aufzählung all der Männer und Frauen einzuleiten, die zur Besatzung gehört haben – egal, ob sie nun die gesamte Strecke von 1500 Seemeilen sowie bei den Probefahrten und der Überführung nach Volos dabeigewesen waren oder aber nur einen einzigen Tag gerudert sind. Dies sind nun die neuen Argonauten:

DAVE BRINICOMBE: Von Volos nach Georgien – Toningenieur
MILES CLARK: Von Volos nach Istanbul
JONATHAN CLOKE: Von Armutlu nach Georgien
PETER DOBBS: Von Volos nach Çanakkale
JOHN EGAN: Von Volos nach Georgien (außerdem Probefahrten und Überführung) – Fotograf
RICHARD HILL: Von Volos nach Georgien – Kameramann
NICK HOLLIS: Von Volos nach Georgien – Arzt
ADAM MACKIE: Von Zonguldak nach Georgien – Arzt
PETER MORAN: Von Volos nach Georgien (außerdem Überführung) – Koch
SETH MORTIMER: Von Paleo Trikeri nach Georgien – Fotograf
CORMAC O'CONNOR: Von Istanbul nach Georgien
TRONDUR PATURSSON: Von Volos nach Abana (außerdem Überführung) – Zeichner

TIM READMAN: Von Volos nach Georgien (außerdem Überführung) – Proviantmeister

MARK RICHARDS: Von Volos nach Georgien (außerdem Probefahrten und Überführung) – Rudermeister

TIM SEVERIN: Von Volos nach Georgien (außerdem Probefahrten und Überführung) – Kapitän/Steuermann

PETER WARREN: Von Çanakkale nach Georgien (außerdem Probefahrten und Überführung)

PETER WHEELER: Von Volos nach Georgien (außerdem Probefahrten und Überführung) – Schiffszimmermann

Die griechischen Freiwilligen:
COSTAS FICARDOS (war ebenfalls bei der Überführungsfahrt dabei)
ELIAS PSAREAS
THEODORE
ANTONIS KARAGIANNIS

Die türkischen Freiwilligen:
ALI UYGUN
DENIZ DEMIREL
UMUR EROZLU
ERZIN YIRMIBEŞOĞLU
KAAN AKÇA
MUSTAFA PIKDÖKEN
HÜSNÜ KONUK
ZIYA DERLEN
YIĞIT KÖŞEOĞLU
BÜLENT DÖVECI
NURETTIN KUMRU
ERTUNC GÖKSEN
CEVDET TOSYALI
MEHMET
YÜKSEL

Die Freiwilligen bei der Fahrt durch den Bosporus:
FERRUH MANAU
TANER TOKAY
EMIR TURGAN
MEHMET YAVAŞ
ELFI ÇETINKAYA
NEJAT AKDOĞAN
YUNUS YILMAZ
BERATTIN KOKCAY
MEHMET BURÇIN
ÖZGEN KORKMAZLAR
BÜLENT TANAGAN
ENGIN CEZZAR

Die georgischen Freiwilligen:
WLADIMIR BERAIJA
JUMBER TSOMAJA
GEORGE TOPAGSE
ANATOLY AKAEW
LEONTI NEGEFTIDI
PAATA NATSWLISCHWILI
WLADIMIR PETRUK
GIWI TSCHKOMARJA
AIWAR STRENGIS
ZURAB TSITSKISCHWILI

Die Besatzung bei den Probefahrten:

James Neeves
Jason Hicks
Chris Murphy
Chris Bedford
Andy Stirrup
Paul Owers
Chris Burton
Robin Gwynn
Mac Mackenzie
John Woffinden
Robert Hamlin
Jane Townson
Jannet Tjook

Die Besatzung bei der Überführungsfahrt:

Martin Anketill (außerdem Probefahrten)
Stematis Chrisphatis
David Gilmour (außerdem Probefahrten)
Mike Kerr (außerdem Probefahrten)
Mike Kostopoulos
Clive Raymond (außerdem Probefahrten)
Tom Skudra (außerdem Probefahrten)
Philip Varveris
Tom Vosmer (außerdem Probefahrten)
Ian Whitehead
sowie:
Lou Lyddon
Doreen
Ron

Route der ARGO

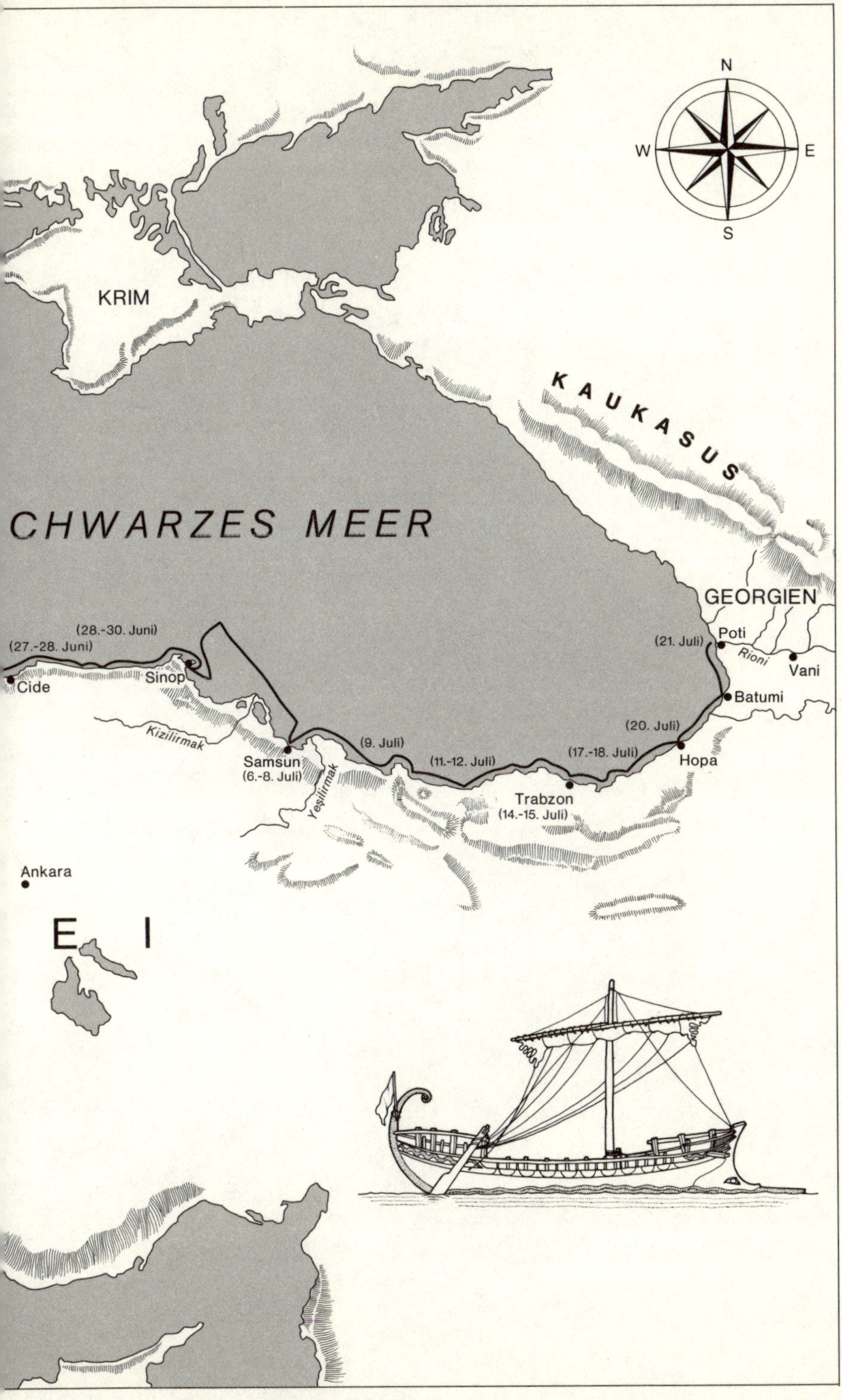
N
W
E
S
KRIM
KAUKASUS
CHWARZES MEER
GEORGIEN
(28.-30. Juni)
(27.-28. Juni)
Cide
Sinop
Kizilirmak
Samsun
(6.-8. Juli)
Yeşilirmak
(9. Juli)
(11.-12. Juli)
Trabzon
(14.-15. Juli)
(17.-18. Juli)
Hopa
(20. Juli)
Batumi
(21. Juli)
Poti
Rioni
Vani
Ankara
E
I

1. Kapitel: Die Suche

»König Pelias war es, der sie auf die Reise schickte. Er hatte einen Orakelspruch vernommen, der ihn vor einer furchtbaren Geschichte warnte: Tod durch den Mann, der mit einem unbeschuhten Fuß zu ihm kommen würde ... Die Prophezeiung wurde schon bald bestätigt. Jason verlor beim Durchschreiten des Hochwasser führenden Anauros eine seiner Sandalen, die im aufgewühlten, schlammigen Flußbett steckenblieb, konnte die andere jedoch retten und erschien kurz darauf vor dem König. Und genau in dem Augenblick, in dem der König ihn erblickte, fiel ihm der Orakelspruch ein, und er beschloß, Jason auf eine gefährliche Reise in ein weit entferntes Land zu schicken. Er hoffte, daß sich die Dinge – entweder auf See oder aber in irgendwelchen abgelegenen Regionen – derart fügen würden, daß Jason seine Heimat niemals wiedersah.«

So beginnt die erste Schilderung einer Seereise in der abendländischen Literatur: *die Sage von Jason und den Argonauten auf der Suche nach dem Goldenen Vlies.* Sie erzählt von einer großen Galeere, die, bemannt mit Helden aus dem alten Griechenland, ausläuft, um ein weit im Osten gelegenes Land zu erreichen. Dort, in den Ästen einer Eiche, die am Ufer eines breiten Flusses steht, hängt ein geheiligtes Schaffell aus Gold, das von einer riesigen Schlange bewacht wird. Gelingt es den Helden, mit diesem Vlies zurückzukehren, so wird Jason, der Einschuhige, den ihm rechtmäßig zustehenden, aber von seinem Halbonkel Pelias widerrechtlich geraubten Thron zurückgewinnen. Die Sage berichtet eingehend davon, wie die Helden die verschiedensten Abenteuer bestehen: Sie landen auf einer nur von Frauen bewohnten Insel, die eifrig darauf bedacht sind, die Argonauten zu ihren Ehemännern zu machen; der wilde Anführer eines Volkes fordert sie zu einem Faustkampf heraus, der so lange andauern soll, bis der Verlierer zerschmettert worden ist; die furchterregenden Symplegaden – zwei bewegliche Felseninseln, die immer wieder aufeinanderstoßen – versperren ihnen den Weg, und nur um Haaresbreite retten sie ihr Schiff davor, vollkommen zertrümmert zu werden. Ein blinder Wahrsager, der von geflügelten weiblichen Dämonen gequält wird, gibt ihnen viele wertvolle Hinweise für die Weiterreise; und als die Helden schließlich das weit entfernte Land erreichen, verliebt sich die Tochter des Königs, Prinzessin Medea, so sehr in Jason, daß sie ihre Familie verrät, Jason hilft, das Vlies zu rauben, und mit ihm nach Griechenland flieht.

Es ist kein Wunder, daß eine derart abenteuerliche Geschichte ihren Weg durch die Jahrhunderte gefunden hat. Homer sagte, daß es sich bereits um eine Sage handelte, die »in aller Munde« war, als er begann, die *Odyssee* zu schreiben. Die bekanntesten griechischen Tragiker wie Euripides, Aischylos und Sophokles nahmen den Stoff dieser Sage als Grundlage für viele ihrer Schauspiele. Im 3. vorchristlichen Jahrhundert verfaßte Apollonios von Rhodos, der Leiter der großen Bibliothek in Alexandria, im klassischen Stil des antiken Griechenlands die vollständigste bekannte Version der Sage. »Vom Gott des Gesangs inspiriert«, schrieb er, »machte ich mich daran, der alten Helden zu gedenken, die auf der Suche nach dem Goldenen Vlies mit dem vortrefflichen Schiff *Argo* die Meerengen hindurch in das Schwarze Meer und zwischen den Symplegaden hindurchgefahren waren.«

22 Jahrhunderte später machten meine Gefährten und ich uns ebenfalls daran, dieser alten Helden zu gedenken, aber auf eine andere Art und Weise. Während Apollonios die Argonauten in Versform begleitet hatte, erhofften wir uns, ihnen in Wirklichkeit nachzuspüren. So ruderten wir mit der Nachbildung einer Galeere aus Jasons Zeiten los, mit einem zwanzigrudrigen Schiff, dessen Bauart 3000 Jahre alt war, um unser eigenes Goldenes Vlies zu suchen: die Tatsachen, die hinter der Geschichte von Jason und den Argonauten steckten. Unser Reiseführer war eine Ausgabe der *Argonautica*, des Buches von Apollonios, das in Plastik eingewickelt war, um es an Bord eines offenen Schiffes vor dem Regen und der Meeresgischt zu schützen. Einige Pessimisten rechneten aus, daß, wenn uns auf der Reise keine günstigen Winde helfen würden, wir

über eine Million Ruderschläge pro Person machen müßten, um unser Ziel zu erreichen.

Unsere Galeere, die neue *Argo*, war wirklich eine Augenweide. Drei Jahre anstrengender Arbeit für Erforschung, Entwurf und Bau waren ihr geopfert worden, und nun zahlten ihre eleganten Linien jede Minute dieser Sorgfalt zurück. Von der Spitze ihres seltsamen schnauzenähnlichen Rammsporns bis zu ihrem anmutig gebogenen Schwanz am Heck wies sie eine Länge von fast 17 Metern auf und glich eher einem Meerestier als einem Schiff. Auf jeder Seite hoben und senkten sich die Ruder wie die Beine eines fremdartigen, großen Lebewesens, das auf der ruhigen Oberfläche der dunkelblauen Ägäis langsam vorankroch. Über der ausgeprägten Nase des Rammsporns starrten zwei aufgemalte Augen feindselig nach vorne, während ein tiefliegender Haltegriff an der äußersten Spitze dieser Ramme schnaufenden Nüstern glich, da er schnaubte und prustete, wenn das Wasser gegen den Hohlraum flutete.

»Was ist denn das dort drüben?« rief plötzlich jemand und zeigte auf eine Stelle im Wasser ganz in der Nähe des Schiffes. »Sieht aus wie die Rückenflosse von einem großen Fisch; vielleicht ist es ein Riesenhai.«

»Ich wußte gar nicht, daß es im Mittelmeer überhaupt Haie gibt«, antwortete eine Stimme.

»Wie sieht's aus, Trondur?« rief ich, am Steuerruder stehend, nach vorne. »Ist es einen Versuch wert?«

Eine kräftig gebaute Gestalt mit Vollbart, die zwischen den anderen Ruderern auf einer der Ruderbänke saß, nickte leicht. Mit Trondur Patursson, einem Seemann und sehr begabten Maler, war ich schon vorher auf zwei anderen Expeditionen gesegelt, und daher kannten wir uns so gut, daß es nicht nötig war, zu viele Worte zu verschwenden. »Ja!« knurrte er kurz und beugte sich hinunter, um eine Harpunenspitze aus dem Seesack, der unter seiner Ruderbank verstaut war, hervorzusuchen. Dann kletterte er nach vorne zum Bug des Schiffes, wo er die Harpunenspitze eine Minute später an den hölzernen Schaft festgebunden hatte. Trondur ging in Angriffsstellung und hielt sich, die Waffe im Anschlag, auf dem Bug des Schiffes im Gleichgewicht. Er sah aus wie Poseidon persönlich.

»Alle aufpassen jetzt«, sagte er ruhig. »Mal sehen, ob wir den Hai in unseren Kochtopf bekommen.« Die Mannschaft begann mit einem gleichmäßigen, langsamen Schlag, wobei die Ruderblätter so sanft wie möglich ins Wasser getaucht wurden, um eine Warnung der Jagdbeute zu vermeiden. Nun, als das Schiff dabei war, sich in die geeignete Position zu bringen, glich es mehr als jemals zuvor einem Meeresungeheuer. Es war ein Raubtier, das sich langsam an sein Opfer heranpirschte.

Vorsichtig bewegte ich das Steuerruder, so daß der Bug der Galeere herumschwenkte und schließlich auf das schwarze Dreieck der großen Finne zeigte, die im Wasser langsam auf- und untertauchte. Der Hai schien uns nicht bemerkt zu haben. Angestrengt versuchte ich mich an die alten Techniken des Walfangs zu erinnern, von denen ich gelesen hatte. War es besser, die Mannschaft anzuweisen, einige kraftvolle Ruderschläge auszuführen, und dann mit Hilfe des Schwungs auf den Hai zuzutreiben? Oder sollten wir die ganze Strecke über rudern, uns verstohlen anschleichen wie Straßenräuber, die sich ihrem Opfer nähern? Die erste Methode schien logischer zu sein.

»Backbordruder, halt . . . Steuerbordseite, weiterrudern!«

Die Ruderer auf der Backbordseite stoppten und hielten die Riemen in der Luft; das Wasser tropfte von den Ruderblättern auf die ruhige, glatte Oberfläche des Meeres. Die Ruderer auf der Steuerbordseite führten fünf kräftige Schläge aus, dann hielten sie ebenfalls inne. Die Galeere glitt lautlos voran und bewegte sich, eine Kurve beschreibend, auf das Ziel zu. Wir befanden uns nun fast auf gleicher Höhe mit dem Hai. Deutlich konnte ich die Gestalt unter der Wasseroberfläche sehen, eine große, fleckige Masse, vielleicht drei Meter lang, die im gedämpften Licht ab und zu aufflackerte. Der Hai wurde nun aufgrund der Gegenwart des Schiffes mißtrauisch und wandte sich ab. Als der Schatten der Galeere über ihn hinwegstrich, begann er in die Tiefe zu tauchen, um sich in Sicherheit zu bringen, doch in diesem Moment schleuderte Trondur die Harpune in leichtem Bogen nach unten.

Treffer! Die Harpune war klatschend ins Wasser geflogen und dann abrupt steckengeblieben; die Spitze hatte sich in die Haut des Hais gebohrt, während zwei Drittel des Schaftes aus dem Wasser ragten. Es war so, als ob die Harpune ein solides Stück Treibholz getroffen hätte. Gischt wirbelte auf, als der Hai sich hin- und herwand und zu entkommen versuchte. Trondur packte das Seil der Harpune, damit es nicht weiter ablief, und es straffte sich. Dann kam die Harpune, die hinuntergezogen worden war, wieder an die Oberfläche und lag flach auf dem Wasser. Die Widerhaken hatten nicht fest genug gesteckt. Mit gleichgültiger Miene holte Trondur das Seil ein und hob die Harpune hoch, um sie uns zu zeigen. Durch den Aufprall war die scharfe Spitze rechtwinklig zum Stahlschaft verbogen worden, so daß die Harpune nun aussah wie ein Landungshaken.

»Nicht gut«, grummelte Trondur, wobei er selbstkritisch seinen struppigen Kopf schüttelte. »Die Harpune muß mehr nach unten«, sagte er und zeigte uns, daß sein Wurf zu flach gewesen war. Um tief genug durch die feste Haut des Hais zu kommen, hätte die Harpune mehr im rechten Winkel zum Ziel auftreffen müssen.

»Das war wohl 'ne Nummer zu groß für euch«, bemerkte Peter Dobbs. »Da schwimmt unser Frühstück davon. Haifischfleisch schmeckt sehr gut, wenn man es richtig zubereitet; mit gebratenen Zwiebeln zum Beispiel.«

Peter, Trondur und zwei weitere Männer der Galeerenbesatzung – unser Schiffsarzt Nick Hollis und der Proviantmeister Tim Readman – waren bereits alte Hasen bei dieser Art von Seereise. Sie waren dabeigewesen, als wir mit der Nachbildung eines arabischen Handelsschiffs aus dem 8. Jahrhundert von Maskat, am Arabischen Meer gelegen, bis nach Kanton, China, gesegelt sind. Auf dieser siebenmonatigen Reise, während der wir den Hintergrund zu den Geschichten von Sindbad dem Seefahrer untersuchten, hatten unsere arabischen Schiffsgefährten aus dem Oman uns die besten Rezepte für die Zubereitung von Haifischfleisch verraten und so für eine geschätzte Ergänzung und Abwechslung unserer Kost an Bord gesorgt. Als es an der Zeit war, eine Mannschaft für die alte Galeere zusammenzustellen, um Jason und den Argonauten nachzuspüren, hatte ich mich natürlich zuerst an meine früheren Schiffsgefährten gewandt. Die Antwort kam umgehend. Tim und Peter hatten Urlaub genommen; Nick hatte seinen Dienst im Krankenhaus so gelegt, daß er im Sommer frei hatte; und Trondur, der auf den Färöer-Inseln wohnte, wo er seinen Lebensunterhalt als Maler und Bildhauer verdiente, brauchte nur seinen Rucksack mit Malutensilien – außerdem mit Angelhaken und Harpunenspitzen – vollzupacken und nach Griechenland zu fahren.

Dort trafen sie zwei Männer, die beim Bau der Galeere geholfen hatten: Peter Wheeler, ein sechsundzwanzigjähriger englischer Ingenieur, der nun als Schiffszimmermann arbeitete, und John Egan aus der irischen Grafschaft Mayo, der sich auf der Werft als Handlanger betätigt hatte und einer der beiden Fotografen des Unternehmens war. Der andere Fotograf, Seth Mortimer, war in der letzten Minute zu uns gestoßen und sah sichtlich verwirrt aus, als er den Rudermeister des Schiffes erblickte, der die Aufgabe hatte, den Neulingen beizubringen, wie man mit einem Ruder umgeht. Rudermeister Mark Richards hatte seinen Kopf völlig kahl scheren lassen, und durch jahrelanges Wettkampfrudern waren seine Muskeln so gut entwickelt worden, daß er den Körper eines Preisboxers besaß. Die Kombination seines glänzenden Schädels mit den ausgeprägten Muskeln ließ ihn wie einen Sklaventreiber aus einem Hollywoodfilm aussehen. Jemand, der ihn nicht kannte, wäre überrascht gewesen, wenn er gehört hätte, daß Mark an der Universität von Oxford klassische Philologie studiert hatte und mühelos Latein und Altgriechisch verstehen konnte, was ihn zum geeignetsten Helfer machte, um den griechischen Text der *Argonautica* zu entwirren.

Neben Mark, auf der gleichen Ruderbank, saß einer seiner früheren Rivalen, Miles Clark, der bei den Bootsrennen für die Universität von Cambridge gerudert war, und vorne auf dem Bug befand sich der wichtigste Mann der ganzen Besatzung, Peter Moran, unser Koch. Er hatte gerade eine fünfjährige Ausbildung im Hotelwesen absolviert und sich dafür entschieden, zunächst einmal etwas ganz anderes zu machen, bevor er sich dem Ernst seines neuen Berufslebens stellte. Er hatte natürlich alle Hände voll zu tun. Mit entblößtem Oberkörper und Fettspritzern in seinem freundlichen Gesicht war er Herr über eine winzige »Kombüse« im vordersten Teil des Schiffes, wo von ihm erwartet wurde, mit Hilfe eines Paraffinkochers bis zu 20 heißhungrige Galeerensklaven satt zu bekommen. Doch trotz dieser Aussicht blieb er völlig gelassen.

»Wenn die Leute mir beim Gemüseschneiden und beim Aufräumen danach helfen, werden die Mannschaft und ich gut zurechtkommen«, sagte er zu mir. »Und wohlgemerkt, daß mir niemand anders an die Vorräte rangeht. Sonst würden sie sich über die Sachen hermachen, und wir würden nichts mehr überbehalten.«

Als ich diese äußerst lebhafte Mannschaft so betrachtete, kam ich unwillkürlich dazu, sie mit den Männern zu vergleichen, die vermutlich zur Besatzung der legendären *Argo* gehört hatten. Die Aufzählungen der ursprünglichen Besatzungsmitglieder unterscheiden sich von Text zu Text, da fast jede Stadt des antiken Griechenlands für sich die Ehre beanspruchen wollte, ein Mitglied von Jasons Mannschaft gestellt zu haben, und so liest sich die vollkommene

Namensliste wie eine Aufstellung all der großen Provinzen und Städte Griechenlands. Aber einige Personen ragten besonders heraus.

Als Steuermann stand Jason Tiphys zur Seite, *»ein äußerst erfahrener Seemann, der spüren konnte, wann ein starker Wellengang vom offenen Meer herannahte, und der von der Sonne und den Sternen ablesen konnte, wann sich Unwetter zusammenbrauten oder wann ein Schiff unbesorgt segeln konnte«*. Den Posten des Lotsen nahm der scharfsichtige Lynkeus ein, der, wie behauptet wurde, viel weiter und genauer sehen konnte als jeder andere Mensch auf der Welt. Der Schiffszimmermann war Argos, der Handwerksmeister, unter dessen Leitung auch die erste *Argo* gebaut worden war, *»das vortrefflichste von allen Schiffen, die dem Meere mit Rudern trotzten«*. Der schnellste Läufer der Welt, Euphemos von Tainaron, befand sich ebenfalls an Bord. Angeblich konnte er über die Wellen der grauen See rennen, ohne daß seine Füße dabei naß wurden. Dann gab es noch die Zwillinge Kastor und Pollux; der eine zeigte eine geniale Begabung bei Pferderennen, der andere war der beste Faustkämpfer Griechenlands, ein nützliches Talent, durch dessen Hilfe die Mannschaft auf ihrer Reise vor dem Tod bewahrt wurde. Zwei Mitglieder der Besatzung, Mopsos und Idmon, waren Seher. Sie konnten Omen deuten, die Zukunft voraussagen und das Gezwitscher von Vögeln übersetzen. Kalais und Zetes waren die Söhne des Nordwinds, von dem sie die Fähigkeit, durch die Lüfte zu fliegen, geerbt hatten. Der stämmige, mit einem Bärenfell bekleidete Ankaios war ein derart unglaublich starker Ruderer, daß er die enorme Ruderkraft des stärksten Manns der Welt – nämlich Herakles – ausgleichen konnte.

Wann genau und wie Herakles zu den Argonauten stieß, hängt davon ab, welcher der antiken Dichter die Sage erzählt; und wie lange er an dem Unternehmen teilnahm, ist ebenfalls nicht ganz klar, wie wir noch sehen werden. Aber für die alten Griechen war es undenkbar, daß der berühmte Held Herakles nicht in irgendeiner Weise an der Suche nach dem Goldenen Vlies beteiligt gewesen war, und so nahmen sie ihn mit in die Sage hinein. Entsprechend gab man dem meisterhaften Musiker Orpheus, der sich derzeit auf dem Höhepunkt seiner Verehrung als Kultperson befand, eine Hauptrolle in dem abenteuerlichen Unternehmen. Auf seiner Leier spielend, gab Orpheus den Takt für die Ruderer an. Seine Musik beruhigte die Unwetter und besänftigte die Ruderer, wenn sie untereinander in Streit gerieten; und sein bezaubernder Gesang lockte die Fische an die Oberfläche des Meeres und brachte sie dazu, im Kielwasser der Galeere herumzutanzen.

Auf mich hatte die Sage von Jason und der Suche nach dem Goldenen Vlies schon lange Zeit eine besondere Faszination ausgeübt. Wie viele andere auch las ich zum erstenmal in der Schule etwas über Jason, in einer Sammlung griechischer Heldensagen, zusammen mit den Geschichten von Theseus und dem Minotaurus, den Heldentaten des Herakles und all den faszinierenden Erzählungen von den Göttern des Olymps und ihren Einmischungen in das Leben der Sterblichen. Aber erst als ich als Geschichtsforscher die berühmtesten Seefahrtsepen der Literatur studierte, erkannte ich langsam, wie bedeutend die Geschichte von Jason eigentlich ist. Sie nimmt eine einzigartige Stellung in der abendländischen Literatur ein, denn sie ist das älteste bekannte Epos, das eine Seereise beschreibt. Sie ist sogar älter als Homers *Odyssee*; die Argonautensage schildert Begebenheiten, die – aus Gründen, auf die ich später stoßen sollte – vermutlich in der späten Bronzezeit, im 13. Jahrhundert v. Chr., stattgefunden haben. Das Schiff, das die Helden zu ihrem Ziel trug, die unsterbliche *Argo*, ist in der Geschichtsschreibung das erste Seefahrzeug, das einen Namen bekommen hatte. Für einen Seemann ist dies von großer Bedeutung: Zum erstenmal ist ein Schiff etwas mehr als nur ein lebloses schwimmendes Objekt, mehr als ein anonymes Fahrzeug. Die *Argo* ist ein Schiff, das einen Namen trägt und von anderen unterschieden werden kann, ein Schiff mit eigenem Charakter. In den antiken Überlieferungen besaß die *Argo* eine menschliche Stimme, mit der sie in entscheidenden Augenblicken ihre Meinung kundtat. Selbst die Bezeichnung ihrer Besatzung als die »Argonauten« oder »Seeleute der *Argo*« war von dem Namen des Schiffes abgeleitet worden. In der heutigen Welt, in der man gewohnt ist, von Astronauten, Kosmonauten oder gar von Aquanauten zu hören, war es der Mühe wert, daran zu erinnern, daß die Argonauten die ersten in die Fremde gehenden Abenteurer eines Epos waren.

Das Studium alter griechischer Geschichte und Literatur hat generationenlang die besten Gelehrten angezogen. Konnte es überhaupt möglich sein, mußte ich mich fragen, daß diese bei der Untersuchung einer derart bedeutenden Seereise noch irgend etwas Entdeckungswürdiges übriggelassen hatten? Ich hatte das Gefühl, daß es schon fast unverschämt war, noch einmal die Texte genauer zu betrachten, die so viele Jahre lang von so vielen bedeutenden Gelehrten mit einem außerordentlich umfassenden Wissen eingehend studiert worden waren. Dazu kam, daß die Argonautensage schon sehr alt war. Theoretisch gesehen war diese Seereise vor so langer Zeit unternommen worden, daß es sicherlich nicht mehr genug Hinweise gab, die es jemandem ermöglichte, ihre Route zu rekonstruieren. Und doch fiel mir beim nochmaligen Lesen der *Argonautica* die Tatsache auf, daß es, was die geographischen Dinge der Sage anging, praktisch keine Unstimmigkeiten gab. All die erfahrenen Gelehrten waren sich darin einig, daß die angeblich unternommene Seereise im nördlichen Griechenland ihren Anfang genommen und bis zum weit entfernten östlichen Ende des Schwarzen Meeres geführt hatte, bis in das Gebiet, das man damals das Königreich von Kolchis nannte, die heutige Sowjetrepublik Georgien.

An diesem Punkt endete dann aber auch die Übereinstimmung der Gelehrten. Einige der Autoritäten betrachteten die Sage als eine reine Erfindung, als einen fesselnden Mythos, der ausgedacht worden war, um das Publikum zu unterhalten. Andere Gelehrte bevorzugten die Theorie, daß die Sage auf Begebenheiten der späten Bronzezeit basierte, jedoch in den darauffolgenden Jahrhunderten bis zur Unkenntlichkeit verändert worden war. Einige Kritiker wiesen darauf hin, daß, obwohl es beiläufige Hinweise auf Jason und seine Reise gibt, die vor Homers Lebzeiten gemacht worden sind, die erste vollständige Version der Geschichte erst im 3. Jahrhundert v. Chr. niedergeschrieben worden ist, fast 1000 Jahre, nachdem sich die beschriebenen Begebenheiten ereignet haben sollen.

Eine andere Geistesrichtung vertrat die Ansicht, daß die Seereise, physisch gesehen, überhaupt nicht möglich gewesen wäre. Diese Kritiker meinten, daß ein Schiff aus der späten Bronzezeit die fast 2500 Kilometer lange Küstenreise von Griechenland nach Kolchis nicht hätte überstehen können. Das primitiv gebaute Schiff wäre an der Küste zerschellt oder aber auseinandergefallen. Und vor allem war es so gut wie ausgeschlossen, daß ein derartiges Schiff es geschafft hätte, durch die Meerenge des Bosporus zu kommen, um das Schwarze Meer zu erreichen. Diesen Kritikern nach sind die widrigen Strömungen des Bosporus bei weitem zu stark, so daß Jasons Galeere sie gar nicht hätte überwinden können. Ein Schiff mit mindestens 50 Rudern, auf jeder Seite jeweils zwei Ruderreihen übereinander, wäre nötig, um den Bosporus hinaufrudern zu können; aber die Geschichtsforscher haben keinerlei Hinweise dafür, daß es ein Schiff dieser Bauart und Größe vor dem 8. Jahrhundert v. Chr. gegeben hat. Als Beweis galt diesen Kritikern, daß, als diese Schiffe schließlich gebaut wurden, eine dramatische Ausbreitung griechischer Interessen im Schwarzen Meer und die Gründung vieler griechischer Kolonien entlang dieser Küste folgten. Die Geschichte von den Argonauten war verfrüht entstanden, behaupteten sie. Jason und seine Männer wären niemals nach Kolchis und nicht weiter als bis zu der Stelle am Bosporus, wo sich heute Istanbul befindet, gekommen.

Doch nicht alle wiesen den Gedanken vollkommen ab, daß zumindestens ein Körnchen Wahrheit in der Sage zu finden sei. »Die Argonauten«, erklärt das sachlich fundierte und maßgebende *Oxford Classical Dictionary,* »eine der ältesten griechischen Sagen, die auf einer möglicherweise wirklich vollbrachten Großtat basiert...«

Aber handelte es sich bei Jasons Seereise nun um eine »wirklich vollbrachte Großtat«? Die einzige Möglichkeit, um diese Sache zu klären, zumindestens für diejenigen, die an der Durchführbarkeit dieser Reise zweifelten, war es, ein Schiff aus dieser Zeit nachzubauen und zu versuchen, damit gegen die Strömung den Bosporus hinaufzurudern und nach Georgien zu kommen. Doch lange bevor ich einen derartigen Versuch überhaupt in Erwägung ziehen konnte, mußte ich den Wert des grundlegenden Jason-Textes, die *Argonautica* von Apollonios, noch einmal überprüfen. Und ich bekam sogleich eine weitere Bestätigung, denn dieser Autor war alles andere als ein Dilettant.

Apollonios von Rhodos gehörte zu den hervorragendsten Gelehrten seiner Zeit. Er war ein Schüler des damals sehr berühmten Kallimachos, wurde als Erzieher an den Hof der Ptolemäer geholt und später dazu berufen, die angesehene Stelle des Leiters der Bibliothek von Alexandria zu übernehmen. Als er begann, die *Argonautica* zu verfassen, hatte er also Zugang zu der größten Wissensquelle der alten Welt, zu der umfangreichsten Sammlung von Schriftrollen, Urkunden und Dokumenten. Außerdem wissen wir, daß die anderen Gelehrten, die dort lebten, die *Argonautica* genau prüften und schnell dabei waren, die auftauchenden Fehler und Irrtümer zu korrigieren. In der Tat ist es uns überliefert worden, daß Apollonios zunächst eine viel längere Version des Epos geschrieben hatte, die von den Kritikern jedoch so stark beanstandet worden war, daß er das Werk zurückzog, Alexandria verließ und dann mehrere Jahre damit zubrachte, seinen Text umzugestalten und zu kürzen. Diese überarbeitete Fassung wurde von der damaligen Gelehrtengemeinschaft akzeptiert, und selbst wenn sich deren Wertmaßstäbe bei der Kritik von denen unserer Zeit unterschieden, so gab es doch keinen Zweifel daran, daß die überlieferte *Argonautica* ein Werk großer Gelehrsamkeit darstellte, geschrieben von einem außerordentlich sachkundigen Mann, der sich darangemacht hatte, die Sage von Jason und den Argonauten in der Form zu erzählen, wie er sie nach seinen gründlichen Nachforschungen, bei denen er die besten Quellen seiner Zeit benutzte, für richtig hielt.

Wenn der geschriebene Text nun also eine solide Basis für die Durchführung einer neuen Argonautenexpedition lieferte, stellte sich als nächstes die Frage, was über die damaligen Schiffe bekannt war. Genauer gefragt: War es möglich, ausreichende Angaben zusammenzubekommen, um den richtigen Schiffstyp aus dem 13. Jahrhundert v. Chr. zu rekonstruieren? In der späten Bronzezeit hatte man im östlichen Mittelmeer offensichtlich alle möglichen Arten von Seefahrzeugen verwendet: Frachtschiffe, Küstenfahrzeuge, Ruderboote, Segelschiffe und Kriegsschiffe. Und wahrscheinlich besaß jeder Schiffstyp seine regionalen und lokalen Varianten, je nachdem, wo das Schiff gebaut wurde und wozu es benutzt werden sollte.

Bei Jasons Seefahrzeug handelte es sich allen überlieferten Texten zufolge um eine Galeere, was natürlich als nur logisch erschien, da dieses Schiff auf eine Reise gehen sollte, bei der man sich möglicherweise durch feindliche Gebiete kämpfen mußte. Nur eine Galeere konnte genug Krieger mit sich führen, um etwas zu unternehmen, was leicht zu einem Raubzug werden konnte, wenn nämlich der Hüter des Goldenen Vlieses, der König von Kolchis, nicht bereit war, es freiwillig zu übergeben.

Einige Historiker haben durch gewissenhafte Nachforschungen in den letzten 20 Jahren außerordentlich umfangreiche Kenntnisse über die damaligen griechischen Schiffe angesammelt, wobei alle Anzeichen dafür sprechen, daß es sich bei den griechischen Galeeren nicht um plötzliche neue Erfindungen handelt. Wie die Langschiffe der Wikinger, so entwickelten sich auch die griechischen Galeeren allmählich im Laufe von Jahrhunderten. Heute sind wir in der Lage, den Entwicklungsgang der Wikingerschiffe, die den griechischen Galeeren in mancher Hinsicht sehr ähnlich sind, über einen Zeitraum von 1300 Jahren genau zu belegen, wobei sich deutlich zeigt, daß die Veränderungen der Form und der Bauweise tatsächlich sehr langsam vor sich gingen. Alles spricht dafür, daß die griechischen Galeeren den gleichen, recht langsamen Entwicklungsprozeß durchgemacht haben. Ich hoffte, daß ich durch die Sichtung und den Vergleich aller Forschungsunterlagen auf ein typisches Schiff aus der Zeit Jasons, auf eine Galeere aus der späten Bronzezeit, stoßen würde.

Der *Argonautica* zufolge war die Galeere auf einem Strand gebaut worden, der sich in der Nähe der Stadt Iolkos (heute Volos) befand, der Hauptstadt des Königsgeschlechts, zu dem Jason gehörte. Und genau hier hatte ich ein unwahrscheinliches Glück. Ich stellte fest, daß das älteste überlieferte Bild einer griechischen Galeere, aufgemalt auf einigen Scherben einer sehr alten Töpferware, tatsächlich in Volos ausgegraben worden war. Die Scherben waren klein und arg zerbrochen gewesen, doch den griechischen Archäologen, die sie gefunden hatten, war es gelungen, sie wie ein Puzzlespiel wieder zusammenzusetzen und die Lücken auszufüllen, so daß sich schließlich das Bild eines Schiffes zeigte. Es handelte sich um eine einfache kleine Skizze, doch sie war außerordentlich bedeutungsvoll, da sie offenbarte, daß die griechischen Schiffe bereits im 16. vorchristlichen Jahrhundert – aus dieser Zeit stammen die Scherben, also einige Jahrhunderte, bevor Jason lebte – mit dem charakteristischen Rammsporn, dem schwungvollen Bogen am Heck und einem seitlichen Steuerruder ausgerüstet waren. Danach entstandene Schiffsbilder, die aus dem 7. bis 4. Jahrhundert v. Chr. stammen, zeigen bei weitem mehr technische Einzelheiten, zum Beispiel wie die genaue Takelage aussah und wie die Segel gehandhabt wurden.

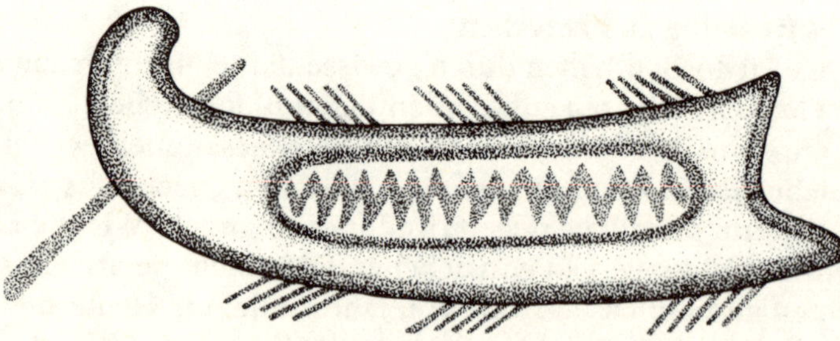

Das »Volos-Schiff«, ca. 16. Jahrhundert v. Chr.

Aber wie groß sollte die Galeere nun sein? Jasons *Argo* ist angeblich das größte und hervorragendste Schiff in jener Zeit gewesen, ihre genaue Größe ist jedoch nirgendwo angegeben worden. Den verschiedenen Quellen zufolge befanden sich 30 bis 50 Männer an Bord, vielleicht auch noch mehr, was natürlich nicht bedeuten muß, daß sie alle Ruderer waren. Die alten griechischen Schiffe bemaß man nicht nach der Länge, sondern nach der Anzahl der Ruder. In Homers Dichtungen tauchten sie in drei Größen auf – es gab dort zwanzig-, dreißig- und fünfzigrudrige Galeeren. Ich erkannte sofort, daß es unmöglich für mich war, eine fünfzigrudrige Galeere zu bauen. Ein Schiff in dieser Größenordnung konnte ich mir einfach nicht leisten, und wo sollte ich auch die 50 Leute hernehmen, die es mit Hilfe ihrer Muskelkraft vorwärts bewegen mußten? Wenn auf der anderen Seite eine Expedition in das Königreich des Goldenen Vlieses mit Hilfe der kleinsten Galeere möglich wäre – einschließlich der Aufgabe, den Bosporus hinaufzurudern –, so würde mein Experiment um so überzeugender sein. Falls man mit einer zwanzigrudrigen Galeere ins sowjetische Georgien rudern konnte, dann wäre es für Jason mit Hilfe eines größeren Schiffes sogar noch einfacher gewesen. So war es also naheliegend, daß ich mich für die einfache zwanzigrudrige Galeere entschied. In den alten Texten taucht die Galeere dieser Größe immer wieder auf; für die alten griechischen Flotten war sie das »Mädchen für alles«, sie diente als Erkundungs-, Geleit- und Kurierschiff. Zum Beispiel benutzte auch Telemach, der Sohn des Odysseus, eine zwanzigrudrige Galeere, um auf der Suche nach Neuigkeiten über seinen vermißten Vater zum König von Pylos zu gelangen; und diese Fahrt war lediglich eine Generation nach Jasons Expedition unternommen worden. Wenn ich es schaffen sollte, eine zwanzigrudrige Galeere zu bauen, so würde ich über ein typisches Schiff aus dieser Zeit verfügen. An Bord dieses Seefahrzeugs konnte eine entschlossene Mannschaft von Ruderern – vielleicht – den Spuren von Jason und seinen Argonauten folgen.

Ich wußte, wen ich bitten konnte, einen Bauplan für dieses Schiff anzufertigen. Colin Mudie, ein Marineingenieur, hatte bereits Konstruktionspläne von zwei alten Schiffen für mich entworfen. Auf seinem Zeichenbrett waren die technischen Baubeschreibungen für die *Sohar* entstanden, einem arabischen Handelsschiff aus dem 8. Jahrhundert, deren Planken mit Kokosseilen, die eine Länge von insgesamt 600 Kilometern aufwiesen, zusammengebunden worden waren. An Bord dieses Schiffes hatten wir Sindbads Seereise nachvollzogen. Davor, in den Jahren 1976/77, hatte Colin schon mit seiner beachtlichen Sachkenntnis den Konstruktionsplan für das Fellboot *Brendan* angefertigt, das mit Ochsenhäuten bezogen war. In diesem Boot hatten drei Gefährten und ich die riskante Überquerung des Nordatlantiks auf dem Weg über Island unternommen, um nachzuforschen, ob es irischen Mönchen möglich gewesen war, die Neue Welt fast 1000 Jahre vor Kolumbus zu erreichen.

Als ich Colin anrief und ihm erzählte, daß ich damit beschäftigt war, eine alte griechische Galeere zu rekonstruieren, schien er darüber nicht im geringsten überrascht zu sein. »Komm doch bei mir vorbei«, sagte er, »dann können wir sehen, was sich machen läßt.« Eine Woche später saß ich in seinem Büro, gab einen kurzen Überblick über meinen Plan einer Argonautenexpedition und erkannte dabei langsam, daß ich ihm schon wieder eine teuflisch komplizierte Aufgabe stellte. Um mein Datenwirrwarr in die feste Gestalt eines Schiffes zu bringen, nahm mich Colin in ein regelrechtes Kreuzverhör, fragte, wie groß die Besatzung sein sollte und wie lange die Leute alle gleichzeitig an Bord sein würden. Würden sie die Nächte auf See verbringen, oder würden wir bei Anbruch der Dunkelheit immer an Land gehen? Im Falle, daß wir an Land gingen, wie waren dann die Strände beschaffen? Wie groß war ihr Neigungswinkel? In welcher Jahreszeit würden wir reisen? Welches Holz benutzten die alten Griechen für ihren Schiffbau, und konnte man es noch von irgendwo herbekommen? Wenn dies der Fall war, welche Längen und was für eine Qualität wurde benötigt? Wie schätzte ich das Verhältnis von Rudern und Segeln während der Reise ein?

Ich beantwortete den Schwall von Fragen so gut ich konnte, während Colins Kugelschreiber hüpfend über das Papier fegte. An seinem schnellen Fragenbombardement erkannte ich, daß es sich genau um ein Projekt der Art handelte, an dem er und seine Ehefrau Rosemary ihre Freude hatten, da es für sie eine willkommene Abwechslung in ihrer mehr routinemäßigen Konstruktionsarbeit war. Alles, was ich bei meinen Nachforschungen übersehen hatte, würden Colin und Rosemary nun ans Tageslicht fördern, denn bei ihnen zeigt sich die geniale Verbindung von Gelehrsamkeit und praktischer Sachkenntnis, ein Merkmal ihrer ganzen Arbeiten. Colins

Kugelschreiber, der jetzt gerade kurze Notizen machte, würde schon bald kleine Konstruktionsskizzen anfertigen, dann vorläufige Entwürfe und schließlich die genauen Baupläne einer zwanzigrudrigen Galeere, womit er dann eine Kluft von drei Jahrtausenden überbrückt hätte. Als ich ihr Haus verließ, hatten wir uns bereits mit sehr speziellen Themen befaßt, wie zum Beispiel mit den Fragen, warum die alten Griechen eine Olympische Elle in 24 Fingerbreiten eingeteilt hatten, welche Leistung ein Mensch aufbringen konnte, wenn er gleichmäßig acht Stunden lang ununterbrochen ruderte, und ob die alten griechischen Schiffbaumeister ihr Holz vielleicht vorgeformt hatten, indem sie noch lebende Bäume bogen und mit Seilen am Boden festmachten, so daß diese beim Weiterwachsen die erforderliche Krümmung erhielten. Konstruktionsbesprechungen mit Colin und Rosemary waren immer wieder erfrischende Ereignisse, und die Schnelligkeit, mit der Colin dann mit einer vorläufigen Konstruktionszeichnung an mich herantrat, verriet deutlich, wie fasziniert er von der zu bewältigenden Problematik war.

»Es läuft tatsächlich sehr gut«, meinte er bei seinem nächsten Anruf zu mir. »Alles scheint zu passen. Eine Lösung führt ganz logisch zur nächsten.«

»Wie sieht's mit der praktischen Konstruktion aus?« fragte ich nervös. »Wird es schwierig sein, das Schiff zu bauen?«

»Ah, das wird von dem Schiffbaumeister abhängen, den du noch finden mußt. Dies wird das anspruchsvollste von deinen drei historischen Schiffen sein. Aber du weißt ja«, fügte er mit einem vergnügten Glucksen hinzu, »je schwerer ein Schiff zu bauen ist, desto besser kann man sich dann meist darauf verlassen, wenn es erst einmal auf See ist.«

Zwei Wochen später schickte er mir eine Zeichnung, auf der mein neues Schiff zu sehen war. »Galeere, ausgestattet mit zwanzig Rudern, für Herrn Tim Severin«, verkündete die Überschrift. »Vorläufiger Entwurf. Zeichnung Nr. 365.1.« Auf einem leicht ansteigenden Strand befand sich eine 16,5 Meter lange Galeere, die eine größte Breite von 2,85 Metern besaß, Bänke für 20 Ruderer und einen ausgeprägt munteren Ausdruck in dem Auge, das Colin über dem Rammsporn eingezeichnet hatte.

»Zeige deinem Schiffbauer diesen Entwurf und warte ab, was er davon hält«, meinte Colin zu mir, als ich ihm gratulierte. »Dann werden wir die Abänderungen in Betracht ziehen, die seiner Meinung nach gemacht werden müssen.«

Das Dumme war nur, daß ich noch keinen geeigneten Schiffbauer gefunden hatte und darüber hinaus nicht einmal wußte, wo ich überhaupt nach ihm suchen sollte. Natürlich wollte ich das Schiff in Griechenland bauen lassen. Doch es passiert nun einmal nicht jeden Tag, daß ein Schiffbauer plötzlich gebeten wird, eine Galeere aus der späten Bronzezeit zu bauen, und ich war mir im klaren darüber, daß ich einen außerordentlich versierten Mann finden mußte. Was ich nun dringend benötigte war jemand, der mir in Griechenland die richtige Richtung weisen konnte, jemand, der mir einen Rat geben konnte, wo genau ich nach einem erfahrenen Schiffbaumeister, der über genug Sachkenntnis und Vorstellungskraft verfügte, suchen mußte. Ich brauchte jemanden, der mir bei den Verhandlungen half, der mir einen geeigneten Weg aufzeigte, um die organisatorischen Dinge, die bei dem Bau eines Schiffes anfielen, abzuwickeln, jemand, der über ein vollständiges nautisches Vokabular auf griechisch und auf englisch verfügte.

Doch wo konnte ich diese Idealperson, die all diese Forderungen erfüllte, finden? In einem Ausbruch von Optimismus kam ich zu dem Schluß, daß die beste Gelegenheit für den Beginn der Suche die jährlich stattfindende internationale Londoner Bootsmesse war, wo man immer Stände von Unternehmen finden konnte, die Jachten an die Sommertouristen vermieteten. Vielleicht würde es mir dort gelingen, mich durchzufragen, bis ich den Namen oder die Adresse von einem Kapitän oder einem griechischen Segler bekam, der sich in der griechischen Bootsbauszene gut genug auskannte, um mir einen Tip geben zu können.

Natürlich hatte ich nicht erwartet, die Idealperson selbst bereits auf der Bootsmesse zu finden. Doch als ich am Stand der ersten Verleihfirma mein Anliegen vorbrachte, hellte sich das Gesicht der Messehelferin deutlich auf, und sie meinte: »Oh, warum sprechen Sie nicht mit John Vas?«

»John wie?« fragte ich.

»Ich fürchte, ich weiß gar nicht genau, wie er mit Nachnamen heißt. Er ist so schwer auszusprechen, deshalb nennt ihn einfach jeder John Vas. Er lebt in Athen und hilft uns dort bei allen Schwierigkeiten, die beim Vermieten unserer Jachten auftreten. Jedes Jahr kommt er nach England zur Bootsmesse, und auch jetzt ist er hier. Ich habe ihn gerade vor ein paar Minuten in der Nähe von unserem Stand gesehen. Wenn Sie warten wollen, kann ich versuchen, ihn zu finden.«

Fünf Minuten später wurde ich einem großen, äußerst ernst aussehenden Mann vorgestellt, der in seinen Sechzigern war und mit seiner tiefen Stimme bedächtig ein tadelloses Englisch sprach. Und tatsächlich konnte man John Vasmadjides mit seinem dunkelblauen Blazer, einer grauen Flanellhose, Sportschuhen und einem Halstuch leicht für einen Engländer halten. Mehr als 32 Jahre lang hatte er für British Airways im Flughafen von Athen gearbeitet und seine Laufbahn schließlich als Repräsentant dieser Luftverkehrsgesellschaft beendet. Vor kurzem hatte er sich von seinem Berufsleben zurückgezogen, um sich mehr seiner wahren Leidenschaft zu widmen, dem Segeln; er wollte soviel wie nur irgend möglich, mit Schiffen zu tun haben. Ich nahm an, daß er während seiner langen beruflichen Laufbahn mit allen nur denkbaren Arten von Schwierigkeiten konfrontiert worden sein mußte – mit aufgebrachten und verwirrten Passagieren, die entweder ihr Flugzeug verpaßt hatten oder aber von ihrem Gepäck getrennt worden waren, die ihre Flugtickets verloren hatten oder deren Flug umgeleitet worden war. Bei jeder dieser kleinen Katastrophen muß John großartig gewesen sein. Noch niemals in meinem Leben hatte ich jemanden getroffen, der eine derart beruhigende Wirkung auf die Leute um ihn herum ausstrahlte. Zum Teil war es seiner großen Gestalt zuzuschreiben, denn John besaß einen massigen und daher eindrucksvollen Körperbau, doch ebensosehr trug sein sorgsames, besonnenes Verhalten dazu bei. Für John gab es keine unlösbaren Probleme, keine Geschichten, die zu lang zum Zuhören waren, und keine Krise, die zu schwierig oder etwa zu unangenehm war, um damit klarzukommen. Seine langsame Art täuschte enorm, denn er regelte alles sehr schnell, da er jederzeit auf die Hilfe eines unermeßlichen Freundeskreises und auf eine enorme Fülle von Erfahrungen zurückgreifen konnte.

Schon gleich bei meinem ersten Gespräch mit John bekam ich den Eindruck, daß er jeden Baumeister alter Schiffe, jeden Segelmacher, Händler und Hafenmeister in Griechenland kannte oder zumindest wußte, wie man mit ihnen in Kontakt kommen konnte. Er bot mir sofort an, alles für mich zu tun, was möglich war. Ich sollte ihn aufsuchen, sobald ich nach Griechenland kam, um mich nach einer Schiffswerft umzusehen, dann würde er mir einen Rat geben, wo genau ich am besten suchen sollte. In den folgenden anderthalb Jahren voller hektischer Aktivitäten, als die Nachbildung einer 3000 Jahre alten Galeere in einem Rennen gegen die Zeit gebaut und getestet wurde, bewies John immer wieder, daß er unentbehrlich war. Wegen seines Geschicks, Schwierigkeiten zu entwirren, seiner familiären Freundlichkeit und seiner Geduld verdiente er sich während des Projekts den Spitznamen »Onkel John«. Immer wenn ein Mitarbeiter unseres Teams ein Problem in Griechenland hatte oder einen Rat brauchte, war es ganz natürlich, zu sagen: »Warum gehst du nicht zu Onkel John und fragst ihn, ob er dir helfen kann?«

Noch im gleichen Monat fuhr ich, ausgerüstet mit einer Straßenkarte von Griechenland und einer Kopie von Colins Zeichnung der Galeere, mit einem Mietwagen los, um die von Onkel John genannten Werften, wo noch alte Schiffe gebaut wurden, aufzusuchen. Es war bitterkalt, der Gebirgszug im Landesinnern mit tiefem Schnee bedeckt, und die Suche machte mich schon bald mutlos. Onkel Johns Liste der in Frage kommenden Werften war erschreckend kurz, und deren Standorte schienen auf der griechischen Halbinsel so weit zerstreut zu sein, wie es geographisch gesehen überhaupt möglich war. Stunde um Stunde fuhr ich auf kleinen Nebenstraßen entlang, die sich in Feldwege mit unzähligen Schlaglöchern verwandelten und schließlich auf einem kalten Stück Uferland endeten, auf dem sich verfallende Wracks und armselig aussehende Schiffe, die zur winterlichen Überholung hochgezogen worden waren, befanden. Ich lernte schnell, daß nur der Eigentümer der Werft qualifiziert war, meine Fragen zu beantworten, während die Schiffbauer selbst sich vor jedem Fremden zurückhielten. Und der Eigentümer war meist nicht da, oder er war im Innern eines Schiffes, das repariert werden mußte, halb vergraben. Im letzteren Fall gefiel es ihm sicherlich nicht gerade, bei seiner Arbeit von einem Ausländer unterbrochen zu werden, der absurderweise auch noch davon redete, ein Schiff aus der späten Bronzezeit bauen zu wollen. Selbst wenn ich den Eigentümer dazu verlocken konnte, aus dem Kielraum herauszuklettern und meinem Anliegen Gehör zu schenken, so schien es in der Regel immer darauf hinauszulaufen, daß die Unterhaltung in nächster Reichweite einer Bandsäge geführt wurde, deren Lärm jede sinnvolle Diskussion so gut wie unmöglich machte, besonders wenn sie in einem Mischmasch aus Griechisch und Englisch mit Zwischenbemerkungen von den Umstehenden geführt wurde.

Ich muß ungefähr ein Dutzend dieser ländlichen Schiffswerften aufgesucht haben, fuhr von einer Seite des griechischen Festlandes bis zur anderen, reiste zu den nahe gelegenen Inseln und erlebte ständig Enttäuschungen. Onkel John nahm mich sogar zur riesigen Schiffswerft von Piräus mit, wo es überraschenderweise noch einige Holzschiffbauer gab. Ihre Werkstätten waren eingezwängt zwischen gewaltigen Rümpfen seeuntüchtiger Schiffe, die in einer Kakophonie aus wildem Gehämmer, Geklirr und dem Zischen von Schneidbrennern zur Verschrottung zerstückelt wurden.

Alles, was ich sah, deutete darauf hin, daß der traditionelle Schiffbau in Griechenland ganz kurz vor dem Aussterben stand. Kleine Fischerboote wurden noch gebaut, doch in der Regel handelte es sich um die Arbeit von einzelnen Fischern oder von Schiffszimmermännern, die sich nebenbei damit beschäftigten, oder natürlich von Enthusiasten. Es gab nur noch eine Handvoll professioneller Schiffbaumeister, die sich ganztägig damit beschäftigten, mit Holz zu arbeiten. Doch in jeder dieser Werften, die ich aufsuchte, wurden lediglich Reparaturen ausgeführt; es wurden keine neuen Schiffe gebaut. Immer wieder hörte ich die gleichen Gründe: Mangel an geeignetem Holz, keine Nachfrage an traditionellen Schiffen, die auf diesem Gebiet erfahrenen Handwerker hätten sich inzwischen aus Altersgründen zurückgezogen oder bessere Jobs angenommen. Manchmal entrollte ich Colins Zeichnung von der munter dreinblickenden Galeere und fragte, ob ein derartiges Schiff gebaut werden könne. Die Befragten reagierten mit erstaunter Ungläubigkeit oder aber auch mit totaler Verwirrung. Warum, um alles in der Welt, wollte ich ein Schiff haben, das so merkwürdig aussah? Ob es etwas mit dem Tourismus zu tun hätte, fragten die ganz Scharfsinnigen. Wenn ich dann das Vorhaben erwähnte, damit ohne Hilfe irgendeines Motors bis ins Schwarze Meer zu kommen, schüttelten die Leute über diese verrückte Idee den Kopf. Was für einen Sinn hatte es? Und was für ein Vermögen es mich kosten würde, die Ruderer zu bezahlen!

Nur in der Nähe von Volos, genau an dem Ort, wo Jasons *Argo* mit dem Holz von den Bergen des Pelion, den man von der Stadt aus sehen konnte, gebaut worden war, begegnete man mir mit Verständnis. Ein Schiffbauer warf zum Beispiel einen flüchtigen Blick auf die Zeichnung und bemerkte dann fast beiläufig: »Ah! Sie wollen die *Argo* bauen lassen!«, geradezu so, als ob ich ihn gebeten hätte, ein ganz normales Ruderboot anzufertigen. Glücklicherweise sprach er etwas Deutsch, und ich konnte ihm somit, wenn auch etwas stockend, die Einzelheiten über die Konstruktionsart und die Größe der Galeere erläutern. Doch als ich nachfragte, ob er das Gefühl hätte, daß die Aufgabe auf dieser Werft erfüllt werden könnte, erklärte er mit Bedauern, daß es sehr schwierig sein würde, das richtige Holz zu bekommen und daß er nicht garantieren konnte, genug erfahrene Schiffbauer anstellen zu können, um mit der Aufgabe rechtzeitig fertig zu werden, außerdem war es unmöglich, die Arbeitsstunden zu berechnen, die für einen derartig ungewöhnlichen Auftrag benötigt wurden. Wie bei den anderen traditionellen griechischen Werften, so bestand auch hier die hauptsächliche Arbeit darin, alte Holzschiffe zu reparieren, und nicht, neu zu bauen.

Ziemlich deprimiert kehrte ich nach Athen zurück, um Onkel John aufzusuchen. Ich hatte geplant, nur noch einen Tag in Griechenland zu bleiben, an dem ich nun zu einer weiteren Insel fliegen wollte, in der Hoffnung, dort einen guten Schiffbaumeister zu finden. Am nächsten Morgen war es jedoch so stürmisch, daß der Flug gestrichen werden mußte.

»Warum fährst du nicht einfach zur Insel Spetses, um zu sehen, ob du nicht dort einen geeigneten Handwerker findest?« schlug John vor. »Es ist ein ziemlich langer Weg dorthin, da die ganzen Fähren wegen des schlechten Wetters nicht verkehren. Aber wenn du auf dem Festland bis zu einer Stelle in der Nähe von Spetses fährst, hast du sicherlich die Möglichkeit, ein Wasser-Taxi zu bekommen, das dich dann auf die Insel bringt. Sie ist nur ungefähr zwei Kilometer von der Küste entfernt. Ich werde einen Freund von mir anrufen, der dort wohnt; vielleicht kann er jemanden empfehlen, den du dann dort treffen kannst.«

Spetses schien für mich der unwahrscheinlichste Ort in ganz Griechenland zu sein, an dem man einen Baumeister traditioneller Schiffe finden konnte. Ich wußte von der Insel lediglich, daß sie seit der Jahrhundertwende bei den reichen Athenern sehr beliebt war, die sich dort ihre Sommerhäuser gebaut hatten. Dann kam der griechische Touristenboom. Spetses war eine der ersten Inseln gewesen, die eine Flut von Pauschalreisenden aufnehmen mußten. Anderen Städten, die ich gesehen hatte, nach zu urteilen, konnte dies den häßlichen Anblick von schnell hochgezogenen Betonhotels und Wohnblöcken an den Stränden bedeuten; und als weitere Folge wurden dann die alten Häfen von Fährschiffen besetzt, aus denen sich Scharen von Urlaubern ergossen, während die Fischerleute ihre Netze liegen ließen und sich einen einträglicheren Lebensunterhalt verdienten, indem sie für Touristen Tagesexkursionen unternahmen.

Mein erster Eindruck von Spetses bestätigte diese Befürchtungen. Als ich mit dem Wasser-Taxi am Anleger im Neuen Hafen von Spetses landete, waren die verheerenden Auswirkungen des Tourismus selbst noch bei dem trostlosen Wetter, das hier Ende Januar herrschte, offensichtlich. Die zwangsläufige Kette von Cafés, die sich rund um den Hafen herum zog, war für den Winter mit Fensterläden und Jalousien verschlossen worden. Durch die schmutzigen Scheiben einiger Fenster hindurch konnte man Hunderte von billigen Metallstühlen und Tische sehen, zu traurigen Haufen aufeinandergestapelt, aus denen die unzähligen Beine, toten Insekten gleich, herausragten. Die Werbeschilder für den Sommer, die auf Hamburger, Eiscreme, zu vermietende Zimmer, Cocktail-Bars und Bootsfahrten hinwiesen, waren schmutzfarben und blätterten langsam ab. Eingerissene Markisen flatterten im Sturmwind hin und her. Spetses war zumindest von dem Fluch der Betonhotels verschont geblieben, und das Zentrum des Ortes sah noch verhältnismäßig unverändert aus, obwohl die engen, gewundenen Gassen an diesem Morgen eher tot wirkten. Kein einziges Lebewesen war zu sehen, abgesehen von ein paar halbverhungerten Katzen, die unter den stark abgenutzten Holztischen des winzigen Fischmarkts kauerten. Den dünnen Flanken der Tiere nach zu urteilen, waren in diesem Winter auf Spetses nicht gerade viele Fische ausgenommen worden. Der Fahrer des Wasser-Taxis hatte sein Boot angeleint und machte sich sofort auf den Heimweg, verschwand in einer der vielen Seitenstraßen, wo die Bewohner, die anscheinend völlig erschöpft waren von dem Trauma, mit Tausenden von Touristen in einem babylonischen Sprachengewirr klarzukommen, in ihren Häusern zusammengebrochen waren und nun ihren Winterschlaf hielten. Dieser Ort machte den Eindruck, als ob er wegen einer herannahenden Flutwelle evakuiert worden wäre.

Ich ging nach links und stapfte mühsam die Küstenstraße entlang, die mich nach Johns Angaben zum Alten Hafen führen sollte, wo noch Schiffbauer arbeiteten. Ich sollte mich nach Vasilis Delimitros durchfragen, der, wie John erfahren hatte, zu den besten Schiffbaumeistern von Spetses gehören sollte. Als ich mich dem Alten Hafen näherte, hörte ich tatsächlich all die gewohnten Geräusche des Schiffbaus: das charakteristische Gewinsel der elektrischen Hobel, das periodisch auftretende Hämmern, das Brummen der Bohrmaschinen und den Lärm der Bandsägen. Nach der völligen Leere und dem Schweigen im Neuen Hafen war es geradezu schockierend, um die Ecke zu gehen und auf das geschäftige Treiben im Alten Hafen zu stoßen. Diese Stätte war voller Geräusche und Bewegungen. Die Schiffbauer arbeiteten tatkräftig und hatten sich wegen des kalten Windes dick angezogen; kleine Motorroller ratterten auf dem Kai entlang. Stromkabel schlängelten sich aus den Häusern auf der anderen Straßenseite heraus, um mindestens 15 Schiffe, die sich in verschiedenen Baustadien befanden, zu erreichen. Diese Schiffe lagen wie Kraut und Rüben im ganzen Hafen verteilt, eins befand sich halb auf der Straße, als ob es sich um ein Auto handelte, das dort gerade parkte, ein anderes in einem Vorgarten, ein drittes auf einem Schotterweg, der zu einem steinigen Strand führte. Ein Schiff im Rohbau ragte sogar aus einer ebenerdig gelegenen Garage unter einem Haus hervor, auf dessen Balkon die Wäsche zum Trocknen aufgehängt worden war, während die andere Hälfte der Garage als Diskothek angepriesen wurde. Dies war das bei weitem größte und aktivste Zentrum des traditionellen Schiffbaus, das ich in Griechenland bisher gesehen hatte, und ich hielt es für außerordentlich bemerkenswert, daß dieser Gewerbezweig, der überall am Absterben war, hier im Schatten eines der größten Touristenzentren weiterhin florierte.

Ich erntete neugierige Blicke von den Schiffbauern, als ich mir einen Weg zwischen Bretterstapeln und über elektrische Leitungen hinweg suchte, und begann, mich durchzufragen. Ein Vorteil einer vom Tourismus überschwemmten Insel bestand darin, daß viele der Leute Englisch sprachen. »Wo kann ich denn bitte Vasilis Delimitros finden?« Die neugierigen Blicke wurden nun noch prägnanter. Geh weiter durch den Hafen, sagten sie. Der letzte Schuppen gehört Vasilis. Ich kann ihn gar nicht verfehlen.

Später sollte ich den Grund für diese sonderbaren Blicke erfahren. Vasilis hatte nicht gerade den besten Ruf; ganz allgemein gesagt hielt man ihn für einen griesgrämigen Wilden. Er bestand fanatisch auf seiner Unabhängigkeit, arbeitete immer allein und haßte es, dabei gestört zu werden. Einmal, im Sommer, soll ein Tourist gekommen sein, der Vasilis bei der Arbeit an einem Schiff beobachtete und ihn dann dreimal fragte, was genau er denn dort tun würde. Die ersten beiden Male erhielt er nur ein mürrisches Grummeln als Antwort; beim drittenmal wirbelte Vasilis herum, ging mit einem finsteren, drohenden Blick auf ihn zu und drückte seine Werkzeuge in die Hände des erstaunten Touristen. »Hier! Wenn dich das so sehr interessiert, dann mach die Arbeit selbst!« Vasilis hatte vermutlich noch ein Knurren von sich gegeben, als er, ohne einen Blick zurückzuwerfen, davongestapft war. Die anderen Schiffbauleute im Alten Hafen müssen sich bestimmt gefragt haben, wie ich wohl mitten im Winter von Vasilis empfangen werden würde, in einer Zeit, in der er normalerweise erwarten konnte, von nervenden Fremden in Ruhe gelassen zu werden.

Am anderen Ende des Alten Hafens, in der Nähe eines vorstehenden Felsrandes, fand ich eine weitere Diskothek, an der ein Schuppen angebaut worden war. Ich sah einige halb fertig gebaute Fischerboote, einen großen Holzstapel und einen kleinen, sehr geschäftigen Mann, der eine Arbeitshose und eine schwere Wolljacke anhatte. Sein Gesichtsausdruck war finster, doch er blickte nicht mich an, sondern eines der halbfertigen Schiffe. Er griff es mit einer Art Queraxt, einer Kreuzung aus einem Hammer und einer kleinen Axt, regelrecht an, als ob er es hassen würde. Holzsplitter flogen in alle Richtungen davon, als er heftig auf das Schiff einschlug. Ab und zu hielt er inne, ging einen Schritt zurück, neigte seinen Kopf leicht zur Seite und begutachtete seine Arbeit. Dann ging er wieder zum Angriff über, wobei sein Gesicht starke Konzentration widerspiegelte. Auf seinem Kopf trug er eine seltsame Mütze, eine schmutziggraue, kegelförmige Filzkappe, die an einigen Stellen mit Öl verschmiert war, und einen Moment lang erinnerte er mich ganz deutlich an Rumpelstilzchen aus Grimms Märchen. Er warf einen kurzen Blick in meine Richtung, dann ignorierte er mich völlig. Als ich dort stand und ihn beobachtete, setzte er sein Werk ungestört fort, als ob ich nicht existieren würde. Er arbeitete außerordentlich schnell und offensichtlich nur nach Augenmaß. Ich konnte förmlich zusehen, wie die Krümmungen mehrerer Spanten miteinander in Übereinstimmung kamen, während er Stücke weghackte, um genau die Form zu erhalten, die er wollte. Er zögerte niemals, nicht einmal eine Sekunde lang, sondern haute mit einer stakkatoartigen Reihe von Schlägen das überflüssige Holz weg. Dann legte er sich die Queraxt mit einer abrupten Bewegung über seine Schulter und trat zurück, um einen weiteren Blick auf die Linien des Schiffes zu werfen.

Nachdem ich mir diese virtuose Vorstellung angesehen hatte, ging ich davon, um einen Dolmetscher zu suchen, denn Onkel John hatte mir zu bedenken gegeben, daß Vasilis, der seine Holzschiffe fast ausschließlich für griechische Fischer baute, wahrscheinlich kein Englisch sprechen würde. Glücklicherweise befand sich der Besitzer der Diskothek in seinem Haus und war bereit, für mich zu übersetzen. Wir gingen zusammen zu dem Schiffbaumeister zurück.

»Entschuldigung, *mestri*«, begann mein Dolmetscher zögernd. »Dieser Mann hier wollte ein paar Minuten lang mit Ihnen sprechen; es geht um den Bau eines Schiffes.«

Mit einem übertrieben höflichen Gebaren legte Vasilis seine Queraxt nieder und zeigte mit einer flüchtigen Kopfbewegung an, daß wir ihm in seinen Arbeitsschuppen folgen sollten. Dort angekommen fischte er eine Zigarette aus der Tasche seiner Jacke, bot mir ebenfalls eine an, die ich aber höflich ablehnte, und zündete sich seine Zigarette an. »*Lipon* – und?« fragte er. Dies war das erste Wort, das er hervorgebracht hatte.

Es folgte eine äußerst kurze und sachliche Diskussion. Mein Dolmetscher erklärte, daß ich jemanden suchte, der mir ein Holzschiff bauen könnte.

»Ein ganz besonderes Schiff«, unterbrach ich, »ein historisches Seefahrzeug, wie es seit Hunderten von Jahren nicht mehr gebaut worden war, eine Nachbildung einer alten griechischen Galeere.«

Vasilis Miene blieb unverändert, keine einzige Silbe kam von seinen Lippen.

»Hier ist eine Konstruktionszeichnung von dem Schiff«, sagte ich. »Sie ist von einem Marineingenieur angefertigt worden.« Ich breitete Colins erstklassigen Bauplan auf Vasilis Werkbank aus, inmitten eines Durcheinanders von Schleifsteinen, Gläsern, die Nägel enthielten, und Werkzeugen. »Wäre es heutzutage noch möglich, ein derartiges Schiff zu bauen?«

Mit der geduldigen Miene von jemandem, der lieber seine Arbeit fortsetzen würde, beugte sich Vasilis über die Zeichnung und betrachtete sie eingehend. »Wie lang ist es?«

»Ungefähr sechzehn Meter.«

Keine Reaktion.

»Die Planken«, fügte ich dann hinzu, »müssen auf die alte, damals übliche Art und Weise miteinander verbunden werden, sie müssen mit Hilfe von Hunderten kleiner Fremdzapfen aus Holz zusammengesteckt werden. So haben es die alten Schiffbauer damals gemacht. Ist das sehr schwierig?«

»Nein.« Eine sehr knappe Antwort.

»Wieviel Zeit wird man für den Bau brauchen?«

»Soll eine Kajüte mit eingebaut werden?«

»Nein, nein. Es ist ein offenes Schiff.«

»Eine Maschine?«

»Nein. Es soll mit Hilfe von Rudern und einem Segel fortbewegt werden, eben genauso wie die damaligen Galeeren.«

»Vier, vielleicht fünf Monate für den Bau«, meinte Vasilis knapp.

»Es soll nicht nur zum Ansehen sein«, warnte ich ihn leicht. »Ich will mit diesem Schiff eine lange Reise unternehmen, ich will damit zum Schwarzen Meer segeln und rudern, um Untersuchungen über die Geschichte von Jason und den Argonauten anzustellen.«

Vasilis schwieg. Bei dem Gespräch schien es, ebenso wie bei seiner Arbeit mit der Queraxt, keinen Raum für irgendeine Unschlüssigkeit zu geben. Also stellte ich die entscheidende Frage.

»Können Sie das Schiff für mich bauen?«

»Ja.«

»Wann können Sie mit der Arbeit anfangen? Das Schiff muß für die Reise im Frühsommer 1984 fertig sein.«

Vasilis dachte einen Moment lang über diesen Termin nach. »Ich werde im Oktober anfangen.«

Er drückte seine Zigarette aus, ging mit großen Schritten aus seinem Schuppen heraus, nahm seine Queraxt, und im nächsten Augenblick flogen schon wieder die Holzspäne durch die Gegend. Das Gespräch war beendet.

Später, viel später, als sich die fertiggebaute Galeere, zum Stapellauf bereit, auf der Helling befand, kam ein Zeitungsjournalist aus Athen, um mit Vasilis ein Interview über den Bau des Schiffes zu halten. Warum hatte er sich darauf eingelassen, solch ein ungewöhnliches und schwieriges Schiff zu bauen, das voller unvorhersehbarer Probleme steckte und völlig verschieden von den Schiffen war, die er sonst anfertigte? Selbst schon mit seiner Zustimmung, die Aufgabe zu übernehmen, hatte er seinen Ruf, einer der besten Schiffbaumeister zu sein, aufs Spiel gesetzt. Warum war er dieses Risiko also eingegangen?

Vasilis blickte den Journalisten in seiner üblichen direkten Art an. »Ich habe es für Griechenland getan«, antwortete er.

2. *Kapitel: Vasilis*

Colin schickte genauere Konstruktionszeichnungen nach Spetses. Sie zeigten bis ins Detail, wie die Galeere gebaut werden sollte: die Breite, Dicke und Länge jeder einzelnen Planke und aller benötigten Balken; den genauen Platz und die Form all dieser mit wohlklingenden Namen versehenen Teile, die beim Holzschiffbau benutzt wurden: Stringer, Balkweger, Kielschwein, Balkenknie, Auflanger usw. Eine Zeichnung gab die genaue Krümmung und den Querschnitt des skorpionschwänzigen Kiels an; eine andere kleine Skizze verdeutlichte, wie die Planken mit Hilfe von unzähligen kleinen Holzzapfen am besten miteinander verbunden wurden. Außerdem hatte Colin genau ermittelt, wie groß das Segel sein sollte und welche Form am zweckmäßigsten war. Er hatte ausgerechnet, daß ein parallelogrammförmiges Segel mit einer Fläche von 28 Quadratmetern, einer recht angenehmen Größe, ausreichen müßte, um ein derart leichtes Seefahrzeug auf eine beachtliche Geschwindigkeit zu bringen. Darüber hinaus hatte er eine interessante Berechnung beigefügt, die ich unbedingt beachten sollte: Ein Diagramm warnte mich davor, der Galeere zuviel zuzumuten, denn es zeigte genau den Winkel auf, bei dem sie kentern würde.

Der Entwurf der *Argo* zielte hauptsächlich darauf ab, den Ruderern bei ihrer mühsamen Arbeit, dieses Schiff während der Flauten voranzutreiben, behilflich zu sein. Eine weitere dieser kleinen anschaulichen Zeichnungen von Colin stellte drei roboterähnliche Männer dar, sogenannte »Standardmänner«, die ergeben in ihren Ruderpositionen saßen, um zu demonstrieren, wieviel Platz sie beim Hin- und Herschwingen der Rudergriffe haben würden, ohne sich gegenseitig von den Bänken zu stoßen. Doch uns war schon klargeworden, daß es sehr schwierig sein würde, diese »Standardmänner« irgendwo aufzutreiben. Jeder, der sich für die Teilnahme an einer derartig strapaziösen Reise bereit erklärte – ich konnte mir immer noch nicht vorstellen, wer freiwillig stundenlang auf den Ruderbänken schwitzen wollte –, würde wahrscheinlich in keinster Weise einem »Standardmann« entsprechen.

Colins extreme Detailgenauigkeit war für den erfolgreichen Bau der Galeere von entscheidender Bedeutung; doch wie konnte ich nun Vasilis dazu bringen, solch fremdartigen Ideen zu folgen? Ein paar Bogen Papier mit Zeichnungen aus dem Londoner Büro eines Marineingenieurs bedeuteten ihm überhaupt nichts. Vasilis arbeitete aus einer jahrelangen Erfahrung heraus, die er in seiner Lehrzeit und durch den Bau so vieler traditioneller griechischer Fischerboote gewonnen hatte, so daß er Größe und Form jedes Holzteils, und wie es eingebaut werden mußte, auswendig kannte. Vasilis war sein eigener Herr und arbeitete sicherlich nicht nach irgendwelchen Bauplänen. Ich mußte zweifellos einen Weg finden, Colins technische Zeichnungen in eine Art Anleitung zu übersetzen, die für Vasilis akzeptabel war und nach der er sich richten konnte, ohne jedoch in irgendeiner Weise seinen Stolz als Schiffbaumeister zu verletzen. Ich hoffte, daß ich eine Möglichkeit gefunden hatte: Ich wollte ein Modell von der Galeere anfertigen lassen, ein prächtiges, millimetergenaues Modell, das so hervorragend gebaut war, daß Vasilis es aufgrund der handwerklichen Meisterleistung einfach bewundern mußte und es dann als Vorlage benutzte. Ich ging davon aus, daß, wenn Vasilis wirklich ein so guter Schiffbauer war, wie man es mir erzählt hatte, er durch bloßes Betrachten des Modells in der Lage sein würde, die Galeere in natürlicher Größe zu bauen.

Tom Vosmer, den ich bereits von der Sindbad-Reise her kannte, war ein genialer Konstrukteur von Schiffsmodellen. Als ich Tom zum erstenmal traf, hatte er als professioneller Modellbauer gearbeitet und beschädigte alte Schiffsmodelle restauriert. Ich konnte mich noch immer sehr gut daran erinnern, wie seine Ehefrau Wendy einmal lachend erzählte, daß jedesmal, wenn sie versuchte, den Wohnzimmerteppich zu reinigen, der Staubsauger verstopfte, weil Teile winziger Kanonen aus Messing hineingeraten waren. Nach Beendigung der Sindbad-Reise waren Tom und Wendy nach Australien gegangen, wo Tom seine eigene Holzschiffbau-Firma gründete. Obwohl er sich nun auf der anderen Seite der Erdkugel befand, spürte ich, daß er genau der richtige Mann war, um der Herausforderung zu begegnen, das Baumuster eines Schiffes aus der Bronzezeit anzufertigen.

Es lief genau so, wie ich es mir erhofft hatte. Drei Monate später kam ein trommelförmiges Paket aus Australien für mich an, das ich vom Londoner Flughafen abholen mußte. Dieses Paket zu öffnen war eine recht komplizierte Angelegenheit. Als ich den Deckel der Trommel abgenommen hatte, fand ich einen Zettel mit einer Reihe von Instruktionen, die mich anwiesen, diese Halterung loszuschrauben, jenen Riegel zu öffnen, die hölzerne Schutzplatte abzunehmen, diese Schraube zu lösen und an jenem Griff zu ziehen, bis schließlich das vortreffliche Modell der Galeere aus dem gut ausgestopften Nest heraus zum Vorschein kam, ein Baumuster, das bis ins kleinste Detail vollkommen war. Selbst die kleinen hölzernen Fremdzapfen, die eines Tages die Planken des zu bauenden großen Schiffes zusammenhalten würden, waren bei diesem Modell exakt eingearbeitet. Die Zapfen befanden sich im Innern der drei Millimeter dicken Planken und waren somit überhaupt nicht sichtbar. Doch mit einer übergenauen Sorgfalt hatte Tom sie eingesetzt. Das einzige, was man von außen erkennen konnte, waren unzählige Reihen winziger Punkte, die nicht größer waren als die Spitzen von feinen Nadeln, doch bei jedem dieser Punkte handelte es sich um den Kopf eines Holzdübels, der einen in der Planke versteckten Zapfen an seinem Platz festhielt. Wie immer war Tom bei seiner Arbeit ein Perfektionist ersten Grades gewesen.

Als ich das nächstemal nach Griechenland fuhr, nahm ich das Modell mit. Als ich das Baumuster auf seine Werkbank stellte, bewahrte Vasilis sorgsam seine übliche gleichgültige Miene. »So soll das Schiff aussehen«, meinte ich, wobei ich versuchte, ebenfalls nicht viel Aufhebens von der ganzen Sache zu machen. Als Vasilis einen kurzen Blick auf das Modell warf, glaubte ich einen Funken Anerkennung aufflackern zu sehen. »Seit unserem letzten Treffen habe ich auch einige praktische Experimente gemacht«, fuhr ich fort. »Ich habe versucht, ein langes Stück Bauholz zu biegen, um zu sehen, ob ich, Colin Mudies Bauplan nach, die richtige Krümmung für den Kiel des Schiffes bekommen konnte.«

Onkel Johns Neffe Andy war diesmal mein Dolmetscher. Andy war ein begeisterter Segler und somit in der Lage, genau meine Beschreibung zu übersetzen, wie ich zu Hause in Irland die Wälder nach einem 16 Meter langen Baum mit dem richtigen Durchmesser abgesucht hatte, diesen Baum dann fällte, ihn in das Dorf, in dem ich wohnte, transportierte, die Äste mit einer Axt abschlug und dann den Stamm mühsam behaute, damit er den richtigen Querschnitt bekam. Dann hatte ich den Stamm in Salzwasser getaucht, um ihn biegsamer zu machen, eine Winde aufgestellt und ihn damit, als ob ich einen riesigen Bogen spannen würde, so weit hochgezogen, bis er die gewünschte Krümmung erhielt. Es hatte sich um eine sehr zeitaufwendige Unternehmung gehandelt, und ich hoffte, daß Vasilis von diesem Experiment nun entsprechend beeindruckt sein würde. Doch Vasilis Antwort auf meine lange Abhandlung fiel extrem knapp aus.

»Was hat er gesagt?« fragte ich meinen Dolmetscher.

Andy sah mich etwas verlegen an.

»Na los, sag schon«, half ich nach.

»Vasilis meinte nur: ›Na und?‹«

Ein weiterer Grund für meine Reise nach Spetses war, von Vasilis zu erfahren, woher er das Bauholz für die Galeere bekommen wollte. Bruchstücke von alten Wracks aus dem Mittelmeer, die von Tauchern an die Oberfläche gebracht worden waren, sowie archäologische Ausgrabungen an Land deuteten darauf hin, daß ein allgemein gebräuchliches Holz für den Bau von Schiffen und Häusern von einer am Mittelmeer wachsenden Kiefernart stammte, *Pinus brutia,* die allgemein als Kalabrische Kiefer bekannt ist. Ich hatte Vasilis gebeten, beim Bau der Galeere genau das gleiche Holz zu nehmen, und machte dann die freudige Entdeckung, daß die Kalabrische Kiefer noch immer die Holzart war, die Vasilis und die anderen Schiffbauer in Spetses bei ihrer Arbeit vorrangig benutzten. Dieses Bauholz kam, wie mir erklärt wurde, von der Insel Samos, die sich kurz vor der türkischen Küste auf der anderen Seite des Ägäischen Meeres befindet. So fuhr ich also nach Samos, um den Holzhändler, von dem Vasilis sein Bauholz bekam, aufzusuchen. Ich wollte ihn fragen, ob er für die Galeere besonders sorgfältig ausgesuchtes Holz bereitstellen konnte.

Hoch oben in den Bergen von Samos, in einem der abgelegenen und noch unversehrt gebliebenen Orte, die in den Broschüren der Fremdenverkehrsämter so gerne gezeigt werden, fand ich den Gesuchten schließlich in einem Kramladen, der sich in einer Gasse befand, die so eng war, daß nur Maulesel und Fußgänger hindurchgehen konnten. Dort erklärte mir Vardikos, der Holzhändler, daß an dem Wald Hunderte von Jahren lang Raubbau betrieben worden war und die Holzfäller nun streng kontrolliert wurden. Jeder Arbeiter durfte nur noch eine bestimmte, vorher festgelegte Holzmenge pro Jahr aus dem Wald holen. Glücklicherweise, meinte er, war ich früh genug zu ihm gekommen, so daß er Vasilis' besonderen Bedarf noch gut berücksichtigen konnte. Er würde zusammen mit seinem Sohn die Wälder absuchen, dabei die in Frage kommenden Bäume markieren, sie im Laufe des Sommers fällen und die Stämme mit der Hilfe von Mauleseln zur Straße transportieren. Dort würde das Holz dann auf Lastwagen verladen und schließlich mit Fähren zum griechischen Festland gebracht werden.

Als ich das Dorf verließ und den Berg hinabstieg, bog ich von der Hauptstraße ab, um durch den weitläufigen Wald zu gehen, in dem Vardikos seine Bäume fällte. Ich konnte deutlich sehen, was er mit Raubbau und dem daraus entstandenen Mangel an gutem Holz gemeint hatte. Bei den meisten Kiefern handelte es sich um erbärmliche, verkrüppelte und verdrehte Bäume. Einige von den gekrümmten Kiefern mochten für die Spanten des Schiffes geeignet sein, doch es war kaum ein Stamm zu entdecken, der gerade genug war, um eine annehmbare Plankenlänge zur Verfügung zu stellen. Ich fragte mich, wie Vasilis mit einem derart armseligen Baumaterial klarkommen wollte. Er würde tatsächlich vor einer sehr schwierigen Aufgabe stehen, doch es gab keine andere Möglichkeit. Ich hatte bereits die kahlen Hänge des Pelion in der Nähe von Volos gesehen, wo Jasons Schiffbauer, Argos, die Stämme für sein Bauholz gefällt hatte. Heute konnte man dort keinen voll ausgewachsenen Baum mehr finden. Der Geschichtsschreiber Thukydides hatte sich bereits im 5. Jahrhundert v. Chr. darüber beklagt, daß die Wälder Griechenlands wegen des Baus der Schlachtflotten so kahlgeschlagen worden waren, daß die Schiffbauer nun gezwungen waren, nach Italien und Kleinasien zu reisen, um von dort ihr Holz zu beziehen. Einige wenige Bestände an Kalabrischer Kiefer für den traditionellen griechischen Schiffbau wuchsen noch auf Samos und auf einer Nachbarinsel. Aber ich war in keinster Weise davon überzeugt, daß Vardikos in der Lage sein würde, Vasilis mit dem erforderlichen Bauholz zu versorgen.

Zwei Monate später rief mich Onkel John von Athen aus an und überbrachte mir eine schockierende Nachricht. Selbst er schien davon recht betroffen zu sein. »Tim, ich fürchte, wir haben einige

Schwierigkeiten. Ich habe gerade die Abendnachrichten im Fernsehen gesehen. Sie haben von einem riesigen Waldbrand auf Samos berichtet und Bilder von dem brennenden Wald gezeigt. Feuerwehrleute aus ganz Griechenland werden dort hingeschickt, und sogar Spezialflugzeuge bekämpfen die Flammen, indem sie Wasser und Chemikalien abwerfen. Es sieht sehr schlimm aus. Der größte Teil des Kiefernwaldes soll vernichtet worden sein, und ich befürchte, daß ebenfalls das Holz für dein Schiff davon betroffen ist.« Todunglücklich legte ich den Hörer auf. Es gab keine andere Möglichkeit, die richtige Holzart noch rechtzeitig von sonst irgendwo herzubekommen. Es schien unvermeidlich zu sein, daß sich der Bau der Galeere um mindestens ein Jahr verzögern würde.

Eine Woche später rief Onkel John erneut an. Er hatte wiederholt versucht, mit Vardikos in Verbindung zu kommen, doch ohne Erfolg. Die Telefonleitungen auf Samos wurden entweder von dem einberufenen Krisenstab besetzt gehalten oder waren geschmolzen. Doch durch seine bezeichnende Beharrlichkeit war es John schließlich gelungen durchzukommen. »Tim«, meinte er zu mir, »es ist fast unglaublich. Vardikos hatte eigentlich vorgehabt, dein Bauholz erst frühestens im nächsten Monat an Vasilis zu schicken. Doch aus irgendwelchen Gründen hatte er dann beschlossen, es bereits früher auszuliefern. Das Holz für Vasilis wurde einen Tag, bevor das Feuer ausbrach, verschifft. Es war die letzte Holzladung, die von der Insel losgeschickt worden ist. Alles andere, einschließlich der geschlagenen Stämme, die an der Straße zum Abholen bereitlagen, und der größte Teil des Baumbestandes, ist verbrannt. Aber Vasilis wird rechtzeitig mit seiner Arbeit anfangen können.«

Samos war nicht die einzige Sache, die bei der Planung Schwierigkeiten bereitete. Ich hatte einen Brief an den Vorsitzenden des türkischen Segelsportverbandes geschrieben. Konnte er mir einen Rat geben, fragte ich ihn, auf welche Weise am besten die Erlaubnis für die Durchführung einer Expedition entlang der Küste seines Landes, bei der man öfter an Land kommen würde, um an abgelegenen Stränden die Nacht zu verbringen, einzuholen wäre? Würden die Behörden irgendwelche Bedenken haben? Ich erklärte, daß ich hoffte, mit einem kleinen Schiff die ganze Strecke vom Ägäischen Meer durch die Dardanellen, das Marmarameer und den Bosporus hindurch ins Schwarze Meer hinein bis zur türkisch-sowjetischen Grenze zurücklegen zu können. Konnte mir der Segelsportverband etwas über die Bedingungen, die wir auf dieser Fahrt antreffen würden, mitteilen?

Alpay Çin, der Vorsitzende des Verbandes, war die Liebenswürdigkeit in Person. Als ich in Istanbul ankam, um einen Teil der Reiseroute zu erkunden, hatte er bereits Kontakt mit der türkischen Marine aufgenommen. Der Kommandeur der Marineakademie hatte eine Motorjacht zur Verfügung gestellt, so daß ich mich an Ort und Stelle von den Schwierigkeiten bei dem Unternehmen, den Bosporus hinaufzurudern, überzeugen konnte.

Es war eine ernüchternde Erfahrung. Die Jacht des Kommandeurs brauchte die volle Leistung des Motors, um gegen die wirbelnden Wasser des Bosporus anzukommen, und ein Lotse, der seinen Dienst auf dem Bosporus verrichtete, versicherte mir, daß sogar Frachtschiffe oftmals zum Spielball der Strömungen wurden. Jedes Jahr wurde mindestens ein glückloses Schiff an Land getrieben, wobei es manchmal mit seinem Bug durch die Fenster von Häusern krachte, die man direkt ans Ufer gebaut hatte. Das auseinandergebrochene Wrack eines riesigen Tankers lag gestrandet in der südlich gelegenen Einfahrt der Meerenge; er war inmitten der starken Strömungen in Schwierigkeiten geraten. Als er in den Strudeln die Kontrolle verloren hatte, war er mit einem anderen Schiff kollidiert, hatte Feuer gefangen und war dann explodiert, wobei ein riesiger Feuerball entstanden war, den die Leute, die in der Umgegend wohnten, für eine Atombombenexplosion gehalten hatten.

An der Schwarzmeerküste der Türkei hatten Alpays Freunde vom Segelsportverband für mich ein Treffen mit dem Oberbefehlshaber der türkischen Schwarzmeerflotte arrangiert. Ich wurde, vorbei an schneidigen Wachposten, die weiße Uniformen, weiße Handschuhe und mit einem roten Band versehene Helme trugen, in das Büro des Admirals geleitet, das mit sehr gut gepolsterten Sesseln, die schon fast dem ottomanischen Stil entsprachen, ausgestattet war. Bei dem Admiral handelte es sich um eine herzliche und stattlich wirkende Person, deren breite Brust mit zahlreichen Ehrenzeichen und Ordensbändern geschmückt war – ein genaues Ebenbild des *Grand Turk.* Er bot mir Tee in edlen Porzellantassen an und ließ ein rauhes Lachen hören, als ich ihm den ungefähren Zeitplan meiner Expedition erläuterte.

»Na gut, wenn Sie es schaffen, im nächsten Sommer hierherzukommen, werden Sie uns zumindest in der richtigen Jahreszeit besuchen«, meinte er. »Das Schwarze Meer hat einen schlechten

Ruf. Die Anwohner sagen, daß es nur vier sichere Häfen hat: Samsun, Trabzon, Juli und August...« Und dann warf er seinen Kopf zurück und stieß ein brüllendes Gelächter aus, das die Teetassen zum Klappern brachte.

Als ich wieder nach Hause kam, traf ich auf einen weiteren dieser glücklichen Zufälle, die einen Teil des Unternehmens zu bilden schienen. Ich hatte mir vorgenommen, erst dann mit dem Zusammenstellen der Rudermannschaft anzufangen, wenn der Bau der Galeere sich in einem fortgeschrittenen Stadium befand. Ohne es zu wissen, hatte das erste Besatzungsmitglied bereits seine Bewerbung für dieses Unternehmen geschrieben, die nun zu Hause auf mich wartete. Der Schreiber hatte gerade seine Abschlußprüfung an dem Oxforder Keble College, an dem auch ich meine Ausbildung gemacht hatte, absolviert und nahm nun an einem Lehrgang für Betriebswirtschaft teil, der ihn allerdings wenig interessierte. Deshalb suchte er nach einer Veränderung und wollte gerne wissen, ob ich vielleicht nicht zufällig dabei wäre, eine weitere Expedition zu organisieren. Sollte dies der Fall sein, könnte ich ihn nicht bei der Zusammenstellung des Teams berücksichtigen? Er entschuldigte sich dafür, daß er praktisch keine Segelerfahrung aufweisen konnte. Sein Hauptinteresse galt dem Rudern. Er war in der Oxforder Leichtgewichtsklasse gerudert, war Mannschaftsführer des Ruderteams von Keble gewesen und trainierte nun die College-Mannschaft. Und dann bemerkte ich, was er in Oxford studiert hatte: die alten Sprachen. Mein erster Bewerber war sowohl ein Kenner der alten Sprachen als auch ein erfahrener Ruderer. Ich fragte mich, ob Mark Richards, so hieß er, überhaupt eine Ahnung davon hatte, worauf er sich einließ. Er konnte unmöglich erfahren haben, daß ich plante, mit einer zwanzigrudrigen Galeere den Spuren von Jason und den Argonauten zu folgen.

Colin Mudie hatte mittlerweile seine Arbeit fast vollendet. Bei dem Entwurf der Galeere war lediglich eine Einzelheit noch nicht festgelegt: die genaue Größe und die Form des Rammsporns. Es gibt in den antiken Quellen keine Hinweise darauf, daß der Rammsporn in den Schlachten als Waffe benutzt worden war, indem man mit voller Kraft feindliche Schiffe rammte und somit deren Rumpf durchbohrte. Colin nahm an, daß es sich ursprünglich um eine Vorrichtung handelte, damit sich die Galeere besser durch das Wasser bewegen konnte, in etwa vergleichbar mit dem sogenannten Taylor-Wulst, den man am Bug vieler moderner Schiffe finden kann. Colin hatte arrangiert, daß Studenten an der Universität von Southampton als Teil ihres Studienganges mit dem Modell einer Galeere Versuche in einem Wasserbecken durchführten. Ich wurde gebeten, ein einfaches Testmodell anzufertigen sowie drei verschiedenartige Rammsporne, die auf den Bug aufgesteckt werden und somit im Laufe der Versuche miteinander verglichen werden konnten.

Eines Morgens fuhr ich nach Southampton, um zu sehen, wie die Studenten vorankamen. Bei meiner Ankunft hingen sie gerade mit dem Kopf nach unten auf einem beweglichen Gerüst über dem Versuchsbecken und machten sich Notizen über das Verhalten des kanariengelben Modells, das unter dem lauten Surren der Maschinerie in dem Becken hin- und hergeschleppt wurde. Zu meiner Bestürzung schaltete der Dozent den Mechanismus an, der künstliche Wellen hervorrief, und bei der nächsten Runde fing das kleine Schiff an, wie wahnsinnig auf und nieder zu hüpfen. Bei den Wassermengen, die nun an Bord klatschten, war es offensichtlich, daß das Schiff in Wirklichkeit sicherlich untergehen würde.

»Keine Bange«, beruhigte mich der Dozent. »Der Computer, der den Wellenmechanismus reguliert, ist so eingestellt, daß er den Seegang hervorruft, der während eines Sturms auf der Nordsee entstehen würde. Ich nehme nicht an, daß Ihre Galeere mit einem derartigen Wellengang fertig werden muß.«

Die Versuche bestätigten, was Colin vermutet hatte: Der Rammsporn sorgte für eine beträchtliche Verbesserung der Seetüchtigkeit der Galeere. Sie glitt leichter durchs Wasser, und außerdem glättete der Rammsporn die Bugwelle, so daß die Mannschaft in ruhigerem Wasser rudern konnte. Offensichtlich beherrschten die alten Schiffbauer ihr Fach recht gut.

Die Versuche im Wasserbecken erbrachten auch die Bestätigung einer technischen Angabe, die ich den Besatzungsmitgliedern, die das Schiff schließlich von Griechenland bis in die Sowjetunion hinein rudern sollten, lieber nicht verfrüht mitteilen wollte: 20 Männer in durchschnittlicher körperlicher Verfassung, die mit einer Geschwindigkeit ruderten, die sie mehrere Stunden lang hintereinander beibehalten konnten, würden auf eine Gesamtleistung von nur zwei Pferdestärken kommen. Ihre gemeinsame Anstrengung, die ganze mühevolle Anspannung ihrer Muskeln, würde nicht mehr Kraft aufbringen als ein winziger Außenbordmotor, der ein kleines Schlauchboot vorantreibt. Wie konnte unter diesen Umständen von meiner Mannschaft erwartet werden, eine – einschließlich Besatzung und Reiseausrüstung – acht Tonnen schwere Galeere gegen die Strömungen, die ich kürzlich gesehen hatte, den Bosporus hinauf zu bewegen? Es handelte sich um eine Frage, über die ich zunächst einmal lieber nicht nachdachte.

Wie Vasilis versprochen hatte, war er Anfang Oktober bereit, mit dem Bau der Galeere zu beginnen. Er nahm mich mit zu dem Sägewerk, in dem die Stämme, die Vardikos aus Samos dorthin geliefert hatte, auf die annähernd richtigen Längen zugesägt werden sollten. Dort wurde ich zum erstenmal Zeuge davon, wie Vasilis mit seinen Handwerkskollegen klarkam. Als wir im Sägewerk eintrafen, lag trotz unserer Verabredung noch nichts für uns bereit. Es war niemand zu sehen, und das Blatt der großen Bandsäge war gerissen. Vasilis stürmte in das Gebäude hinein und machte Rabatz: Das Sägeblatt mußte unverzüglich ausgewechselt und seine Stämme sofort zugesägt werden. Die Arbeiter nahmen die Schimpfkanonade gelassen hin. Vasilis stand mit funkelndem Blick da und grummelte vor sich hin, bis die große Bandsäge wieder in Betrieb war und das Holz zuschnitt. Doch selbst jetzt regte er sich noch nicht ab. Von Zeit zu Zeit blickte er den Arbeiter, der die Bandsäge bediente, finster an, untersuchte gründlich die angelieferten Stämme und beanstandete murrend, daß Vardikos nicht genau das geschickt hatte, was er haben wollte. Doch, doch, keine Sorge, es würde schon gehen. Dann wurde der Besitzer des Sägewerks zu dem Versprechen gebracht, die fertig zugeschnittenen Planken und Balken innerhalb von zwei Tagen nach Spetses zu liefern.

Kurz nach der Morgendämmerung des zweiten Tages quälte sich ein alter Lastwagen, auf dem unser Holz hoch aufgetürmt worden war, auf dem schlaglochreichen Weg im Alten Hafen von Spetses voran. Der Lastwagen wurde von einem holpernden Motorroller begleitet, auf dem Vasilis, seine unverkennbare kegelförmige Fellmütze tragend, saß und einem Schäferhund glich, der seine Herde nach Hause trieb.

Tom und Wendy Vosmer kamen nun aus Australien an; sie hatten zugesagt, den Winter auf Spetses zu verbringen und beim Schiffbau zu helfen. Tom sollte als technischer Berater tätig sein, der auf die historische Authentizität beim Schiffbau achtete und die Arbeiten ausführte, die er machen konnte, ohne Vasilis' ausgeprägtes Unabhängigkeitsbestreben zu verletzen. Es handelte sich also um eine Aufgabe, die sehr viel diplomatisches Fingerspitzengefühl verlangte. Man hatte mich immer wieder gewarnt, daß Vasilis es nicht ausstehen konnte, wenn irgendein anderer Schiffbauer auch nur einen einzigen Holzsplitter von einem der Schiffe, an denen er arbeitete, berührte. Er arbeitete allein oder höchstens mit einem sorgsam ausgesuchten Gehilfen zusammen, dessen Hauptaufgabe es war, Handlanger zu sein, der das andere Ende der Planke festhielt, die Werkstatt aufräumte und andere unterstützende Arbeiten für den Meister verrichtete. Der Gehilfe, ein freundlicher junger Mann, der Mimas hieß, arbeitete im Sommer als Kapitän auf einer gecharterten Jacht und half Vasilis nur in den ruhigen Wintermonaten. Fünf Monate hintereinander bei Vasilis zu arbeiten reichte ihm dann auch. Mimas erzählte uns einmal beiläufig, warum Vasilis niemals persönlich mit Dino sprach, einem Schiffbauer, der an einem Schiff arbeitete, das auf der Straße stand, genau gegenüber von Vasilis' Werkstatt. Dino war ebenfalls ein ausgezeichneter Handwerker, und er arbeitete sogar an der gleichen Bandsäge wie Vasilis. Die beiden Männer werkten ungefähr zehn Meter voneinander entfernt, acht Stunden am Tag, sechs Tage in der Woche, das ganze Jahr hindurch. Doch niemals sprachen sie miteinander. Mimas zufolge hatten sie zusammen ihre Ausbildung gemacht. Als sie dann schließlich begannen, als gelernte Schiffbauer zu arbeiten, schien es nur natürlich zu sein, daß sie sich zusammentaten. Doch eines Tages, aus Gründen, die uns niemals genannt worden sind, kam es zu einer derart fürchterlichen Schlägerei zwischen ihnen, daß der eine im Krankenhaus landete und der andere im Polizeirevier. Von diesem Tage an hatten sie kein einziges Wort mehr miteinander gewechselt.

Tom war sehr verständnisvoll. Die Baumeister traditioneller Schiffe, versicherte er mir, strebten immer nach Unabhängigkeit. Sie liebten es, allein zu arbeiten und ihren Eigenarten nachzugehen. Tom wollte sich in keinster Weise in Vasilis' Art zu arbeiten einmischen. Das war alles schön und gut, dachte ich bei mir, doch das ganze Projekt hing somit von einer einzigen Person ab – von Vasilis. Wenn er plötzlich sein Interesse verlieren oder abspringen oder etwa – Gott behüte – krank werden würde, bestand nicht mehr die geringste Chance, daß die Galeere rechtzeitig fertig würde. Eine besorgniserregende Aussicht für mich, doch wenn irgend jemand mit ihm klarkommen konnte, dann war es Tom. Er war ebenfalls ein Perfektionist und überaus geduldig. Zur Zeit beschäftigte er sich gerade damit, gewissenhaft Griechisch zu lernen, um in der Lage zu sein, sich mit dem *Maestro* zu unterhalten.

Wir mieteten uns eine Wohnung in einem Haus, das am Hang gelegen war, von wo aus wir auf Vasilis' Werkstatt im Alten Hafen hinunterblicken konnten. Jeden Morgen, wenn wir auf dem Balkon der Wohnung standen, sahen wir die unverkennbare Gestalt von Vasilis, der die steile Straße am anderen Ende des Hafens hinunterfuhr, um zur Werft zu gelangen. Hinter seinem Motorroller her hastete ein außerordentlich schäbiges, graubraunes Fellbündel: sein Hund, dem wir den Spitznamen Rags (rag = Lumpen) gegeben hatten, weil es sich eben um eine echte Promenadenmischung handelte. Die Gestalt holperte auf der Straße an der Rückseite des Hafens entlang, verschwand aus dem Blickfeld und tauchte dann fast genau unter unserem Balkon wieder auf. Das *»put-put«* des Motorrollers verstummte dann, und Vasilis, gefolgt von Rags, ging den Weg hinunter, der zu seiner Werkstatt führte, während unter Planken und alten, umgekippten Booten hervor und aus Haufen von Segeltuchresten und aus großen, leeren Farbeimern heraus eine Horde halbwilder Katzen zum Vorschein kam, die alle auf die Plastiktüte, die von Vasilis' Fingern herabbaumelte, lossteuerten. Diese Plastiktüte gab einen verräterischen Hinweis. Vasilis, der hitzige, griesgrämige Wilde, besaß also auch einen wunden Punkt. Jeden Tag brachte er den herumstreunenden Tieren etwas zum Fressen mit. Selbst am Sonntag, seinem freien Tag, kam er extra von seinem Haus, das sich am anderen Ende des Ortes befand, hierher, um sie zu füttern.

Vasilis beschloß, die Galeere auf einem Stück Uferland, genau hinter seinem Werkstattschuppen, zu bauen. Mimas wurde beauftragt, die Stelle herzurichten, dann wurden Holzblöcke aufgestellt, auf denen später der schlanke Kiel liegen sollte. Nun kam es zum ersten frontalen Zusammenstoß zwischen Vasilis' alten Gewohnheiten und den Anforderungen, die das neue Schiff stellte. Ich bat Vasilis darum, in die Mitte des Kiels eine leichte Aufwärtsbiegung hineinzubauen. Der Grund dafür bestand darin, daß, wenn sich die Galeere auf See befand, das Gewicht der Besatzungsmitglieder und der Vorräte, die in der Mitte verstaut waren, mittschiffs nach unten drücken und somit die leichte Biegung ausgleichen würde, so daß der Kiel genau gerade im Wasser lag.

Wie ich es befürchtet hatte, war Vasilis entsetzt. Niemals würde jemand in die Mitte des Kiels eines neuen Schiffes eine Biegung hineinbauen, erzählte er mir. Das war das Kennzeichen eines alten, müden, schlecht gebauten Schiffs, das bald nicht mehr zu gebrauchen war. Er war derart aufgebracht, daß er mich zum anderen Ende des Hafens führte, um mir solch ein altersschwaches Schiff, das gerade auf der Helling lag, zu zeigen. »Da!« rief er und deutete auf den offensichtlichen Bogen. »Sieh hin! Das Schiff pfeift aus dem letzten Loch. Man kann deutlich sehen, daß es nur noch ein paar Jahre durchhalten wird. Wie können Sie nur ein Schiff haben wollen, das so aussieht, das an beiden Enden durchhängt? Noch niemals in meinem Leben habe ich von einem Schiff gehört, das mit einem gekrümmten Kiel gebaut wird. Was für eine verrückte Idee!«

Zum vierten- oder fünftenmal erklärten Tom und ich geduldig die Theorie, die hinter dem leicht gebogenen Kiel steckte. Glücklicherweise befand sich Vasilis in einer heiteren Stimmung. Nach einer zweistündigen sachlichen Diskussion warf er plötzlich seine Arme hoch. »In Ordnung! Ich werde es so machen. Aber es ist eure Idee; nicht meine.« Zwecks Entspannung gab er eine pantomimische Vorstellung, die Verzweiflung darstellte. Er vergrub den Kopf in seinen Armen und tat so, als ob er in Tränen ausbrechen würde.

Einige Wochen später, als der leicht gebogene Kiel der zukünftigen Galeere auf den Holzblöcken lag, so daß die Krümmung für jeden deutlich sichtbar war, blickten zwei alte Männer von der Straße aus auf das Schiff hinunter und machten einige Bemerkungen über die bizarre, gekrümmte Form des Kiels. Doch mittlerweile hatte Vasilis sich dafür entschieden, eine Tugend aus der unorthodoxen Struktur zu machen. »Meint ihr nicht auch, daß er vortrefflich gelungen ist?« rief er zu ihnen hinauf, wobei er eine schwungvolle Armbewegung vollführte. »Er ist genau so geworden, wie er sein sollte.«

Vardikos hatte es nicht geschafft, einen geraden Stamm zu finden, der lang genug war, um den Kiel in einem Stück zu bauen. Daher mußten wir den Kiel aus mehreren Längen zusammensetzen. Der massive Mittelteil des Rammsporns wurde ebenfalls aus kleineren Längen angefertigt, die an einem wohlgeformten Stück Baumwurzel, das die Grundform angab, befestigt wurden. Als dies alles fertig war, kamen wir zusammen, um den Kiel und den Rammsporn auf die Holzblöcke zu heben. In dem Augenblick, in dem der lange Kiel auf seinem Platz richtig zu liegen kam, eilte Vasilis an jeder Seite entlang und brachte eine erstaunliche Anzahl von Stützen und Querverstrebungen an, die dafür sorgen sollten, daß sich das Holz nicht verzog. Diese Vorkehrung war äußerst wichtig, erklärte Vasilis schroff, da sich das frisch geschlagene Holz der Kalabrischen Kiefer in extremer Weise bog und krümmte. Wenn man nicht dafür sorgte, daß der Kiel unbeweglich war, würde er seine Form verlieren, und somit würde es unmöglich sein, das Schiff zu bauen.

Warum er denn nicht abgelagertes Holz benutzte, fragte ich ihn. Weil abgelagertes Holz nicht kurzfristig lieferbar war; außerdem eignete sich die frisch geschlagene Kiefer für die meisten Arbeiten besser, da sie biegsamer war. Ich erkannte, daß es sich hierbei um die praktische Lösung eines Problems handelte, das die Historiker beschäftigt hatte. Die Geschichtswissenschaftler hatten sich den Kopf darüber zerbrochen, wie es den Griechen damals gelungen war, ihre stark angeschlagenen Flotten nach schweren in der Schlacht erlittenen Verlusten so schnell wieder aufzubauen. Einige von den Gelehrten nahmen an, daß in den alten Werften riesige Holzvorräte bereitgestanden hatten, mit denen dann die neuen Schiffe gebaut werden konnten. Wenn dies der Fall gewesen war, wie haben die alten Schiffbaumeister dann berechnen können, wie groß ihr Bedarf sein würde? Auf die Lösung dieses Problems hatte uns Vasilis gebracht: Die alten Schiffbauer hatten höchstwahrscheinlich kein abgelagertes Holz verwendet. Ebenso wie Vasilis hatten sie frisch geschlagenes Holz benutzt, das gefällt wurde, wenn man es brauchte, und den Vorteil hatte, daß es biegsam war. Die Erfahrenheit sowohl der alten als auch der heutigen Schiffbaumeister bestand darin, ganz genau zu wissen, wie sich jedes Holzteil verhalten wird, wenn es austrocknet, in welchem Maße es sich zusammenziehen und krümmen wird, und all dies beim Bau des Schiffes zu berücksichtigen.

Unser nächster Arbeitsschritt wich jedoch von den Gewohnheiten der alten Schiffbaumeister ab. Sie bauten den Rumpf ihrer Schiffe, indem sie die Planken zuerst am Kiel anbrachten und sich dann nach oben arbeiteten. Erst später, als die Planken alle befestigt waren und eine Art Eierschale bildeten, wurden die Spanten eingesetzt. Tom stellte nun jedoch einige gebogene Holzteile her, einige Schablonenhölzer, an denen sich Vasilis dann bei der Formgebung des Rumpfes orientieren konnte. Später, wenn sich der Rumpfbau in einem fortgeschrittenen Stadium befand, sollten einige dieser Schablonenhölzer entfernt werden, während andere zu Spanten der Galeere wurden. Tom und ich waren darin übereingekommen, daß es vernünftig war, diese Methode anzuwenden.

Vasilis mußte eine Schiffsform bauen, die vollkommen neu für ihn war. Man konnte daher natürlich nicht von ihm erwarten, auch noch nach einer völlig neuen Arbeitsweise vorzugehen, dazu noch unter Verwendung von Planken, die sich extrem verzogen. Ausschlaggebend war es, am Ende die Rumpfform zu bekommen, die Colin in seinem Entwurf vorgegeben hatte.

Am Spätnachmittag des Tages, an dem wir den Kiel in die richtige Lage gebracht und die ersten Schablonenhölzer befestigt hatten, blieb ich noch länger auf dem Werftgelände, während die anderen schon fortgegangen waren. Ich wollte einen Eindruck von der Gestalt des neuen Schiffes bekommen. Zum erstenmal hatte sich genug von der Struktur herausgebildet, so daß ich einschätzen konnte, wie eine 3000 Jahre alte Galeere nach ihrer Fertigstellung wirken würde. Als ich auf dem Ufer stand und mir das Gerippe des Schiffs ansah, fiel mir auf, wie zerbrechlich dieses Seefahrzeug zu sein schien. Die einzelnen Holzbauteile hatten sich stabil genug angefühlt, als wir sie an den richtigen Stellen befestigten. Doch jetzt, als Ganzes gesehen, wirkte das Rückgrat des Schiffes so schwächlich, als wäre es nicht in der Lage, seine gesamte Länge zu stützen, ohne dabei auseinanderzubrechen. Ich wurde an das Skelett eines Krokodils erinnert, das ich einmal in einem Naturkundemuseum gesehen hatte. Der Kopf und der riesige Kiefer schienen ebenso wie der Bug und der vorspringende Rammsporn des Schiffes zu schwer zu sein, um von dem langen, schlanken Rückgrat gehalten zu werden.

Vasilis war überhaupt nicht besorgt, zumindest zeigte er es nicht. Jeden Morgen kam er zu seinem Arbeitsplatz, fütterte die Katzen, kochte sich über einem Feuer von Hobelspänen eine kleine Tasse Kaffee und ging dann in seiner unnachahmlichen Art ans Werk. Weder Mimas noch Tom, ich oder John Egan, der eingetroffen war, um zu fotografieren und alle möglichen anfallenden Arbeiten auszuführen, hatten die leiseste Ahnung davon, was am jeweiligen Tage auf dem Plan stand. Es gab absolut keinen Weg, in Erfahrung zu bringen, was Vasilis als nächstes tun würde; er war wirklich völlig unberechenbar. In einem Moment war er dabei, mit seiner Queraxt etwas Holz vom Rammsporn wegzuhauen; im nächsten Moment ging er dann daran, die Position eines Bauteils zu verändern oder die Krümmung einer Planke zu bestimmen; oder aber er kündigte plötzlich an, daß er ans andere Ende der Insel fahren würde, um auf dem Bergabhang nach kurzgewachsenen Eichen zu suchen, deren Zweige er benötigte, um die Holzdübel herzustellen. Vasilis sagte niemals im voraus, was er als nächstes vorhatte, und erklärte auch niemals, aus welchem Grunde er dieses oder jenes gerade tat. Er ging einfach seiner Arbeit nach, deren Ablauf von seinem ihm eigenen Rhythmus und von seinen eigenen Techniken bestimmt wurde. So waren Tom und ich dann auch recht verwirrt, als Vasilis, anstatt mit der ersten Planke am Kiel anzufangen, damit begann, die Planke am oberen Teil des Rumpfs, gleich neben dem Deck, zu befestigen, die normalerweise als letzte drankam. Dann ging er ebenso plötzlich wieder zum Kiel hinunter und brachte dort die passende Planke an. Tom und ich erwarteten nun natürlich, daß er als nächstes die entsprechende Planke auf der anderen Seite des Kiels festmachen würde – doch keine Spur davon. Vasilis blieb auf der gleichen Seite und setzte eine zweite Planke auf die erste.

»Ich kann es nicht fassen«, meinte Tom verwundert. »Ich glaube fast, daß er zunächst die eine Seite des Schiffes fertig beplankt und dann erst mit der anderen beginnt. Er muß wirklich sehr davon überzeugt sein, daß er beide Seiten in Übereinstimmung bekommt. Auf so verfluchte Art und Weise ein Schiff zu bauen, das habe ich noch nicht gesehen.«

Vasilis stellte sogleich eine weitere Theorie auf den Kopf. Die Gelehrten hatten sich lang und breit über die Schwierigkeit ausgelassen, das alte Verfahren, nach dem die Schiffsplanken miteinander verbunden wurden, wiederzuentdecken, eine Technik, die man als Schlitz-und-Zapfen-Methode bezeichnete. Es handelte sich um eine Technik, die bei den Schiffbauern in Vergessenheit geraten war, weshalb die Experten meinten, daß es außerordentlich schwer sein würde, sie wieder ins Leben zu rufen. In dem Stoß jeder Planke mußten kleine Aushöhlungen, die Schlitze, ausgestemmt werden. In diese Schlitze wurden dann Fremdzapfen aus Holz eingesetzt, die ein Stück aus der Planke herausragten. Die nächste Planke besaß entsprechende Schlitze im Stoß, so daß die vorstehenden Zapfen genau hineinpaßten und die Planken exakt aufeinanderlagen. Dann mußten Holzdübel rechtwinklig in die Enden jedes Zapfens getrieben werden, wodurch man die notwendige Stabilität erhielt. Es handelte sich um eine sehr arbeitsaufwendige, aber auch um eine außerordentlich wirksame Methode, um die Planken eines

Schiffes miteinander zu verbinden und damit einen gleichmäßigen, eng zusammenschließenden Rumpf zu erhalten. Den Gelehrten zufolge würde man stundenlange Versuche brauchen, um diese Technik wieder zu erlernen, um die Stellen, an denen jeweils ein Schlitz ausgestemmt werden mußte, exakt zu ermitteln, und um den richtigen Winkel und die genaue Größe des Fremdzapfens zu bestimmen. Man hatte uns erzählt, daß es sich um eine derart zeitaufwendige Arbeitstechnik handelte, daß der Bau des Schiffs zwei Jahre dauern würde.

Vasilis amüsierte sich dagegen über die Behauptung, daß diese Methode mit großen Schwierigkeiten verbunden sein sollte. Tom fertigte ein Modell einer Schlitz-und-Zapfen-Verbindung in natürlicher Größe an und zeigte es ihm. Der Schiffbaumeister zeigte einmal mehr sein charakteristisches Achselzucken. »Das ist kein Problem«, meinte er. »Ich werde die Planken wie gewöhnlich vorbereiten, die Schlitze ausstemmen, die Zapfen anfertigen und dann die Planken aufeinanderstecken und – tock! tock! tock!« – er tat so, als ob er mit einem Holzhammer arbeitete, »festmachen.«

Und er sollte recht behalten. Vasilis befestigte die erste Planke mit Hilfe einer Zapfenverbindung so schnell und problemlos an dem Kiel, als ob er diesen Arbeitsgang schon hundertmal ausgeführt hätte. Danach wurde jede Planke mit der gleichen Leichtigkeit an ihren Platz gebracht. Die alten Schiffbaumeister hatten mit einer

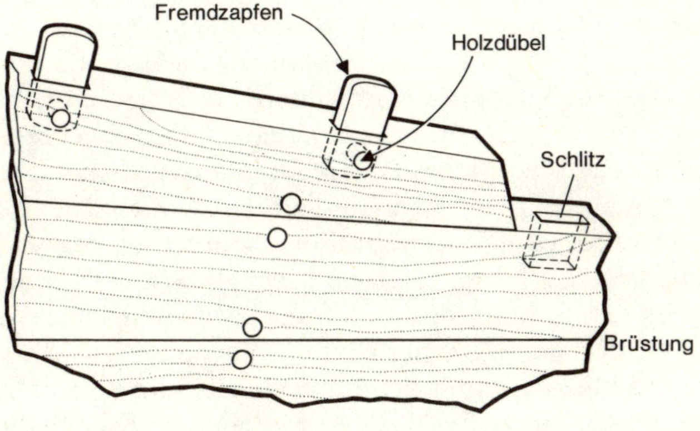

Schlitz- und Zapfen-Verbindungen der Planken

großen Zahl von Hilfskräften – oftmals handelte es sich dabei um Sklaven – gearbeitet, die mit Stemmeisen Hunderte von Schlitze in die Planken schlagen mußten. Doch Vasilis baute den Rumpf praktisch allein, weshalb wir uns für diese Aufgabe eine kleine, einfache Maschine anschafften; und Tim Richards, ein junger englischer Lehrer für den Fachbereich des Zimmerhandwerks, nahm sich Urlaub, um uns in Spetses zu helfen. Tim bediente die Maschine und fertigte aus Buchenholz auch die Zapfen für Vasilis an. Natürlich lehnte der *Maestro* jede Hilfe am Schiffsrumpf selbst ab. Für diese Arbeit, so betonte er immer wieder, trage er allein die Verantwortung. Er führte die Aufgabe auf seine ihm eigene Weise und nach seinen festen Überzeugungen aus.

Einige seiner Arbeitsmethoden konnte man nicht anders als dramatisch bezeichnen. Er hatte zum Beispiel gerade eine Seite des Rumpfs fertiggestellt, und es sah wirklich großartig aus: ein wunderschönes, lebendig wirkendes Gebilde aus hellgelbem Holz, das von den Köpfen der Holzdübel, die die Zapfen festhielten, übersät war – ein richtiges Kunstwerk. Die Passanten blieben stehen, um die sanften Biegungen der Planken, die feinen Linien der Brüstungen und den leichten Glanz des Holzes zu bewundern. Dann tauchte, ohne jede Warnung, Vasilis auf, eine große Propangasflasche und einen Wirbelbrenner hinter sich herziehend. Mit einer schwungvollen Bewegung zündete er den Brenner an und hielt die zischende Flamme an den Schiffsrumpf. Einen Moment lang schien es so, als ob er verrückt geworden sei und das Schiff in Brand setzen wolle. Aber nein – gerade als die Planken infolge der züngelnden Flamme zu verkohlen und zu schwelen begannen, fing Vasilis an, den Brenner wie einen Pinsel hin- und herzubewegen. Plötzlich wurde offensichtlich, was er tat: Er benutzte die Flamme, um einige Löcher auszutrocknen, in die er weitere Holzdübel hineintreiben wollte. Wenn das Holz trocken war, hielten die Dübel besser. Dies war seine drastische Methode, das Holz auszutrocknen, und als Vasilis seine Arbeit beendet hatte, sah der wunderschöne Rumpf aus, als ob er für eine Feuerwehrübung benutzt worden war.

Ein anderes Mal hörten Tom und ich, als wir uns während der Mittagszeit gerade in unserer Wohnung aufhielten, laute Rufe und Schreie, die von der Werft her kamen. Wir rannten sofort auf den Balkon und blickten hinunter. Es schien sich um einen Unfall zu handeln. Das Schiff befand sich nicht mehr auf den Kielblöcken, sondern war auf die Seite gefallen und lag nun auf dem Boden. Mir ging sogleich durch den Kopf, was alles passiert sein konnte: Vielleicht war jemand von dem umgestürzten Rumpf zerquetscht worden, oder die Planken waren beim Aufprall zerbrochen. Tom eilte in Panik zum Ort des Geschehens, tauchte wenig später wieder auf und lief den Weg zum Haus hinauf.

»Ich will schnell meine Kamera holen«, keuchte er. »Komm mit und sieh dir an, was Vasilis gemacht hat.«

»Was ist passiert?« fragte ich ihn. »Warum liegt das Schiff auf der Seite?«

»Genau davon will ich ein Bild machen«, antwortete Tom. »Vasilis ist offensichtlich zu dem Schluß gekommen, daß er auf der Steuerbordseite zunächst einmal genug gearbeitet hat und es Zeit wird, die Backbordseite zu beplanken. Ohne jemanden vorzuwarnen, hat er die Stützen auf der einen Seite weggenommen, Mimas und Tim gerufen und dem halbfertigen Rumpf einen Stoß gegeben; er hat das Schiff auf die Seite gewälzt und es Mimas und Tim überlassen, es abzufangen!« Er schüttelte den Kopf. »Ich hoffe nur, daß nichts kaputtgegangen ist!«

Ich konnte mich mit Vasilis' Gewohnheiten, die Galeere mit vergnügter Miene von einer Seite auf die andere zu wälzen, nie ganz anfreunden. Jedesmal erinnerte er mich dabei an einen indischen Elefantentreiber, der sein Arbeitstier bei der Waschung im Fluß dazu brachte, sich auf die andere Seite zu rollen.

Aber es gab noch andere Dinge, die mich in eine leichte Unruhe versetzten. Ich fragte mich besorgt, ob ich die Erlaubnis bekommen würde, bei diesem Unternehmen den ganzen Weg zurückzulegen, bis das legendäre Ziel erreicht war – das alte Königreich Kolchis, in dem Jason nach dem Goldenen Vlies gesucht hatte, die heutige Sowjetrepublik Georgien, also am östlichen Ende des Schwarzen Meeres. Daher suchte ich zunächst Lord Killanin auf, den ehemaligen Präsidenten des Internationalen Olympischen Komitees, der in dieser Position außerordentlich gute Kontakte zu den verschiedensten führenden Persönlichkeiten in der Welt bekommen hatte. Er setzte mich sogleich in Verbindung mit dem sowjetischen Sportminister, der mir einen interessanten Hinweis gab: Die Person in der Sowjetunion, die höchstwahrscheinlich am meisten an meiner geplanten Expedition interessiert sein würde, war ein bekannter Arzt, eine Persönlichkeit, die man auch vom Fernsehen her kannte, nämlich Juri Senkewitsch.

Der Name war mir vertraut. Senkewitsch war bei den Unternehmen des norwegischen Forschungsreisenden und Anthropologen Thor Heyerdahl mit den Floßnachbildungen *Ra* und *Tigris* der Schiffsarzt des Teams gewesen. Neben seiner medizinischen Arbeit war Juri nun noch als Moderator einer beliebten Reisesendung des sowjetischen Fernsehens tätig. Auf dem Wege über die Kulturabteilung der sowjetischen Botschaft in London schrieb ich ihm und fragte ihn, ob er mir bei meinem Antrag, die Argonautenexpedition bis nach Georgien durchzuführen, behilflich sein konnte. Mein Brief verschwand in dem Labyrinth der Dienstwege, und monatelang hörte ich überhaupt nichts. Immer wieder suchte ich die Botschaft auf. Der sowjetische Kulturattaché war zuvorkommend und höflich, aber nein, eine Antwort hatte er nicht erhalten. Ich mußte mich gedulden. Es gab keine Möglichkeit, das Projekt aufzuschieben; es blieb mir nichts anderes übrig, als alles weiter vorzubereiten, das Schiff zu bauen, die Besatzung auszuwählen und zu hoffen, daß alles gutgehen würde.

Dann erhielt ich unvermutet einen Anruf des Londoner Korrespondenten einer bekannten sowjetischen Zeitung: »Herr Severin? Kann ich zu Ihnen kommen und ein Interview mit Ihnen machen? Ich wollte gerne einige Fragen zu Ihrer neuen Expedition stellen.« Ich war etwas verdutzt, da ich das Unternehmen noch gar nicht der Presse bekanntgegeben hatte.

»Ja, natürlich«, antwortete ich. »Aber sagen Sie mir, wie kommt es, daß Sie so sehr daran interessiert sind?«

»Mein Chefredakteur in Moskau hat mir den Auftrag gegeben, Sie aufgrund Ihrer geplanten Fahrt auf der Suche nach dem Goldenen Vlies zu interviewen. Juri Senkewitsch hat in seiner Fernsehreihe über Ihr Unternehmen gesprochen und gesagt, daß das sowjetische Fernsehen bei Ihrer Ankunft in Georgien dabeisein wird.«

Zwei Tage später kam die offizielle Bestätigung von der Botschaft. Meine Expedition wurde im sowjetischen Georgien willkommen geheißen. Die sowjetischen Behörden würden alles tun, was in ihrer Kraft stand, um das Unternehmen zu unterstützen, einschließlich der Bereitstellung von zusätzlichen Besatzungsmitgliedern, wenn wir dort ankamen.

Ende März war Vasilis fast mit der Beplankung der zweiten Seite der Galeere, der Backbordseite, fertig. Tom arbeitete voller Energie an der Fertigstellung der anderen Schiffbauteile. Er war ein exzellenter

Handwerker. Während sich Vasilis weiterhin mit dem Rumpf beschäftigte – wobei er immer wieder Verwünschungen vor sich hin murmelte, die, wie ich annahm, zu gleichen Teilen an Colin und an Vardikos gerichtet waren –, arbeitete Tom im Innenbereich des Schiffes. Er baute die Ruderbänke und den Mastfuß ein, gestaltete aus Zypressenstämmen den Mast und die Rah und schnitzte die Blätter der beiden 3,7 Meter langen Steuerruder, die das Schiff lenken sollten, zurecht. Tom war auch ein perfekter Rigger: In Athen hatten wir eine große Menge Hanfseil aufgetrieben, die er spleißte und zurrte, um die Stage, Schoten und Falleinen anzufertigen, die nun bereitlagen und nach Teer riechende Bündel bildeten. Immer, wenn Qualitätsarbeit verlangt wurde, war Tom zur Stelle und bereit, zu sägen, auszustemmen, zu hobeln und zu schleifen. Um das geschwungene Heckteil zu krönen, schnitzte er mit der Hand eine dynamisch wirkende Verzierung, die einem eingerollten Schwanz glich.

Alles schien glattzulaufen. Es gab nur eine Person, die schwere Zweifel anmeldete. Vom Hügel aus, der sich gleich neben der Straße erhob, beobachtete Vasilis' alter Rivale Dino, wie die Galeere allmählich Gestalt annahm. »Das Schiff da wird nicht zu gebrauchen sein«, hörte man ihn sagen. »Es ist viel zu lang und zu schmal. Kein Wunder, daß man in den Geschichtsbüchern von so vielen alten Schiffen lesen kann, die verunglückt und auseinandergefallen sind. Das ist wieder eins von dieser Sorte.«

Tim Richards mußte nach Hause zurückkehren, um seinen Unterricht wieder aufzunehmen, hinterließ uns aber noch ein Dutzend Taljen für die Taue. Er hatte sie selbst angefertigt – jede Talje war eine genaue Nachbildung der alten Rollen, die man auf den geborgenen Mittelmeerwracks gefunden hatte; Holzräder, die auf einer hölzernen Achse liefen. Tim wurde durch einen Mann ersetzt, den ich vorher erst ein einziges Mal getroffen hatte, und auch dieses Treffen hatte lediglich aus einem halbstündigen Gespräch bestanden. Peter Wheeler hatte mir ebenfalls geschrieben, daß er Interesse daran hätte, sich bei diesem Unternehmen als Seemann zu beteiligen, doch als er dann zu mir kam, war er sich seiner Fähigkeiten nicht allzu sicher. Ja, segeln konnte er ein klein wenig. Wie sah es mit Holz- oder Metallarbeiten aus? In seinem Brief hatte er erwähnt, daß er Ingenieur war. Na ja, antwortete er vorsichtig, er könne alle möglichen Arbeiten machen, die so im Haus anfielen – aber er wäre natürlich kein Profi. Wie ich mit der Zeit mitbekam, war diese

Bescheidenheit eine von Peters ausgeprägten Eigenschaften. Er war in der Tat ein außerordentlich guter Schiffszimmermann, Ingenieur und Konstrukteur; also genau die richtige Person für die Aufgabe, sich während der Fahrt um die Ausstattungs- und Ausrüstungsgegenstände der Galeere zu kümmern. Er konnte ein zersplittertes Steuerruder mit Hilfe von Plankenresten reparieren, die Spitze des Rammsporns umgestalten, mit viel Geduld jede Maschine und jeden Mechanismus wieder in Gang bringen, und das alles immer, ohne viel Aufhebens davon zu machen.

Kurze Zeit, nachdem er in Spetses angekommen war, saßen wir gerade alle in der Wohnung und frühstückten, als jemand erwähnte, daß Peter bereits bei Morgendämmerung draußen gewesen war.

»Gehst du joggen?« fragte ich ihn.

»Äh, ja, so was ähnliches«, antwortete Peter leise.

»Wie weit bist du gelaufen?«

»Bis zur anderen Seite der Insel, denke ich.«

Es entstand eine Pause, in der wir überlegten, wie weit es wohl bis zur anderen Seite von Spetses war. Es mußten ungefähr zehn Kilometer sein.

»Machst du auch bei Langstreckenläufen mit, bei Marathonläufen oder so was in der Art?«

»Mmmh . . . ja.«

»Wann hast du denn das letztemal einen Marathonlauf gemacht?«

»Einen Tag, bevor ich nach Spetses gekommen bin.«

Schweigen breitete sich um den Frühstückstisch herum aus.

Als sich der Bau der Galeere schließlich dem Ende näherte, war der Augenblick gekommen, ihre Existenz offiziell bei den griechischen Behörden anzumelden. Es hatte niemals irgendwelche Zweifel darüber gegeben, welchen Namen sie erhalten sollte. Bereits bei der ersten Skizze, die auf dem Zeichenbrett entstanden war, hatten wir sie *Argo* genannt. Offensichtlich war es völlig klar, daß sie den gleichen Namen wie ihre Vorgängerin erhalten sollte, die laut Apollonios *»das vortrefflichste Schiff gewesen war, das dem Meere mit Rudern trotzte«*. Doch wie ich unglücklicherweise bald entdecken mußte, war es viel leichter, einem Schiff in Griechenland einen Namen zu geben, als die Erlaubnis zu bekommen, damit in griechischen Gewässern zu fahren. Es gab eine Unmenge von Verordnungen und Vorschriften, die eingehalten werden mußten: nautische Standards, Sicherheitsbestimmungen, amtliche Sicherheitskontrollen, Schiffspapiere und so weiter. Ich kam tatsächlich bald zu der Überzeugung, daß die griechische Bürokratie darauf basierte, möglichst viele und möglichst umständliche Vorschriften herauszugeben, nur damit man dann das Vergnügen hatte, noch raffiniertere Wege zu finden, um die Probleme, die vorher geschaffen worden waren, zu umgehen. Die ganze Sache kam mir vor wie ein äußerst intelligenter Mensch, der gegen sich selbst Schach spielte.

Die Behörden begannen damit, im Falle der *Argo* so vorzugehen, als ob es sich um ein kleines, in Griechenland gebautes Frachtschiff handelte, das bald vom Stapel laufen sollte. Die *Argo* würde erst dann die Erlaubnis zum Auslaufen erhalten, wenn sie bestimmte Vorschriften erfüllt hatte. So mußte sie zum Beispiel von einem Schiffsbesichtiger begutachtet werden, der dann darüber entschied, ob sie die bestehenden Baunormen, die für Schiffe ihrer Klasse galten, erfüllte. Vergebens wies ich darauf hin, daß es meines Wissens nach keine bestehenden Baunormen für Galeeren aus der späten Bronzezeit gab. Wie viele Schotten – wasserdichte Querwände – hatte das Schiff? Keine – denn es handelte sich um ein offenes Schiff. Dann konnte es nicht aufs Meer hinausfahren. Besaß das Schiff eine Reserveschwimmfähigkeit, und waren Deck und Ruderhaus stabil genug, um bei schwerem Wetter den ankommenden Wellen standzuhalten? Es machte keinerlei Eindruck, als ich erklärte, daß ein Deck historisch gesehen nicht authentisch war und daß der Steuermann den Elementen ausgesetzt sein würde, wenn er am Ruder stand. Die arme *Argo* fiel bei der Prüfung in fast jedem Punkt durch: keine Reserveschwimmfähigkeit, keine genaue Einhaltung der Schiffbauvorschriften, keine Unterkünfte für die Besatzung, keine Funkanlage usw. usw. Es wurde sogar gefordert, daß die *Argo* eine eingebaute Brandbekämpfungsanlage haben mußte, um ein im Maschinenraum ausgebrochenes Feuer eindämmen zu können. Doch bedauerlicherweise gab es in unserem Schiff nicht einmal eine Maschine.

Es handelte sich natürlich um einen Fall für Onkel John, der sich nun mit seinem Freundeskreis in Verbindung setzte. Es folgten Ratschläge und Empfehlungen von der hellenischen Schiffszulassungsbehörde, von Marineingenieuren, von ranghohen Beamten der Hafenpolizei, von Rechtsanwälten und schließlich selbst von dem Ministerium für Handelsschiffahrt. Zur allgemeinen Genugtuung entdeckte ein scharfsichtiger Rechtsanwalt eine spezielle Nebenklausel zu einem unwichtigeren Paragraphen in einem internationalen Vertrag, der aufgrund der Internationalen Schiffahrtskonvention für die Sicherheit von Schiffen auf See aufgesetzt worden war. In dem undurchdringlichen Dickicht von Verordnungen und Vorschriften räumte diese Nebenklausel den Schiffen eine Sonderstellung ein, die als »Versuchsschiff« galten. Offensichtlich mußte die *Argo* als ein »Versuchsschiff« eingestuft werden. John arrangierte ein Treffen mit dem Minister persönlich. Der Minister kritzelte seine Unterschrift unter ein Zertifikat, und somit handelte es sich nun bei der *Argo* – mit offizieller Bestätigung – um »ein Versuchsschiff einfacher Bauart«. Und anstelle von Brandbekämpfungsanlagen, Funkgeräten, Offizieren an Deck, die bestimmte Bescheinigungen vorlegen mußten, von der Gewerkschaft genehmigte Schlafkojen für die Besatzungsmitglieder und einer Kombüse in einer festgelegten Mindestgröße erhielt ich die Erlaubnis auszulaufen, wenn ich versprach, genug Schwimmwesten und Rettungsflöße für meine Mannschaft, einen Bootsmann, einen Arzt und einen Rudermeister an Bord zu haben.

Eine Woche vor dem Stapellauf der neuen *Argo* ereignete sich ein derart seltsamer Vorfall, daß ich sofort an etwas erinnert wurde, was Apollonios von Rhodos über Jasons Schiff geschrieben hatte. Seinen Angaben zufolge befand sich im Bug der ersten *Argo* ein ganz besonderes Stück Holz: ein Ast, der von einer heiligen Eiche am geweihten Orte Dodona abgeschlagen worden war. Dieses Stück Holz galt als glücksbringender Gegenstand, als Talisman, und verlieh dem Schiff laut Apollonios die Gabe des Sprechens. In besonderen Augenblicken, zum Beispiel an dem Tag, an dem sie von Iolkos aus ihre heroische Reise nach Kolchis begann, hatte die erste *Argo* mit menschlicher Stimme laut aufgeschrien.

Am 21. März lag die neue *Argo* schräg auf dem kleinen Hang, auf dem sie gebaut worden war. Von einigen Einzelheiten abgesehen war sie bereit, vom Stapel zu laufen. Ihren Unterboden hatten wir mit tiefschwarzem Pech gestrichen, das mit übelriechenden Brokken ranzigen Hammelfetts vermischt worden war, damit sie leichter die Gleitschienen hinunterrutschen konnte. Vasilis und Mimas hatten ein stabiles, bewegliches Holzgerüst, eine Art Schlitten, unter das Schiff gebaut, so daß es in die richtige Position gebracht werden konnte, um ins Wasser gelassen zu werden. Sie hatten das Schiff bereits aus seiner ursprünglichen Position, parallel zum Meer, gebracht, so daß es nun fast einen rechten Winkel mit der Küstenlinie bildete. Es war ein sehr heikles Unterfangen gewesen, und auf halbem Wege hatte Vasilis Einhalt geboten. Die vier oder fünf Leute, die an den verschiedenen Seilen zogen, mit denen die Bewegungen des Schiffs kontrolliert wurden, traten zurück und setzten sich hin, um sich auszuruhen. Die *Argo* lag nun allein gelassen auf ihrem beweglichen Gerüst auf der Helling. In einem Umkreis von fünf Metern befand sich niemand mehr. Es war völlig ruhig. Und in diesem Moment fing *Argo* an zu »sprechen«. Ganz klar und deutlich gab sie ein tiefes, langsames, sehr menschlich klingendes Seufzen von sich. Es hörte sich sehr unheimlich an.

Einen Moment lang dachte ich, daß ich mir alles nur einbilden würde. Es war ein langgezogenes Gemurmel, in etwa zu vergleichen mit dem Geräusch, das jemand von sich gibt, wenn er im Schlaf stöhnt, doch in diesem Fall hielt der Ton viel länger an, vielleicht 15 Sekunden lang. Dann verstummte er. Es entstand eine kurze Pause, bis das langgezogene, langsame Wehklagen wieder begann. Ich war so verblüfft, daß ich mich umsah, um herauszufinden, ob jemand Schabernack mit mir trieb. Doch die anderen hatten anscheinend nichts gehört. Vielleicht konnte man das Geräusch nur von dem Platz aus hören, an dem ich mich befand, auf der einen Seite des Schiffes in einer Entfernung von ungefähr zehn Metern. Aber es hatte doch noch jemand *Argos* Seufzen vernommen: Vasilis. Er richtete sich kerzengerade auf, neigte seinen Kopf zur Seite und horchte aufmerksam. Dann ging er auf den Rumpf zu und schlich wie ein Jagdhund, der eine versteckte Waldschnepfe aufstöbern wollte, an ihm entlang. Das Geräusch wiederholte sich leise, und es klang, als ob das Schiff irgend etwas vor sich hinmurmeln würde. Vasilis zog einen Zimmermannsbleistift aus der Tasche und berührte mit der Spitze leicht den Rumpf der *Argo*. Schnell ging er zu einer anderen Stelle und wiederholte die leichte Berührung. Dann hatte er den Punkt gefunden. Die *Argo* verschob sich unmerklich auf ihrem Schlitten, und die eingefetteten Planken bewegten sich daher ganz eben auf den stützenden Balken, so daß dieses menschlich klingende Ächzen entstand. Mit der Handfläche schlug Vasilis leicht gegen einen Keil, der dann wieder festsaß. Das Seufzen verstummte. Die *Argo* verfiel wieder in Schweigen, aber mir war ein kalter Schauer über den Rücken gelaufen.

Beim Stapellauf der ersten *Argo* hatten die Argonauten Apollonios zufolge eine Rinne in den Strand gegraben, die breit genug war, um das Schiff ins Meer zu geleiten. Sie legten Rundhölzer in den ausgehobenen Graben; die Ruder wurden an Bord gezogen und festgemacht, so daß sich die oberen Enden außen befanden und als Griffe benutzt werden konnten. Auf beiden Seiten des Schiffs standen die Argonauten, bereit, es ins Wasser zu schieben. Tiphys, der Steuermann, »*sprang an Bord, um den jungen Männern Bescheid zu sagen, wann sie ihre Kräfte einsetzen sollten. Mit einem lauten Ruf gab er den Befehl, worauf sie sich sofort ins Zeug legten. Durch den ersten Ruck wurde das Schiff gleich nach vorne gedrückt, und sie stemmten sich, angestrengt vorwärts gehend, weiter dagegen, um es in Bewegung zu halten. Und es bewegte sich wirklich. Zwischen den beiden Reihen der vorwärts drängenden, schreienden Männer glitt Pelion Argo rasch voran. Die Rundhölzer, auf denen der kräftige Kiel entlangscheuerte, ächzten und reagierten auf die schwere Last, indem sie eine Rauchwolke aufsteigen ließen. So glitt das Schiff ins Wasser und hätte sich noch weiter voranbewegt, wenn sie nicht dabeigestanden und sie mit Hilfe von starken Tauen zum Stehen gebracht hätten.*«

Der Stapellauf der neuen *Argo* verlief kaum weniger imposant. Durch eine besondere Gunst fand er am ersten sonnigen Tag des Frühlings statt. Drüben auf dem Festland, nicht einmal zwei Kilometer weit entfernt, entließen finstere Gewitterwolken einen heftigen Regenschauer, während der Alte Hafen von Spetses im hellen Sonnenlicht erglänzte. Signalflaggen wehten im Wind; auf der *Argo* flatterten die Flaggen all der Länder, die sie besuchen würde und aus denen ihre Besatzungsmitglieder stammten. Eine ansehnliche Menschenmenge war zusammengekommen: Inselbewohner, Tagesbesucher, die wegen des stattfindenden Ereignisses aus Athen gekommen waren, und Freunde des Projektes.

Vasilis hatte seine sauberste, gut gebügelte Jeans angezogen und versuchte, gleichgültig zu wirken, strahlte jedoch Zufriedenheit aus. Er hatte behauptet, daß er das Schiff bauen könnte, und hatte somit seinen guten Ruf aufs Spiel gesetzt. Nun lag die *Argo* auf der Helling und glänzte in ihrem neuen Gewand – Rot, Blau und Weiß war sie angestrichen worden, mit den Farben, die man auf mykenischen Freskomalereien entdeckt hatte.

Der griechisch-orthodoxe Geistliche des Ortes war gekommen, um das Schiff zu segnen; eine hochgewachsene Gestalt, die in ihrem langen, schwarzen Gewand, mit einer reichverzierten Stola, einem beeindruckenden Vollbart und einer hohen, schwarzen Kopfbedeckung stattlich und theatralisch wirkte. Der Priester führte

Behütet von seiner Schutzgöttin Athene greift Jason nach oben, um das Goldene Vlies von der heiligen Eiche zu nehmen, während einer der Argonauten am Heck der *Argo* steht. (Vase aus dem 5. Jahrhundert v. Chr.)

Dieses Bruchstück einer Töpferware, das eine griechische Galeere mit einer einzigen Ruderreihe zeigt, wird der Zeit von 650 bis 600 v. Chr. zugeordnet.

Rechts: »Tom Vosper war ein genialer Konstrukteur von Schiffsmodellen.« Das Baumuster der *Argo* wird von Tim Severin gehalten, während Vosper die Einzelheiten erläutert.

Ganz oben: »Auf seinem Kopf trug er eine seltsame Mütze, eine schmutziggraue, kegelförmige Filzkappe … einen Moment lang erinnerte er mich ganz deutlich an Rumpelstilzchen.« Vasilis Delimitros, der erfahrene Schiffbaumeister aus Spetses, der die *Argo* gebaut hat.
Oben: Vasilis »hielt die tosende Flamme an den Schiffsrumpf … seine drastische Methode, das Holz auszutrocknen.«

Links: Der Stapellauf fand »am ersten sonnigen Tag des Frühlings statt ... Der griechisch-orthodoxe Priester war gekommen, um das Schiff zu segnen.«
Ganz oben: Auf das Segel wurde das Symbol des Unternehmens aufgemalt: drei mykenische Krieger mit jeweils zwei Speeren, Helmen und der Widderkopfzeichnung auf ihren Schilden.
Oben: »Es ist das Werkzeug, das die Galeere gebaut hat, und es wird ihr Glück bringen.« Der *Skipani* (eine Art Queraxt) wurde zusammen mit einem Blumenstrauß an dem Tag, an dem die *Argo* Spetses verließ, an den gewundenen Schweif des Hecks genagelt.

Links: »Es war ein guter Tag, um eine Expedition zu starten.« Die *Argo* verläßt Volos, das Unternehmen beginnt.
Unten: Ruderer bei der Arbeit. Im Vordergrund Costas Ficardos: »Ich wünschte, die Leute von der Fluggesellschaft könnten mich jetzt sehen. Bis zum letzten Jahr bin ich nämlich Flugkapitän bei Olympic Airways gewesen, mußte dann aber mit sechzig meinen Beruf aufgeben.«

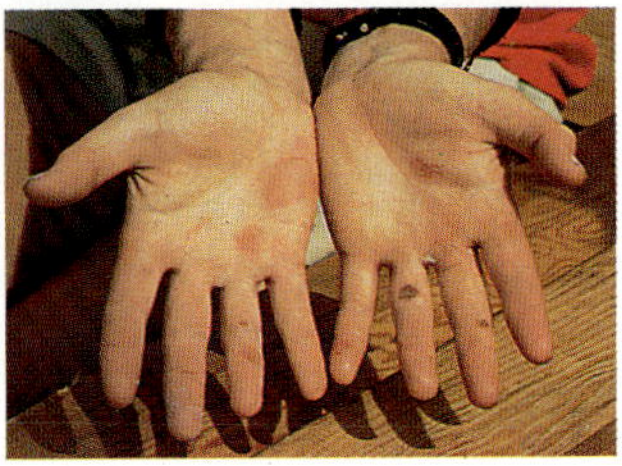

Ganz unten: »Die ersten Blasen bildeten sich bereits nach einer Stunde, Blasen, die bis zum Ende der Reise nicht mehr verschwinden sollten.«
Links: »Es schien ganz einfach unmöglich zu sein, daß jeder genug Platz finden würde, um sich hinzulegen ... Doch irgendwie gelang den neuen Argonauten das Unmögliche« – jede Person lag schließlich auf ihrer eigenen Ruderbank, die 20,5 Zentimeter breit und 1,20 Meter lang war.

:: »Das zweite Fischerboot tuckerte heran und sandte in n Bogen ein weiteres Geschenk zu uns herüber ... ein Karoller Süßigkeiten, der von Miles Clark aufgefangen wurde.«

Die Türken empfingen die neuen Argonauten in Erdek mit einer äußerst freigebigen Gastfreundschaft (unten) und mit traditionellen türkischen Tänzen (ganz rechts).

Hier zeigte ihnen Reşit Ertezun, der örtliche Geschichtsforscher, den »Heiligen Felsen«, wo Jasons Leute Schutz vor dem Sturm gesucht hatten.

Zu Jasons Quelle in der Nähe von Erdek, wo das Wasser noch immer aus einem Rohr herausplätscherte, brachten die Frauen ihre Teppiche, um sie dort zu säubern. Rechts: *Argo* erreichte »die beste Tagesleistung der ganzen Reise«, als sie von der Ägäis aus durch den »dunkel wirbelnden Hellespont« entlang zum Marmara-Meer segelte.

Die ersten Argonauten waren »allein mit der Hilfe ihrer Muskelkraft den Bosporus hinaufgerudert. Und nun dreitausend Jahre später, mußten wir zeigen, ob dies physisch möglich gewesen sein konnte. Wir mußten nun das gleiche tun.«

die Segnung mit einer großen, prunkvollen Sorgfalt aus. Vor dem Rammsporn der *Argo* – sie sollte mit dem Heck zuerst ins Wasser gelassen werden – war ein Tisch aufgestellt worden. Ein Tuch verhüllte den Tisch und hatte ihn somit in einen Altar verwandelt, auf dem sich eine Schale mit Weihwasser, ein Kreuz aus dem Holz des Ölbaums, ein Weihrauchfaß und ein Ölzweig befanden. Nachdem der Geistliche die Gebetsgesänge angestimmt hatte, tauchte er den Ölzweig in die Schale mit dem Wasser und ging majestätisch auf die *Argo* zu. Er besprengte die starrenden »Augen« über dem Rammsporn feierlich mit Weihwasser. Dann schritt er entschlossen die Laufplanke hinauf, um, sein Gewand etwas hochhaltend, von Ruderbank zu Ruderbank zu gehen und das Schiff sowie die Zuschauer mit Weihwasser zu besprenkeln.

Als der Priester wieder vom Schiff herabgekommen war, trat Vasilis aus der vordersten Reihe der Menschenmenge hervor. In der Hand trug er sein *Skipani,* die kleine Queraxt, die er beim Bau der *Argo* Tag für Tag benutzt hatte. Er ging zur Galeere hinüber und kerbte mit sechs schnell ausgeführten Schlägen in das vordere Ende des Rammsporns drei Kreuze in einer Reihe ein. Dann beugte er sich hinunter und küßte die Markierungen. Dies war sein ganz persönlicher Segen für das Schiff. Schließlich zeigte er durch Handbewegungen an, daß die Menschenmenge zurückbleiben sollte, und erklärte, daß es zu gefährlich wäre, auf der Helling zu bleiben, wenn sich die *Argo* in Bewegung setzte. In diesem Augenblick traten die führenden Schiffbaumeister von Spetses, es waren ungefähr zwölf, aus der Menschenmenge hervor – eine bemerkenswerte Geste. Ich fand es sehr ergreifend, daß diese Männer, die bei ihrer Arbeit normalerweise mit sehr großem Stolz auf ihre Unabhängigkeit bedacht waren, sich nun dazu bereit erklärten, unter direkter Anleitung von Vasilis den Stapellauf zu vollziehen; es handelte sich um ein gewaltiges Kompliment für seine Leistung. Jeder Schiffbauer war mit einem kräftigen Stock ausgerüstet, den sie für den Fall, daß die Galeere auf ihrem Weg ins Stocken geriet, als Hebel verwenden würden. Sie stellten sich in zwei Reihen auf, dann wandten sie sich Vasilis zu, der stolz neben dem Bug der Galeere stand, und warteten auf seine Anweisungen. Vasilis hockte sich nieder, um die Kiellinie zu betrachten, winkte einem Mann zu und gab ihm zu verstehen, daß er mit seinem Stock eine minimale Justierung vornehmen sollte, damit die *Argo* um noch eine Haaresbreite gerader auf der Helling zu liegen kam.

Dann gab Vasilis eine weitere Anordnung. Vier Schiffbauer schwangen ihre Vorschlaghämmer und schlugen die Hauptkeile weg. Als nur noch ein Keil übrig war, um die *Argo* zu halten, schritt Vasilis mit einem Holzhammer in der Hand nach vorne und führte drei Schläge aus. Beim dritten Schlag flog der Keil weg, die *Argo* begann, sich von der Stelle zu bewegen. Die Schiffbauer auf beiden Seiten unterstützten diese Bewegung mit ihren Stöcken, was zur Folge hatte, daß die Galeere mit wachsender Geschwindigkeit die Neigung hinunterglitt. Die Zuschauer brachen in Beifall aus, als sie mit lautem Platschen ins Wasser klatschte und ohne fremde Hilfe, sich durch den Aufprall noch ruckartig bewegend, im Hafen herumschwamm.

Die *Argo* sah fabelhaft aus; seit vielleicht 1500 Jahren war sie wieder die erste Galeere dieser Art, die vom Stapel gelassen worden war, und sie schwamm genau auf ihrer durch den Anstrich markierten Wasserlinie. Die Menschenmenge jubelte. Vasilis stand ruhig da, seine Arme in die Seiten gestemmt, und blickte stolz auf sein vollendetes Werk. Tom, der so hart daran gearbeitet hatte, das Schiff zur Vollkommenheit zu bringen, hatte Tränen in den Augen. »Mein Gott«, rief er aus, »sie ist wundervoll! Sie ist so wundervoll, daß sie mich zum Weinen bringt.«

3. *Kapitel:*
Jasons Königreich

Am Tage des imposanten Stapellaufs der *Argo* kam Mark Richards, der Rudermeister, zusammen mit der ersten Gruppe von freiwilligen Ruderern auf Spetses an, um die brandneue Galeere zu testen. Kurz nachdem die Fähre, die einmal am Tag von Piräus aus einlief, angelegt hatte, tauchten ein Dutzend junge Männer auf, die entschlossenen Schrittes auf dem Kai des Alten Hafens entlanggingen. Angeführt wurden sie von Mark, der seinen kahlgeschorenen Kopf unter einem Strohhut verborgen hielt. Er hatte ein T-Shirt an, dunkelblaue Shorts, auf denen hinten ein Flicken aufgesetzt war, der für eine wohlbekannte Biersorte warb, und Tennisschuhe, die schon recht verbraucht aussahen. In jeder Hand schleppte er ein riesiges Paket. Um die Luftfrachtgebühren zu sparen, hatte ich die Besatzungsmitglieder für die Probefahrten gebeten, einen großen Teil der Schiffsausrüstung mitzubringen. Und Mark eilte nun mit großen, kraftvollen Schritten voran, als ob er an einem athletischen Sondertraining teilnahm, bei dem unter anderem schwere Objekte mit größtmöglicher Geschwindigkeit über eine längere Distanz getragen werden mußten. Hinter ihm kamen seine Ruderer, die alle außerordentlich fit aussahen, ebenfalls schwere Pakete dabeihatten und auch Rudershorts trugen. Ein Dutzend weiße, ungebräunte Beinpaare verrieten, daß sie gerade eben erst angekommen waren. Sie glichen einer kleinen Gruppe von Ameisensoldaten, die sich auf einen Eroberungszug begeben hatten.

Sie waren alle Mitglieder beziehungsweise ehemalige Mitglieder des Rudervereins, der zum Keble College, Oxford, gehörte, und hatten das Angebot gemacht, in ihren Osterferien nach Griechenland zu kommen, um die *Argo* auf Herz und Nieren zu prüfen. Am nächsten Tag schloß sich uns noch eine zweite Gruppe von Ruderern aus dem College an, zu der auch zwei Frauen gehörten. Die Begeisterung der Mitglieder des Keble-Ruderklubs war so groß, daß der Steuermann – der übrigens Jason hieß – auf Krücken herangehumpelt kam. Kurz vorher hatte er sich bei einem Motorradunfall ein Bein gebrochen, doch er war immer noch fest entschlossen, diesen Spaß nicht zu versäumen. Es war wirklich wundervoll mit ihnen, sie waren voller Humor und Energie, und als sie Spetses dann zwei Wochen später wieder verließen, hatten sie die beste Art und Weise, das Schiff zu rudern, genauestens herausgearbeitet und es geschafft, *Argo* auf die beachtliche Geschwindigkeit von sechs Knoten zu bringen. An ihrem vorletzten Tag ruderten sie schon vor dem Mittagessen mit der Galeere einmal um die ganze Insel. Nachdem sie sich wieder auf ihren Heimweg gemacht hatten, entdeckte ich in der einen Ecke von *Argos* neuem Segel das Wappen des Colleges, das eine der beiden Frauen dort hineingestickt hatte.

In den letzten Tagen der Probefahrten hatten sich die Besatzungsmitglieder für die bevorstehende Überführung der Galeere zusammengefunden. Diese Mannschaft würde die *Argo* von Spetses aus nordwärts bis zum Hafen von Volos rudern, dem Ausgangspunkt für die eigentliche Reise auf den Spuren von Jason und den Argonauten. Diese Besatzung setzte sich ebenfalls aus Freiwilligen zusammen. Einige, wie zum Beispiel Tim Readman und Peter Moran, würden später auch zur eigentlichen Mannschaft gehören, während es sich bei den anderen um Leute handelte, die wegen ihrer Arbeit nur ihren Urlaub von wenigen Wochen zur Verfügung hatten, den sie nun dafür benutzen wollten, bei *Argos* Überführungsfahrt behilflich zu sein. Ihnen standen 14 unbequeme und zermürbende Tage bevor, denn das Frühlingswetter zeigte sich noch immer kalt und stürmisch; doch die *Argo* mußte pünktlich zu Beginn der Segelsaison in Volos ankommen, damit noch genug Zeit übrig war, falls wir aus irgendwelchen Gründen dazu gezwungen wurden, noch kurzfristige Änderungen vorzunehmen, bevor wir uns auf die 1500 Seemeilen lange Reise in die Sowjetunion machten.

Die Bewohner von Spetses gaben der *Argo* ein Abschiedsfest. Es wurde auf dem großen Platz in unmittelbarer Nähe des Neuen Hafens gefeiert, genau auf dem Platz, der bei meiner Ankunft zwei Jahre zuvor so trostlos und verlassen ausgesehen hatte. Und nun drängten sich hier die Inselbewohner. Junge Männer und Frauen

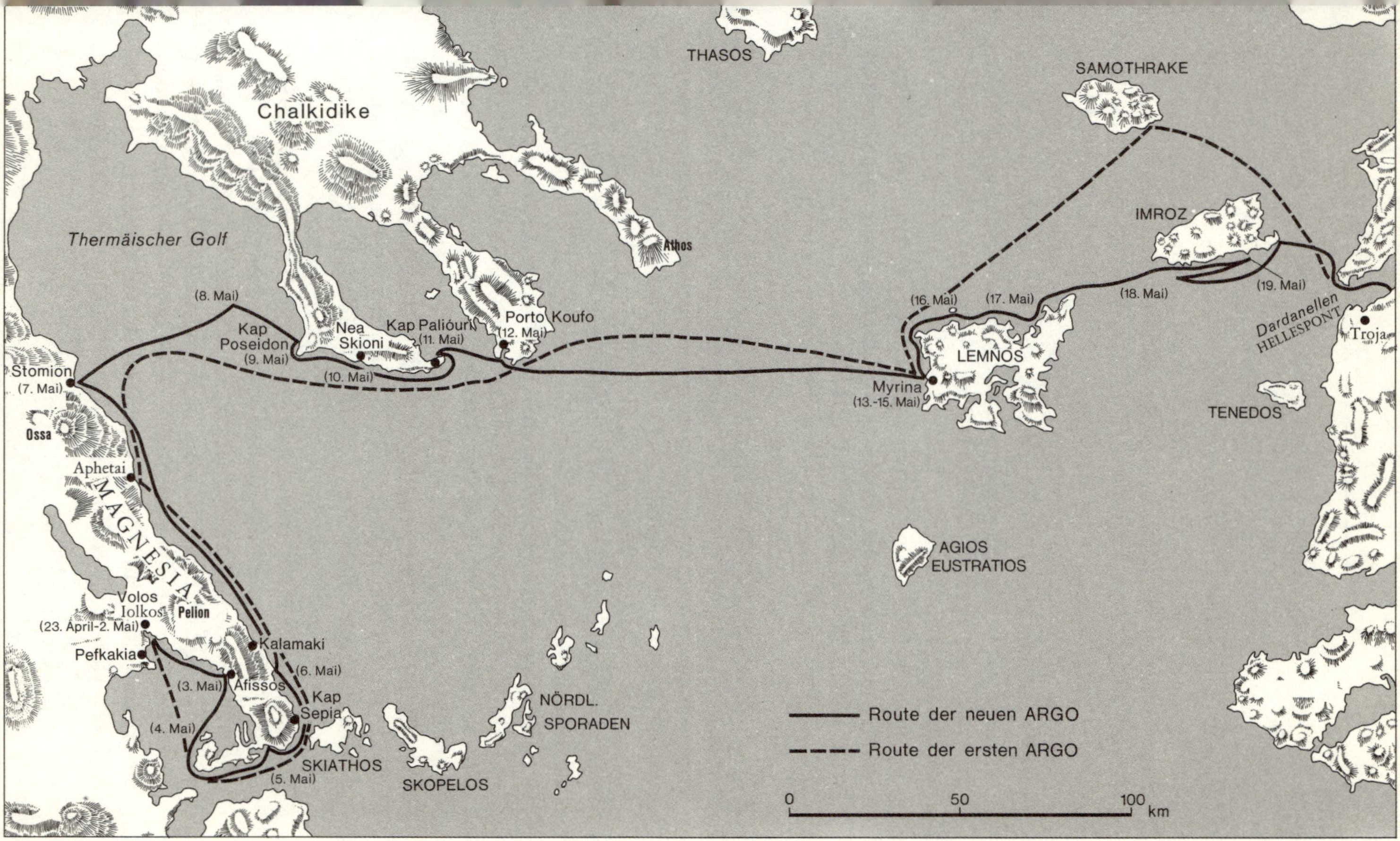
THASOS
SAMOTHRAKE
Chalkidike
IMROZ
Thermäischer Golf
Athos
(8. Mai)
(16. Mai)
(17. Mai)
(18. Mai)
(19. Mai)
Porto Koufo
(12. Mai)
Kap Palióuri
(11. Mai)
Kap Poseidon
(9. Mai)
Nea Skioni
(10. Mai)
Stomion
(7. Mai)
Dardanellen
HELLESPONT
Troja
LEMNOS
Myrina
(13.-15. Mai)
TENEDOS
Ossa
Aphetai
MAGNESIA
AGIOS EUSTRATIOS
Volos
Iolkos
Pelion
(23. April-2. Mai)
Kalamaki
Pefkakia
(6. Mai)
(3. Mai)
Afissos
Kap Sepia
NÖRDL. SPORADEN
(4. Mai)
SKIATHOS
(5. Mai)
SKOPELOS
Route der neuen ARGO
Route der ersten ARGO
0
50
100
km

von der höheren Schule führten, die Kleidung des antiken Griechenlands tragend, traditionelle Tänze auf. Der Bürgermeister hielt eine Rede, und alle jubelten Vasilis zu, der sich in seinem blauen Anzug, mit Schlips und Kragen, anscheinend sehr unbehaglich fühlte, doch Evgenia, seine junge Tochter, war eindeutig davon begeistert, daß ihr Vater als eine Art Held gefeiert wurde. Als das Abendlicht schwand, säumten die jungen Männer die Steinstufen des Hafens und hielten rot brennende Fackeln empor, während die *Argo* mit der Flagge von Spetses am Bug hinausruderte. Eine Friedenstaube wurde von der Menschenmenge freigelassen. Der Vogel flog über die Köpfe der Ruderer hinweg, geriet in die Rauchwolke, die durch die Fackeln entstanden war, beschrieb eine Kurve und war dann verschwunden.

Am nächsten Morgen, unserem letzten auf der Insel, überbrachte Vasilis seinen ganz persönlichen Abschiedsgruß. Er tuckerte mit seinem Motorroller zu seiner Werft hinunter, wo die *Argo* gerade die letzten Vorräte an Bord nahm. Wie immer kamen von überall her die Katzen hervor, um ihn zu begrüßen, doch diesmal wurden sie von Vasilis ignoriert. Er ging direkt auf den kleinen, hölzernen Anleger zu, an dem die *Argo* festgemacht war. In der einen Hand hielt er einen kleinen Inselblumenstrauß, den er frühmorgens gepflückt hatte, in der anderen sein *Skipani,* seine Queraxt. Er kletterte, ohne ein Wort zu sagen, auf die *Argo,* schlug zwei Nägel in den gewundenen Schweif des Hecks und hängte sein *Skipani* und den Blumenstrauß daran.

»Sieh zu, daß der *Skipani* bei der *Argo* bleibt«, meinte er zu mir. »Es ist das Werkzeug, das die Galeere gebaut hat, und es wird ihr Glück bringen. Denke immer daran, daß sie in Spetses gebaut worden ist, und falls sie irgendwelche Hilfe braucht, wende dich bitte an mich. Sie ist das beste Schiff, das ich gebaut habe.« Vasilis stand, mit Evgenia an seiner Hand, auf dem Anleger und winkte uns zum Abschied, als wir aus dem Alten Hafen hinausruderten.

Die Ruinen von Mykene liegen vier Autostunden nordwestlich von Spetses. Nach diesem Ort hat man die aufsehenerregendste Zivilisation, die es auf dem griechischen Festland während der Bronzezeit gab, benannt. Die dortige Burgfestung verdient es noch immer, als Symbol für die mykenische Kultur zu gelten. Sie schmückt den Hügel mit einer eindrucksvollen Anordnung massiver Mauern; mehrere Treppenläufe führen zum großen Palast hinauf, und ein

Steinkreis umsäumt die Kuppelgräber, wo ein halbes Dutzend der Könige von Mykene begraben worden sind. Unter ihren Grabbeigaben hat man soviel Gold und Silber gefunden, daß die Archäologen bereit sind, das von Homer verwendete Attribut »Mykene, reich an Gold« zu akzeptieren. Es ist unwahrscheinlich, daß Mykenes Berühmtheit irgendwann einmal verblassen wird. Das weltbekannte Löwentor, das als das erste bedeutende Werk der Bildhauerkunst in Europa angesehen wird, muß eines der meistfotografierten Motive in Griechenland sein. Homers Dichtung hat um den König Agamemnon herum ein Netz der Unsterblichkeit gewebt. Die goldene Totenmaske eines früher lebenden Herrschers von Mykene, den der Archäologe Heinrich Schliemann zunächst, als er die Maske aus einem der Kuppelgräber herausholte, für Agamemnon selbst hielt, starrt einen auf Schritt und Tritt aus leeren Augenhöhlen an – von Plakaten, von Postkarten und vom Umschlag des Museumskatalogs.

Weniger bekannt ist die Geschichte, daß Herakles gerade auf dem Marktplatz von Mykene stand, als er davon hörte, daß Jason Männer anwarb, um sich mit ihnen auf die Suche nach dem Goldenen Vlies zu begeben. Der Sage zufolge unterbrach Herakles daraufhin sofort seine Reihe von Arbeiten, die er verrichten mußte, und schloß sich dem Unternehmen an. Er hatte gerade seine vierte Arbeit ausgeführt, die Gefangennahme des furchterregenden erymanthischen Ebers, der nun mit Schaum vor dem Maul auf Herakles breiten Schultern festgehalten wurde. Doch als Herakles die Nachricht hörte, setzte er das wütende Untier zum Schreck der Bewohner auf den Steinplatten ab und machte sich auf den Weg nach Volos, wo sich die Argonauten versammelten.

Seit Homers Zeiten betrachteten die Griechen das mykenische Zeitalter als eine Ära, in der unzählige eindrucksvolle Taten vollbracht wurden. Diese an Camelot erinnernde Mythenbildung ist bis heute das anziehendste Merkmal der mykenischen Kultur geblieben. Die vielen Herrscher und ihre Frauen, die in den über ganz Griechenland verteilten Palästen und Burgfestungen regierten, müssen tatsächlich ein sehr angenehmes und abwechslungsreiches Leben geführt haben. Die von ihren Hofkünstlern geschaffenen Wandmalereien zeigen sie auf der Jagd, wie sie sich, in ihren zweirädrigen Streitwagen stehend, stolz zur Schau stellten, begleitet von Jagdhunden, die Barsois – russischen Windhunden – glichen. Hin und wieder kann man auf den Bildern sehen, wie sie ausziehen, um dem noch tödlicheren Geschäft des Krieges nachzugehen, während ihre Frauen – oder vielleicht ihre Priesterinnen – zum Abschied winken und ihnen Glück wünschen. In unseren Museen findet man dutzendweise goldene mykenische Siegelringe, hervorragend gearbeitete Bronzedolche, deren Griffe mit Szenen aus der Wildschweinjagd eingelegt worden sind, elegante, langstielige Pokale und kostbaren Schmuck. Natürlich mußte sich im Hintergrund dieses Reichtums und des Wohllebens die anonym bleibende Masse der Sklaven und Leibeigenen abmühen, um der ganzen Struktur ihre Grundlage zu geben. Und zwischen ihnen und den vornehmen Herrschern erstreckte sich ein weites Feld von Handwerkern und Künstlern, die für den prachtvollen Glanz in den aristokratischen Kreisen sorgten. Es gab ausgezeichnete Schneider, Töpfer, erfahrene Waffenschmiede und Gemmenschneider, ganz zu schweigen von den unzähligen alltäglicheren Diensten, die in Anspruch genommen wurden – Verwalter, Jäger, Köche, Gärtner, Hausdiener usw. Außerdem hatte man in jedem Palast einen Stab von Schreibern und Gelehrten angestellt, die über alles genau Buch führten und den Bediensteten ihren zustehenden Lohn in Getreide und Öl auszahlten. Es handelte sich um eine Gesellschaft, die nicht ganz so groß und mächtig war wie etwa die der Ägypter oder die der Hethiterkönige in Anatolien, doch sie war zweifellos kultiviert und kraftvoll und besaß einen eigenen Stil.

In dieser Welt wuchs Prinz Jason auf. Er war, so steht es übereinstimmend in allen Fassungen der Sage, ein Mitglied der Familie, die über Iolkos herrschte, einer reichen Stadt im Nordosten Griechenlands, die heute Volos heißt. Iolkos war weder so bedeutend wie Mykene noch so kriegerisch wie das düstere Tyrins mit seiner gewaltigen Granitfestung, die über die Küstenebene starrte wie ein mißtrauischer Faustkämpfer, der auf irgendeine Kränkung wartet. Iolkos schien sich mehr auf den Handel ausgerichtet zu haben, war wohlhabender und ging im allgemeinen geschickter vor. Am ehesten konnte man dieses kleine Reich wohl mit Pylos vergleichen, wo König Nestor regierte. In keiner der beiden Städte hielt man es für notwendig, eine große Verteidigungsanlage zu bauen, obwohl beide für irgendwelche Eindringlinge reiche Beute versprachen.

Wir wissen heute, daß das 13. Jahrhundert v. Chr., in dem der Argonautenzug stattgefunden haben soll, mit dem raschen Niedergang der mykenischen Pracht endete. Doch in diesem Zeitalter herrschte keine Untergangsstimmung – ganz im Gegenteil. Die mykenische Gesellschaft schien noch aktiver gewesen zu sein und noch luxuriöser gelebt zu haben als zuvor. Vor kurzem gemachte Entdeckungen haben gezeigt, daß sich die Mykener auf den Weg über das Meer gemacht hatten und vereinzelte Landstriche an der ägäischen Küste Anatoliens, im westlichen Grenzgebiet des großen Hethiterreiches, besiedelt hatten. Die Tontafeln aus den hethitischen Archiven berichten von einem fremdartigen Volk, bei dem es sich um die Mykener, die von der anderen Seite der Ägäis gekommen waren, handeln muß. Die Fremden wurden als auffallend und als recht kriegerisch beschrieben; sie fuhren in ihren Streitwagen hin und her und forderten bei jeder Gelegenheit zum Zweikampf heraus. Unternehmungslustige Mykener, die weniger kriegerische Tendenzen aufwiesen, sandten ihre Handelsgüter nach Ägypten, Italien und weit die Donau hinauf. Und schließlich waren die ehrgeizigen Kriegführer all dieser kleinen Königreiche und weit verstreut liegenden Lehnsgüter natürlich einfallsreich genug gewesen, den ersten von der See her ausgeführten Großangriff der Geschichte zu starten – es sollen 1000 Schiffe gewesen sein, die über Troja herfielen.

Die übriggebliebenen Ruinen und die Gebrauchsgegenstände, die von den Archäologen zutage gefördert worden sind, zeugen von dem Wahrheitsgehalt der Sagen: In den typischen mykenischen Palästen gab es einen großen Hofraum, in dem sich ein Thron für den Herrscher befand, Wohnungen mit Bad und fließend Wasser, Vorratsräume und Gästezimmer. Die Damen am Hofe erfreuten sich an ihren Schmuckkästen, an eleganten Frisuren, Elfenbeinkämmen aus Afrika, Kosmetikartikeln und Parfüm. Doch was sie dachten und woran sie glaubten, wissen wir schon nicht mehr so genau. Ihre religiösen Anschauungen, die in der Geschichte von Jason eine wesentliche Rolle spielen, sind unter dem später entstandenen Götterhimmel der Griechen begraben worden. Apollonios schreibt von Hera, Poseidon, Apollon, Eros und den anderen Göttern des Olymps, die immer wieder mit in Jasons Angelegenheiten eingreifen. Doch soviel wir wissen, gab es diese Götter im 13. Jahrhundert v. Chr. noch nicht, zumindest nicht in dieser Erscheinungsform. Wir können annehmen, daß die Mykener an einem Leben nach dem Tode glaubten, da sie viele ihrer Führer in prachtvollen Kuppelgräbern bestattet haben. Die Lehnsherren, Anführer und Sippen besaßen wahrscheinlich auch ihre Totems, denn wir kennen Bilder von grotesk maskierten Männern und von Frauen, die tanzend ein heiliges Ritual ausführen, anscheinend, um die alten, zumeist animistischen Gottheiten zu verehren. Sie hielten die Geisteswesen bestimmter geweihter Orte – besonders Quellen und Gehölze – heilig. Ihre hauptsächliche Verehrung galt anscheinend der großen Erdgöttin, deren Gestalt in zahlreichen rituellen Tonstatuetten erscheint; sie war allgegenwärtig und wurde als höchste Gottheit angesehen. Später setzten die Griechen sie mit Rhea, der Mutter des Zeus, gleich; außerdem tauchte sie auch in mehreren anderen Gestalten wieder auf, beispielsweise als Dindymene, Demeter oder als Kybele, alles Göttinnen, die eng mit der Erde, dem natürlichen Lebenslauf, den Jahreszeiten und der Natur verbunden waren. Auch diese Göttin spielte in der Geschichte von Jason eine wichtige Rolle.

Als wir in Volos, dem Ausgangspunkt unserer Reise, ankamen, wollte mir Vasiliki Adrini, die Direktorin des Museums in Volos, etwas sehr Bedeutsames zeigen. Vasiliki war Archäologin, und sie führte mich auf einen vier Kilometer westlich von Volos gelegenen Gipfel eines Hügels, der von Zypressen umgeben war. Auf dieser Hügelkuppe verliefen kreuz und quer niedrige Steinmauern, die der Jungsteinzeit zugeordnet wurden, als Dimini, so hieß dieser Ort, cinc der ersten geplant gebauten Städte in der Geschichte Europas war. Doch Vasiliki wollte mir noch etwas anderes zeigen. In den Hügel hinein war eine Passage ausgehoben worden, deren

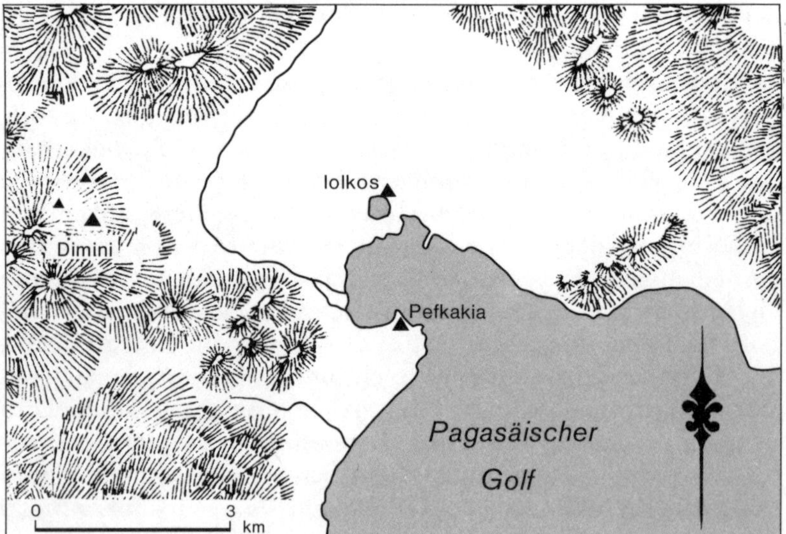

Seiten mit behauenen Steinen ausgekleidet waren. Dieser Korridor führte direkt auf ein wuchtiges, überwölbtes Steintor zu, dessen Sturz von einer riesigen 1,80 mal 1,20 Meter großen Felsplatte gebildet wurde. Jeder, der sich einmal das Löwentor in Mykene angesehen hat, würde sofort erkennen, was dieser Durchgang darstellte: Es handelte sich um den Eingang einer mykenischen Grabkammer. Hinter dem Tor befand sich das eigentliche Grab, ein Gewölbe in der Form eines Bienenkorbs, das in den Hügel hineingegraben und mit hervorragend bearbeiteten Steinen ausgekleidet worden war. Vasiliki erklärte mir, daß man das Grab entdeckt hatte, nachdem das Dach eingefallen und eine Kuh in das entstandene Loch gestürzt war. Die Archäologen hatten es sofort als mykenische Grabstätte erkannt und zögerten nicht, obwohl das Grabmal bis auf einige dürftige Töpferwaren ausgeraubt worden war, es als Grabstätte eines mykenischen Königs anzusehen, der in der späten Bronzezeit gestorben war.

»Das fanden wir natürlich etwas sonderbar«, fuhr Vasiliki fort. »Denn wenn es sich hierbei um das Grab eines Königs handelte, warum war es dann nicht in der Königsstadt Iolkos bestattet worden, wo wir andere Königsgräber gefunden haben? Warum hatte man ihn hier draußen, so weit von der Stadt entfernt und im Innern des Hügels, begraben? Vor drei Jahren bat dann ein Bauer aus der Gegend die archäologischen Sachverständigen darum, ein Feld am Fuße dieses Hügels pflügen zu dürfen. Er benötigte unsere Genehmigung, da der Bereich um diesen Hügel herum zum archäologischen Schutzgebiet erklärt worden war. Um sicherzugehen, nahmen wir auf dem Feld zunächst einige Ausgrabungen vor; wir wollten uns eben davon überzeugen, daß dort nichts Bedeutsames vergraben lag. Womit wir vielleicht gerechnet hätten, wären weitere Überreste aus der Steinzeit gewesen, die mit der Siedlung auf der Kuppe des Hügels in Zusammenhang standen. Man kann sich vorstellen, wie überrascht wir waren, als wir die Überreste einer kleinen, gut durchdachten mykenischen Stadt entdeckten! Niemand hatte dies erwartet. Warum sollte auch eine andere mykenische Siedlung so nahe bei der Stadt Iolkos gebaut worden sein? Auf einen derartigen Fall war man bisher noch nicht gestoßen. Und wieder war es schwierig, dafür eine Erklärung zu finden.«

Vasiliki ging mit mir durch Mandelbaumgehölze hindurch, um mir die Mauern dieser mykenischen Stadt, die sie und ihre Kollegen entdeckt hatten, zu zeigen. Sie hatten ihre Untersuchungen noch nicht abgeschlossen, doch eines konnte man mit Sicherheit sagen: Es handelte sich um eine kleine Stadt, die sehr sorgfältig geplant und gebaut worden war. Man konnte noch genau erkennen, wo die Hauptstraße verlief und wie die Mykener ihre Häuser entlang dieses Hauptverkehrsweges gebaut hatten. Alle Häuser wiesen die typisch mykenische Bauweise auf, bestanden aus drei Räumen, wobei einer zum Wohnen, einer zum Schlafen und der dritte für die Vorratshaltung benutzt worden war. In den Fußboden eines Hauses hatte der Bewohner ein Loch gegraben, um dort einen großen, irdenen Krug hinunterzulassen, der ihm dann als Speisekammer gedient hatte. Vasiliki erklärte mir, daß die Stadt allen Anzeichen nach sehr überlegt entworfen und gebaut worden war, daß sie eine Art Satellitenstadt von Iolkos gebildet und offenbar mit der größeren Stadt in Verbindung gestanden hatte. Jedoch muß es sich um eine Siedlung gehandelt haben, die viel weniger wohlhabend als Iolkos gewesen war. All dies hatten die Archäologen anhand der Haushaltsgegenstände herausgefunden; man hatte dort nämlich nur sehr wenige entdeckt, und diese waren einfach gearbeitet und auf Nützlichkeit ausgerichtet.

»Und dann stießen wir auf zwei Dinge, die ebenfalls recht sonderbar waren«, erklärte Vasiliki weiter. »Zunächst einmal war diese Stadt nur für eine recht kurze Zeitspanne bewohnt gewesen, etwa ein Jahrhundert lang oder weniger. Sie war gebaut, bewohnt und dann wieder aufgegeben worden. Und dies führte nun zum zweiten Rätsel: Warum haben die Bewohner die Stadt wieder verlassen? Sie waren nicht durch einen Angriff, von einem Erdbeben oder infolge eines Feuers vertrieben worden. Wir haben keine Spuren irgendwelcher Katastrophen entdeckt. Ganz im Gegenteil, die Bewohner scheinen ihre Häuser in Ruhe geräumt zu haben und sind dann wohlgeordnet aus der Stadt gegangen. Was hat sie dazu veranlaßt, die Siedlung zu verlassen? Wo sind sie hingegangen?«

Vasiliki blickte mich an, und ich konnte die Faszination nachempfinden, die die Archäologen bei ihrer detektivischen Arbeit verspüren mußten, bei ihrer Aufgabe, lang vergangene Ereignisse anhand weniger Anhaltspunkte zu erklären.

»Sie haben die naheliegendste Erklärung wahrscheinlich schon erraten. Es kann sein, daß diese Stätte mit der Sage von Jason und der Suche nach dem Goldenen Vlies im Zusammenhang steht. Genau in der Zeit, in der diese Stadt gebaut, bewohnt und verlassen worden ist, soll auch die Fahrt der Argonauten stattgefunden haben. In der Sage wird erzählt, daß Jasons Vater durch seinen Halbbruder Pelias des Throns von Iolkos beraubt worden war. Vielleicht ist Aison, Jasons Vater, mit den Leuten, die ihm immer noch ergeben waren, hierhergekommen und hat diese Siedlung außerhalb der Stadtmauern gegründet. Dies ist vielleicht der Ort, an dem Jason seine Kindheit verbracht hat. Die Sage berichtet davon, daß Jason, nachdem er von seiner Suche nach dem Goldenen Vlies zurückgekehrt war und somit seine schwere Aufgabe erfüllt hatte, den von König Pelias besetzten Thron von Iolkos zurückgewonnen hat. Und das kann sich zu der Zeit zugetragen haben, als diese Leute, die hier an diesem Platz gelebt hatten, ihre Habseligkeiten zusammengepackt und ihre Stadt verlassen haben; möglicherweise sind sie dem neuen König gefolgt und sind wieder nach Iolkos zurückgegangen. Deshalb sind diese mykenischen Häuser hier so sorgfältig von ihren ursprünglichen Bewohnern geräumt worden. Und wenn dies tatsächlich der Fall sein sollte, dann besteht eine sehr große Wahrscheinlichkeit, daß dieses Grab, das wir auf dem Hügel gesehen haben, die Grabstätte von König Aison, Jasons Vater, ist.«

Dies war eine wunderbare Hilfe für unser Unternehmen, den Wahrheitsgehalt der Jasonsage zu erforschen. Hier, auf einem Hügel in seinem eigenen Land, schienen die archäologischen Erkenntnisse darauf hinzudeuten, daß Anfang und Ende der alten Sage mit wirklichen Begebenheiten übereinstimmten.

Der Sage zufolge hatte Jason die Reise unternommen, um das Goldene Vlies zu bekommen und somit den Thron von Iolkos zurückzugewinnen, der ihm eigentlich rechtmäßig zustand, jedoch von seinem Onkel Pelias an sich gerissen worden war. Bei diesem muß es sich um eine schreckenerregende Person gehandelt haben. Es wird erzählt, daß er schon bald nach seiner Geburt von seiner Mutter, einer mykenischen Prinzessin, die von ihrer eifersüchtigen Stiefmutter schikaniert wurde, ausgesetzt worden war. Sie ließ den Säugling auf einem Feld liegen, wo er von einer Gruppe von Pferdehirten gefunden wurde. Eines der Pferde war wegen des Säuglings ins Straucheln gekommen und hatte dessen Gesicht mit einem seiner Hufe so verletzt, daß Pelias, der dann von den Pferdehirten großgezogen wurde, mit einer deutlichen Narbe im Gesicht aufwuchs. Als Pelias erfuhr, wer seine wirklichen Eltern waren, spürte er die unliebsame Stiefmutter auf, verfolgte sie bis in den Tempel der Hera hinein und tötete sie, während sie sich am Altar festklammerte. Dieses Verbrechen galt natürlich als ungeheuerliche Entweihung des heiligen Ortes, und der griechischen Auffassung von der göttlichen Vergeltung zufolge war dies die Ursache für seinen eigenen gewaltsamen Tod, für den Jasons Frau auf Betreiben der rachsüchtigen Hera später sorgen sollte.

Pelias' Mutter hatte schließlich den König von Iolkos geheiratet, und Pelias schaffte es dann, Aison, den rechtmäßigen Erben, zu enteignen. Er ließ Aison am Leben, der aber lediglich als normaler Bürger in Iolkos wohnen konnte. Als Jason geboren wurde, fürchteten seine Eltern, daß Pelias das Königskind als Bedrohung ansehen könnte und es töten würde. Sie verbreiteten die Nachricht, daß das Kind tot zur Welt gekommen war, und schmuggelten es aus der Stadt hinaus. Ebenso wie viele der anderen alten Helden wurde auch Jason dann von dem weisen Zentauren Chiron auf den Hängen des Pelion aufgezogen.

Als er alt genug war, um Anspruch auf sein Erbe zu erheben, machte sich der junge Jason auf den Weg in die Stadt Iolkos. Er kam zu einer Furt des Flusses Anauros. Dort traf er eine alte Frau, die ebenfalls den Fluß überqueren wollte, doch der breite Strom führte Hochwasser. Obwohl Jason in Eile war, blieb er stehen, um ihr zu helfen. Er hob die alte Frau hoch – es handelte sich um die Göttin Hera, die eine andere Gestalt angenommen hatte – und trug sie bis ans andere Ufer. Dabei verlor Jason im Schlamm des Flußbetts eine seiner Sandalen. Daher trug er, als er auf dem Marktplatz von Iolkos erschien, nur eine Sandale, was den König Pelias auf den ersten Blick daran erinnerte, daß er von einem Orakel gewarnt worden war: Er würde durch einen Mann vernichtet werden, der »mit einem unbeschuhten Fuß« zu ihm kommt.

In dem Versuch, seinem Schicksal zu entgehen, stellte König Pelias Jason die hinterhältige Frage: »Was würdest du tun, wenn du dem Mann gegenüberstehst, der dich, einer Prophezeiung zufolge, vernichten wird?«

»Ich würde ihm die Aufgabe stellen, das Goldene Vlies zu suchen«, antwortete der arglose junge Mann.

»So sei es denn«, verkündete König Pelias.

Eine andere Version der Sage berichtet davon, daß Jason dem König gleich seine Identität offenbarte und von Rechts wegen den Thron von Iolkos forderte. König Pelias willigte ohne Widerspruch ein, die Krone abzutreten, jedoch unter der Voraussetzung, daß Jason das Goldene Vlies zurückbrachte und somit bewies, daß er es wert war, über Iolkos zu herrschen. Aus beiden Fassungen geht hervor, daß es sich um eine geradezu selbstmörderische Aufgabe handelte.

Das Vlies war von besonderer Bedeutung für Jasons Familie, die Aioliden, deren Familienzeichen ein Widder war. Man erhält tatsächlich den starken Eindruck, daß das Vlies ein heiliges Kultobjekt gewesen war, das von ihnen sehr verehrt wurde. Seine Geschichte kann man zwei Generationen weit zurückverfolgen, bis in die Zeit, als die böotische Stadt Orchomenos von mehreren aufeinanderfolgenden Mißernten heimgesucht worden war. Über Orchomenos regierte König Athamas, ein weiterer Aiolide, der nun glaubte, daß die Götter verärgert worden waren und deshalb besänftigt werden mußten. Der wirkliche Grund war aber der, daß Athamas neue Ehefrau, Ino, eine Intrige geschmiedet hatte, um sich ihrer Stiefkinder, Prinz Phrixos und Prinzessin Helle, zu entledigen. Königin Ino hatte die Frauen von Orchomenos heimlich dazu überredet, die Getreidesaat vor dem Einsäen zu rösten, was natürlich zur Folge hatte, daß die Körner nicht mehr keimen konnten und somit jede Aussicht auf eine Ernte zunichte gemacht worden war. Dann richtete sie es so ein, daß das Orakel von Delphi dem König Athamas, wenn er es wegen der Hungersnot befragte, den Rat geben sollte, seine beiden ältesten Kinder zu opfern, damit der Fluch gebannt wurde. Phrixos und Helle waren zum Opferaltar geführt worden, als plötzlich ein Widder mit einem goldenen Fell vom Himmel erschien, der die Kinder aufforderte, auf seinen Rücken zu klettern. Dann flog der Widder mit ihnen ostwärts davon. Als sie sich über der Meerenge, die Europa und Asien voneinander trennt, befanden, konnte sich Helle nicht mehr festhalten, rutschte von dem Tier herunter, fiel in die Meerenge und ertrank. Zum Andenken an sie wurde die Meerenge seitdem Hellespont genannt. Phrixos wurde nach einem kurzen Aufenthalt an der Schwarzmeerküste Anatoliens schließlich bis zum äußersten Ende des Schwarzen Meeres gebracht, bis in das Königreich von Kolchis, wo er von dem König Aietes freundlich empfangen wurde. Er ließ sich dort nieder, heiratete eine der Königstöchter und starb dann auch in Kolchis. Auf eigenen Wunsch des Widders wurde das Tier geopfert und sein Vlies in die Krone einer heiligen Eiche gehängt.

Vielleicht handelt es sich bei der Geschichte von dem fliegenden Widder um eine phantasievolle Nacherzählung der Flucht der beiden Königskinder, die auf andere Art und Weise vonstatten gegangen ist; vielleicht sind sie an Bord eines nach Osten fahrenden mykenischen Handelsschiffes entkommen, doch das ist eine bloße Vermutung. Was die Argonautensage angeht, ist es äußerst interessant, daß die Bewohner von Iolkos sofort wußten, was das Goldene Vlies war und wohin Jason reisen mußte, um es zurückzuholen. Alle Zuschauer, und natürlich besonders König Pelias, rechneten nicht damit, Jason lebendig wiederzusehen.

Vasiliki, die Archäologin, gab mir noch einen weiteren Anhaltspunkt. »Als wir damit begannen, die Bedeutung dieser mykenischen Stadt zu ergründen«, meinte sie zu mir, »erinnerte man sich daran, daß am Ende des letzten Jahrhunderts, als auf der Kuppe des Dimini-Hügels die ersten Ausgrabungen gemacht worden waren, die Archäologen – die eigentlich an Funden aus der Steinzeit interessiert waren – in ihren Aufzeichnungen notiert hatten, daß sie sich durch alte Mauern, die sich genau über der Steinzeitsiedlung befanden, hindurchgearbeitet hatten. Wir nehmen nun an, daß diese Mauern die Überreste eines kleinen mykenischen Palastes oder Herrensitzes waren, der auf der Kuppe des Hügels gestanden hat. Es kann also gut sein, daß dies Jasons Zuhause gewesen ist. Da es nun diese Beweise für die Unterstützung der Theorie gibt, ist der Stadtrat von Volos darum gebeten worden, den Fluß, der zwischen Dimini und der Stadt Volos entlangfließt, umzubenennen. Dies wäre dann nämlich der Fluß, den Jason durchquert hatte, als er unterwegs war, um König Pelias zum erstenmal zu treffen, der Fluß, in dem Jason seine Sandale im Schlamm verloren hatte. Es ist der Vorschlag gemacht worden, den Fluß wieder Anauros zu nennen.«

Von der Hügelkuppe aus konnte ich im Süden den großen Bogen der Bucht von Volos sehen; das stahlblaue Wasser glitzerte im Licht der Frühlingssonne. Auf der rechten Seite fielen einige Hügel langsam bis zu einer kleinen Landzunge hin ab. Auf dieser Landzunge stand die Kieferngruppe, nach der dieser Ort benannt worden war: Pefkakia, der Platz der Kiefern. Dort wartete nun die *Argo;* sie war den Strand hinaufgezogen worden und unterzog sich nun den letzten Vorbereitungen, um dann endlich die Reise nach Kolchis zu beginnen. Ich nahm an, daß Pefkakia sicherlich der Ort gewesen war, an dem Argos das ursprüngliche Schiff gebaut hatte, und daß dieser Platz zu Jasons Zeiten wohl auch als Galeerenhafen von Iolkos genutzt worden war. Hier fand man die besten Bedingungen vor: ein geschützter Ankerplatz, eine nahe gelegene Quelle mit frischem Trinkwasser und ein glatter, sanft abfallender Strand, auf dem die Galeeren leicht hochgezogen werden konnten. Genau einen Tag vorher hatte ich einen von Norden her kommenden Sturm beobachten können, der wie ein tanzender Derwisch von den Hängen des Pelion hinab auf die Bucht hinunterfegte. Der Sturm hatte sich auf die Schiffe im Neuen Hafen gestürzt, die Gischt auf der Oberfläche des Meeres mitgerissen, die größeren Schiffe geschüttelt und die kleineren Fischkutter dazu gebracht, sich schnell in Sicherheit zu begeben. Die Zuflucht, auf die sie alle zusteuerten, war Pefkakia, ein windgeschützter Ort, an dem der Anker gut hielt. Wenn dieser Platz heutzutage für ein kleines Schiff gut geeignet war, dann war dies sicherlich auch vor 3000 Jahren der Fall gewesen. Und tatsächlich: Nicht einmal 50 Meter weit von der neuen *Argo* entfernt erhob sich am Strand von Pefkakia ein weiterer kleiner Hügel. Hier hatten vor zehn Jahren deutsche Archäologen mit ihren Ausgrabungen begonnen, hatten die sandige Erdschicht entfernt und die Mauern und Fundamente einer dritten mykenischen Siedlung zum Vorschein gebracht.

Peter Wheeler arbeitete auf dem Strand von Pefkakia; er war dabei, den Vorderteil des Rammsporns zu vervollständigen. Während der Überführungsfahrt hatten wir festgestellt, daß der Rammsporn als Rampe für alle möglichen Tätigkeiten dienen konnte. Wenn man ein erfrischendes Bad im Meer genommen hatte, so bot er die bequemste Möglichkeit, um wieder an Bord zu gelangen. Die Ramme bildete eine Plattform, die vom Wasser umgeben war, der ideale Ort, um sich zu waschen oder um sich zu erleichtern. Dadurch wurde auch die seltsam aussehende Reihe der winzigen Holzpflöcke erklärt, die aus dem Bugteil des Schiffes herausragten, wie man auf vielen der alten griechischen Illustrationen sehen konnte. Für den Zweck dieser winzigen Holzpflöcke, die kleinen Hörnern glichen, gab es recht viele verschiedene, teilweise verwirrende Interpretationen, doch ich bat Tom darum, sie trotzdem in die entsprechenden Stellen hineinzuhämmern, denn ich nahm an, daß wir deren Funktion früher oder später schon herausfinden würden. In der Tat wußte Vasilis sofort, welchen Zweck sie erfüllen sollten. Er nannte sie *Scalita,* die kleine Leiter, und auf diese Weise benutzten wir sie auch: als eine Reihe von Haltepunkten für die Hände und Füße, damit man von der Spitze des Rammsporns aus wieder auf das Schiff klettern konnte. Doch bei dem Vorhaben, vom Wasser aus auf den Vorderteil der Ramme zu gelangen, handelte es

Helling auf dem Strand von Pefkakia

sich immer noch um ein recht mühseliges Unterfangen, weshalb Peter den Entschluß gefaßt hatte, an der Spitze des Rammsporns einen praktischen Griff anzubringen, den der Schwimmende leicht packen konnte, um sich dann ohne große Schwierigkeiten daran hochzuziehen. Als Peter seine Arbeit beendet hatte, offenbarte sich sofort, was er vollbracht hatte. Durch seinen neuen Haltegriff war die Bugspitze der *Argo* etwas hochgezogen worden und ähnelte nun der Schnauze eines wilden Ebers; ganz genau so hatten die alten griechischen Künstler oft ihre Schiffe gezeichnet.

Trondur, der während unserer Überführungsfahrt zu uns gestoßen war, meinte, daß es nun an der Zeit wäre, die »Augen« der *Argo* zu verbessern. Im ganzen genommen sahen sie noch immer zu harmlos und zu naiv aus, außerdem schielten sie leicht. Er veränderte ihren Ausdruck, malte etwas Drohendes hinein, so daß ein angriffslustiger Blick entstand, der besser zu einem Kriegsschiff paßte, das sich bald auf die Reise begeben würde, um das Goldene Vlies aus einem feindlich gesinnten Königreich zurückzuholen.

Die neuen Argonauten kamen nun nach und nach in Volos an. Nick, unser Schiffsarzt, tauchte auf, unerschütterlich wie eh und je, und auch der wuchtig wirkende Peter Dobbs – beide hatten schon an der Sindbad-Fahrt teilgenommen. Einen ähnlich beeindruckenden Körperbau wie Peter konnte Miles Clark aufweisen, der von der britischen Armee beurlaubt worden war und sich schon bald als außerordentlich talentierter Mime und Spaßvogel herausstellte; er besaß ein nahezu unerschöpfliches Reservoir an Geschichten, die wirklich jeden zum Lachen brachten. Unser Koch Peter Moran erklärte Tom, warum er einige abnehmbare Decksplanken zur Vergrößerung seines Vorratsraums benötigte: Er hatte von den Stadtvätern von Volos eine größere Menge Wein der Sorte »Argo« bekommen, doch auf dem Schiff war so gut wie kein Platz mehr vorhanden, um dieses Geschenk zu verstauen.

Die Stadt Volos hat die Erinnerung an die Argonautensage lebendig gehalten. Die Hauptstraße der Stadt heißt »Argonautenstraße«; im neuen Hafen befindet sich eine schöne Nachbildung von Jasons *Argo* aus Bronze, und auch mehrere Tavernen sind nach Iolkos' berühmtestem Schiff benannt worden. Und jetzt stellte uns Volos einen freiwilligen Ruderer zur Verfügung: Elias, ein ortsansässiger Architekt, der sich unserem Unternehmen unbedingt anschließen wollte, obwohl er sich nun zum erstenmal an Bord eines kleinen Schiffes begab. Es war meine Vorstellung gewesen, daß, während sich die *Argo* in griechischen Gewässern befand, möglichst viele Griechen zur Besatzung gehörten; ebenso wollte ich versuchen, möglichst viele türkische Freiwillige an Bord zu haben, wenn wir durch die türkischen Gewässer fuhren, und schließlich hoffte ich auch sowjetische Besatzungsmitglieder zu finden, um das letzte Stück bis nach Georgien zu bewältigen. Meiner Meinung nach war es ein wesentlicher Teil des Projekts, daß jedes Land seine Repräsentanten an Bord hatte und direkt an diesem Abenteuer beteiligt war.

Zusammen mit Elias kamen noch zwei weitere Griechen an Bord: der starke Theodore, Elektrotechniker von Beruf, und der stämmige, weißhaarige Costas. Im April hatte mich Costas angerufen, um zu fragen, ob ich ihn auf der geplanten Reise mitnehmen würde. Er teilte mir mit, daß er ein erfahrener Segler war und auch eine eigene Jacht besaß. Er lebte in Athen und war schon ein paarmal kreuz und quer durch die Ägäis gesegelt. All dies hörte sich geradezu ideal an. Ich wollte ihn geradewegs einladen, sich der Mannschaft anzuschließen, als er kurz zögerte und taktvoll meinte: »Es gibt da nur eine Sache, die vielleicht ein Problem sein könnte – das ist mein Alter. Ich bin sechzig Jahre alt.« Ich schluckte. Ein sechzigjähriger Galeerenruderer? Ich wollte nicht, daß irgend jemand infolge des stundenlangen Ruderns in der Hitze einen Herzschlag erlitt, also machte ich Costas den Vorschlag, an der Überführungsfahrt von Spetses nach Volos teilzunehmen. Wenn es ihm dann zu anstrengend sein sollte, konnte er sich würdevoll zurückziehen. Doch wie sich herausstellte, war Costas ein Prachtkerl. Er war absolut entschlossen, nicht aufzugeben. Die ersten Tage lang war er vollkommen erschöpft, und abends konnte man dann beobachten, wie er wegen der erlittenen Strapazen regelrecht zitterte. Doch seine Entschlossenheit ließ sich nicht unterkriegen. Costas war ein derart fröhlicher und mutiger Mensch, daß er schließlich bei allen anderen Besatzungsmitgliedern enorme Anerkennung fand.

»Ich wünschte, die Leute von der Fluggesellschaft könnten mich jetzt sehen«, meinte er glücklich zu mir. »Bis zum letzten Jahr bin ich nämlich Flugkapitän bei Olympic Airways gewesen, mußte dann aber meinen Beruf aufgeben, da die Gesellschaft ein Höchstflugalter von sechzig Jahren festgelegt hat!«

Unsere beiden Filmemacher stießen ebenfalls in Pefkakia zu uns. Sie wollten mitfahren, um einen Dokumentarfilm über die Reise zu drehen, und als sie nun ankamen, mußten wir schon genau hinsehen, um sie in dem unausweichlichen Stapel heller Aluminiumkisten, Filmmaterialien, Kameras, Stativen und all der anderen notwendigen Ausrüstungsgegenstände erkennen zu können. Der Kameramann hieß Dick Hill, ein wirklich kultivierter Mensch, der als einziger von allen Besatzungsmitgliedern die Kunst beherrschte, selbst unter der Ruderbank einer voll besetzten mykenischen Galeere noch immer eine Garnitur sauberer Kleidung parat zu halten. Jedesmal wenn Dick an Land ging, schaffte er es, makellos angezogen zu sein, bekleidet mit einer hellen Hose, die völlig sauber und gut geplättet war, und einem seidenen Oberhemd, das sogar noch Bügelfalten aufwies. Sein Arbeitskollege, der Toningenieur Dave Brinicombe, war das genaue Gegenteil von ihm. Unter Daves Ruderbank befand sich schon sehr bald ein unglaubliches Durcheinander aus elektronischen Geräten und Zubehörteilen, in dem er dann wie ein Dachs herumwühlte, wenn er etwas suchte. Es kümmerte ihn wenig, wie er gekleidet war; meistens zog er es vor, barfuß zu gehen. Sein freundliches, stupsnäsiges Gesicht wurde von einem zerzausten, buschigen Bart geschmückt. Und als er so glücklich und zufrieden auf der Gangway in der Mitte des Schiffes hin und her trottete, wobei an seinen breiten Füßen die weitgespreizten Zehen, die fast zum Greifen geeignet schienen, deutlich auffielen, erkannte Miles sofort die Ähnlichkeit zu einem Steinzeitmenschen und gab ihm den Spitznamen, der haften bleiben sollte: Dave the Cave (Cave = Höhle), ein Spitzname, den der Toningenieur mit einem fröhlichen, breiten Grinsen akzeptierte.

Der Abfahrtstermin wurde auf den 4. Mai festgelegt. Schon früh am Morgen versammelten sich Zuschauer in der Nähe der Galeere auf dem Strand von Pefkakia. Die Kinder in der Umgebung hatten schulfrei bekommen, damit sie die Abfahrt des Schiffes mitverfolgen konnten; viele von ihnen standen bereits auf dem Abhang eines Hügels, von wo aus sie alles überblicken konnten. »*Kalo taxidi! Kalo taxidi!* Gute Reise!« riefen sie im Chor und winkten aufgeregt den Argonauten zu, die gerade damit beschäftigt waren, ihre Reisetaschen unter die Ruderbänke zu stopfen, die Lederstropps, mit denen die Riemen an den Ruderpflöcken befestigt wurden, einzufetten und Witze über die bevorstehende Reise zu machen.

»Ich habe ausgerechnet, daß wir bis zum Ende der Reise 1,5 Millionen Ruderschläge pro Person machen müssen«, gab Mark Richards, der offensichtlich an seiner Rolle als Rudermeister Gefallen fand, der Mannschaft bekannt.

»O nein, bitte nicht. Hoffentlich wird es genug Wind geben«, stöhnte Tim Readman, der Proviantmeister. »Ich bin überhaupt nicht in Form.«

»Keine Sorge«, beruhigte ihn Peter Dobbs. »Wenn wir hungrig werden und nichts mehr zu essen haben, werden wir dich als ersten verspeisen.« Damit wurde eine alte Neckerei aus der Zeit der Sindbad-Reise wieder aufgegriffen, denn bereits damals war man darin übereingekommen, daß Tim Readman die geschmackvollste Mahlzeit abgeben würde.

»Zehn Minuten noch!« rief ich und läutete die bronzene Schiffsglocke. Tom und Wendy waren gekommen, um Abschied zu nehmen. Tom sah recht wehmütig aus, da er nicht bei der *Argo* bleiben konnte, doch er mußte zu seiner Arbeit als Schiffbauer zurückkehren. Vasiliki, die Archäologin, war auch da, ebenso Onkel John mit seiner Familie. Borgne, Trondurs Ehefrau, hatte ihren Sohn Brandur mitgebracht, damit er seinem Vater auf Wiedersehen sagen konnte; der kleine Junge war von der riesigen Menschenmenge sichtlich beeindruckt.

Nun war es an der Zeit, den Göttern ein Trankopfer darzureichen, ihnen etwas Wein zu geben, damit sie für günstige Winde und ruhige Meere sorgten. Ich holte eine Flasche »Argo«-Wein hervor. An diesem Tag konnte Poseidon sicherlich nicht mit weniger als einer ganzen Flasche besänftigt werden. Niemand schien einen Korkenzieher eingepackt zu haben, also griff ich nach dem kleinen Holzhammer, den wir normalerweise benutzten, um die lose gewordenen Ruderpflöcke wieder fest einzuschlagen. Ich hielt die Flasche am Heck über das Wasser und schlug den Hals ab. Der Wein schoß mit einem gewaltigen Strahl heraus, woraufhin die Menschenmenge freudig Beifall spendete. Zwei weitere Schläge der Schiffsglocke ertönten, und irgend jemand machte die Heckleine los.

»Kalo taxidi! Kalo taxidi!« riefen die Kinder am Ufer. Trondur stand am Bug und holte Hand über Hand schnell das triefende Ankertau ein. Im nächsten Moment wurde der Anker an Bord gehievt.

»Anker klar!«

»Fertigmachen!« rief ich, und die Ruderer lehnten sich nach vorne in ihre Startpositionen. »Mit halber Kraft. Seid ihr fertig?

Los!« Die Ruderblätter tauchten ins Wasser ein und begannen sich synchron zu bewegen. Die Ruderer nahmen den gleichmäßigen Rhythmus auf. Die *Argo* glitt ruhig übers Wasser.

»Noch eine Million vierhundertneunundneunzigtausendneunhundertneunundneunzig Ruderschläge«, murmelte Miles vor sich hin. Behutsam brachte ich *Argo* auf ihren Kurs. Die beiden Steuerruder arbeiteten in einander entgegengesetzte Richtungen. Um das Schiff zu einer Richtungsänderung zu bewegen, mußte die eine Ruderpinne nach vorne gedrückt werden und die andere nach hinten. Es war anfangs wirklich merkwürdig, aber *Argo* reagierte gehorsam darauf.

Es war ein guter Tag, um eine Expedition zu starten: Kein Lüftchen regte sich, und ein leichter Wolkenschleier schwächte die Intensität der Sonne angenehm ab. Überall um uns herum tuckerten Dutzende von kleinen Fischerbooten mit der langsamsten Geschwindigkeit, die ihre Maschinen zuließen. Vor uns fuhr das Lotsenboot von Volos, um der *Argo* den Weg freizumachen und sie die ersten paar hundert Meter weit sicher aufs Meer hinaus zu geleiten. Leichte Einmann-Rennboote des Ruderklubs von Volos glitten wie Wasserkäfer um uns herum und neben uns her. Eintauchen und ziehen; nach vorne beugen und das Ruderblatt wieder in die Ausgangsstellung zurückbringen; dann erneut eintauchen und wieder kräftig ziehen. Der gleichmäßige Ruderrhythmus der Galeere machte neben den modernen Rennbooten einen recht schwerfälligen Eindruck. Etwas weiter vorne konnte ich den neuen Betonanleger von Volos erkennen. Dort standen die Würdenträger der Stadt: der Bürgermeister, der Militärkommandant, der Hafenmeister und der griechische Bischof in seinem Ornat. Als die *Argo* vorbeifuhr, hielt der Bürgermeister einen Ölzweig in die Höhe und warf ihn dann ins Wasser.

»Friede sei mit euch! *Kalo taxidi* – gute Reise!« Nun umrundeten wir das äußerste Ende des Anlegers und passierten den am Wasser grenzenden Stadtbezirk, wobei wir uns so nah wie möglich am Ufer hielten. Auf dem Kai drängten sich die Menschen, hauptsächlich Kinder, die mit Bussen hierhergebracht worden waren, damit sie die Abfahrt eines Schiffes mitverfolgen konnten, das aus der weit zurückliegenden Vergangenheit ihres Landes stammte. *»Kalo taxidi! Kalo taxidi! Kalo taxidi!«* Die Kinder riefen diese Worte fröhlich in einem gleichmäßigen Rhythmus hinaus wie die Anhänger einer Fußballmannschaft. Die neuen Argonauten winkten zurück;

mit der einen Hand ruderten sie, mit der anderen winkten sie. Ein Vierer glitt an uns vorbei. Vorne am Bug saß ein Ruderer, der einen ebenso prächtig glänzenden Glatzkopf wie Mark hatte. »Ihr beide scheint zum gleichen Friseur zu gehen«, bemerkte Miles.

Apollonios von Rhodos zufolge war die Abfahrt der Argonauten vor 3000 Jahren um einiges gefahrvoller gewesen. Es hatte Gerüchte gegeben, daß der Schiffbauer Argos von König Pelias bestochen worden war, damit er das Schiff sabotierte, indem er schwache Verbindungen einbaute, so daß die Galeere während der Reise auseinanderbrechen und sinken würde. Sehr wahrscheinlich hatte Argos aber nicht die Absicht gehabt, eine derartige Hinterlist zu begehen, denn er hatte beschlossen, sich ebenfalls Jasons Mannschaft anzuschließen. Am Abend vor ihrer Abfahrt, nach einem tränenvollen Abschied von ihren Familien, versammelten sich Jasons Freiwillige am Strand. Jason ließ zwei Ochsen, die zur Herde seiner Familie gehört hatten, an die Küste treiben. Herakles und der starke Ankaios töteten die Tiere; das eine erhielt von Herakles einen einzigen Schlag mit der berühmten Holzkeule, während Ankaios das andere Tier mit einer Bronzeaxt niederstreckte. Die heiligen Fleischstücke von den Oberschenkeln wurden mit Fett beschmiert und feierlich in den Flammen eines Feuers, das mit dem Holz des Ölbaums auf einem Altar aus grobem Kies entfacht worden war, verbrannt. Dieses Opfer galt Apollon, dem Schutzgott der Abreisenden. Idmon, einer der beiden Seher der Besatzung, starrte auf die hin und her tänzelnden Flammen und beobachtete genau die Rauchfahne, die in den Himmel stieg. Er erklärte, daß die Vorzeichen gut aussahen, fügte jedoch düster hinzu, daß er selbst nicht erwarten konnte, lebend von dieser Unternehmung zurückzukehren. Sein Schicksal war ihm offenbart worden, meinte er. Er würde an irgendeinem einsamen Ort an der Küste Asiens sterben.

Der weitere Abend verlief dann nicht gerade erfreulich. Idas, der Angeber unter den Argonauten, hatte zuviel unverdünnten Wein getrunken und begann nun, Jason zu verspotten, der sich etwas abseits von der Gruppe hingesetzt hatte, um seinen in letzter Minute aufgetauchten Zweifeln an dem Sinn des Unternehmens nachzuhängen. Als Idmon den betrunkenen Idas zurechtwies, wurde auch er von ihm verhöhnt. Der Streit wäre in eine Schlägerei ausgeartet, wenn nicht Orpheus umsichtig in das Geschehen eingegriffen hätte, der Musiker, der eine Melodie auf seiner Leier anstimmte und begann, ein langes Lied über den Ursprung der Götter zu singen. In dieser Nacht schliefen die Argonauten auf dem Strand, und am nächsten Morgen wurden sie von Tiphys, dem erfahrenen Steuermann, geweckt, damit sie rechtzeitig starten konnten. Sie wußten bereits, auf welcher Ruderbank sie sitzen würden, da sie am Tage zuvor Lose gezogen hatten. Nur Herakles und Ankaios war es nicht gestattet worden, sich an der Verlosung zu beteiligen. Den beiden größten und stärksten Männern der Besatzung wurden automatisch die beiden Ruderbänke in der Mitte der Galeere zugewiesen, wo ihre enormen Kräfte am besten zur Geltung kommen würden.

An Bord unserer neuen *Argo* hatten wir eine ähnliche Entscheidung getroffen: Mark und Miles waren unsere besten Ruderer, beide hatten für ihre Universität an Wettkämpfen teilgenommen, und es war natürlich klar, daß sie die Positionen der beiden Schlagmänner besetzen sollten – die zuachterst liegenden Ruderbänke –, so daß alle anderen Besatzungsmitglieder sie während des Ruderns genau im Blickwinkel hatten und somit versuchen konnten, deren Stil und Bewegungsrhythmus nachzuahmen.

Wir hatten keine vollständige Besatzung von 20 Leuten an Bord – an diesem Tag waren wir nur 14; und wenn dann noch eine Person steuerte und eine weitere kochte, konnten nur noch zwölf Ruder betätigt werden. Doch es reichte aus. Wir mußten nur darauf achten, daß sich die Galeere jederzeit mit gleichmäßiger Geschwindigkeit durchs Wasser bewegte. War dies der Fall, so kamen wir mit 3 bis 3,5 Knoten voran. *Argo* war so geschmeidig gebaut worden, daß sie, selbst wenn nur noch zehn Leute ruderten, mit dieser Geschwindigkeit vorwärts glitt. Daher konnten sich immer zwei Besatzungsmitglieder fünf Minuten lang verschnaufen, und wenn ihre Pause beendet war, wechselten sie die Plätze mit zwei anderen, die sich dann ebenfalls ausruhen konnten. Somit verlor die *Argo* nicht an Fahrt, sondern schleppte sich stetig voran und bewegte sich in südsüdöstlicher Richtung durch den Pagasäischen Golf auf die kleine Stadt Afissos zu.

Afissos soll einer Überlieferung nach die erste Station der Reise von Jason und seinen Männern gewesen sein. Der Grund – dieser Fassung der Sage zufolge – war der, daß *Argo* sich weigerte, das enorme Gewicht des Herakles zu tragen. Der magische sprechende Ast der Galeere hatte laut aufgestöhnt, als der riesige Held das erstemal an Bord gegangen war, und nun bestand die *Argo* darauf, daß Herakles wieder an Land gebracht werden sollte, da sie nicht bereit war, seinen massigen Körper noch weiter zu tragen. Daher sagt man, daß die Bewohner von Afissos größer sind als die anderen Menschen der Umgebung, weil sie von dem gewaltigen Herakles abstammen. Sicherlich ist Afissos in der späten Bronzezeit eine mykenische Siedlung gewesen – in der Nähe des Strandes hat man Bruchstücke mykenischer Töpferwaren gefunden –, doch der wirkliche Grund für *Argos* kurzen Aufenthalt wird eher anderen Charakter gehabt haben. In Afissos gibt es eine Quelle, deren köstliches Trinkwasser bis zur Küste hinunterfließt. Heute wird das Wasser kanalisiert und aufgefangen; es versorgt die Wasserspeier auf dem Marktplatz. Doch als wir zwei irdene Amphoren für die Weiterfahrt füllten, konnten wir hören, wie das Wasser unter den Pflastersteinen entlangströmte. Es war völlig logisch, daß Jason hier angelegt hatte, um das Wasser für den ersten Teil der langen Reise einzunehmen. Und außerdem konnten die Mitglieder der Besatzung, die ihre Teilnahme an der Expedition möglicherweise doch noch in Zweifel gezogen hatten, die Gelegenheit wahrnehmen, um von Bord zu gehen – dies galt natürlich auch für Herakles, doch wie wir sehen werden, blieb er den meisten Versionen der Sage zufolge auf dem Schiff, bis die Argonauten das Marmarameer erreicht hatten.

Unter der Besatzung der neuen *Argo* gab es keine Ausreißer. Die 25 Kilometer von Pefkakia bis Afissos legten wir am ersten Tag unserer Reise auf recht angenehme Weise zurück – die Strecke war

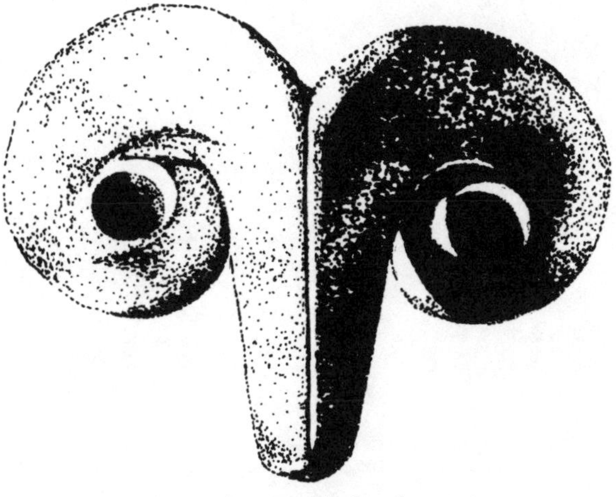

Mykenisches Widderkopfornament

lang genug, um unsere Muskeln anzuspannen, aber nicht zu lang, so daß wir nicht erschöpft waren. Als wir an Land gingen, stand Onkel John vor uns. Er war um den Golf herumgefahren, um uns zu treffen. Natürlich hatte er auch in dieser Gegend einen guten Bekannten. Sein Freund war Weinbergsbesitzer, und so schwang Onkel John nun einen Kunststoffkanister hin und her, der hausgemachten Wein enthielt. Neben ihm stand der Schullehrer von Afissos mit zwei kleinen Mädchen, die gewissenhaft zwei Rosensträuße festhielten. »*Kalo taxidi*«, sagten sie feierlich, als sie die Blumen überreichten. Unsere Reise hatte begonnen.

4. Kapitel: Durch die Ägäis

Der Schutzgott der Abreisenden hatte das Opfer der Argonauten offenbar angenommen, denn Jason und seine Männer konnten an den ersten Tagen ihrer Suche einen vom Himmel gesandten Wind ausnutzen. Kaum hatten sie den Strand verlassen, kam eine günstige Brise auf, und sie konnten das Segel setzen. *»Sie richteten den Mast auf«*, schrieb Apollonios, *»und machten ihn mit vier Stagen fest, die an den Seiten gut vertäut wurden; dann zogen sie das Segel bis zum Masttopp hinauf und machten es los. Der heftige Wind füllte es sofort aus; und als die Falleinen am Deck, jede um ihren Holzpflock herum, festgebunden waren, segelten die Argonauten ohne Mühe voran ...«*

Die Argonauten des 20. Jahrhunderts hatten weniger Glück. Die ersten drei Tage unserer Reise mußten wir in einer völligen Flaute vorankommen oder gegen ungünstige Winde gegenankämpfen, die um die Landspitzen herumfegten und die mühsam vorangleitende Galeere immer wieder überfielen. Die Mannschaft mußte schwer schuften, um die *Argo* Stück für Stück auf dieser sich vor ihr erstreckenden weiten Fläche des unnachgiebigen Meeres vorwärts zu rudern; sie glich dabei einer Gruppe von Leuten, die sich mühsam durch eine Wüste schleppte. Die ersten Blasen bildeten sich bereits nach einer Stunde. Blasen, die bis zum Ende der Reise nicht mehr verschwinden sollten. Die Ruderer hatten natürlich mit Blasen gerechnet, und so folgte jeder seiner eigenen Theorie darüber, wie man sie am besten behandelte – oder aber verhinderte. Einige rieben ihre Hände mit Alkohol ein, andere trugen Baumwollhandschuhe oder wickelten zum Schutz ein Handtuch um den Rudergriff. Doch es nützte alles nicht sehr viel. Nichts konnte das Problem wirklich lösen. Die Blasen bildeten sich nach kurzer Zeit, schwollen an, brachen auf, bildeten sich erneut, brachen wieder auf, und die Haut verhärtete sich langsam. Und dann, wenn man glaubte, daß die Hände widerstandsfähiger geworden waren, weichten die Schwielen beim ersten Kontakt mit Salzwasser auf, und die Hornhaut löste sich ab; zurück blieben wunde Stellen, die bei jeder Berührung heftig schmerzten. Und wenn man es mit größter Umsicht geschafft hatte, daß die Blasen nach dem Aufbrechen trocken blieben, so bildeten sich durch die fortwährenden Scheuerbewegungen beim Rudern unter den alten Schwielen neue Blasen.

Allmählich begann die Besatzung zusammenzuwachsen und lernte beim Rudern eine Einheit zu bilden. Mark lief auf der Gangway in der Mitte des Schiffs hin und her und gab den Anfängern wichtige Anweisungen. Er zeigte ihnen, welches der beste Bewegungsrhythmus beim Rudern war, wie man seinen Körper entspannen konnte, während man sich wieder nach vorne beugte, und auf welche Weise man das Ruderblatt führen mußte, wenn man es durchs Wasser zog. Eine zwanzigrudrige Galeere vorwärts zu bekommen war schon etwas ganz anderes, als mit einem leichten Rennboot auf einem Fluß entlangzufahren. Die Riemen der Galeere waren viel schwerer und unhandlicher, außerdem gab es keine Möglichkeit, die Beinmuskulatur voll einzusetzen. Um die *Argo* richtig zu rudern, mußte man vielmehr sein Körpergewicht nach vorne und nach hinten schwingen, nach vorne und nach hinten, Stunde um Stunde, bis die ewige Wiederholung dieser Bewegungen die Sinne abstumpfte. Einer allgemeinen Absprache zufolge wurde der Ruderschlag kurz gehalten. Das schlimmste aller Vergehen war, beim Beginn eines Ruderschlags den Rudergriff zu weit und etwas zu spät nach vorne zu drücken. Wenn dies geschah, konnte der Vordermann, wenn er sich gerade mit seinem ganzen Gewicht in den nächsten Schlag hineinlehnte, mit einem Rudergriff und dem daran befestigten drei Kilogramm schweren Gegengewicht aus Blei voll ins Kreuz getroffen werden. Es war so, als ob man eins mit einem Schmiedehammer übergezogen bekam, und daher war es an den ersten Tagen, als sich die Besatzung noch nicht so eingespielt hatte, nicht ungewöhnlich, wenn die Ruderer mit verräterischen dunklen Bleistreifen zwischen ihren Schulterblättern von ihren Ruderbänken kamen.

Doch unser langsames Vorwärtskommen hatte auch seine guten

Seiten. Am zweiten Abend fanden wir einen idyllischen Liegeplatz vor einer kleinen Insel, die sich noch im ruhigen Wasser genau vor der Ausfahrt aus dem Pagasäischen Golf befand. Die kleine Bucht, in der wir ankerten, war wunderschön. Unzählige Reihen von Olivenbäumen zogen sich auf den vor uns gelegenen Hängen entlang; der Boden war mit wildwachsenden Blumen bedeckt, und ein kleiner, steinerner Anleger bot einen leichten Zugang zu einem winzigen Strandstück. Ein Dutzend Flaschen des guten »Argo«-Weins wurden zwecks Kühlung schnell bis zu den Hälsen ins Wasser getaucht, während Peter Moran begann, eine wohlschmeckende Mahlzeit zuzubereiten. Als er beim Kochen war, kam langsam ein Fischerboot in die Bucht gefahren. Die Leute auf dem Boot betrachteten neugierig die Galeere. Sie überreichten uns frische Garnelen, die wir dann unserem Abendessen hinzufügen konnten.

Es war die Zeit der Frühlingsfeste. Vom Abhang des Hügels stieg ein Großvater, ein grauhaariger Greis, mit seinen beiden Enkelkindern an der Hand herab. Er hatte sich zu einer winzigen, weißgetünchten Hütte zurückgezogen, die sich an einer Stelle befand, von wo aus er bis zum Festland hinübersehen konnte. Seine Enkelkinder hatten *Argos* Ankunft beobachtet und dann Blumen für uns gepflückt. Nun überbrachten sie uns ihr Geschenk: einen kunstvoll gebundenen Kranz aus Blättern und leuchtenden Blüten, den wir als Symbol für den Monat Mai an die Mastspitze hievten. Der alte Mann suchte einen Augenblick lang in der Kajüte seines eigenen kleinen Fischerbootes herum und überreichte uns dann eine große, weiße Kugel Hammelfett, die von seinen eigenen Schafen stammte. Er hatte gesehen, wie wir die ledernen Ruderstropps auf der *Argo* eingefettet hatten, und ahmte nun diese einfache, praktische Handbewegung nach, damit wir Bescheid wußten. Es handelte sich um eine dieser kleinen Taten, eine dieser freundlichen Gesten, die noch lange nachwirkten. Ungefähr 1500 Kilometer weiter, an der nördlichen Küste Anatoliens, würden wir noch immer dieses Hammelfett benutzen, und jedesmal würde ich mich dann wieder an den alten Mann erinnern, wie er an diesem Abend mit uns am behaglichen Lagerfeuer saß und mit den griechischen Besatzungsmitgliedern plauderte.

Am nächsten Morgen ruderten wir aus dem Pagasäischen Golf hinaus auf das Ägäische Meer. Unser Kurs ging längs der Küste, dicht an der Halbinsel Magnesia entlang, die die Form eines Angelhakens hatte. Wieder wehte so gut wie kein Wind, und um die Mittagszeit wurde die Hitze äußerst drückend. Der Schweiß rann aus den Körpern der Männer, bildete feuchte Flecken auf den Ruderbänken und durchnäßte die Hosenböden. Es war leicht zu verstehen, warum die alten Griechen oftmals nackt gerudert waren, denn dadurch wurde wahrscheinlich das Risiko gesenkt, Geschwüre und Hautausschläge zu bekommen, die durch das Sitzen in schweißdurchtränkter Kleidung leicht entstehen konnten. Peter Dobbs setzte sich eine Art arabischen Turban auf, ein Relikt von der Sindbad-Reise, und schon bald wurde eine vielfarbige Kollektion von Hüten, Mützen und anderen Kopfbedeckungen benutzt, damit der Schweiß nicht in die Augen der Ruderer lief.

Als dann endlich Wind aufkam, wehte er aus der falschen Richtung; es war eine leichte Brise aus dem Osten, die zum Abend hin stärker wurde, so daß die Besatzung sich sehr abquälen mußte, um die *Argo* vor Anbruch der Dunkelheit zu einem sicheren Ankerplatz zu rudern. Dieser Gegenwind war eine ernüchternde Erfahrung für uns. Zehn stetig rudernde Personen konnten die *Argo* mit einer Geschwindigkeit von drei bis vier Knoten vorwärts bewegen und somit durch bloße Muskelkraft 30 bis 50 Kilometer am Tag zurücklegen. Doch dies galt für günstige Bedingungen. Der leiseste Anflug eines Gegenwindes, eine kaum wahrnehmbare Brise, die auf den Bug des Schiffes zuwehte, drosselte die Geschwindigkeit der Galeere in besorgniserregendem Maße. Es war nicht so, als ob man plötzlich bergauf ging, sondern so, als ob man plötzlich durch Treibsand hindurch bergauf ging. Jeder Ruderschlag nach vorne wurde abgebremst, da das Schiff die Tendenz zeigte, nach hinten zu gleiten. Nur wenige Beschäftigungen sind entmutigender als der Versuch, ein Schiff unter diesen Bedingungen mit Rudern vorwärts zu bewegen, gegen einen Wind anzukämpfen, der bewirkt, daß man mit jedem gewonnenen Meter einen halben Meter verliert. Die Ruderer der *Argo* hatten wirklich einen guten Grund, mutlos zu werden.

Noch schlimmer war es, wenn der Gegenwind in einer Zeit aufkam, in der sich das Schiff gerade zwischen zwei Ankerplätzen bewegte. Dem Steuermann blieben dann nur zwei Möglichkeiten, zwischen denen er wählen konnte, doch beide waren recht unangenehm. Entweder gab er das Zeichen, sofort umzudrehen, um im Fallwind Schutz zu suchen, wobei das Schiff jedoch wieder die ganze Strecke, die die schweißtriefenden Ruderer mühselig hinter sich gebracht hatten, zurückgetrieben werden konnte, oder aber er mußte die Besatzungsmitglieder darum bitten, sich weiter abzuquälen, und dann beobachten, wie sie immer erschöpfter und hungriger wurden. Es bestand immer ein zerbrechliches Gleichgewicht zwischen den Kraftreserven und der Begeisterungsfähigkeit der Besatzung einerseits und der Gegenkraft des Windes andererseits. Man wußte nie, wie lange der Zweikampf andauern würde, ob der Wind gegenüber der abnehmenden Kraft der Mannschaft allmählich die Überhand gewinnen würde, ob sich der Zustand des Meeres zu unseren Ungunsten verändern würde, so daß die Besatzung in den immer höher werdenden Wellen nicht mehr richtig rudern konnte, oder aber – was am schlimmsten war – ob sich der Wind am Ende als zu stark erweisen würde und man schließlich, nach Stunden mühseliger Anstrengung, das Steuerruder umlegen und den Kampf aufgeben mußte, um schließlich doch in den Fallwinden Schutz zu suchen.

In der Tat war es so, daß der Versuch, eine Galeere dieser Größe bei Gegenwind voranzurudern, in neun von zehn Fällen aussichtslos war. Galeeren hatte man nicht dafür konzipiert, bei widrigem Wetter zu operieren; eine Tatsache, die ich die ganze Reise über nicht aus den Augen verlieren durfte. Sie beeinflußte jede meiner Entscheidungen, ob es nun besser war weiterzufahren oder ob man abdrehen sollte. Zwei der drei Meere, die wir durchqueren wollten, die Ägäis und das Marmarameer, waren bekannt dafür, daß sich das Wetter dort sehr schnell ändern konnte; ohne Warnung konnte die ruhige See plötzlich äußerst stürmisch werden. Im dritten, dem Schwarzen Meer, war es möglich, aufgrund des Himmels und der Dünung zu erkennen, daß sich schlechtes Wetter zusammenbraute, aber dort konnten die ungünstigen Witterungsverhältnisse auch länger anhalten. Und für eine vom Wind angetriebene Galeere ist eine Seeküste dann geradezu selbstmörderisch.

Kap Sepia, an dem unsere *Argo* am vierten Tag vorbeifuhr, war der lebendige Beweis für eine derartige Gefahr. Im Jahre 480 v. Chr. war hier beinahe die ganze Flotte, die Xerxes ausgesandt hatte, um in Griechenland einzufallen, in einem einzigen Sturm zerstört worden. Die Kriegsflotte, bestehend aus Galeeren und Transportschiffen, war von einem Unwetter überrascht worden; die Kapitäne hatten es gerade noch geschafft, vor der nahe gelegenen Küste zu ankern. Mehr als 400 Schiffe wurden zerstört, da die Anker nicht hielten und die Seefahrzeuge auf die Klippen von Kap Sepia getrieben wurden; wahrscheinlich versuchten die Besatzungsmitglieder verzweifelt, ihre Ruder zu Hilfe zu nehmen, um ihre Schiffe in die Fahrrinne zu stemmen, die an den Klippen vorbeiführte. Als sich die gegen die Felsen wütenden Wellen näherten, müssen die Kapitäne der Galeeren immer wieder versucht haben, den Anker zu werfen und das Schiff möglichst weit weg vom Land zu halten, doch das Wasser war zu tief. Die Ankersteine fanden keinen Halt, und die Schiffe wurden zerschmettert, wobei erschreckend viele Menschen ihren Tod fanden. Unsere *Argo* muß über die Trümmer dieser Galeeren hinweggefahren sein, als sie an diesen tödlichen Klippen entlanggerudert wurde, nicht einmal 50 Meter weit von der Felsküste entfernt, wo die Wellen grollten und sich immer wieder in die knapp über der Wasseroberfläche befindlichen Höhlen stürzten. Es war unmöglich, nicht an all diese alten Wracks zu denken und sich daran zu erinnern, daß jede Felsenküste für ein frühzeitliches Schiff, das in einen auflandigen Sturm geriet, das Ende bedeutete. Eine kleine Galeere war nicht stark genug, um aus dem Gefahrengebiet herauszurudern; und wenn man dann wegen des tiefen Wassers nicht ankern konnte, war das Schiff verloren – und wahrscheinlich auch die Besatzung.

Wir hatten das Kap glücklich überwunden und fuhren nun nordwärts, noch immer dicht an der Küste entlang, als wir in den ersten stärkeren Wind unserer Reise gerieten. Er kam aus dem Norden, ein Gegenwind, der direkt an der Küste entlangstrich, und ich suchte in einer Bucht, die Paltsi genannt wurde, sofort einen behelfsmäßigen Ankerplatz. In dieser Bucht zogen die Fischer ihre kleinen Boote den Strand hinauf, wo sie sogar Holzschienen hingelegt hatten, auf denen sie ihre Boote dann bei schweren Stürmen noch weiter hochschleppen konnten, denn Paltsi war offensichtlich kein sicherer Liegeplatz für ein modernes Schiff. Doch der *Argo* bot diese Bucht unter diesen Umständen einen ausreichenden Schutz. Unser Schiff hatte so wenig Tiefgang, weniger als einen Meter, daß wir zwei Anker seewärts werfen und eine lange Leine ans Ufer bringen konnten, um dann das Heck im rechten Winkel zum Strand zu halten und die Galeere zu verholen, bis sie in den Untiefen im hinteren Teil der Bucht einen ausreichenden Schutz gefunden hatte. Eine Jacht mit einem tiefgehenden Kiel hätte die Bucht verlassen und auf die offene See hinausfahren müssen, aber die *Argo* blieb fest an ihrem Platz, schaukelte zehn Meter vom Ufer entfernt hin und her, während sich die Wellen genau unter ihrem geschwungenen Bogen am Heck brachen; sie glich einer Möwe, die sich auf dem Wasser niedergelassen hatte und ganz in der Nähe der Felsen und der Bugwellen herumschwamm.

Die Leute an Bord lernten nun, daß für die Besatzung einer Galeere Geduld eine ebenso wichtige Rolle spielte wie Körperkraft und Ausdauer. Die sicherste Art und Weise, mit einem Schiff aus der Bronzezeit voranzukommen, war, so lange zu warten, bis das Wetter wieder besser wurde. Wir wußten alle, daß die *Argo* früher oder später sicherlich einmal in einiger Entfernung von der Küste in ein Unwetter geraten würde. Aber mit dieser kritischen Situation konnten wir uns dann auseinandersetzen, wenn sie eingetreten war; und in der ersten Woche unserer Fahrt wollte ich auf keinen Fall riskieren, daß die gute Moral der Mannschaft wegen eines nutzlosen Ankämpfens gegen die Elemente auf der Strecke blieb. Für den Rest des Tages und bis in die Nacht hinein warteten wir in der Bucht von Paltsi, wie es vor zwei Jahrtausenden sicherlich Hunderte von Galeeren ebenso getan hatten, um dann, wenn die Witterungsverhältnisse wieder besser geworden waren, ihren Weg entlang der Felsenküste von Magnesia weiter zu verfolgen.

Jason und seine Argonauten hatten an dieser tückischen Küste ebenfalls eine Verzögerung hinnehmen müssen. Zweieinhalb Tage lang waren sie gezwungen, an einem Ort, der Aphetai genannt wurde, zu ankern und auf einen Wetterumschwung zu warten. Es ist nicht möglich, die genaue Lage von Aphetai festzustellen, da Apollonios nur spärliche Hinweise gegeben hat, aber wahrscheinlich befand es sich etwas weiter nördlich als Paltsi, möglicherweise in der Nähe der Mündung des Flusses Pinios.

Wenn der Wind dreht oder schwächer wird, muß eine Galeere ihre Gelegenheit zur Weiterfahrt sogleich nutzen. Daher war es kurz nach Mitternacht, als sich der Nordwind legte, an der Zeit, die Besatzung zu wecken. Die Leute kamen leicht durchnäßt an Bord. Fast alle hatten es vorgezogen, am Strand zu schlafen statt auf dem hin- und herschwankenden, ankernden Schiff. Es gab viel Unruhe und Lärm, als die Leute am Ufer wachgerüttelt wurden. Sie mußten sich nun in der Dunkelheit durch die noch immer recht hohen Wellen kämpfen, um die Galeere zu erreichen. Ihre Schlaf- und Rucksäcke warfen sie aufs Achterdeck, dann kletterten sie halbnackt und zitternd an Bord, um ihre Ruderpositionen einzunehmen. Natürlich war es wieder Peter Dobbs, der freiwillig am Ufer zurückblieb, um die Heckleine loszumachen. Er wurde von ihr wie ein Schleppanker ins Wasser gezogen und kam schließlich als letzter an Bord.

In der folgenden Stunde erwartete uns eine ziemliche Schinderei. Obwohl kein Wind mehr wehte, war die See noch immer sehr unruhig, und in der Dunkelheit war es recht schwierig, gleichmäßig zu rudern. Das Schiff schlingerte mal hierhin, mal dorthin, die Ruder gerieten – als ob es sich um Mikadostäbchen handelte – unkontrolliert ins Flattern, die Männer fluchten vor sich hin, und der arme Theodore hing über der Reling und kämpfte mit der Seekrankheit. Doch die Morgendämmerung belohnte unsere Anstrengungen. Mit Sonnenaufgang kam eine Brise aus dem Süden auf, und wir konnten endlich das Segel setzen. Es war das erstemal seit der Abfahrt von Volos, daß die *Argo* ihr Segeltuch entfalten konnte.

Auch ihre Takelage war etwas, das man seit vielen Jahrhunderten nicht mehr bei einem Mittelmeerschiff gesehen hatte. *Argos* Segel- und Riggplan war nach bemalten Vasen aus dem 6. bis 4. Jahrhundert v. Chr. erarbeitet worden, auf denen recht detailgetreue Bilder von Galeeren unter Segel zu finden sind. Das Segel selbst bestand aus einer rechteckigen Baumwollplane, die von der Rah aus Zypressenholz herunterhing. Auf die Vorderseite des Segels waren 81 Bronzeringe aufgenäht worden. Durch diese Ringe hindurch verliefen neun Leinen; diese führten jeweils vom Fuß des Segels aus durch neun Ringe hindurch bis nach oben, dann über die Rah hinweg und wieder hinunter zum Steuermann, der am Heck des Schiffes stand. Wenn der Steuermann und sein Helfer diese Leinen betätigten, konnten sie das Segel bis zur Rah hochziehen, was mit dem Öffnen eines Fensterrolladens zu vergleichen war. Es handelte sich um eine direkte und wirkungsvolle, wenn auch etwas beschwerliche Methode, um *Argos* Baumwollsegel zu benutzen. Manchmal kam man sich eher wie ein Wagenlenker in einem Stadion vor, der versuchte, mit neun widerspenstigen Pferden und einer Ansammlung von Zügeln, die sich zu verheddern drohten, fertig zu werden. Doch mit Notos, dem Südwind, im Rücken glitt die *Argo* den ganzen Tag über wie ein Traumschiff über die Wellen hinweg. Mit vollem Segel verhielt sie sich großartig. Der Rumpf bahnte sich seinen Weg durch die blaue See, und bei der leichtesten Berührung der beiden Ruderpinnen reagierte die *Argo* sofort wie ein gut dressiertes Rassepferd. Sie änderte ihre Richtung so flink und gewandt, wie man es sich nur wünschen konnte. Eine weitere

Betätigung der Ruderpinnen, so daß sie eine Linie bildeten, brachte sie wieder zurück auf ihren Kurs, und sie glitt mühelos voran. Wenn man, dicht an die Reling gepreßt, am äußersten Ende des Schiffes saß, genau unter dem sich kräuselnden Schweif, so konnte man richtig das Beben der Galeere spüren, als sie mit dem Wind voraneilte; ihr Kiel und ihre Planken ließen ein leichtes Trommeln hören, wenn sie über die Wogen hinwegstrich, während ihr Rammsporn eine sich hoch auftürmende Bugwelle zerschnitt.

Die Fahrt dieses Tages an der wilden Küste von Magnesia entlang war eine Wonne. Eine Stunde nach der anderen glitt das Schiff mit einer Geschwindigkeit von fünf bis sechs Knoten voran und hinterließ ein deutliches Kielwasser, während die Besatzungsmitglieder ihre Ruder eingezogen hatten und sich auf den Bänken ausruhten. Für sie gab es nichts zu tun, außer zu sitzen, sich zu entspannen und die vorüberziehende Landschaft zu bewundern. Die Berge glitten zusammen mit der Küste an ihnen vorbei, zuerst der leicht mit Schnee bedeckte Gipfel des Mount Pelion, auf dessen Hängen der Zentaur Chiron so viele Helden, einschließlich Jason, erzogen haben soll. Darauf folgte das Gebirgsmassiv bei Kalamaki mit einem imposanten Wasserfall, der die Bergflanke hinunterstürzte und dabei ein langgestrecktes, weißes Schaumgebilde entstehen ließ. Schließlich schob sich der Berg Ossa ins Blickfeld, und dahinter zeichnete sich allmählich der Olymp ab, der Sitz der Götter. Auf der ganzen Strecke entlang dieser felsigen Küste gab es keinen einzigen sicheren Hafen; doch in nicht einmal elf Stunden trieb dieser gesegnete Wind die *Argo* 80 Kilometer weit sicher an allen Gefahren vorbei, während die Besatzung in Ruhe zu den Bergen aufblicken und die Ansammlungen weißgestrichener Häuser an den Hängen des Pelion betrachten konnte. Die Bergdörfer sahen aus, als ob ein Riese eine Handvoll Zuckerkristalle ins Grüne geworfen hatte.

Die Stimmung an Bord stieg. Die schlaftrunkenen Ruderer der Morgendämmerung rissen nun Witze, sonnten sich, lauschten der Musik aus ihren Kassettenrecordern und erholten sich. Tim Readman, der sich seine Pfeife angesteckt hatte, meinte, daß nun der richtige Zeitpunkt gekommen wäre, um den Geldbeutel des Proviantmeisters zu öffnen und damit zu den einzelnen Besatzungsmitgliedern zu gehen, um von jeder Person das Geld für die Verpflegung der nächsten Woche einzusammeln, mit dem er und Peter Moran dann an Land frische Lebensmittel kaufen würden. Mark, der Rudermeister, entpuppte sich als fanatischer Kunsthandwerker. Er schnitzte andauernd an Holzstücken herum, die er von den Bäumen, die in den Bergen wuchsen, abgeschlagen hatte, um daraus Messergriffe oder einen Axtstiel anzufertigen, oder aber er war dabei, Lederarbeiten zu machen oder aus Segeltuch Beutel und Taschen zu nähen. Nun stickte er gerade das Wort »Argo« in der klassischen griechischen Schrift unter den Union Jack auf sein Seglerhemd und versicherte uns, daß er auch noch den Namen in kyrillischer Schrift hinzufügen würde, wenn wir es schaffen sollten, bis nach Georgien zu kommen. Trondur saß gegen den Dollbord gelehnt und zeichnete. Mit seinem Strohhut, seiner ausgebeulten Hose und seinen Sandalen, einem Zeichenbrett auf den Knien und einem Kohlestift in der Hand sah er in dem unvergleichlichen mittelmeerischen Licht aus wie einer von den Künstlern, die man in den zwanziger Jahren oftmals in der Provence antreffen konnte. Der makellose Dick Hill hatte natürlich eine vortrefflich gebügelte Hose angezogen, die elegant genug war, um sogar bei der Cocktailstunde auf der Segeljacht eines Millionärs aufzufallen, und außerdem hatte er seinen edlen Körper mit Sonnenöl eingerieben, was zur Folge hatte, daß er sogleich von allen Sticky Dicky (sticky = schmierig) genannt wurde. Miles trug dagegen eine Hose, deren Boden bereits so ausgebeult und faltig war wie das Hinterteil eines Elefanten, ein Zeichen für die Schwerarbeit eines Schlagmanns, doch auch einem Clown hätte diese Hose alle Ehre gemacht. Um das allgemeine Wohlbefinden abzurunden, stellte sich schließlich heraus, daß Costas Geburtstag hatte. Er war nun 61 geworden. Aus seiner Reisetasche holte er eine Flasche Whisky heraus, um dieses Ereignis gebührend zu feiern, und wir stießen auf seine Gesundheit an. Auch er hatte seinen Spitznamen wegbekommen. Als wir aus dem Golf von Volos herausgerudert waren, hatte jemand die Bemerkung gemacht, daß sich durch diese Übung bei jedem enorme Muskeln ausbilden würden. »He, Costas«, rief Peter Dobbs dann. »Du wirst bald so in Form sein, daß du zu Olympic Airways zurückgehen und einen Jumbo-Jet kickstarten kannst.« Daher hoben wir nun unsere Gläser und tranken auf Kickstart Costas.

Apollonios' Beschreibung zufolge führte Jasons Route die erste *Argo* nordwärts entlang der Küste Magnesias bis zum Olymp. Dort steuerte Tiphys sie gen Osten, auf das offene Meer hinaus, bis zur Landspitze des Kaps Poseidon, zum nächstgelegenen der bemerkenswerten drei fingerförmigen Ausläufer der Halbinsel Chalkidike, die von der Küste Thrakiens aus weit ins Meer hineinragt. Als wir uns nun, die gleiche Route verfolgend, dem Olymp näherten, wurde der Grund für den Kurswechsel offensichtlich. Der Berg Ossa und der Olymp gaben für jedes Schiff, das die Küste verließ und auf das offene Meer hinausfuhr, ausgezeichnete Landmarken ab. Wenn man den Berg Ossa genau achtern hält, kann man den Thermäischen Golf durchqueren und sicher am Kap Poseidon ankommen. In der Zeit, bevor es Kompasse gab, waren gute Landmarken von entscheidender Wichtigkeit für die Seefahrer, die ihre Routen dementsprechend festgelegt hatten. Ihre ideale Tagesfahrt bestand darin, den Strand bei Morgendämmerung zu verlassen, immer in Landsicht zu bleiben und den nächsten Ankerplatz vor Anbruch der Dunkelheit zu erreichen.

Auch an Bord der *Argo* wollte ich keinen Kompaß benutzen; es war viel interessanter, auf die alte Art und Weise zu navigieren: lediglich mit Hilfe der Augen, der Sonne und des Gefühls für Wind und Wellen. Für Notfälle hielten wir einen Kompaß versteckt, doch bei diesem Teil der Reise zeigte es sich, daß er überhaupt nicht notwendig war. Unsere Besatzung setzte sich zum Teil aus erfahrenen Seglern zusammen, die gewohnt waren, in den von den Gezeiten abhängigen Fluten des englischen Kanals oder der Nordsee zu segeln, wo Kompaß, Log, Echolot und Funkpeiler zu den normalen Hilfsgeräten gehörten. Aber in der Ägäis waren all diese Geräte nicht erforderlich. Wir kamen sehr gut ohne diese modernen Hilfsmittel klar. Meistens reichte es schon aus, einfach genau zu beobachten, wo wir langfuhren; wir konnten uns nach der Sonnenbahn richten, nach den entfernten Umrissen einer Insel, die als Wegmarkierung diente, oder natürlich nach unserem Tagesziel, das wir ansteuerten. Wir hatten auch keine Funkanlage an Bord – nur die beiden kleinen Funksprechgeräte, mit deren Hilfe die Verständigung zwischen der *Argo* und dem Schlauchboot, das wir benutzten, um von dort aus Fotos zu machen, ermöglicht wurde, und einen wasserdichten Notsender, der – falls es erforderlich werden sollte – auf die Seenotruf-Frequenz eingeschaltet werden konnte. Um unsere Geschwindigkeit zu ermitteln, nahmen wir seitlich einen Rotor ins Schlepptau, doch diese Methode war nicht genau genug, um die zurückgelegten Entfernungen zu messen, besonders dann nicht, wenn wir langsam fuhren. Das einzige Gerät, das wir für die Tiefenmessung benutzten, war eines der Rudergegengewichte aus Blei, das an einem langen Seil angebunden wurde.

Nur was die Karten anging, verhielten wir uns wirklich anachronistisch. Es ist nicht bekannt, ob in der späten Bronzezeit irgendwelche Karten existiert haben; vielleicht hat man damals vereinfachte Schaubilder benutzt. Doch es ist wahrscheinlicher, daß Jasons erstklassiger Steuermann Tiphys die Hauptrouten durch die Ägäis sehr gut kannte und sich daher nach seinen eigenen Erfahrungen richtete. Als er sich außerhalb der Grenzen seiner persönlichen Kenntnisse begab, wird er vermutlich die mit der Umgebung vertrauten Seefahrer und Fischer befragt oder sogar die Dienste eines örtlichen Lotsen in Anspruch genommen haben. Auf jeden Fall hatte ich, der in diesen Gewässern niemals zuvor gefahren war, für meine Aufgabe, die *Argo* zu den Dardanellen zu steuern, Karten mitgenommen.

Die beste Methode, um die modernen Argonauten zeitig genug vom Strand wegzulocken, damit man bei Tagesbeginn gleich einen guten Start hatte, war, das Frühstück an Bord zu servieren. Die Aussicht auf eine Schale Porridge oder auf einige Scheiben Brot reichte aus, einen hungrigen Ruderer aus seinem Schlafsack auf dem Kiesstrand hervorkriechen zu lassen, damit er beim ersten Schlag der Schiffsglocke an Bord kletterte. So ruderten wir am nächsten Morgen bereits um sieben Uhr, nachdem wir die Nacht im kleinen Hafen von Stomion am Fuße des Berges Ossa verbracht hatten, aufs offene Meer hinaus und entfernten uns vom Land, wobei wir darauf achteten, daß der Schweif am Heck der *Argo* eine direkte Linie mit dem Berg bildete. Bei unserer Durchquerung des Golfs bis zum Kap Poseidon mußten wir 28 Seemeilen weit durch die hohe See fahren, und ich hoffte, diese Strecke an einem einzigen, wenn auch langen Tag zurückzulegen. Aber trotz eines Trankopfers für den Meeresgott – ein Becher örtlichen Weins wurde in den Hafen geschüttet – schafften wir es nicht. Zunächst befanden wir uns in einer Flaute, dann kam Boreas, der Nordwind, auf, der jedoch wieder von einer Flaute abgelöst wurde, und schließlich wehte ein Wind aus südöstlicher Richtung, der sich allmählich um *Argos* Bug herumbewegte und die Galeere wie eine unsichtbare Hand zurückhielt. Als die Nacht hereinbrach, befanden wir uns noch immer zehn Meilen von der Küste entfernt. Obwohl wir bereits die Lichter an Land sehen konnten, waren die Ruderer zu erschöpft, um weiterzufahren. Daher legten wir uns hin und versuchten zu schlafen.

Die Nacht an Bord der *Argo* zu verbringen, während sie sich auf hoher See befand, war eine neue Erfahrung. Apollonios berichtet davon, daß Jason und seine Männer es ab und zu auch nicht geschafft hatten, vor der Dunkelheit das Land zu erreichen, eine Situation, der die alten ägäischen Galeerenfahrer zutiefst mißtrauten; sie zogen es vor, sich bei Sonnenuntergang auf dem sicheren Ufer zu befinden. Gelegentlich traf Jasons Steuermann die Entscheidung, in der Nacht weiterzureisen, und zwar in den meisten Fällen deshalb, weil er einen günstigen Wind ausnutzen wollte, und ein- oder zweimal waren Jason und seine Gefährten gezwungen, durch die Dunkelheit zu rudern, da sie, weit vom Land entfernt, in eine Flaute geraten waren. Aber an keiner Stelle wird erwähnt, daß sie die Nacht auf offenem Meer in ihrem Boot verbracht hatten, wie wir es nun taten. Wir hatten keine andere Wahl: Wir waren einfach zu ausgelaugt, um weiterzurudern. Jeder von uns versuchte nun genug Platz zu finden, um sich hinlegen zu können, ein Unterfangen, das die ganze Geschicklichkeit jeder einzelnen Person erforderte. Die gesamte Besatzung mußte sich auf einem Raum von 17 Meter mal 3 Meter, was die breiteste Stelle war, zurechtfinden. Ein Drittel davon wurde bereits von dem Rammsporn, dem Mast, der Takelung, der Ausrüstung, dem Küchenbereich, den Rettungsflößen und all dem anderen Schiffszubehör besetzt gehalten. Die geringen Räume unter den Ruderbänken waren vollgestopft mit Vorräten, persönlichen Sachen und den Kisten, die Dinge für den täglichen Gebrauch enthielten.

Auf den ersten Blick schien es ganz einfach unmöglich zu sein, daß jeder genug Platz finden würde, um sich hinzulegen und zu schlafen. Tatsächlich stand jeder Person eigentlich nur die eigene Ruderbank zur Verfügung, die 21 Zentimeter breit und 1,20 Meter lang war, nicht gerade viel Platz für einen 1,90 Meter langen Ruderer, der schlafen wollte, zumal wenn er diesen Platz auch noch mit dem Griff seines Ruders, das natürlich halb an Bord gezogen worden war, teilen mußte. Doch irgendwie gelang den neuen Argonauten das Unmögliche. Sie reckten, streckten, wanden und krümmten sich, machten sich klein und zwängten sich in jede Lücke hinein, die sie nur finden konnten. All dies glich einem Yoga-Workshop für Fortgeschrittene, bei dem die Teilnehmer versuchten, die schwierigen Stellungen einzunehmen. Costas lag mit dem Rücken auf seiner Ruderbank. Da der Mast an seiner Bank angrenzte, mußte er seine Beine, gegen den Mast gelehnt, im rechten Winkel zu seinem

Körper nach oben strecken. Die meisten der anderen Ruderer nahmen die Embryonalstellung ein, während Mark noch eine andere bemerkenswerte Lösung fand: Er grub in seinem ganzen Gepäck, das unter seiner Ruderbank verstaut war, ein Loch und verschwand im Kielraum des Schiffes, wo er dann, wie ein Leichnam in einem vollgestopften Sarg, sofort einschlief, nicht mehr in der Lage, sich irgendwie zu bewegen. Daß die Mannschaft wirklich völlig erschöpft war, zeigte sich darin, daß sie in der Nacht unter derartig beengenden Bedingungen schlafen konnte. Und die *Argo* lag unterdessen in dieser wirklich samtenen Flaute bewegungslos auf der Oberfläche des Meeres, so als ob sie in einem sicheren Hafen festgemacht worden war.

Um das Schiff herum bewegten sich farbige Lichter – die Positionslampen der Frachter, die an uns vorbeisteuerten, nachdem die Nachtwache einen Lichtstrahl auf *Argos* kraftloses Segel gerichtet hatte. Manchmal zog eine ganze Lichterkette an uns vorbei, die aussah wie eine Straßenbeleuchtung: Fischkutter, die auf Nachtfang gingen und eine Reihe von kleinen Ruderbooten hinter sich herzogen, wobei auf jedem der kleinen Boote eine helle Gasflamme brannte, damit die nachts jagenden Fische angelockt wurden.

Der nächste Morgen brachte einen bewölkten Himmel und eine weiter anhaltende Flaute. Die kokonartigen Schlafsäcke begannen sich zu bewegen und förderten bemerkenswert muntere Menschen zutage. Mark tauchte mit seinem kahlen Schädel unter der Ruderbank auf wie eine Mumie, die in einer Horrorfilm-Szene langsam aus der Gruft steigt. Augenrollend spielte er den Wahnsinnigen, der sich hinüberlehnte und seine Zähne in Tim Readmans Bein vergrub. »Ich habe Hunger«, stöhnte die gruselige Gestalt. Daraufhin kochte Pete, der Küchenchef, mit seinem unvermeidlichen Zigarrenstumpen zwischen den Zähnen Eier und Kaffee, während die ungewöhnliche Besatzung ihre Plätze einnahm, um weitere drei Stunden zu rudern, damit wir die Küste bei Kap Poseidon erreichten.

Die Reaktion der griechischen Fischerleute auf die Fahrt der *Argo* durch ihre Gewässer war sehr herzlich. Irgendein gutfunktionierendes Kommunikationssystem trug die Nachricht von ihrer Existenz und der bevorstehenden Ankunft von einem Hafen zum andern. Wir ruhten uns am Strand von Kap Poseidon aus und ruderten dann bei kühlem, veränderlichen Wetter um die weit ins Meer ragende, sandige Landzunge herum. Bedrohliche Wolkenformationen bildeten sich und ließen aus ihren bauchigen Unterseiten einen Regen auf uns niedergehen. Regenbogen zeigten sich, leuchteten hell auf und verschwanden wieder. Ein unbeständiger Wind wehte mal vom Land her, mal von der See her, und *Argo* kämpfte sich langsam voran, während ihre Besatzung ständig das Segel hochzog und wieder herabließ, um die kurzzeitig günstigen Winde auszunutzen, oder sich mit den Rudern abplagte, um einige weitere Meter zu gewinnen. Plötzlich kamen aus dem kleinen Hafen von Néa Skióni drei motorisierte Fischerboote auf uns zu. Als sie sich näherten, erkannten wir, daß sie lauter Kinder an Bord hatten, die uns anstarrten. Zu jeder Kindergruppe gehörte ein Lehrer. Als das erste der kleinen Fischerboote den Motor drosselte und einen scharfen Bogen beschrieb, um langsam an der *Argo* vorbeizufahren, stießen die Kinder laute Schreie aus. »*Kalo taxidi! Kalo taxidi!*« Wieder erklangen die Rufe, die wir schon so oft gehört hatten.

Ein unrasierter Fischer, der mit seiner zerrissenen, schmutzigen Wolljacke, seiner dreckigen Hose und seinen großen Gummistiefeln wie ein Schurke wirkte, trat aus dem Ruderhaus. Bizarrerweise hielt dieser Bilderbuch-Bösewicht einen wunderschönen Strauß mit rosa, roten und weißen Rosen in der Hand. Die Blumen wurden über die Kluft zwischen den beiden Schiffen hinübergeworfen und von der ebenso piratenhaft wirkenden Gestalt Peter Dobbs, der wieder seine arabische Kopfbedeckung trug, sicher aufgefangen. Das zweite Fischerboot tuckerte heran und sandte in hohem Bogen ein weiteres Geschenk zu uns herüber. Diesmal handelte es sich um einen Karton voller Süßigkeiten, der von den Frauen Néa Skiónis stammte und von Miles aufgefangen wurde. Die Fischerboote drehten dann wieder ab; nur noch ein kleines, recht abgenutztes Boot blieb in unserer Nähe. An Bord stand ein alter, abgehärteter Fischer. Er hatte den Motor ausgestellt und ruderte nun im traditionellen Stil der griechischen Fischer weiter, stand aufrecht und blickte nach vorne, während er die Rudergriffe vorwärts drückte. Er war ein Tintenfisch- und Krakenfänger, denn in seinem alten Boot befanden sich mehrere Dreizacke, und über dem Heck hing eine große, rostige Gaslampe, die in einen Tweedmantel eingehüllt war. Nachts benutzte er diese Lampe, um seine Beute an die Oberfläche zu locken, wandte also die gleiche Methode an wie seine Vorfahren zu Homers Zeiten, die mit brennenden Holzscheiten die Fische herbeigelockt hatten, um sie dann mit ihren Speeren zu erlegen. Nun betrachtete der alte Fischer die *Argo* interessiert mit professionellem Blick und rief in dem charakteristischen lakonischen Stil zu uns herüber, den die Seeleute benutzen, wenn sie Fremde in einem kleinen Seefahrzeug treffen.

»Willkommen!« rief er. »Ihr befindet euch vor Néa Skióni. Wie ist eure Reise?«

»Gut. Sehr gut«, rief Elias, der Architekt, zurück, wobei er sich über das Dollbord lehnte.

»Ein kleines Stück weiter die Küste rauf ist ein alter Hafen – Alt Skióni – er ist untergegangen, liegt auf dem Meeresgrund, aber wenn man an einem ruhigen Tag dorthin fährt und nach unten durchs Wasser hindurchschaut, kann man noch die Säulen und Steinblöcke sehen. Wir stammen von den Leuten ab, die aus Troja zurückgekehrt sind!«

Eine wunderliche Geschichte, die der Fischer uns erzählte, aber er hatte recht. Dem altgriechischen Historiker Thukydides zufolge war Skióni von griechischen Truppen, die vom Peloponnes stammten und sich nach dem Fall Trojas auf dem Rückweg befanden, gegründet worden. Ein Kontingent dieser Soldaten, die mit ihrer Kriegsbeute und gefangengenommenen trojanischen Frauen auf ihren Schiffen heimwärts fuhren, war bei Skióni an Land gegangen, um die Reise zu unterbrechen. Die trojanischen Frauen hatten diese Gelegenheit ergriffen, um zu rebellieren, denn sie wollten ihr Leben nicht als Sklavinnen beschließen. Daher setzten sie die Schiffe der Griechen in Brand, was zur Folge hatte, daß die Soldaten notgedrungen an dieser Küste bleiben mußten. Die Männer heirateten ihre couragierten Gefangenen und siedelten sich dort an.

Wir kamen näher an Néa Skióni heran, als ich erwartet hatte. Schon bald kam unvermittelt ein Wind aus östlicher Richtung auf, eine steife Brise, die genau auf uns zuhielt. Da ich wußte, daß es zwecklos war, gegen den Wind anzurudern, wendete ich die *Argo*, und wir rasten auf die Pier von Skióni zu, als ob wir die Absicht hätten, in voller Fahrt gegen die Steine zu krachen. In letzter Minute kam das Kommando »Geit auf!«, woraufhin Trondur und Peter Wheeler sofort heftig an den neun Reffbändern zogen, damit das Segel schnell gegen die Rah gefaltet wurde. »Ruder außenbords! Volle Kraft voraus! Los!« Zehn Ruder tauchten ins Wasser ein, und die *Argo* schoß mit flatterndem Segel um die Pier herum. Sie muß einem Fischerboot auf einem Gemälde des 19. Jahrhunderts geglichen haben, das bei ungünstigem Wetter in den sicheren Hafen einlief. So bekamen die Schulkinder von Skióni wieder frei, denn die Unterrichtsstunden am Nachmittag wurden gestrichen, damit sie zu dem kleinen Sandstrand hinter dem Hafen hinunterlaufen und sich die Galeere aus nächster Nähe ansehen konnten.

Argo vermittelte uns unschätzbare Lektionen, die das Segeln zur Zeit der Antike betrafen. Immer wieder schien eine zufällige Bemerkung oder eine plötzliche Beobachtung die Jahrhunderte zu überbrücken und brachte uns direkt mit der Art von Navigation in Verbindung, wie sie in einer weit zurückliegenden Zeit praktiziert worden war. Ein Bewohner von Néa Skióni, Antonis, fragte, ob er uns am nächsten Tag begleiten könnte. Er war Sporttaucher und kannte die Küste in der Umgebung sehr gut. Schon bald, nachdem wir wieder losgerudert waren, mußte ich erneut eine Zuflucht für die *Argo* suchen, um einem starken Gegenwind auszuweichen. Die einzige Möglichkeit bot ein schlecht geschützter Strand, wo der Meeresboden recht felsig war, so daß der Anker nicht richtig fassen konnte und hin und her rutschte. Von diesem Ankerplatz war ich überhaupt nicht begeistert und äußerte mich daher über die heimtückische Kombination der Felsenküste mit den plötzlich wechselnden Winden, die man in dieser Gegend antraf.

»O ja«, antwortete Antonis. »Dieser Teil der Küste hat einen sehr schlechten Ruf. Jahrhundertelang ist er ein Friedhof für Schiffe gewesen. Vom Taucherverein aus haben meine Freunde und ich ein halbes Dutzend alte griechische und römische Wracks gefunden, die alle entlang dieses kurzen Küstenstreifens auf dem Grund liegen.«

Da ich mich nicht länger als nötig an diesem unwirtlichen Ort aufhalten wollte, bat ich die Besatzung weiterzurudern. Wir verbrachten einen ungemütlichen Nachmittag, an dem wir, gegen Wind und Wellen kämpfend, an den zerklüfteten Felsen von Kap Paliouri vorbeifuhren, wobei wir das Segel und die Rah, die zur Zeit sowieso nur als Windfang dienten, abgenommen und, um etwaigen Unfällen bei diesem starken Seegang vorzubeugen, fest angebunden hatten. Blitze zuckten auf, die Donner rollten, und das Meer nahm eine feindselige, schmutziggraue Farbe an. Sobald wir aus dem Gefahrenbereich der Felsen von Kap Paliouri heraus waren, legte ich das Steuerruder herum, und *Argo* flüchtete auf eine große, einsame Bucht zu, die sich der Karte nach ganz in der Nähe nördlich des Kaps befinden mußte. Als wir in die geschützte Bucht hineinglitten, zeigte Antonis nach Steuerbord. »Genau dort haben wir ein weiteres Wrack gefunden, ein römisches Schiff. Es muß die gleiche Zuflucht wie die *Argo* gesucht haben, ist aber beim Einlaufen in die Bucht gesunken.«

Als ich abends am Ufer entlangging, stieß ich an einem Abhang in der Nähe unseres Ankerplatzes unvermutet auf ein wildwachsendes Erbsenfeld. Ich rief die anderen herbei, und schon bald hatten sie genug frische Erbsen für uns alle gesammelt, während Trondur und Peter Wheeler mit einem Dreizack erfolglos nach einem Oktopus jagten. Nach dem Abendessen spannten wir zu unserem Schutz die Segeltuchplanen auf, denn der Himmel sah bedrohlich nach Regen aus. In der Nacht entlud sich ein fürchterliches Gewitter über uns; ein Blitz nach dem anderen zerriß die Dunkelheit. Der Sturm rüttelte und zerrte so heftig an den Planen, daß wir sie festhalten mußten, damit sie nicht wegflogen, und der Regen war so stark, daß die Tropfen regelrecht auf die Meeresoberfläche aufschlugen, wodurch erhebliche Wassermengen an Bord spritzten. Doch trotz dieser vielen Unbequemlichkeiten hörte ich von der vom Regen durchnäßten Mannschaft, die eine schlaflose Nacht verbrachte, keine einzige Klage, sondern nur eine ganze Reihe von witzigen Bemerkungen.

Jason und seine Argonauten konnten einen weiteren günstigen Wind ausnutzen, als sie sich vom Olymp entfernten. Entlang der Küstenstrecke, an der die neue *Argo* nur dann und wann weiter vorankam, brauchten Jason und seine Männer die Ruder nicht einmal zu berühren. Sie segelten an einem einzigen Tag und einer Nacht sicher an den Landspitzen von Poseidon und Paliouri vorbei; und am zweiten Morgen konnten sie bereits den Berg Athos sehen, der sich auf der östlichsten Landzunge der Halbinsel Chalkidike befindet und der ihnen nun als neuer Orientierungspunkt diente. Tiphys, der Steuermann, entschloß sich dazu, noch weiter zu fahren, verließ sich auf den günstigen Wind und schlug den direkten Kurs auf die fruchtbare Insel Lemnos ein. Es war eine gute Entscheidung, denn ihr Glück mit dem Wetter hielt an. »Den ganzen Tag lang wehte ein starker Wind für die Argonauten«, schrieb Apollonios von Rhodos. »Und die ganze Nacht über blieb *Argos* Segel gut gespannt. Doch mit den ersten Sonnenstrahlen kam eine Flaute, und so erreichten sie rudernd die Felseninsel Lemnos . . .«

Lemnos war der Schauplatz des ersten Abenteuers, das sie auf der Suche nach dem Goldenen Vlies bestehen mußten. Was sie nicht wußten, war, daß die Frauen von Lemnos kurze Zeit vorher alle

Männer auf der Insel getötet hatten, da ihre Gatten fast ausnahmslos untreu gewesen waren. Die Lemnier hatten die Küste von Thrakien überfallen und von dort Frauen mit nach Hause gebracht, die sie dann ihren eigenen Ehefrauen vorzogen. Schon bald hatten die thrakischen Frauen soviel Einfluß gewonnen, daß sie sich anmaßten, über die Lemnierinnen in deren eigenen Häusern zu bestimmen, bis schließlich der Moment kam, daß die eifersüchtigen lemnischen Frauen blutige Rache schworen. Sie brachten all ihre Männer um, töteten deren thrakische Konkubinen und metzelten sogar sämtliche Kinder männlichen Geschlechts auf der Insel nieder. Der einzige Mann, der überlebte, war ihr bejahrter König Thoas. Seine Tochter Hypsipyle führte ihn heimlich zum Strand hinunter, hieß ihn, sich in eine Kiste zu legen, und vertraute ihn dann dem Meer an. Er wurde schließlich von ausländischen Fischern aufgenommen und kehrte nie wieder zur Insel zurück.

Die erste Zeit nach dem Massaker kamen die Frauen von Lemnos mit ihrer Situation sehr gut zurecht. Sie übernahmen alle Arbeiten, die vorher die Männer verrichtet hatten, das Pflügen, Aussäen und Ernten, und gewöhnten sich an ihr neues Leben. Doch sie befürchteten ständig einen Gegenangriff der Thraker. So dachten die Lemnierinnen, als sie die *Argo* in den Hafen ihrer Hauptstadt Myrina einlaufen sahen, daß es sich bei den Ankömmlingen um angreifende Thraker handelte, bewaffneten sich deshalb und liefen zum Hafen hinunter, um sich zu verteidigen.

Jason verhielt sich vorsichtig. Als er die bewaffnete Menge am Strand erblickte, schickte er seinen Herold an Land, den glattzüngigen Aithalides, der in dem Ruf stand, ein derart umfassendes Gedächtnis zu haben und so schlagfertig zu sein, daß er alles als wahr hinstellen konnte, ohne dabei zu lügen. Aithalides schaffte es schnell, von den Lemnierinnen die Erlaubnis zu bekommen, daß die *Argo* zumindest die Nacht über im Hafen von Myrina bleiben konnte. Dies gab den Frauen von Lemnos Gelegenheit, über ihre schwierige Situation nachzudenken. Sie versammelten sich auf dem Marktplatz der Stadt, wo die königliche Amme Polyxo – eine alte, weißhaarige Frau – dann darauf hinwies, daß die Lemnierinnen sich durch die Ermordung aller Männer selbst dem Untergang geweiht hätten. Entweder würden sie eines Tages von einem thrakischen Kriegsheer überwältigt werden oder aber, da sie ohne Männer keine Kinder zur Welt bringen konnten, ganz einfach aussterben. Daher beschlossen die Lemnierinnen, angeführt von Hypsipyle, die nun deren Königin war, die Argonauten am nächsten Tag in ihre Stadt einzuladen und diese dazu zu bewegen, sie zu heiraten und fortan auf Lemnos zu bleiben. Um die Abwesenheit der Männer von Lemnos zu erklären, wollten sie erzählen, daß diese wegen Liebesverhältnissen mit thrakischen Frauen in die Verbannung geschickt worden waren.

Die List funktionierte recht gut. Jason kam in seiner besten Kleidung an Land und wurde im Palast von Königin Hypsipyle empfangen. Sie bot ihm an, daß er den Thron von Lemnos einnehmen könne, wenn er und seine Männer sich bereit erklärten, sich auf der Insel niederzulassen. Doch Jason lehnte die Krone höflich ab und erklärte, daß er und die Argonauten die Suche nach dem Goldenen Vlies nicht aufgeben würden. Aber er war damit einverstanden, daß die Argonauten eine Zeitlang als Gäste auf der Insel blieben.

Eine ununterbrochene Folge von Festmahlen und Feiern, bei denen getanzt und gut gegessen wurde, und die verführerische Geselligkeit der Frauen machten den Aufenthalt für die Argonauten so angenehm, daß ihre ganze heroische Unternehmung beinahe in den Armen der Lemnierinnen ihren Abschluß gefunden hätte. Auf Lemnos verging ein Tag nach dem anderen, und noch immer segelte die *Argo* nicht weiter. Sie lag gut vertäut im Hafen, während ihre Besatzung einen ähnlich sicheren Platz eingenommen hatte. Jason richtete sich zusammen mit Hypsipyle im Palast ein, und die anderen Argonauten zogen in die Häuser der lemnischen Frauen.

Myrina

Nur Herakles – obwohl er den meisten Fassungen der Sage zufolge lediglich ein paar Tage lang auf der *Argo* mitgefahren war – hielt sich von diesem vornehmlich genußsüchtigen Leben fern. Er wachte über das im Hafen festgemachte Schiff, bis ihm die Verzögerung schließlich zu lang wurde. In rasender Wut schritt er durch die Straßen von Myrina, schlug mit seiner Keule heftig gegen die Türen der Häuser und forderte laut rufend die Argonauten auf, sich am Ufer zu versammeln, und zwar ohne Frauen. Als alle zusammengekommen waren, wies Herakles seine Schiffskameraden scharf zurecht. Sie würden all ihr Ansehen verlieren, tadelte er sie, wenn sie die Suche nach dem Goldenen Vlies aufgeben würden und es vorzögen, ein angenehmes, sorgloses Leben mit den lemnischen Frauen zu verbringen. Sie würden so zum Gespött aller Griechen werden.

Beschämt gaben die Argonauten dem Herakles recht und sagten am nächsten Tag Lebewohl. Ihr Abschied von den Lemnierinnen war freundlich und aufrichtig. Die Frauen akzeptierten, daß die Argonauten ihre Suche fortsetzen mußten, und boten ihnen freigebig an, daß sie nach Beendigung ihres Unternehmens zu ihnen zurückkehren könnten. Königin Hypsipyle, die annahm, daß sie ein Kind von Jason bekommen würde, fragte ihn, was sie dann tun sollte. Jason meinte zu ihr, daß sie das Kind, wenn es ein Junge sein würde, nach Iolkos schicken sollte, wo es dann bei seinen Großeltern aufwachsen konnte.

Dieser Junge, der Sohn von Hypsipyle und Jason, erhielt den Namen Euneos und wurde schließlich König von Lemnos. Homer zufolge regierte König Euneos die Insel Lemnos zur Zeit des Trojanischen Krieges und unterstützte die Griechen während der Belagerung, indem er ihnen als Geschenk lemnischen Wein übersandte und sie mit Vorräten belieferte. Dies stimmt mit historischen Fakten überein, denn die Insel Lemnos war bekannt für ihre edlen Weine und befindet sich genau an der wahrscheinlich benutzten Nachschubroute zwischen Griechenland und Troja. Der Hinweis auf König Euneos ist in einer anderen Hinsicht noch viel wichtiger, denn er gibt uns die Möglichkeit, die Zeit, in der die Argonauten nach dem Goldenen Vlies gesucht hatten, ziemlich genau zu bestimmen. Wenn Euneos zur Zeit von Trojas Untergang König gewesen war, dann muß sich sein Vater, Jason, eine Generation früher auf Lemnos aufgehalten haben. Die Archäologen haben hinsichtlich des Zeitpunktes von Trojas Zerstörung verschiedene Angaben gemacht, die meisten aber haben dieses Ereignis in die Zeit zwischen den Jahren 1250 und 1200 v. Chr. datiert, wobei sich viele für das Jahr 1225 v. Chr. ausgesprochen haben. Demzufolge muß Jasons Suche nach dem Goldenen Vlies ungefähr 20 bis 30 Jahre früher stattgefunden haben, also in der Mitte des 13. Jahrhunderts v. Chr. Wie wir noch sehen werden, stimmt diese Zeitangabe nicht nur mit der Besiedlung von Dimini – dem vermuteten Zuhause von Jasons im Exil lebender Familie außerhalb von Iolkos – überein, sondern auch mit Sachverhalten, auf die wir bei unserer Fahrt mit der neuen *Argo* in dem weit entfernt liegenden Kolchis, dem Land des Goldenen Vlieses, noch treffen sollten.

Apollonios beschreibt die Fahrt der Argonauten vom Berg Athos bis Lemnos – die Strecke, die nun vor uns lag – und macht dabei die interessante Beobachtung, daß der hohe Berg seinen Schatten auf die Insel warf, obwohl er so weit von Lemnos entfernt war, wie »ein wohlgebautes Handelsschiff bis zum Abend reisen konnte«. Die Strecke von Athos bis zum nächstgelegenen Punkt von Lemnos ist tatsächlich 34 Seemeilen lang, woraus folgt, daß das »wohlgebaute Handelsschiff« bei zwölf Stunden Fahrt eine Durchschnittsgeschwindigkeit von 2,8 Knoten hatte, was viel langsamer war als die Geschwindigkeit, die wir nun, mit einer günstigen Brise im Rücken, von der *Argo* erwarteten. Als wir von der Halbinsel Chalkidike aus nach Lemnos aufbrachen, zeigte es sich, daß uns das Glück endlich etwas freundlicher gesonnen war. Wir hatten die vorhergehende Nacht auf dem mittleren Finger von Chalkidike im wunderschönen natürlichen Hafen von Porto Koufo verbracht, wo uns Antonis, der Taucher, verließ, um nach Néa Skióni zurückzukehren. Um ein Uhr morgens fuhren wir aufs Meer hinaus, in der Hoffnung, einen möglicherweise vom Land her aufkommenden Nachtwind ausnutzen zu können. Als wir losruderten, herrschte eine Flaute, und der Mond schien so hell, daß wir die Vögel hören konnten, die in den Bergen so laut sangen, als ob es Tag wäre. Kap Ambelos zeigte sich vor dem Sternenhimmel als starre, dunkle Silhouette, und in dem tiefschwarzen Schatten, den es im Mondlicht warf, bemerkte ich, daß es möglich war, nach Gehör zu fahren, denn ich konnte durch das Tosen und Brausen der von den Klippen zurückgeworfenen Wellen auf die Entfernung zu den Felsen schließen.

Eine Stunde später erhob sich sanft ein Wind aus westlicher Richtung, und die Morgendämmerung enthüllte auf der Backbordseite den Berg Athos, dessen Gipfel mit Schnee bedeckt war, so daß man ihn wie einen riesengroßen Leuchtturm den ganzen Tag über am Horizont sehen konnte, ein unverkennbarer Wegweiser für jeden Seefahrer auf dem Thrakischen Meer. Solange die Sonne am Himmel stand, wehte der günstige Westwind; daher brauchte der Steuermann nur darauf zu achten, daß Athos hinter seiner linken Schulter langsam entschwand, während die Sonne auf seiner rechten Seite ihre Bahn zog, und er konnte sicher sein, daß er die *Argo* genau auf Lemnos zusteuerte. Wir kamen an zwei Pottwalen vorbei – eine ungewöhnliche Begegnung in der Ägäis –, die sich gleichmütig in die entgegengesetzte Richtung bewegten, wobei sie ihre charakteristischen, nach vorne geneigten Wasserfontänen ausstießen. Im Nu war Trondur den Mast hinaufgeklettert und setzte sich auf die Rah, um die eindrucksvollen Tiere zu bewundern. Noch lange, nachdem sie verschwunden waren, blickte er nach hinten und starrte auf unser Kielwasser.

Um fünf Uhr nachmittags kam Lemnos, direkt vor uns, langsam in Sicht. Als die Sonne als orangener Ball hinter dem Rücken des Berges Athos unterging, sahen wir, genau wie Apollonios gesagt hatte, wie der Schatten des Berges auf die Insel zu fallen schien. Und in der zunehmenden Dunkelheit konnten wir außerdem erkennen, daß eine weitere Flotte von Fischerbooten auf uns zukam, um uns zu begrüßen. Beobachter auf der Felsenküste von Lemnos hatten die *Argo* am Horizont entdeckt, und nun eskortierten uns die Fischer in den Hafen der neuzeitlichen Stadt Myrina, wobei die Positionslichter ihrer Boote um uns herumschwirrten. Kinderstimmen waren zu hören, die ein Willkommenslied für uns sangen. Im Hafen drängten sich unzählige Zuschauer, Hunderte und aber Hunderte, die ihre Köpfe über den Rand des Kais vorstreckten, um zu sehen, wie die *Argo* längsseits anlegte. In der vordersten Reihe stand ein strahlender Priester in seinem Gewand und hielt uns eine bauchige Flasche lemnischen Weins entgegen.

Es war ein regelrechter Schock, zu hören, daß auf Lemnos nur sehr wenige mykenische Überreste gefunden worden sind, obwohl diese Insel in der *Argonautica* eine so wichtige Rolle spielt. Doch Professor Beschi von der Universität Pisa, der die Ausgrabungen auf Lemnos leitete, erklärte mir, warum: »Wir haben keine bedeutsamen mykenischen Überreste gefunden, wahrscheinlich ganz einfach deshalb, weil wir nicht danach gesucht haben. Es gab soviel anderes, was uns beschäftigt hat.« Er und seine Mitarbeiter waren dabei, die umfangreichen archäologischen Arbeiten, die Ende der dreißiger Jahre dieses Jahrhunderts von italienischen Teams auf dieser Insel durchgeführt worden waren, neu aufzunehmen. An der Ostküste von Lemnos hatten sie eine Stadt – Poliochni – freigelegt, die um das Jahr 3000 v. Chr. gegründet worden sein muß. Poliochni war einst ein großer und wohlhabender Ort gewesen. In den Ruinen hatten die Italiener Töpferwaren entdeckt, die genau von der gleichen Art waren und die gleichen Formen aufwiesen wie die Tonwaren, die in Troja, an der Küste Kleinasiens, benutzt worden waren; ein klarer Beweis dafür, daß bereits in der mittleren Bronzezeit der Handel zwischen Lemnos und Troja blühte.

Sonderbarerweise hatte das Leben in Poliochni um das Jahr 1600 v. Chr. herum scheinbar ein plötzliches Ende gefunden. Eine mögliche Erklärung dafür war, daß Poliochnis Schicksal wie das der minoischen Städte auf Kreta mit dem folgenschweren katastrophalen Vulkanausbruch auf der Insel Thera (Santorin) in Zusammenhang gestanden hatte. Professor Beschi zweifelte nicht daran, daß die Geschichte von den Argonauten und den Lemnierinnen auf irgendein tatsächlich geschehenes, historisches Ereignis hinwies. Er nahm an, daß die Hauptstadt der Königin Hypsipyle, wo Jason und die Argonauten auf so verführerische Weise umsorgt worden waren, sich unter der heutigen Stadt Myrina befindet und noch darauf wartet, freigelegt zu werden. Augenblicklich interessierten sich Professor Beschi und sein Team jedoch weit mehr für zwei andere Stätten an der Nordküste von Lemnos; und zwar für die Stadt Hephaistia und für einen Tempel, der den mysteriösen Kabiren geweiht war. Beide Stätten hingen mit der Sage von Jason und den Argonauten eng zusammen.

Die Siedlung Hephaistia, die wahrscheinlich im 7. Jahrhundert v. Chr. gegründet worden ist, war nach dem Gott Hephaistos benannt worden. Der griechischen Mythologie nach war Hephaistos der Gott der Schmiedekunst, der sich mit allen Metallen und deren Verarbeitung genau auskannte und den Göttern des Olymps als Waffenschmied und als Sachverständiger für alles, was mit Feuer zu tun hatte, diente. Als einst zwischen der Göttin Hera und ihrem Ehemann Zeus ein Streit ausgebrochen war, hatte er für die Göttin Partei ergriffen, woraufhin Zeus so wütend geworden war, daß er Hephaistos ergriffen und ihn den Olymp hinuntergeworfen hatte. Hephaistos war auf die Insel Lemnos gestürzt und hatte sich beim

Aufprall beide Beine gebrochen, weshalb er fortan nur noch hinken konnte. Die Urbewohner von Lemnos, das Volk der Sintier, hatten den Krüppel freundlich aufgenommen und sich um ihn gekümmert. Als Gegenleistung hatte Hephaistos sie in die geheimnisvolle Kunst der Metallbearbeitung eingewiesen; und von Lemnos aus wurde dieses Wissen an die Menschen in den anderen Teilen der griechischen Welt weitergegeben.

Es gibt einen guten Grund, anzunehmen, daß die Übermittlung des Wissens über die Metallbearbeitung mit der direkten Lage von Lemnos am Seeweg nach Kleinasien zusammenhing. Archäologischen Erkenntnissen nach hat sich eines der ältesten Metallverarbeitungszentren des Nahen Ostens an der Nordküste Anatoliens, in der Nähe des Schwarzen Meeres, befunden. Dort hat man einige Schmelzhütten und Bergwerke gefunden, die zu den ältesten der Geschichte gehören. Wenn das Wissen darüber, wie man Metall bearbeiten kann, auf dem Seeweg von dieser Region aus bis nach Griechenland getragen worden ist, so muß es zuerst nach Lemnos gelangt sein, und die Sage von Hephaistos hatte man sich möglicherweise ausgedacht, um zu erklären, warum dieses Wissen zuerst den Griechen auf dieser weit vom Festland entfernt gelegenen Insel vermittelt worden war. Die meisten Gelehrten sind der Meinung, daß Hephaistos ursprünglich eine asiatische und keine griechische Gottheit war. Seine Bedeutung für die Geschichte von Jason besteht darin, daß dieser Seeweg zwischen Lemnos und dem Schwarzen Meer ganz genau der Route entsprach, der Jason und die Argonauten folgen wollten, und es ist auch der gleiche Weg, den Phrixos, Helle und der fliegende Widder genommen hatten. Um diesen Zusammenhang zu betonen, wird in einigen Fassungen der Argonautensage behauptet, daß sich unter Jasons Gefährten auch Palaimon befunden hat, der Sohn des Hephaistos, der ebenso wie sein Vater hinkte.

Professor Beschis zweite Fundstätte stand ebenfalls in direkter Verbindung mit der Argonautensage und Kleinasien. Auf einem hohen Felsen an der Küste, von dem aus man in nordwestliche Richtung auf das Thrakische Meer blicken konnte, war der Kalkstein weggeschlagen worden, so daß eine ebene Fläche entstanden war, auf der eine geheime Kultgemeinschaft, der Kabirenkult, ihre Riten abgehalten hatte. Dieser Kult ist so sehr geheimgehalten worden, daß man heute nur sehr wenig über seine Mysterien weiß. Diejenigen, die in den Kult eingeweiht worden waren, hatten vorher geschworen, niemals etwas über die damit verbundenen Geheimnisse zu erzählen. Was man herausgefunden hat, ist, daß es sich um eine Art Fruchtbarkeitskult gehandelt haben muß und daß er irgendwie mit Schwarzer Magie und mit der großen Erdgöttin zusammenhing. Der Kult stammte ursprünglich aus Asien; Lemnos und Samothrake wurden schließlich seine Hauptzentren, wobei die Lage dieser beiden Inseln sicherlich auch in diesem Fall eine entscheidende Rolle gespielt haben dürfte.

Was uns nun besonders interessierte, war, daß dieser Kult mutmaßlich auch mit der Seefahrt in Zusammenhang stand und besonders mit zwei der Argonauten – nämlich mit den Zwillingen Kastor und Pollux. Auf späteren Bildern wurden die Zwillinge mit zwei Sternen auf der Stirn dargestellt, was darauf hindeuten sollte, daß sie in die Mysterien der Kabiren eingeweiht worden waren. Es wurde gesagt, daß die Seeleute, die sich mit den Künsten der Kabiren auskannten, die Fähigkeit besaßen, über die Winde zu gebieten und Unwetter zu beruhigen, und daß die Zwillinge ihnen als Elmsfeuer erscheinen würden. Selbst wenn man die beiden Sterne Kastor und Pollux, nachdem sie von Zeus als Sternbild der Zwillinge in den Himmel versetzt worden waren, nur ganz flüchtig erblickte, bedeutete dies, daß man den schlimmsten Teil des Unwetters auf See bereits überstanden hatte. Somit hat sich die Argonautensage auch in den Bereich der Seefahrtsfolklore begeben, und Isaac Newton hatte einmal bemerkt, daß auch andere Zeichen des Tierkreises kunstvoll mit in die Legende von dem Goldenen Vlies einbezogen worden sind: der Wassermann, die Fische, die Zwillinge – und natürlich der Widder.

5. *Kapitel:* *Die Dardanellen und das Marmarameer*

Die *Argo* war außerordentlich schlecht besetzt, als wir Lemnos am 18. Mai verließen. Unsere drei griechischen Freiwilligen hatten sich von uns verabschiedet und ihren Heimweg angetreten; daher waren nun nur noch fünfzehn Leute an Bord. Kurz vor seiner Abfahrt fragte ich Elias, den Architekten aus Volos, wie ihm diese Fahrt nun gefallen hatte, denn es war ja seine erste Seereise auf einem kleinen Schiff gewesen. »Hast du während der Fahrt irgendwann einmal Angst gehabt?«

»Ja«, antwortete Elias ehrlich. »Aber nicht lange. Die anderen schienen alle völlig ruhig zu bleiben. Daher sagte ich mir, daß es wohl auch keinen Grund gab, sich zu fürchten.«

»Warum wolltest du eigentlich auf der *Argo* mitfahren?«

»Ganz einfach wegen des Abenteuers ... wegen der Idee ... Ich wollte einfach wissen, was das für Leute sind, die so etwas unternehmen.«

Das wollte sicherlich auch der Kapitän des türkischen Fischkutters wissen, der die *Argo* an diesem Abend, als es gerade dunkel wurde, entdeckte. Wir hatten den ganzen Tag damit zugebracht, mühsam rudernd die Meerenge zwischen Lemnos und Imroz, der ersten Insel in türkischen Gewässern, zu durchqueren. Dadurch, daß die Besatzung aus so wenigen Leuten bestand, mußten die Erholungspausen der Ruderer um die Hälfte gekürzt werden, was natürlich zur Folge hatte, daß wir am Abend äußerst erschöpft waren. Als der türkische Kapitän dieses große Ruderboot sah, das sich mühsam durchs Wasser kämpfte, dachte er, daß wir schiffbrüchige Seeleute in einem Rettungsboot wären, und so holte er seine

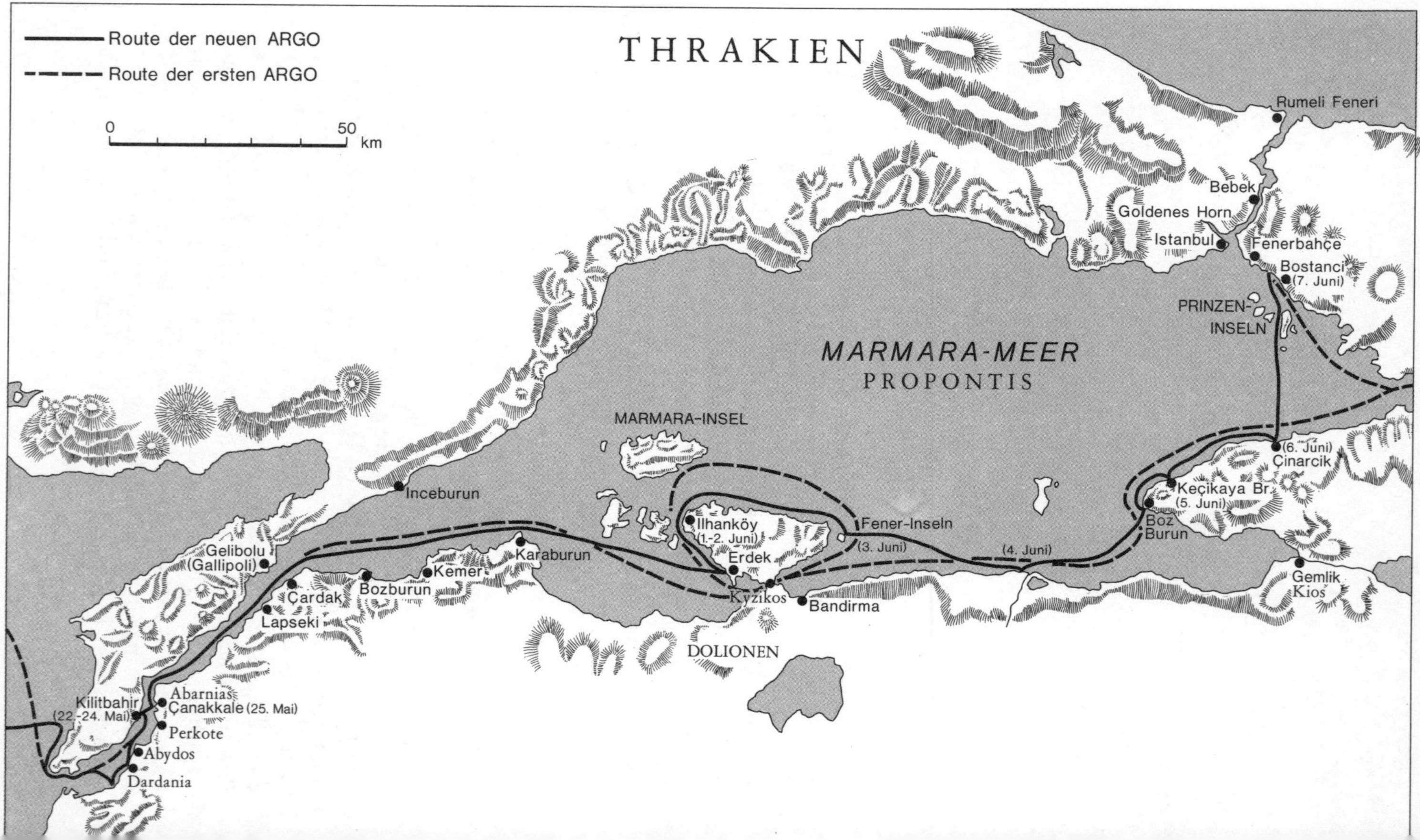

Route der neuen ARGO
Route der ersten ARGO
0
50
km
THRAKIEN
Rumeli Feneri
Bebek
Goldenes Horn
Istanbul
Fenerbahçe
Bostanci
(7. Juni)
PRINZEN-
INSELN
MARMARA-MEER
PROPONTIS
MARMARA-INSEL
(6. Juni)
Çinarcik
Keçikaya Br.
(5. Juni)
Boz
Burun
Inceburun
Ilhanköy
(1.-2. Juni)
Fener-Inseln
(3. Juni)
(4. Juni)
Erdek
Gelibolu
(Gallipoli)
Karaburun
Kemer
Bozburun
Çardak
Lapseki
Kyzikos
Bandirma
Gemlik
Kios
DOLIONEN
Kilitbahir
(22.-24. Mai)
Abarnias
Çanakkale (25. Mai)
Perkote
Abydos
Dardania

Netze ein, ging volle Kraft voraus und kam schnell zu uns herüber, um uns zu retten. Als wir es geschafft hatten, unsere wirkliche Situation mit Hilfe vieler Gesten und Gebärden zu erklären, grinsten und lachten die türkischen Fischer, und der Kapitän bestand darauf, uns eine große Kiste mit frisch gefangenen Sprotten zum Abendbrot zu schenken.

An diesem Abend bemerkte ich, daß ich einen groben Navigationsfehler gemacht hatte. Apollonios hatte geschrieben, daß Jason und seine Argonauten von Lemnos aus zur Insel Samothrake gefahren waren, wo sie ein weiteres Kabirenheiligtum besucht hatten. Dann waren sie in Richtung der Dardanelleneinfahrt weitergesegelt, wobei ihre Route nördlich der Insel Imroz verlief. Doch der Karte nach schien diese Strecke falsch zu sein. Es handelte sich um einen großen, insgesamt 60 Kilometer langen Umweg, wenn man von Lemnos aus zu den Dardanellen kommen wollte. Ich fragte mich, ob Apollonios vielleicht ein Fehler unterlaufen war. Oder möglicherweise hatte er den Umweg über Samothrake mit einbezogen, weil diese Insel ebenfalls sehr viel mit dem Kabirenkult zu tun gehabt hatte. Auf jeden Fall hatte ich mir gedacht, daß es logischer war, den direkten Weg von Lemnos zu den Dardanellen zu nehmen, der an der Südküste von Imroz entlangführte.

Doch die Logik ist nicht immer der beste Führer, wenn es darum geht, ein Ruderschiff aus der Bronzezeit zu steuern, und dies war nun ein Fall, bei dem die Benutzung einer modernen Karte, anstatt eine Hilfe zu sein, sich als äußerst ungünstig herausstellte. Eine riesige Wassermenge ergießt sich ständig aus den Dardanellen und läßt für eine Galeere, die von Süden her auf sie zurudert, sehr starke Gegenströmungen entstehen. Ich hatte mit irgendwelchen Strömungen gerechnet, doch ich hatte nicht erwartet, daß ihre Wirkung so folgenschwer sein würde, daß wir an der Südküste von Imroz große Schwierigkeiten bekommen sollten. Ich hätte in der Tat besser daran getan, die *Argo* nördlich von Imroz entlangzulenken und damit genau Jasons Reiseroute zu folgen.

Somit verbrachten wir nun eine seltsame Nacht vor der Westspitze von Imroz, nachdem uns der türkische Fischkutter wieder verlassen hatte. Um uns herum murmelte und grummelte das unruhige Wasser wie eine lebende Masse. Im Mondlicht bewegten und veränderten sich die Schatten der Wolken auf der Wasserfläche. Schaumkämme bildeten sich und lösten sich wieder auf. *Argo*, deren Besatzung wieder ihre unbequemen Schlafstellungen eingenommen hatte und vor sich hin döste, drehte sich langsam, beschrieb unberechenbare Kreise, mal im und mal gegen den Uhrzeigersinn. Es war kaum Wind zu spüren, doch stellenweise, wo Strömungen aufeinandertrafen, bekamen die Wellen plötzlich weiße Schaumkronen, was sich ebensoschnell wieder ändern konnte; zurück blieben dann verräterisch aussehende ebene Stellen auf dem Wasser, die *Argos* Rumpf ständig in Bewegung hielten und die Galeere hin und her schaukeln ließen, als ob ein riesiger Fisch mit ihr spielte.

Als der Morgen dämmerte, bemerkte ich, daß wir vom Kurs abgekommen waren und nun nordwärts trieben. Es war jetzt sehr wichtig, daß wir vor Anker gingen und uns etwas ausruhten, bevor wir noch weiter abgetrieben wurden. Wir mußten zuächst einmal all unsere Kräfte sammeln, damit wir überhaupt eine Aussicht hatten, mit den Strömungen fertig zu werden. Doch wir wurden mit einem weiteren Problem konfrontiert: Die einzige Stelle, die wir unter den derzeitigen Umständen erreichen und an der wir vor Anker gehen konnten, befand sich vor der steilen Westküste von Imroz, etwa acht Kilometer von uns entfernt. Doch auf der Karte war diese Stelle mit der strikten Warnung »Sperrgebiet« versehen. Im Seehandbuch stand das gleiche. Die Insel Imroz war ein militärisches Sperrgebiet, und die türkischen Behörden verboten es jedem, besonders Ausländern, dort anzulegen. Wenn sich die *Argo* der Insel zu sehr nähern würde, riskierte ich, daß wir alle festgenommen wurden. Aber es gab keine andere Möglichkeit; die Mannschaft war so müde und erschöpft, daß sie sich erst einmal ausruhen mußte. Ich hoffte, daß man uns nicht entdecken würde oder aber, wenn dies doch geschah, daß wir dann keine Schwierigkeiten bekommen würden, weil wir nur vor der Küste vor Anker lagen und keine Anstalten machten, die verbotene Insel tatsächlich zu betreten. Nicht gerade optimistisch steuerte ich, *Argos* vorstehende Nase voran, auf das Sperrgebiet zu.

Das bedrohlich wirkende westliche Ende von Imroz steigt steil aus dem Wasser auf und sieht recht verödet aus. Auf der nur mit Gestrüpp bewachsenen Böschung war kein Haus, kein Weg und nicht einmal ein Tier zu entdecken. Der Ort schien völlig verlassen zu sein. Wir ruderten näher heran und erreichten bald eine kleine, gefällige Bucht. Auch hier war kein einziges Lebewesen zu sehen; nicht einmal ein Pfad führte zu dieser Bucht hinunter, um darauf hinzuweisen, daß zumindest manchmal Menschen hierherkamen.

Ich fragte mich verwundert, ob die türkische Regierung die Besiedlung hier bereits vor so langer Zeit verboten hatte, daß nun schon sämtliche Hinweise darauf verschwunden waren. *Argo* glitt in die verlassene Bucht und ging vor Anker. Die Ruder wurden eingezogen, und wir legten uns alle dankbar auf die Bänke, um uns etwas zu erholen.

Nicht einmal 20 Minuten später murmelte eine Stimme düster: »Oh, Oh! Da kommt das Militär!« Ich hob meinen Kopf und blickte über das Dollbord hinweg. Zwei Männer im Kampfanzug, begleitet von einem Spürhund, kletterten den Hang hinunter. Die Soldaten waren förmlich aus dem Nichts aufgetaucht und bewegten sich nun auf die kleine Bucht zu, offensichtlich, um die *Argo* zu inspizieren. Einer von ihnen war mit einer Maschinenpistole bewaffnet, und beide Männer machten eine sehr ernste Miene. Ich bereute es nun, diesen Ankerplatz aufgesucht zu haben; ich malte mir aus, was jetzt alles passieren konnte: Die Mannschaft wird in militärisches Gewahrsam genommen; das Schiff wird beschlagnahmt; ich muß erst einem Feldwebel, dann einem Leutnant, dann einem Oberstleutnant - und so weiter, die ganze militärische Dienstgradhierarchie hinauf - genauestens erklären, was wir in einem militärischen Sperrgebiet zu suchen hatten; und dann mußten wir schließlich die Antwort der Militärbehörde in Ankara abwarten, die sicherlich konsultiert werden würde, um in Erfahrung zu bringen, was denn nun zu tun sei. Ein verhängnisvoller Start unseres Besuches in der Türkei. Die ganze Situation wurde dadurch verschlimmert, daß die *Argo* noch keine gültigen türkischen Einreisepapiere vorweisen konnte, denn die nächstgelegene Zollstation befand sich fast 100 Kilometer vor uns. Ich sah schon voraus, daß wir tagelang damit zu tun haben würden, um aus diesem Schlamassel wieder herauszukommen.

Diese Militärpatrouille war sicherlich unseretwegen gekommen. Die beiden Soldaten, die in ihrer Uniform und mit ihren Kampfstiefeln einen recht bedrohlichen Eindruck machten, hatten den Strand erreicht. Der Mann mit der Maschinenpistole schwenkte seine Waffe herum und richtete sie auf uns. Sein Gefährte rief im Befehlston zu uns herüber und winkte uns heran. Beklommen suchte ich meinen Reisepaß und die Schiffspapiere zusammen, während Peter Dobbs die Vorbereitungen traf, um mich mit dem Schlauchboot an Land zu bringen. Ich sagte den Besatzungsmitgliedern, daß sie geduldig sein sollten, und bereitete sie darauf vor, daß ich möglicherweise etwas länger wegbleiben würde. Die beiden Soldaten sahen ausgesprochen unfreundlich aus, als wir mit dem Schlauchboot herankamen. Der eine war ein einfacher Soldat, der andere ein Unteroffizier; da sie blaue Felduniformmützen trugen, nahm ich an, daß sie den Grenzschutztruppen angehörten. Ich kletterte auf die Felsen und ging vorsichtig auf sie zu. Der einfache Soldat bewegte die Mündung seiner Maschinenpistole so, daß sie ständig auf mich gerichtet blieb. Wie in aller Welt sollte ich einem Unteroffizier der türkischen Armee bloß erklären, was eine Bronzezeit-Galeere griechischen Ursprungs im westlichen Teil einer militärischen Sperrzone suchte? Ich konnte mich lediglich an einige Höflichkeitsfloskeln auf türkisch erinnern und bezweifelte, daß ein Buch mit türkisch-englischen Redewendungen ausreichte, um diese Situation zu erklären.

Mit der freundlichsten Miene, die mir möglich war, streckte ich meine Hand aus. »*Merhaba* – Guten Tag«, sagte ich fröhlich. Die braunen anatolischen Augen des Unteroffiziers blickten mich weiterhin stur an. Er war ein regelrechter Klotz aus Muskeln und Knochen, die genaue Verkörperung des verhärteten, nicht bevollmächtigten Offiziers, der darauf festgelegt war, seine Befehle präzise auszuführen und genau den Vorschriften entsprechend vorzugehen. Ich bemerkte, daß seine Haare unter seiner Mütze völlig kurz geschoren waren, und selbst in dieser brütenden Hitze war seine Uniformjacke auf korrekte Weise bis zum Kragen hoch zugeknöpft. Der Unteroffizier weigerte sich, bei unserer Begrüßung meine Hand zu schütteln. Statt dessen hob er seinen Arm und deutete auf mein Schiff.

»*Ar-go?!*« sagte er langsam. Ich war verblüfft. Wie in aller Welt konnte ein Unteroffizier der türkischen Armee, der diesen gottverlassenen Flecken auf der abgelegenen Insel überwachte, etwas von der *Argo* wissen? Es war mir unbegreiflich; doch eine Welle der Erleichterung überkam mich dann. Wenn der Soldat den Namen *Argo* kannte, würde er uns wohl nicht wegen unbefugten Betretens der Sperrzone festnehmen.

Wie der Unteroffizier hieß, konnten wir nicht in Erfahrung bringen, da weder er noch sein Gefährte eine andere Sprache als Türkisch sprechen konnten. Aber es gelang uns, den Unteroffizier dazu zu bewegen, mit auf das Schiff zu kommen, wo er dann in seiner formellen Art eine Tasse Kaffee für sich selbst und einige Kekse für seinen Hund annahm, der treu hinter dem Schlauchboot hergeschwommen war. Offiziell gesehen erfüllte der Unteroffizier nur seine Pflicht. Er sorgte dafür, daß wir nicht an Land gingen. Er paßte auf uns auf, bis wir bereit waren, unsere Fahrt fortzusetzen. Wir brachten ihn schließlich wieder zurück an Land, zusammen mit einem weiteren Päckchen Kekse für den einfachen Soldaten, der die ganze Zeit bewegungslos auf dem Strand gestanden und seine Maschinenpistole unerschütterlich auf die *Argo* gerichtet gehalten hatte.

Zwei Stunden später, als wir an der Küste von Imroz entlangruderten, tauchte am Horizont ein Kanonenboot der türkischen Küstenwache auf, das sich schnell näherte. Es kam direkt auf die *Argo* zu, beschrieb plötzlich einen Bogen und fuhr dann hinter uns her, während die gesamte Mannschaft in der starren Achtungstellung an Deck stand und uns mit ihren Pfeifen einen förmlichen Salut bereiteten.

»*Willkommen in der Türkei!*« dröhnte eine laute Stimme aus dem Schiffsmegaphon. Sie gehörte dem Befehlshaber des Kanonenbootes, der auf der Kommandobrücke stand. »Brauchen Sie irgendwelche Hilfe?«

»Nein. Nein, vielen Dank. Alles in Ordnung. Aber es ist nett, daß Sie gekommen sind.«

Das Kanonenboot ragte drohend über uns auf, die Motoren gaben einen brüllenden Lärm von sich. »Ich bin beauftragt, Sie zu begleiten und Ihnen jede Unterstützung zu geben, die Sie brauchen ...«

Leutnant Asaf Günegren, der Befehlshaber des Patrouillenbootes Nr. 33, sprach fließend Englisch und war ein sehr sympathischer junger Marineoffizier. Er kam an Bord der *Argo*, um die neuen Argonauten kennenzulernen, und nahm dankbar unsere Gastfreundschaft an. Offenbar hatte man in den türkischen Amtszimmern all die Briefe, die ich mit Unterstützung des türkischen Segelsportverbandes verschickt hatte, gelesen, sich Gedanken darüber gemacht und dann alles in die Wege geleitet. Alpay Çin, der Vorsitzende des Verbandes, und seine Freunde hatten Wunder gewirkt. Das Innenministerium, das Sportministerium, das Ministerium für Fremdenverkehr und die Stadtverwaltungen hatten sich dazu entschlossen, der *Argo* jede mögliche Unterstützung zu geben und hatten – als Einstieg – das Patrouillenboot Nr. 33 losgeschickt, das sich um uns kümmern sollte. Asaf hatte in den vorangegangenen beiden Tagen die Küste nach uns abgesucht und die Garnison auf Imroz beauftragt, Ausschau nach uns zu halten. »Daher wußte der Unteroffizier sicherlich, wie euer Schiff heißt«, erklärte er mit einem verschmitzten Grinsen.

Wir saßen auf dem Achterdeck der *Argo.* Die Besatzung hatte eine Ruderpause eingelegt und ankerte vor einem der vielen Sandstrände von Imroz. Als wir miteinander plauderten, erschien eine Gruppe von Männern in Trainingsanzügen auf den Sanddünen und lief auf den Strand zu. Sie schienen Urlaub zu machen. Einige spielten Volleyball, andere gingen am Strand spazieren; und eine stämmige Person sprang ins Meer und schwamm bis in Rufweite an die *Argo* heran.

»Was sind das für Männer?« fragte ich Asaf. »Gehören sie zur Garnison auf der Insel, oder machen sie Urlaub?«

Das Steuerruder auf der Backbordseite

»Ich weiß es nicht«, antwortete er, »aber ich werde es herausfinden.«

Er rief etwas zu dem Schwimmer hinüber, der zurückrief und näher herankam. Es folgte eine längere Unterhaltung auf türkisch, bis der Schwimmer schließlich einen letzten Ruf ausstieß und mit kraftvollen Zügen zum Strand zurückschwamm.

»Na?« fragte ich Asaf. »Wer war das nun?«

Asaf zögerte. »Um die Wahrheit zu sagen: Er ist ein Gefangener«, antwortete er dann.

»Ein was?«

»Er hat gesagt, daß gute Gefangene – die der ersten Kategorie – nach Imroz geschickt werden. Sie müssen dann dortbleiben.«

»Und worüber habt ihr gesprochen?«

»Er wollte wissen, wer ihr seid und was ihr vorhabt. Daher habe ich ihm erzählt, daß ihr von Griechenland gekommen seid und ganz bis zum Schwarzen Meer rudern wollt.«

»Was hat er dazu gesagt?«

»Er meinte, daß er lieber auf Imroz bleibt, als auf eurem Schiff zu rudern!«

Nach dem Mittagessen verließ das Kanonenboot die *Argo* und fuhr auf das Festland zu, um aufzutanken. Leutnant Asaf versprach, am Nachmittag des nächsten Tages zurückzukehren, um zu sehen, wie wir vorankamen. Als er uns dann 24 Stunden später wieder aufsuchte, muß er sehr verdutzt gewesen sein. Er hatte *Argo* verlassen, als sie mit ihrer unterbesetzten Mannschaft die erste Hälfte der Südküste von Imroz entlanggefahren war und hartnäckig weiter in östlicher Richtung voranruderte. Aber am nächsten Tag ungefähr zur gleichen Zeit stellte er fest, daß wir noch immer ruderten und auch langsam vorankamen, uns jedoch immer noch genau an der gleichen Stelle befanden. Es schien so, als ob unser Schiff in einer Art Sirup steckengeblieben wäre. Die Ursache dafür war meine zweite Fehlbeurteilung der aus den Dardanellen kommenden Strömung. Den ganzen Nachmittag lang waren wir ostwärts gerudert, was sehr zermürbend gewesen war, da ein starker Gegenwind geweht hatte. Bei Einbruch der Nacht war der Wind abgeflaut, und die völlig erschöpfte Besatzung hatte sich hingelegt, um die Nacht auf den Ruderbänken zu verbringen, so wie wir es auch in der vorhergehenden Nacht und vor Kap Poseidon getan hatten. Nun herrschte eine Flaute, in der das Schiff bewegungslos auf dem Wasser lag. Die Nachtwachen verliefen völlig ruhig; auf Imroz konnte man einige

Lichter sehen, die zu irgendwelchen Fahrzeugen zu gehören schienen, die dort entlangfuhren. Zu meinem äußersten Verdruß erkannte ich dann bei Sonnenaufgang fast querab von der *Argo* die Bucht wieder. Es war die gleiche Bucht, in der wir 24 Stunden vorher vor Anker gelegen hatten. In der Nacht hatte uns die Strömung, die aus den Dardanellen kam, stillschweigend und unerbittlich zurückgetrieben. Die ganzen Anstrengungen des vorhergehenden Tages, das stundenlange mühselige Rudern, waren also umsonst gewesen. Taktvollerweise sagte niemand etwas dazu, doch ich schwor bei mir, daß ich die *Argo* niemals wieder bei Nacht in einer unbeleuchteten Gegend, in der man nicht feststellen konnte, welche Streiche einem die Strömung spielte, abtreiben lassen würde. Wir brauchten den halben nächsten Tag, um den Verlust wieder wettzumachen, und nun – wir hatten seit fünf Tagen keine Gelegenheit mehr gehabt, unsere Vorräte aufzufrischen – gingen uns langsam Wasser und Nahrungsmittel aus. Die einzige Ergänzung unserer Vorräte war ein Kasten Bier, den wir von Asaf bekamen, eine freundliche Geste, die auf dem Festland dann jedoch Anlaß zu dem Gerücht gab, daß die *Argo* deshalb so langsam vorankam, weil die Besatzung betrunken war.

Allmählich wurde ich tatsächlich sehr besorgt. Mit einer Besatzung von nur 15 Leuten zweifelte ich immer mehr daran, daß die *Argo* in der Lage sein würde, gegen die mächtige Strömung anzurudern, wenn wir die Einfahrt zu den Dardanellen erreicht hatten. Es waren einfach zu wenige Ruderer an Bord. Mit jedem Kilometer, den wir uns der Meerenge näherten, verstärkte sich die Gegenströmung. Wenn wir es schaffen sollten, um die Spitze der Gallipoli-Halbinsel herum- und in die Meeresstraße hineinzufahren, so mußten wir mit der vollen Kraft einer widrigen Strömung rechnen, die eine Geschwindigkeit von ungefähr drei bis vier Knoten haben würde. Gegen dieses Hindernis konnte die unterbesetzte Mannschaft der *Argo* wahrscheinlich lediglich eine Kraft von etwas mehr als einer Pferdestärke aufbieten.

Gerettet wurden wir von einem sehr außergewöhnlichen Wind, von einem wechselnden Wind, der scheinbar extra für uns wehte. Er kam auf, als wir das letzte Stück zwischen Imroz und der Gallipoli-Halbinsel zurücklegten, und blies aus östlicher Richtung, direkt von achtern. Dankbar entrollten wir das Segel und hielten auf die Küste zu, vor der wir dann ankern wollten. Doch als wir nur noch 50 Meter von der Halbinsel entfernt waren, drehte der Wind und wehte plötzlich aus dem Norden, was für uns wiederum genau die günstigste Richtung war, um die Spitze der Halbinsel zu umsegeln. So änderte ich also *Argos* Kurs, um die Strecke von ungefähr einer Seemeile entlang der Küste bis zum Leuchtturm zurückzulegen, der das Ende der Landzunge von Gallipoli markierte.

Und wieder wurden wir von türkischen Soldaten beobachtet: Winzige Figuren standen auf der Steilküste neben den Geschützen, die zur Bewachung der Meeresstraße dienen sollten. Als *Argo* die Spitze der Landzunge umrundete, wobei sie dicht an den Stacheldrahtabsperrungen, die bis ins Meer hinunterreichten, entlangfuhr, drehte der Wind erneut und kam nun wieder aus der gleichen Richtung, aus der er eine Stunde vorher gekommen war. Es war wirklich unheimlich, denn es war wiederum der ideale Wind für uns. Ich steuerte die *Argo* so, daß sie die Landspitze umsegelte und in die Dardanellen hineinfuhr. Die Besatzungsmitglieder brauchten nichts zu tun; sie saßen ruhig da und konnten einen der schönsten Anblicke auf See genießen.

Auf unserer linken Seite befand sich die langgestreckte Steilküste der Gallipoli-Halbinsel, auf der eine ganze Reihe von Denkmälern für die französischen, britischen, australischen und türkischen Opfer der blutigen Schlachten des Ersten Weltkriegs zu sehen waren. Auf der gegenüberliegenden Seite zeigte sich eine flache Küste ohne besondere Merkmale; ein bis zwei Kilometer weiter ins Inland hinein stieg der bis dahin ebene Boden an. Auf diesem Hügel befinden sich die Ruinen von Troja, die Ruinen der Stadt, die in der Bronzezeit den Handel durch ihre Beherrschung der Dardanellen kontrolliert hatte. Selbst heute noch ist die wirtschaftliche und strategische Bedeutung dieser Region offensichtlich. Soweit man blicken konnte, sah man Handelsschiffe, die in die Meeresstraße hineinfuhren oder sie wieder verließen: Tanker, Frachter, Containerschiffe, Fischkutter, Fähren, Passagierdampfer.

Als unser zwanzigrudriges historisches Kriegsschiff munter die Meeresstraße hinaufsegelte, kam uns eine Reihe moderner Kriegsschiffe entgegen. Ein sowjetisches Unterseeboot schwamm auf der Wasseroberfläche entlang und bewegte sich südwärts, begleitet von zwei türkischen Zerstörern. Ein Flottengeschwader der türkischen Kriegsmarine manövrierte am Horizont, und mindestens vier Patrouillenboote der türkischen Küstenwache waren immer gleichzeitig zu sehen. Drei davon gingen ihrem routinemäßigen Dienst nach, während das vierte, Kanonenboot Nr. 33, zu uns gehörte und dafür sorgte, daß die anderen Seefahrzeuge einen weiten Bogen um die kleine *Argo* machten. Wir riefen ein dreifaches Hoch auf Asaf und seine Männer aus und verliehen Asaf die »Ehrenargonautenschaft«.

Den gewaltigen Bogen – das türkische Kriegerdenkmal auf Gallipoli – benutzte ich als Orientierungszeichen, um auf die gegenüberliegende Küste zuzusteuern und die Hauptströmung zu durchqueren. Trotz der günstigen Brise aus Südwest, durch die *Argo* eine Geschwindigkeit von über fünf Knoten erhielt, schien es so, als ob sich die Galeere kaum dem Land näherte. Wir waren gerade bis auf 500 Meter an die Küste herangekommen und befanden uns nun in ruhigem Wasser, als unser vom Himmel gesandter Wind unvermittelt aufhörte zu wehen. Er hatte seine Arbeit getan. Eine eigentümliche Stille hüllte uns ein, und die Besatzung griff zu den Rudern, um sich auf die Stelle an der Küste hinzuarbeiten, wo eine kleine Gruppe von türkischen Beamten wartete, die uns begrüßen wollte. Es schien so, als ob den türkischen Behörden keine Anstrengung zu groß war. Die Beamten waren extra aus Çanakkale, dem Einlaufhafen, hierhergekommen, um die Einreiseformalitäten für die *Argo* und deren Besatzung abzuwickeln. Als die Beamten dann mit dem Schlauchboot wieder an Land gebracht wurden, konnten sich die Argonauten nicht länger zurückhalten. 14 laute Platscher waren zu hören, als die Ruderer kopfüber von Bord sprangen. Die Männer schwammen auf die Küste zu, um endlich asiatischen Boden zu betreten.

Die folgenden beiden Tage blieben wir in den Dardanellen, denn es war nötig, daß wir uns und die *Argo* gründlich reinigten. Es war schwierig zu sagen, ob nun das Schiff oder seine Besatzung durch die Reise mehr in Mitleidenschaft gezogen worden war. Wir holten sämtliche Sachen aus dem Schiff heraus und kratzten den übelriechenden schwarzen Dreck ab, der sich im Kielraum gesammelt hatte. Dann wurde die Besatzung selbst auf ähnliche Weise überholt, und zwar im öffentlichen *Hamam*, dem türkischen Bad in Çanakkale. Nichts wäre besser gewesen, um den Schmutz einer Woche loszuwerden und die schmerzenden Muskeln der Ruderer wieder zu entwirren, als sich auf den Marmorfliesen von Dampf und heißem Wasser einhüllen zu lassen. Als ich es endlich schaffte, in das *Hamam* zu gelangen, waren die anderen Leute der *Argo* schon längst wieder weg. Doch die türkische Gastfreundschaft war ungebrochen. Als ich in der Vorhalle mein Badetuch in Empfang nahm, blickte ein stämmiger Türke, der, nur mit einem Handtuch bekleidet, an der Kasse saß und Zeitung gelesen hatte, auf und erkannte mich sofort: »Aaah! Kapitän Tim!« Ein breites Grinsen zog sich langsam über sein ganzes Gesicht, bis sein Mund so weit geöffnet war, daß ich die Reste seiner abgebrochenen Zähne deutlich sehen konnte. Es handelte sich um den Masseur des Bades, der fest entschlossen war, mir sein ganzes Können zu zeigen. So mußte ich also die nächste halbe Stunde auf den Marmorfliesen verbringen, wurde verrenkt, verkrümmt, mit den Fäusten bearbeitet, getreten und in jede mögliche Verdrehung gezerrt, bis der Masseur schließlich über meinen gequälten und völlig erschöpften Körper hinwegsprang, schneidig salutierte und »Fertig, Kapitän!« grölte, was in der Tat auf mich zutraf.

Peter Dobbs' Urlaub war vorbei, und ein anderer Peter kam, um ihn zu ersetzen: Peter Warren, ein ehemaliger Marinesoldat aus der Grafschaft Oxford. Er war schon bei *Argos* Überführungsfahrt mitgerudert, und ihm hatte die Kameradschaft dabei so sehr gefallen, daß er sich entschlossen hatte, während der eigentlichen Fahrt wieder zu uns zu stoßen. Wir nahmen nun auch unsere ersten türkischen Freiwilligen an Bord. Deniz, ein dreiundzwanzigjähriger Archäologiestudent, besaß die Energie und den Enthusiasmus eines Terriers. Umur sah bei seiner Ankunft dagegen so mürrisch aus, daß ich mich fragte, warum er überhaupt gekommen war. Es stellte sich heraus, daß sein Vater ihn zu uns geschickt hatte, ein Bergbauingenieur, der meinte – da sein achtzehnjähriger Sohn bei der Prüfung durchgefallen war und sie nun wiederholen mußte –, daß dieser durch die Arbeit auf einer zwanzigrudrigen Galeere seine Einstellung zum Leben etwas ändern würde. Das Ergebnis war, daß sich Umur zunächst sehr ruhig und zurückhaltend verhielt. Doch im Laufe der Zeit änderte sich sein Verhalten. Anfangs hatte er gesagt, daß er nur bis Istanbul bei uns bleiben würde, aber als wir dort ankamen, bot er seine Dienste zum zweitenmal an und machte schließlich den ganzen türkischen Teil der Reise mit, was wirklich eine stattliche Leistung war. Der dritte von unseren neuen Freiwilligen hieß Erzin. Er war der Kapitän eines 150000 Tonnen großen Riesentankers, der zwischen der Türkei und dem Arabischen Golf verkehrte; es muß für ihn also eine reichliche Umstellung gewesen sein, nun auf einmal am Ruder einer Galeere von acht Tonnen Größe zu sitzen. Aber Erzin, ein früherer Offizier der türkischen Kriegsmarine, gehörte zu den Menschen, die jeder sogleich sympathisch findet. Er war ein erfahrener Seemann und ein erstklassiger Schiffskamerad. Die beiden letzten von den türkischen Freiwilligen, die nun an Bord kamen, waren bereits gute Freunde von mir. Ali war Unterwasserarchäologe und Taucher, ein ernster und sehr beschlagener Mensch, der während der Fahrt in der Türkei mein Dolmetscher und Führer sein sollte. Mit sechzehn war Kaan der jüngste von allen Argonauten. Er gehörte zu einer in Istanbul lebenden Familie, die ich schon seit 23 Jahren kannte. Sein Vater Ergün war mir und meinen Freunden behilflich gewesen, als wir während unseres Studiums auf meiner ersten Expedition die Türkei besuchten, um auf Motorrädern der Reiseroute Marco Polos zu folgen. Ich war seitdem immer mit der Familie in Verbindung geblieben, und als Ergün erfahren hatte, daß ich mit der *Argo* in die Türkei kommen würde, hatte er zu unserer Unterstützung sofort seinen Sohn zu uns geschickt. Wie wir hörten, war Kaan bereits öfter für einen der Ruderklubs in Istanbul gerudert und freute sich darauf, an diesem großen Abenteuer teilzunehmen.

Eigentlich sollten sich zwei weitere türkische Freiwillige unserer Mannschaft anschließen, da *Argo* die ganze Ruderkraft einer vollständigen Besatzung benötigte, wenn sie auch noch das letzte Stück durch die Dardanellen, wo die Strömung noch stärker war, zurücklegen wollte. Tatsächlich tauchten zwei türkische Ruderer aus Çanakkale auf und halfen uns, die Galeere von einer Seite der Meeresstraße zur anderen zu bringen, wo der Gouverneur einen offiziellen Empfang für uns vorbereitet hatte. Die Strecke war recht kurz – ungefähr zweieinhalb Kilometer lang –, doch wir mußten fast zwei Stunden angestrengt rudern, um die starke Strömung zu durchqueren. Als die beiden Freiwilligen dann nicht zum Abendessen erschienen, brüllten die anderen Türken vor Lachen. »Sie haben sich den Job mal kurz angesehen, und als sie dann an die 300 Kilometer bis Istanbul dachten, waren sie zu dem Schluß gekommen, daß diese Reise nicht das richtige für sie ist. Sie haben sich aus dem Staub gemacht!«

Der offizielle Empfang für die *Argo* in Çanakkale war der erste einer ganzen Reihe von Begrüßungsveranstaltungen, die von den örtlichen Behörden entlang unserer Route organisiert wurden. Eine Tanzgruppe gab, begleitet von den ungewohnten Klängen eines Dudelsacks und dem Geklapper einer türkischen Trommel, eine Vorstellung. Die Jungen in der Tanzgruppe, die bauschige, kurze

Hosen, schwarze, goldbestickte Halbschuhe und Westen trugen, die farblich zu ihren Hemden paßten, sprangen und hüpften laut rufend herum. Die Mädchen tauchten nach unten, wiegten sich und hakten sich ein; ihre elegante Tracht setzte sich aus langen wallenden Hosen, weichen Pantoffeln, Blusen und Schürzen zusammen. Auf ihren Köpfen sah man Tücher, in die Juwelen eingenäht worden waren, die nun im Takt der Musik aufblitzten.

Die alten Griechen hatten die Dardanellen Hellespont genannt, weil dies der Ort war, wo Prinzessin Helle von dem Rücken des fliegenden goldenen Widders heruntergerutscht und im Meer ertrunken war. Als die erste *Argo*, der Route des fliegenden Widders nach Kolchis folgend, hier entlanggekommen war, hatten Jason und seine Gefährten die Meeresstraße im Schutze der Dunkelheit heimlich passiert, wahrscheinlich, um nicht die Aufmerksamkeit der Trojaner zu erregen, die gegen alle Eindringlinge vorgingen, die versuchten, ihr Handelsmonopol zu umgehen.

»*Gerade als die Sonne unterging, erreichten sie die Landspitze der Chersones* [die Spitze der Gallipoli-Halbinsel]«, schrieb Apollonios. »*Dort trafen sie auf einen starken Wind aus dem Süden, setzten ihr Segel entsprechend und begaben sich in die schnelle Strömung des Hellespont, der nach Athamas Tochter benannt worden war. In der Dämmerung hatten sie das nördliche Meer verlassen, bei Einbruch der Nacht fuhren sie, innerhalb der Meeresenge, an der rhoiteischen Küste entlang, wobei sich auf ihrer rechten Seite das Land der Ida erstreckte. Nachdem sie Dardania hinter sich gelassen hatten, steuerten sie auf Abydos zu und kamen dann an Perkote, an Abarnias mit seinem sandigen Strand und an dem heiligen Pityeia vorbei und hatten es schließlich noch vor der Morgendämmerung geschafft, die Argo mit Hilfe von Segel und Rudern durch den dunkel wirbelnden Hellespont zu bringen.*«

Ich konnte das Glück der neuen *Argo* mit dem Wetter kaum fassen, aber sie konnte genau den gleichen günstigen Wind ausnutzen, einen starken Wind aus südlicher Richtung, als wir aus dem Hafen von Çanakkale ausliefen und uns gegen den dunkel wirbelnden Hellespont stemmten. Normalerweise kam der Wind in den Monaten Mai und Juni aus dem Norden, doch nun wehte eine überaus günstige, frische Brise aus dem Südwesten, die gelegentlich für kurze Zeit sehr stark wurde und zu unseren Gunsten direkt in Fahrtrichtung die Dardanellen hinauf blies. *Argo* reagierte darauf, indem sie dafür sorgte, daß wir die beste Tagesleistung der ganzen Reise erreichten. Wie ein Delphin glitt sie mit den Wellen des Meeres voran. Einem festgelegten Rhythmus folgend, senkte sie, durch das schwere, windgefüllte Segel hinuntergedrückt, ihre Schnauze tief ins Wasser, so daß die Fluten an ihren halb untergetauchten Augen vorbeijagten. Dann – wie ein Meerestier, das an die Oberfläche kommt, um nach Luft zu schnappen – hob sich ihre Schnauze durch die vorbeiströmenden Wassermassen hindurch langsam nach oben, wobei unzählige Blasen gebildet wurden, bis die Spitze des Rammsporns schließlich zum Vorschein kam und über einem faszinierend aussehenden Schaumgebilde in die Luft ragte. Eine Sekunde später schossen rechts und links vom Haltegriff an der Schnauze zwei Wasserstrahlen empor, als ob ein Tier mit einem Luftstrom seine Nasenlöcher säuberte. Dann befand sich *Argo* einen Moment lang in der Schwebe, ihr langgestreckter Rumpf glitt auf dem Wellenkamm dahin, bis dieser vorbeigezogen war; schließlich begann die Galeere den Bewegungsablauf von neuem, tauchte ihre Nase ins Wasser und vergrub sich ins tosende Meer.

Stundenlang behielt *Argo* diesen Bewegungsrhythmus bei und eilte mit einer gleichmäßigen Geschwindigkeit von sechs bis sieben Knoten durch die Dardanellen, bis sie, ebenso wie ihre Vorgängerin, die Meeresstraße in ihrer ganzen Länge durchfahren hatte und ins Marmarameer hineinglitt, in das Meer, das die Griechen Propontis genannt hatten – der Vorhof zum Schwarzen Meer. Apollonios schrieb:

»*In der Propontis befindet sich eine Insel, die sich steil aus dem Meer erhebt und von dem in der Nähe liegenden, fruchtbaren Festland von Phrygien nur durch einen flachen Isthmus getrennt wird, der sich kaum über die Wellen erhebt. Diese Landenge, mit ihren beiden Ufern, befindet sich östlich des Flusses Aisepos; und die Insel selbst wird von den Leuten, die in der Umgegend leben, ›Bärengebirge‹ genannt ... Argo, von einer steifen, aus Thrakien kommenden Brise unterstützt, eilte voran, erreichte die Küste und machte an dem Ort fest, der der Prächtige Hafen genannt wurde. Dort ließen die Argonauten auf den Rat von Tiphys hin ihren kleinen Ankerstein bei der Quelle von Artaki zurück und ersetzten ihn durch einen schwereren und besser geeigneten Fels.*«

Heute ist die Halbinsel, die Apollonios Bärengebirge genannt hatte, unter dem Namen Kapi Dagh bekannt, und der Ankerplatz der Argonauten, der Prächtige Hafen, hat mittlerweile ebenfalls den

Namen der heiligen Quelle angenommen – Artaki – und heißt nun auf türkisch Erdek. *Argo* ging dort in den frühen Morgenstunden des 27. Mai vor Anker. Am nächsten Morgen ging ich nicht einmal einen Kilometer weit, um zu dem Platz zu gelangen, wo die ersten Argonauten vor 3000 Jahren als Dankesopfer ihren Ankerstein zurückgelassen hatten.

Infolge eines außerordentlichen Glücksfalls – eine zufällige Begegnung, die ich sechs Wochen vorher gehabt hatte – wußte ich genau, wo ich den Platz, der einstmals »Jasons Quelle« genannt worden war, finden konnte. Eine angeheiterte Besatzung und schlechtes Wetter hatten mich zu dieser Entdeckung geführt. Wir waren unterwegs gewesen, um die *Argo* von ihrer Werft in Spetses nordwärts an der peloponnesischen Küste entlang nach Volos zu überführen. Unsere Route verlief zwischen dem griechischen Festland und der langgestreckten Insel Euböa. Das Wetter war äußerst ungemütlich gewesen: kalt, regnerisch und stürmisch. Der guten alten Tradition der Seefahrer folgend, hatten sich mehrere Besatzungsmitglieder

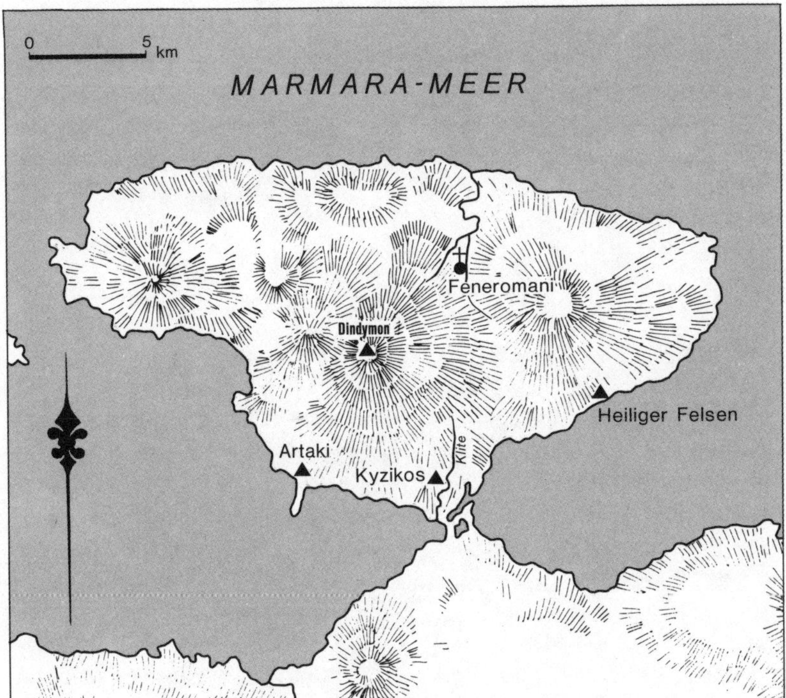

der Überführungsfahrt in einer Hafentaverne der Stadt Chalkis gegen die widrigen Elemente gestärkt. Als sie zurück an Bord kamen, waren sie nicht mehr so ganz in der Lage, richtig zu rudern, und kurz nachdem wir den Hafen verlassen hatten, gerieten wir in einen aus Norden kommenden Sturm. Auf die Sicherheit des Schiffes und der etwas angeschlagenen Besatzung bedacht, suchte ich eine Zuflucht und steuerte die *Argo* in den nächsten kleinen Hafen hinein, der in Sicht gekommen war. Ich hatte natürlich nicht vorgehabt, diesen Ort zu besuchen, doch da es stürmte und der Regen quer über die Meeresstraße hinwegfegte, waren wir froh, daß wir die Galeere festmachen und in einem leeren Nebengebäude Zuflucht finden konnten, wo wir dann wie naßgeregnete Hühner darauf warteten, daß sich das Wetter wieder änderte.

Erst jetzt bemerkte ich, wie die kleine Hafenstadt eigentlich hieß. Sie wurde Nea Artaki genannt – Neu-Artaki –, und ich erinnerte mich an den Namen der Quelle, die der Göttin Artakia geweiht war und an der Jason seinen Ankerstein zurückgelassen hatte. Ich ging in die Stadt, um herauszufinden, ob es irgendeinen Zusammenhang zwischen dieser neuzeitlichen kleinen Hafenstadt auf Euböa und der Quelle auf der Halbinsel im Marmarameer gab. Im Genos-

Jasons Quelle

senschaftsgebäude der Fischer erzählte man mir, daß Nea Artaki von den Griechen gegründet worden war, die infolge des Bevölkerungsaustauschs von Griechen und Türken Anfang der zwanziger Jahre dieses Jahrhunderts aus dem ursprünglichen Artaki, beziehungsweise dem heutigen Erdek, zurückgekommen waren. Diese Information war eine große Überraschung für mich. Gab es, fragte ich dann, zufällig noch irgend jemand, der sich an die Zeit, als die Griechen noch in Erdek gelebt hatten, erinnerte, jemand, der mir etwas über die Volkssagen und die Traditionen dieser Region erzählen konnte? Die Fischer, die ebenfalls vom Sturm aufgehalten wurden, hatten genug Zeit, um sich zu beraten, und kamen schließlich zu dem Schluß, daß es einen einzigen Überlebenden gab, mit dem ich sprechen sollte: Vasilis Kalatheri.

»Meint ihr, daß er bereit wäre, mir etwas über seine Erinnerungen an die Zeit in Artaki zu erzählen?« fragte ich. »Vielleicht ist er jetzt schon zu alt und kann sich nicht mehr genau an alles erinnern.«

»O nein. Du kannst dich selbst davon überzeugen«, sagten sie zu mir. »Vasilis ist ein bemerkenswerter Mensch. Nachdem er Artaki verlassen hat, ist er durch die ganze Welt gereist. Er weiß sehr viel, und er kann sich sehr genau an sein Leben erinnern.«

Später am Abend suchte ich das Café auf, in dem ich Vasilis Kalatheri treffen sollte. Er gehörte tatsächlich zu den Menschen, die es schaffen, ein ehrwürdiges Alter zu erreichen, ohne dabei ihre geistige Klarheit zu verlieren. Er war im Jahre 1892 geboren worden und hatte in Erdek gelebt, bis er fast 30 Jahre alt war. Er konnte sich an jede Einzelheit dieses weit zurückliegenden Lebensabschnitts erinnern. Als erstes fragte ich ihn, ob er irgendeine Stelle in Erdek kannte, die mit der Sage von Jason und den Argonauten im Zusammenhang stand. Er wußte sofort, worauf ich hinauswollte. Natürlich, antwortete er, dort gibt es die Quelle, die von jedem Artaki Krini oder Jason Krini genannt worden war – die Quelle von Artaki oder die Quelle Jasons. Fast jeder kannte sie unter diesen Namen, obwohl einige Leute begonnen hatten, sie Pagatho zu nennen.

Wo befand sich diese Quelle nun genau? Man brauchte nur dem Hauptpfad zu folgen, der vom Hafen aus ungefähr eineinhalb Kilometer hinaufführte; dann kam man direkt auf Jasons Quelle zu. Als er ein junger Mann war, betrachteten es alle Leute als selbstverständlich, daß dies die Quelle war, neben der die Argonauten ihren Ankerstein zurückgelassen hatten. Vasilis sagte, daß 1906 eine britische Jacht in den Hafen eingelaufen war und einige Leute der

Besatzung den Stein in der Nacht fortgeschleppt hätten. Dieser Stein war rund gewesen und in der Mitte gespalten; und in diesem Spalt stand etwas geschrieben, was jedoch niemand entziffern konnte. Woran konnte ich die Quelle erkennen, fragte ich. Ganz einfach, meinte der alte Mann zu mir. Wenn ich dorthin kam, würde ich zwei große Feigenbäume und zwei Kastanienbäume sehen, die neben der Quelle wüchsen.

In Erdek, sechs Wochen später und 500 Kilometer von dem Café entfernt, in dem ich mich mit dem Alten unterhalten hatte, mußte ich feststellen, daß von den vier Bäumen, die Vasilis zum letztenmal vor 60 Jahren gesehen hatte, nur eine knorrige Feige übriggeblieben war. Die anderen waren gefällt worden, als ein Bauer seinen Olivenhain bis an den Brunnen heran vergrößert hatte. Noch immer aber plätscherte das Wasser aus einem Rohr heraus und sammelte sich in einem Becken. Türkische Frauen brachten ihre Teppiche mit, um sie dort zu säubern, Kinder spielten in den Pfützen, und die Fuhrleute aus Erdek legten hier eine Rast ein, damit ihre Pferde trinken konnten. Wieder einmal war es offensichtlich, daß Wasserstellen eine entscheidende Rolle bei den in der Bronzezeit unternommenen Seereisen gespielt hatten. Das Wissen darüber, wo man frisches, sauberes Wasser finden konnte, um die Vorräte für die vielköpfige durstige Besatzung einer Galeere aufzufüllen, gehörte mit zu den wichtigsten Fähigkeiten eines Lotsen, und wie wir bereits in Afissos gesehen hatten, sind diese Wasserversorgungsstellen zu den Fixpunkten einer traditionsreichen Küstenschiffahrt geworden. Und auch im Gedächtnis der Völker sind sie zu Fixpunkten geworden. Die Mykener hatten Quellen und Haine als heilige Stätten angesehen, ein allgemeines Merkmal des animistischen Glaubens. Eine Quelle, die der Göttin Artakia geweiht war, galt als natürlicher Ort, um einen Ankerstein als Dankesopfer für eine bis dahin sichere Reise zurückzulassen; und dieser Brauch, den Ankerstein eines Schiffes als Opfergeschenk darzubringen, war sowohl im alten Ägypten als auch in Griechenland weit verbreitet. Zu Jasons Zeiten war die Göttin dieser Quelle natürlich nicht Artakia gewesen; sie wurde erst später populär und gehörte dem klassischen griechischen Pantheon an. Die Quelle wird zu Jasons Zeiten der Großen Göttin selbst geweiht gewesen sein, der Muttergottheit, deren Rolle als Erdmutter später von Artakia übernommen wurde.

Selbst im 20. Jahrhundert waren die Spuren dieser Glaubenswelt noch nicht gänzlich verschwunden. Wenn man den Pfad von Jasons Quelle aus noch ungefähr 800 Meter weiterging, so gelangte man zu einem heiligen Gehölz, einem Ort, der schon eher die Atmosphäre ausstrahlte, die Jasons Quelle zur Zeit der Argonauten wahrscheinlich umgeben hatte. Der Hain bestand aus riesigen, alten Kastanienbäumen, die abgeschieden auf dem Abhang eines kleinen Hügels standen. Eine weitere Quelle entsprang auf der Anhöhe. Das Wasser folgte zunächst seinem natürlichen Lauf, wurde dann durch zwei Rohre hindurch in ein Becken geleitet und floß schließlich den Hügel hinunter auf einige kleinere Obstplantagen zu. Um diese Anhöhe herum war das ganze Land kultiviert worden, aber diesen Hain hatte man nicht angetastet. Man hatte ihn strikt in Ruhe gelassen, aber es handelte sich dennoch nicht um einen Ort, der gemieden wurde.

Es war vielmehr ein heiliger Ort, was man auch spürte. Eine angenehme Stille schien diesen Platz zu umgeben. Außer dem sanften Murmeln des Wassers und dem gelegentlichen, unvermittelten Gesang eines Vogels war kein einziger Ton zu hören. Die Blätter an den großen Bäumen gaben keinen Laut von sich. Selbst die Luft regte sich nicht. Es schien so, als ob man sich hier außerhalb der Zeit befände. In der Mitte des Wäldchens, neben dem Bach, stand ein riesiger Baum, der so alt war, daß sein Kernholz bereits weggefault war. In dem gewaltigen Stamm hatte sich eine Höhle gebildet. Die Seiten des Eingangs zu dieser Höhle schimmerten, denn sie waren glattgescheuert worden durch die Menschen, die immer wieder durch dieses Loch in das Innere des Baumes hineinkrochen. Es handelte sich nämlich um einen Zauberbaum. In der Nacht, so wurde mir erzählt, suchten die Leute aus der Umgebung heimlich diese heilige Stätte auf, um die magische Kraft dieses Ortes zu beschwören. Sie gingen so oft um den Baum herum, wie es vorgeschrieben war, dann krochen sie in die Höhle hinein und eröffneten ihren Wunsch. Wenn sie diese Zeremonie korrekt ausführten, so würden die Geisteswesen dieser Stätte ihren Wunsch erfüllen. Die Bittsteller hatten ihre Zeichen am Baum hinterlassen; sie hatten von ihrer Kleidung abgerissene Stoffstreifen und kleine Abbilder von Menschen an die unteren Äste gehängt. Der alte Glaube schien nach 3000 Jahren noch immer fortzuleben.

Reşit Ertezun, der Geschichtsforscher, der in Erdek lebte, freute sich darüber, daß die Identität von Artaki Krini bestätigt wurde. Er war erstmals im Mai 1946 als Gouverneur von Erdek in diese Stadt gekommen. Eines Tages hatte er beim Bau einer neuen Straße einige glänzende weiße Steine entdeckt. Auf seine Nachfrage hin erzählte man ihm, daß einige der Steine für die neue Straße von den alten Ruinen der nahe gelegenen Stadt Kyzikos stammten. Er machte sich auf, diese Ruinen, die Überreste einer römischen Stadt, zu besichtigen. Das änderte sein Leben entscheidend. Er verbot jede weitere Ausplünderung von Kyzikos und begann, die Geschichte der Halbinsel, die Kapi Dagh genannt wurde, zu studieren. Er brachte sich selbst Latein und Griechisch bei, um in der Lage zu sein, die Werke von Apollonios und den anderen Autoren im Original zu lesen und somit den historischen Hintergrund der Argonautensage genau erforschen zu können. Er war nun also der perfekte Führer, um die neuen Argonauten an die Stätten zu geleiten, die seinen Erkenntnissen nach etwas mit der alten Sage zu tun hatten.

Schon bald, nachdem Jason und seine Gefährten Kapi Dagh erreicht hatten, trafen sie mit Kyzikos zusammen, dem König der Dolionen, die das Tiefland am Isthmus, der Kapi Dagh mit dem Festland verband, bewohnten. König Kyzikos war ungefähr ebenso alt wie Jason, ein junger Mann, der gerade geheiratet hatte. Seine Frau Klite war soeben vom Festland aus eingetroffen. Kyzikos lud die Argonauten ein, ihr Schiff im Hafen seiner Stadt festzumachen und mit ihm zu feiern. Apollonios zufolge stieg während der Festlichkeiten von den im Innern der Insel gelegenen Bergen ein wilder Stamm von Ureinwohnern – angeblich sechsarmige Riesen – herab und griff die *Argo* im Hafen an. Die Unholde wurden aber von Herakles (der laut Apollonios bis zur nächsten Etappe der Reise noch immer an dem Unternehmen teilnahm) in die Flucht geschlagen, wobei die Angreifer schwere Verluste erlitten.

Nach Beendigung der Festlichkeiten stach *Argo* wieder in See. Sie segelte ins Marmarameer hinaus und begann, um die Halbinsel herumzufahren, geriet dann jedoch in einen schweren Sturm, der sie an Land zurücktrieb. Der Besatzung gelang es jedoch, ihr Schiff an einem Felsblock zu vertäuen; »Der Heilige Felsen« wurde dieser Ort dann von ihnen genannt. Was die sturmgepeitschten Seeleute nicht bemerkten, war, daß sie auf die Halbinsel Kapi Dagh zurückgetrieben worden waren und sich somit wieder im Herrschaftsbereich der Dolionen befanden. In der Dunkelheit hielten diese die Argonauten fälschlicherweise für eine Bande von Seeräubern und griffen sie an. Eine blutige Auseinandersetzung entbrannte, in deren Verlauf mehrere von den einflußreichsten Dolionen niedergemetzelt wurden. Am schlimmsten war jedoch, daß Jason, ohne zu bemerken, um wen es sich handelte, König Kyzikos tötete.

Die Morgendämmerung offenbarte dann den entsetzlichen Irrtum, und beide Seiten hörten sofort auf zu kämpfen. Die erschütterten Dolionen zogen sich mit dem Leichnam des jungen Königs hinter ihre Stadtmauern zurück, während die erschrockenen Argonauten die fürchterliche Untat, den Mann getötet zu haben, der kurze Zeit vorher ihr Gastgeber gewesen war, bitter bereuten. *»Drei ganze Tage lang trauerten sie um ihn und rauften sich die Haare. Dann gingen sie in ihren bronzenen Rüstungen dreimal um den toten König herum, legten ihn in sein Grab und hielten auf der grasbedeckten Ebene Trauerkampfspiele ab, dort, wo die Menschen eines späteren Zeitalters noch den Grabhügel, der für ihn aufgeschichtet worden war, sehen können.«*

Apollonios berichtet weiter, daß Klite, die frisch vermählte Frau des Königs, jetzt, wo ihr Ehemann gestorben war, nicht mehr allein weiterleben konnte. Sie sorgte selbst dafür, daß das Unglück, was sie erleiden mußte, noch eine Krönung erhielt: Sie nahm einen Strick und hängte sich auf. Ihr Tod wurde selbst von den Waldnymphen beweint, die so viele Tränen vergossen, daß eine Quelle entstand, die in Gedenken an eine unvergleichliche, jedoch unglückliche Braut Klite genannt wurde.

Reşit deutete darauf hin, daß es sich bei dem großen Grabhügel, der sich wenige Kilometer südlich des Isthmus, in der Nähe der Stadt Bandirma, befindet und noch untersucht werden muß, möglicherweise um das Grabmal von König Kyzikos handelt. Aus »Klites Quelle« entspringt der Fluß, der sich durch die römischen Ruinen der Stadt Kyzikos schlängelt. Die Stadt hat ihren Namen zur Erinnerung an den Führer der Dolionen erhalten. Der Fluß Klite fließt genau durch das Zentrum des riesigen römischen Amphitheaters, dessen Ruinen, die von unzähligen Dohlen heimgesucht werden, nun auf Kirschbäume und Maulbeerbaumfelder hinabblicken. In der Blütezeit der alten Stadt konnte der Fluß so gestaut werden, daß der ganze Boden des Amphitheaters mit Wasser gefüllt war. Zur Unterhaltung wurden dann von Schauspielern auf Modellschiffen Seeschlachten aufgeführt.

Nach dem Begräbnis von König Kyzikos wurden Jason und seine Gefährten wegen schlechten Wetters zwölf Tage lang an der Küste von Kapi Dagh aufgehalten. Reşit war davon überzeugt, daß er den

»Heiligen Felsen«, an dem die *Argo* vertäut worden war, ausfindig gemacht hatte. Es gab nur einen Felsblock vor der Küste, auf den die Beschreibung paßte. Reşit führte uns zu dem Platz, der von den gegenwärtigen Anwohnern »Schwarzer Fels« genannt wurde. Die örtlichen Fischer benutzten diesen Ort noch immer als Zufluchthafen, denn er bot einen guten Schutz vor dem Nordwind und den Wellen.

Das Ende der zwölf Tage währenden Zeit der Unwetter wurde dem Seher Mopsos durch die Ankunft eines Eisvogels, der über den Kopf des am Strand schlafenden Jason hinwegflatterte, angezeigt. Mopsos, der sich mit der Sprache der Vögel auskannte, konnte das Omen deuten. Er teilte den Argonauten mit, daß sie nun auf den heiligen Gipfel des Berges Dindymon, der sich in der Mitte der Insel befand, steigen und Rhea, der großen Muttergottheit, ein Opfer darbringen sollten.

»Einige ihrer Gefährten auf dem Schiff zurücklassend, stiegen sie auf den Berg. Vom Gipfel aus konnten sie die makrischen Höhen sehen und die gegenüberliegende thrakische Küste in ihrer ganzen Länge – es schien fast so, als ob sie sie berühren konnten. Und in weiter Ferne, auf der einen Seite, erkannten sie die im Dunst verschwommene Einfahrt in den Bosporus und die Mysischen Berge, auf der anderen die fließenden Wasser des Aisepos und die Nepeias-Ebene von Adrasteia.«

Dort, auf dem Gipfel des Berges, fertigte der Schiffbaumeister Argos ein heiliges Bildnis der großen Göttin an, das er aus einem alten Weinstock schnitzte. Diese Statue stellten die Argonauten auf einem Felsen auf, der sich im Schutze hoher Eichen befand, und errichteten in der Nähe einen Altar aus kleinen Steinen. Dann schmückten sie ihre Häupter mit Eichenblättern und führten die Opferrituale für die Göttin Rhea aus, die sie darum baten, die Unwetter woanders hinzuschicken. Zu der Musik des Orpheus *»tanzten die jungen Männer schließlich in voller Rüstung umher, wobei sie mit ihren Schwertern auf ihre Schilde schlugen«*, um das ominöse Jammern und Klagen zu übertönen, das noch immer von der Stadt her heraufscholl, wo die Dolionen um ihren König trauerten. Als Zeichen ihrer Gnade, berichtet Apollonios weiter, bewirkte die große Göttin, daß Früchte im Überfluß von den Bäumen fielen und die wilden Tiere mit wedelnden Schwänzen aus ihren Schlupfwinkeln hervorkamen. Außerdem sprudelte plötzlich eine Quelle aus dem Boden hervor, wo bisher kein Wasser gewesen war.

Reşit begleitete uns auf unserem Weg in die Berge von Kapi Dagh, wo wir versuchen wollten, den heiligen Berg Dindymon zu finden, doch was zunächst eine einfache Aufgabe zu sein schien, stellte sich dann als außerordentlich schwierig heraus. Das zentrale Hochland war mit vielen Gipfeln, die fast alle gleich hoch waren, regelrecht übersät, und wir kletterten von einem zum anderen, in der Hoffnung, den Punkt zu finden, von dem aus wir gleichzeitig den Bosporus, das auf der anderen Seite des Marmarameeres gelegene Thrakien und zu den Dardanellen zurück, wo wir hergekommen waren, sehen konnten. Die Existenz der wundersamen Quelle half uns auch nicht sehr viel weiter, denn wir entdeckten mindestens fünf kleine Quellen, die aus den eindrucksvollen Bergschluchten hervorsickerten. Der Gipfel, der unserer Meinung nach schließlich am ehesten in Betracht kam, war der, den die Türken »Großvater-Berg« oder Dedebayr nannten, die höchste Erhebung auf der Halbinsel Kapi Dagh.

In einem wunderschönen bewaldeten Tal, nordöstlich vom Großvater-Berg, befinden sich die Ruinen eines griechischen Klosters – das »Kirschkloster«, wie die Türken es heute nennen, das einstmalige Kloster von Feneromani. Anfang dieses Jahrhunderts machte ein Professor aus Cambridge die interessante Beobachtung, daß die Bewohner dieser Gegend ein seltsames Ritual abhielten, das möglicherweise in direktem Zusammenhang mit dem mystischen Tanz der Argonauten um den Altar der Göttin Rhea steht. Professor Hazluck zufolge stellten die Mönche des Klosters alljährlich in der Gegenwart der Inselbewohner eine heilige Statue der Jungfrau Maria zur Schau. Diese Statue, der magische Kräfte nachgesagt wurden, konnte angeblich Kranke und Lahme heilen. Manchmal wurde sie von einem Mann in religiöser Ekstase ergriffen, der dann mit ihr, von der Menge verfolgt, in Richtung der Berge auf und davon lief, wobei er verzückt Schreie ausstieß und umherhüpfte. Der Professor nahm an, daß dieses Ritual wahrscheinlich auf den ekstatischen Tanz der Argonauten um den Altar der Erdmutter herum zurückzuführen war.

Heute sind von dem Kloster nur noch Ruinen zurückgeblieben, und die berühmte Statue ist verschwunden. In Erdek wußte niemand, was aus ihr geworden ist – Gerüchten zufolge soll sie nach Istanbul geschafft worden sein. Doch ich wußte genau, wo sie sich befand, denn der alte Vasilis Kalatheri hatte mir auch die Lösung dieses Rätsels offenbart. Er hatte mir erzählt, daß dieses Ritual in der Zeit, in der er ein junger Mann gewesen war, alljährlich im Mai stattgefunden hatte. Fast alle Bewohner von Erdek pilgerten dann auf die andere Seite der Insel, um das Kloster aufzusuchen. Die Priester kamen heraus, hielten die Statue hoch, riefen laut: »*Huuh! Huuh!*«, und die Menge folgte ihnen. Vasilis hatte niemals einen Fanatiker gesehen, der sich die Statue schnappte und in die Berge lief. Doch er wußte, wo sie sich jetzt befand. Als die Griechen sich aufmachten, Erdek zu verlassen, erzählte er mir, gingen sie vorher noch einmal heimlich zu dem Kloster, holten die Statue heraus und versteckten sie, so daß sie sie mitnehmen konnten, als sie dann nach Griechenland umsiedelten. Und an jenem Abend zeigte er mir die Statue: Sie befindet sich in der einfach gebauten, neuen Kirche von Nea Artaki.

Bei unserer Abreise von Kapi Dagh handelte es sich um eine gemäßigte Version der Abfahrt von Jason und seinen Gefährten. Man hatte uns gewarnt, daß der Seeweg um die Insel für seine rauhen Wellen und seine gefährlichen Windböen bekannt war. Kaum hatten wir ein Drittel des Weges um Kapi Dagh herum zurückgelegt, waren wir gezwungen umzukehren, um einen geschützten Ort aufzusuchen. Dabei kamen wir so nahe an die Küste heran, daß *Argos* Steuerruder an der Backbordseite mit einem fürchterlichen, knirschenden Geräusch auf die Klippen aufstieß. Wie sich dann später herausstellte, sollte uns dieser Vorfall noch einige Schwierigkeiten bereiten.

Nachdem wir einen ganzen Tag lang auf das Nachlassen des Sturms gewartet hatten, ruderten wir wieder hinaus und arbeiteten uns ostwärts durch die Dünung hindurch, bis wir die Halbinsel endlich hinter uns gelassen hatten und uns einen Weg an der Südküste des Marmarameeres suchen konnten. Am 3. Juni verkündete Mark, der die Zahl der Ruderschläge ausgerechnet hatte, daß von jedem Ruderer nun seit der Abreise aus Volos 100000 Schläge ausgeführt worden seien. Die Besatzung stimmte einen großen Jubel an. Diesen Meilenstein erreichten wir am späten Abend, als wir uns auf die Fener Inseln zukämpften, wo wir die Nacht über ankern wollten. Als wir uns voranbewegten, wurde die überall um uns herum zu beobachtende Phosphoreszenz durch die Ruderblätter aufgewühlt, so daß kleine Strudel entstanden; vom Steuerruder aus trieb ein federähnliches, phosphoreszierendes Gebilde im Wasser unter dem Schiff hindurch. Wir liefen endlich in unseren Ankerplatz ein, eine Bucht, die von hohen Klippen umgeben war. Unsere sondierenden Strahlen der Taschenlampe weckten unzählige Seevögel auf, die sich auf den Felsen zum Schlafen niedergehockt hatten und nun, laute Schreie ausstoßend, im Licht der Taschenlampe wie Schneeflocken hin und her flatterten.

Und wieder einmal teilten wir unsere Erfahrungen mit den ersten Argonauten. Wir befanden uns dort, wo Apollonios zufolge der günstige Wind Jason und seine Gefährten im Stich gelassen hatte. Somit waren sie gezwungen gewesen, den ganzen Tag lang in der Hitze zu rudern, bis sie abends dann völlig erschöpft waren. In der gleichen Gegend mußten wir die gleiche Erfahrung machen. Mit blasenübersäten Händen und schmerzenden Muskeln schleppten wir uns mühsam voran. *Argo* kroch mit der Geschwindigkeit einer Schnecke auf der glatten, glänzenden Oberfläche des Meeres entlang. Als sich Stumpfsinn und Ermüdung breitmachten, wurde der Ruderrhythmus langsamer und langsamer. Ich bemerkte, daß sich uns zudem noch eine leichte Gegenströmung entgegenstellte. Die dunstigen Umrisse des Festlandes zogen mit einer marternden Schwerfälligkeit an uns vorüber, als wir an der Küste des Marmarameeres entlangruderten.

Jeden Tag gingen wir der gleichen mühseligen Routine nach. In der Morgendämmerung standen wir auf, nahmen ein leichtes Frühstück zu uns und ergriffen dann die Riemen, um bis mittags zu rudern. Es folgte eine Pause von einer halben Stunde, damit wir etwas essen konnten, danach ruderten wir weiter, immer weiter, bis kurz vor Sonnenuntergang. Abends hielten wir auf die nächste Bucht zu und versuchten, einen provisorischen Ruheplatz für die Nacht zu finden, einen Sand- oder Kiesstrand oder vielleicht den Fußboden eines nicht mehr benutzten Cafés.

Irgendwo an dieser Küste hatte Herakles, Apollonios zufolge, Jasons Mannschaft schließlich verlassen. Dies geschah nach ihrem anstrengendsten Rudertag, als die ganze Besatzung so erschöpft war, daß nur noch Herakles und Jason die nötige Kraft besaßen, um die *Argo* an Land zu rudern. Herakles war über die Schwächlichkeit seiner Schiffskameraden so erbost, daß er sein Ruder zerbrach. Als er an Land kam, ging er sofort los, riß einen kleinen Baum aus und fertigte sich ein Ersatzruder an. Während er sich in einiger Entfernung vom Lager der Argonauten befand, machte sich sein junger Freund Hylas auf, um Wasser zu holen. Der Jüngling kam zu der Quelle, die Pegai genannt wurde. Als er sich nach vorne lehnte, um den Bronzekrug zu füllen, wurde die dort lebende Wassernymphe so sehr von Hylas' Schönheit überwältigt, daß sie sich sofort in ihn verliebte und sogleich entschlossen war, ihn nicht mehr wegzulassen. Sie streckte ihre Arme aus, legte sie um ihn herum und zog ihn auf Nimmerwiedersehen ins Wasser hinab. Ein anderer Argonaut, Polyphemos aus Larissa in Thessalien, der sich in der Nähe befand, hörte den Schrei von Hylas, als dieser in die Tiefe gezogen wurde, und machte sich sofort auf, um zu sehen, was geschehen war. Er traf mit Herakles zusammen, und die beiden Männer begannen, nach dem verschwundenen Jüngling zu suchen.

Herakles war außer sich, rannte hin und her und rief immer wieder Hylas' Namen aus. Gerade in diesem Augenblick kam ein günstiger Wind auf, und Argos, der erfahrene Steuermann, meinte, daß man ihn nicht ungenutzt verstreichen lassen sollte. Er wies die Argonauten an, wieder in See zu stechen. Erst als die *Argo* bereits eine ganze Zeitlang gesegelt war, bemerkte man, daß sich Herakles, Hylas und Polyphemos nicht an Bord befanden. Einige der Argonauten, angeführt von Telamon, einem guten Freund des Herakles, wollten, daß sie sofort zurückfuhren, um sie wieder aufzunehmen. Eine andere Partei, angeführt von Kalais und Zetes, den Söhnen des Nordwinds, war dagegen: Die Götter hätten den günstigen Wind nicht umsonst geschickt, also müßte er auch ausgenutzt werden. *Argo* sollte ohne die fehlenden Männer weitersegeln. Ein Streit flammte auf, und bald war es für eine Umkehr zu spät. Das Schiff fuhr ohne Herakles weiter.

Die genaue Stelle, an der Hylas ertrunken ist, als er Wasser holen wollte, kann man nicht genau ermitteln. Die Hinweise auf die Quelle von Pegai sind zu dürftig, und die Südküste des Marmarameeres zwischen Kapi Dagh und dem Golf von Kios (der heutige Golf von Gemlik) besteht zum Teil aus sumpfigem Marschland, in dem viele – auch heiße – Quellen zu finden sind. Der griechischen Mythologie nach hielt sich Herakles noch einige Zeit in diesem Gebiet auf, um seine vergebliche Suche nach Hylas fortzuführen.

Als er dieses nutzlose Unterfangen schließlich aufgab, da er seinen Arbeiten, die ihm aufgetragen worden waren, weiter nachgehen mußte, beauftragte er die Bewohner dieser Gegend, weiter nach Hylas Ausschau zu halten. Es entwickelte sich der Brauch, daß an einem bestimmten Tag des Jahres die jungen Männer, die in dieser Gegend lebten, durch den Wald eilten und laut *»Hylas! Hylas!«*

riefen. Kalais und Zetes, die dafür eingetreten waren, Herakles an Land zurückzulassen, mußten dessen ganzen Zorn erdulden. Als die Suche nach dem Goldenen Vlies ihr glückliches Ende gefunden hatte und die Argonauten in ihre Heimat zurückgekehrt waren, spürte Herakles die Söhne des Nordwinds auf und rächte sich an ihnen.

6. Kapitel: Den Bosporus hinauf

Mit seinen 1,96 Meter war Jonathan Cloke der längste von allen Argonauten. Er kam am 5. Juni bei uns an, kurz bevor die *Argo* die Einfahrt zum Bosporus erreichte, also rechtzeitig, um die Mannschaft zu verstärken, die nun versuchen wollte, diese Meeresstraße gegen die Strömung hinaufzurudern und somit die Theorie, daß eine derartige Leistung für ein Schiff aus der späten Bronzezeit unmöglich wäre, in Frage zu stellen. Von der reinen Muskelkraft her betrachtet, schätzte ich, daß wir nun zumindest eine gute Chance hatten, das Unternehmen erfolgreich durchzuführen. Bei der Mehrheit der neuen Argonauten handelte es sich um hochgewachsene Männer, die über 1,80 Meter groß und außerordentlich kräftig waren. Zu den kleineren Leuten gehörten Mark, unser Rudermeister, der natürlich zu den Erfahrensten von uns gezählt werden mußte und profihaft mit dem Ruder umgehen konnte, Peter Wheeler, der Marathonläufer, dessen ausgeprägte Vitalität offensichtlich war, und Trondur, als Ruderer ein Naturtalent, der außerdem durch jahrelanges Rudern in kleinen Booten auf der rauhen See rund um die Färöer-Inseln herum und durch das Erklettern der Klippen dieser Inseln, um Eier von den Seevögeln zu erbeuten, noch zäher geworden war.

In Istanbul gesellte sich dann noch ein Ire zu uns, der bereits bei einem Curragh-Rennen gewonnen hatte. Curraghs, das sind die kleinen, mit Segeltuch überzogenen Ruderboote, die man an der Westküste Irlands finden kann. Sie stammen von den ursprünglich mit Häuten überzogenen Booten her, die schon zur Zeit der Römer an den Küsten des wilden Atlantiks entlangfuhren, und werden heute noch von den Fischern als Beiboot, zum Fischen mit dem Netz und zum Hummerfang benutzt. Jeden Sommer messen sich diese Fischer in den kleinen Häfen an der irischen Westküste in einer ganzen Reihe von Bootsrennen, um die beste und schnellste Mannschaft zu ermitteln. Es handelt sich immer um sehr lebhafte Wettkampfserien, die von hohen Wetten und einem Anflug von Schwindelei begleitet werden. Der Schiedsrichter gibt bedrohend realistisch den Startschuß für die Rennen, indem er über die Köpfe der Wettkampfteilnehmer hinweg eine Schrotflinte abfeuert. Vor zwei Jahren gehörte Cormac O'Connor, Bootsmann auf einem irischen Trawler, mit zur Siegermannschaft. Nun kam er in Istanbul an, um für die Argonauten zu rudern. Er war 1,90 Meter groß, wog 196 Pfund, und bei der Ölkleidung, die er trug, mußte es sich wohl um eine besondere Sonderanfertigung handeln.

Jonathans Sportlichkeit wurde schon sehr bald auf die Probe gestellt. Er ließ sich darauf ein, an einem Ringkampf teilzunehmen. Doch es handelte sich nicht um einen gewöhnlichen Ringkampf und auch nicht um einen gewöhnlichen Gegner. Jonathan sollte bei einem türkischen Ölringkampf mitmachen, und kämpfen sollte er gegen den Landesmeister im Schwergewicht.

Der Grund für diesen unerwarteten Wettkampf war das lebhafte Interesse einer bedeutenden türkischen Zeitung an der Fahrt der *Argo*. Alle paar Tage tauchte ein begeisterter türkischer Journalist auf, um zu sehen, wie wir vorankamen, und um einzelne Besatzungsmitglieder zu interviewen. Einige seiner Berichte waren aber auf spektakuläre Weise einfach falsch. Infolge eines Wirrwarrs bei der Übersetzung hatte er verstanden, daß unser Schiffsarzt, Nick, der normalerweise als Anästhesist im Krankenhaus arbeitete, ein Hypnotiseur war. So informierte er dann seine Leser darüber, daß es Nicks Hauptaufgabe war, die Argonauten durch Hypnose in einen Trancezustand zu versetzen, so daß sie ohne weiteres in der Lage waren, das Essen, das es an Bord gab, zu verzehren. Dies war natürlich eine fürchterliche Verleumdung; einmal traf sie Nick, der sich auf zwei Expeditionen als verantwortungsvoller und beliebter Arzt erwiesen hatte, aber vor allem Pete, unseren Koch, der seine kleine Küchenecke gegen die hungrigen Argonauten verteidigen mußte, die von seinen Kochkünsten sehr angetan waren und sich daher auch nicht von dem Hagel von Flüchen abschrecken ließen, mit dem sie regelmäßig von Pete empfangen wurden, wenn die Mahlzeiten vom Vordeck abgeholt werden konnten.

Die Leute von der türkischen Zeitung waren fest entschlossen, die Fahrt der *Argo* zu einem Erfolg zu machen. Sie hatten eine Anzeige aufgegeben, um türkische Freiwillige anzuwerben, die uns beim Rudern helfen sollten, kümmerten sich um unsere Post und präsentierten eine Gruppe von traditionellen Tänzern auf dem Kai, als wir am 9. Juni im Hafen des Jachtklubs von Istanbul im Vorort Fenerbahçe anlegten. Es war auch ihre Idee gewesen, einen Ölringwettkampf zu veranstalten, was als Entsprechung für den berühmten Faustkampf gedacht war, der zwischen den ersten Argonauten und dem wilden König Amykos vom Stamme der Bebryken stattgefunden hatte.

Der Sage zufolge konnten Jason und seine Gefährten, nachdem sie Herakles im Stich gelassen hatten, einen günstigen Wind ausnutzen und näherten sich schnell dem Bosporus. Als sie einen Tag und eine Nacht lang gesegelt waren, erreichten sie eine breite Bucht, von der aus sie in der Morgendämmerung an Land gingen. Sogleich wurden sie von Amykos begrüßt, der laut Apollonios in dem Ruf stand, der größte Schläger der Welt zu sein. Amykos hatte die Angewohnheit, jeden Fremden, der sein Herrschaftsgebiet betrat, zu einem Faustkampf herauszufordern. Es handelte sich um einen brutalen Menschen und mörderischen Kämpfer, der in der Lage war, seinen Gegner infolge des derzeit populären, grausamen Boxstils zu töten. Er hatte auf diese Weise bereits viele seiner Nachbarn umgebracht, weshalb die Volksstämme in nächster Umgebung des Bebrykenreiches in großer Furcht vor ihm lebten. Gefolgt von seinen Anhängern, stolzierte er auf die Argonauten zu, die gerade an Land gingen, und verkündete ihnen, daß sie nur dann weiterfahren könnten, wenn ihr bester Kämpfer gegen ihn antrat. Pollux, der beste Faustkämpfer Griechenlands, betrachtete dies als persönliche Beleidigung und nahm die Herausforderung sofort an. Die beiden Männer bildeten der Sage zufolge ein genaues Gegensatzpaar: Pollux war jung, geschmeidig und geschickt; Amykos dagegen älter, grob und wie ein Bulle in seiner Vorgehensweise. Die beiden sollten mit Handschuhen aus gehärtetem Rohleder kämpfen, die an den Händen eines Experten leicht zu tödlichen Waffen wurden. Man wählte einen geeigneten Platz aus, band den beiden Widersachern die Handschuhe um und gab das Startzeichen für den Kampf auf Leben und Tod, der von den beiden Anhängergruppen, den Argonauten und den Bebryken, beobachtet wurde.

Amykos, der auf seine größere Kraft und Erfahrenheit vertraute, griff sofort an und glaubte, den jüngeren Mann mit roher Gewalt zu überwältigen und zu zerschmettern. Zunächst wich Pollux vor dem schwergewichtigen, heftigen Ansturm zurück, entzog sich den ungestümen Angriffen des Stammesfürsten und verließ sich auf seine eigene Schnelligkeit und auf seine Technik, um den gewaltigen Schlägen des Amykos zu entgehen. Doch sobald Pollux die Kraft und das Können seines Gegners genau abschätzen konnte, trat er ihm mutig entgegen, und die beiden Männer schlugen aufeinander ein, bis sie, nach Luft schnappend und schweißtriefend, dermaßen erschöpft waren, daß sie sich trennen und sich erst einmal ausruhen mußten. Dann nahmen sie den Kampf wieder auf und gingen erneut aufeinander los, um eine Entscheidung herbeizuführen.

»Amykos stellte sich auf seine Zehenspitzen, wie ein Mann, der ansetzte, um einem Ochsen den Garaus zu machen, streckte sich in die Höhe, bis er seine volle Größe erreicht hatte, und schlug mit seiner harten Faust auf den anderen hinunter. Aber Pollux wich dem Hieb mit einer seitlichen Bewegung seines Kopfes aus und fing den Vorderarm des Gegners mit seiner Schulter ab. Dann rückte er überlegt vor und landete einen blitzschnellen Schlag, der seinen Widersacher genau über dem Ohr traf und die Knochen im Innern zerschmetterte. Amykos sank, unerträgliche Schmerzen erleidend, auf seine Knie und brach zusammen, während die Argonauten einen Triumphruf ausstießen. Im nächsten Moment war der Mann tot.«

Die Bebryken konnten die Niederlage ihres Anführers nicht verwinden. Sie sprangen auf, zogen ihre Waffen und gingen auf Pollux los, um ihn niederzumetzeln. Die Argonauten eilten ihrem Gefährten sogleich zu Hilfe, und schon entbrannte eine blutige Schlacht auf dem Strand; Kantor, der seinen Zwillingsbruder verteidigen wollte, spaltete den Schädel des ersten Angreifers; und Pollux, der noch immer genug Kraft in sich spürte, sprang auf Itymoneus, einen hünenhaften Bebryken, zu und schlug ihm in die Magengrube, so daß dieser zu Boden ging. Ein Hieb mit der rechten Faust streckte Minos, einen weiteren bebrykischen Krieger, nieder. Einer der Argonauten, Talaos, wurde durch einen Speer in der Seite verwundet, aber nicht tödlich. Und Iphitos, ein weiterer Argonaut, erlitt einen heftigen Schlag von einer bebrykischen Keule. Doch beide Angreifer wurden von anderen Argonauten getötet, woraufhin sich die Bebryken geschlagen gaben und, den kampfesmüden Seeleuten das Feld überlassend, flohen.

Wieder gibt es in dem alten Text nicht genug Anhaltspunkte, um den genauen Ort ermitteln zu können, an dem die Schlacht stattgefunden hat. Die beschriebenen Ereignisse lesen sich so, als ob die Argonauten auf einen feindseligen Volksstamm trafen, der das Eindringen von Fremden in sein Herrschaftsgebiet übelnahm und sie daher auf dem Strand angriff. Es ist wahrscheinlich, daß diese Schlacht in der Nähe der südlich gelegenen Einfahrt in den Bosporus oder an dessen Ufern stattgefunden hat. Sicherlich sind die Argonauten hier an Land gegangen, ganz einfach um Kraft zu sammeln, damit sie es dann schaffen konnten, gegen die Strömung anzurudern. Einer späteren Überlieferung der Sage zufolge hat sich der Faustkampf mit König Amykos auf dem Ostufer des Bosporus abgespielt, ungefähr in der Mitte der Meeresstraße in der Nähe der heutigen Stadt Anadolu Hisari; es wird jedoch nicht erläutert, warum nun plötzlich genau diese Stelle genannt worden ist. Die einzigen Anhaltspunkte zur Bestimmung des exakten Ortes sind die »breite Bucht«, in der die Argonauten an Land gegangen waren,

Eingeölte Ringer

und ein großer Lorbeerbaum, an dem sie ihr Schiff vertäut hatten. Der Lorbeerbaum wurde der Überlieferung nach zu einem Baum, der Männer dazu brachte, in wilde Raserei zu verfallen; möglicherweise eine Anspielung auf die berserkerhafte Kampfweise des barbarischen Königs Amykos.

Zum Glück für Jonathan Cloke wurde sein Wettkampf mit dem türkischen Meisterringer in einer viel freundlicheren Atmosphäre durchgeführt. Der Platz, auf dem der Ölringwettkampf stattfinden sollte, war ein grasbewachsenes Stück Land auf dem Ostufer des Bosporus, ganz in der Nähe von Fenerbahçe, wo die *Argo* als Gast des Jachtklubs festgemacht hatte. Angeblich soll diese türkische Ringkampfart ursprünglich ein Wettkampf der türkischen Soldaten gewesen sein, die auf diese Weise einen militärischen Sieg feierten. Nach der Schlacht versammelten sich die Soldaten auf dem Exerzierplatz und rangen in Zweikämpfen, alle gleichzeitig, gegeneinander, wobei der jeweilige Verlierer immer sofort ausschied. Heute ist diese Sportart wieder populär geworden. Wie beim Boxen gibt es dabei mehrere Klassen, die vom Schwergewicht bis zum Fliegengewicht reichen.

Der Wettkampf in Fenerbahçe war eher ein unbeschwerter Schaukampf, als daß es um ernstgemeinte Meisterschaftsehren ging. Unter den Bäumen sammelte sich eine vergnügte Menge von Schaulustigen an. Mindestens 50 Ringer tauchten auf, die gegeneinander kämpfen wollten. Sie trugen speziell dafür angefertigte, mittellange Hosen aus Büffelleder, die unter den Knien zugeschnürt wurden. Der Oberkörper und die Füße blieben unbedeckt. Als die Ringkämpfer so dastanden, ihre Daumen am Hosenbund eingehakt, mit schwellenden Muskeln, sahen sie wirklich grimmig aus, und der eindrucksvollste von allen war natürlich Jonathans auserlesener Gegner, der Meister im Schwergewicht. Er mußte ungefähr 45 Jahre alt sein, hatte kurzgeschorene, eisengraue Haare und war so gut gebaut wie eine Lokomotive. Kein einziges Gramm Übergewicht war an ihm zu entdecken, aber seine Muskeln standen deutlich hervor; er sah aus wie ein verwitterter Felsen, gegen den das Meer jahrhundertelang gegenangerannt war. Sein Kampfname – Pire Cevat, was nichts anderes als »Cevat der Floh« heißt – wurde durch Messingziernägel auf seiner Hose hervorgehoben. Ich machte Jonathan darauf aufmerksam, daß der türkische Meister immerhin ein freundliches Gesicht besaß. »Kann ich jetzt nach Hause gehen?« fragte Jonathan mit düsterer Miene.

Ein Zeremonienmeister gab den Ringkämpfern Anweisungen. Man erwartete von ihm, daß er sowohl wie ein Marktschreier die Zuschauer unterhielt und informierte als auch bei dem Wettkampf als Schiedsrichter fungierte. Er war ein kleiner, faßartig gebauter Mann, der einen großen, flachen Hut trug, ein weites, weißes Hemd und eine bauschige, graufarbene Hose mit gewaltigen Ausmaßen, die mit schwarzen Schnurbesätzen an den Seiten verziert war und von einer mit Troddeln geschmückten, weißen Schärpe zusammengehalten wurde. In dieser Aufmachung stolzierte er mit enormer Großtuerei auf der grasbewachsenen Arena hin und her, erläuterte mit außerordentlich lauter Stimme die Wettkampfregeln und rief den Namen jedes einzelnen Ringers auf, der dann vortrat und sich unter Beifallsrufen verbeugte. Als der Wettkampfleiter Jonathans Namen ausrief, spendete die Menge einen besonderen Beifall. Mit seiner bis zu den Knien aufgekrempelten roten Seemannshose anstatt einer mittellangen Büffellederhose sah Jonathan ausgesprochen fehl am Platz aus. In der Menschenmenge stehend, fragte ich meinen nächsten Nachbarn, worum es bei diesem Wettkampf genau ging. »Man muß den Gegner so aufs Kreuz legen, daß dessen Bauch zum Himmel zeigt!« war seine Antwort.

Der Zeremonienmeister ließ den Anpfiff ertönen, und die Ringer betraten den Kampfplatz, um mit dem Eröffnungsritual zu beginnen. Ein wirklich interessantes Schauspiel: Die Kämpfer protzten mit ihren schwellenden Muskeln, pumpten ihren Brustkorb auf, machten riesige, kraftvolle Schritte und versuchten, so grimmig und furchterregend wie möglich auszusehen. Alle paar Schritte ließen sie sich auf eines ihrer Knie sinken, stießen ein Stoßgebet aus, nahmen eine Handvoll Staub und bestrichen damit in einem feierlichen Akt der Ehrerbietung ihre Stirn. Dann wurde es Zeit, mit dem Wettkampf zu beginnen. Die Ringer fanden sich zu Paaren zusammen. Wieder ertönte ein Pfiff; außerdem begann nun ein Trommler, einen gleichmäßigen Rhythmus zu schlagen. Der Wettkampf würde nun so lange im Gange sein, wie die Musik gespielt wurde. Wenn ein Ringer siegreich aus einem Kampf hervorging, so konnte er sich gleich den nächsten Gegner, der ebenfalls noch nicht besiegt war, suchen und ihn angreifen, bis am Ende schließlich nur noch ein einziger Sieger übrigblieb.

Jonathan betrachtete seinen Gegner nervös, in dem Bewußtsein, daß nun seine letzte Stunde geschlagen hatte. Die beiden Männer rangen einen Moment lang miteinander, versuchten, beim Gegner einen Halt zu finden, um ihn richtig zu packen, und plötzlich fühlte sich Jonathan in die Luft gehoben und wurde mit dem Kopf nach unten hochgehalten, als ob er sich mit seinem 1,96 Meter langen Körper in einem Wettkampf der Federgewichtsklasse befand. Sanft wurde er hinuntergelassen und, mit den Schultern zuerst, aufs Gras gelegt. Sein zweiter Kampf dauerte nur wenig länger. Diesmal begab sich sein Gegner in eine Defensivposition und hockte sich auf allen vieren ins Gras. Vergebens suchte Jonathan nach einer Möglichkeit, ihn umzuwerfen. »Es war so, als ob man versuchen würde, einen riesigen, glitschigen Stein, der einige Tonnen wiegt, hochzuheben«, gestand er später. »Absolut unmöglich. Der Mann war ein kompakter Klotz aus Knochen und Muskeln.« Wenige Minuten später streckte Pire Cevat blitzschnell seine Hand aus, packte Jonathans Bein und brachte ihn in hohem Bogen zu Fall, was von einem brüllenden Beifallsruf der Zuschauer begleitet wurde, die das gute sportliche Benehmen des Engländers beklatschten.

Normalerweise dauert der Ausscheidungswettkampf im Ölringen mehrere Stunden lang, doch in Rücksicht auf uns bemühte man sich, diesen Wettbewerb schneller abzuwickeln. Das Öl kam ins Spiel, als die Zahl der Ringer abzunehmen begann. Einige Helfer eilten mit Dosen, die das Olivenöl enthielten, auf den Kampfplatz und gossen es in reichlichen Mengen über die sich umklammernden Ringkämpfer, die es nun natürlich noch schwerer hatten, fest zuzupacken. Der Zeremonienmeister marschierte hin und her, stieß kurze Pfiffe aus, um die Niederwürfe anzuzeigen, und agierte als Schiedsrichter, bis sich auf dem Platz, der vorher noch von keuchenden und raufenden Wettkampfteilnehmern gewimmelt hatte, nur noch die Sieger jeder einzelnen Gewichtsklasse befanden. Ich freute mich, als ich sah, daß »Cevat der Floh« wie gewöhnlich den Sieg im Schwergewicht errungen hatte.

Glücklicherweise kam uns ein sehr willkommenes Kontingent türkischer Muskelkraft zu Hilfe, als wir am 12. Juni gegen den Bosporus antreten wollten. Elf freiwillige Ruderer tauchten an diesem Morgen im Hafen des Jachtklubs auf. Sechs Leute gehörten dem Ruderverein von Fenerbahçe an, die anderen fünf dem Galatasaray-Klub. Darunter befanden sich der Nationaltrainer der türkischen Rudermannschaft und die Trainer der beiden Vereine.

Der Tag begann geradezu explosiv. Der Direktor des Sheraton-Hotels in Istanbul hatte den Argonauten großzügigerweise freie

Unterkunft gegeben. Die Besatzung war bereits in den Kleinbus geklettert, der sie zur *Argo* bringen sollte, als Mark, der etwas spät dran war, in die Eingangshalle des Hotels hinunterkam. Als er den bereits vollbesetzten Bus draußen auf dem Vorhof stehen sah, lief er los, um ihn noch rechtzeitig zu erreichen, bemerkte dabei aber nicht, daß die Eingangstür des Hotels, eine außerordentlich gut geputzte, schwere Glastür, geschlossen war. Mark rannte voll dagegen und stürzte mit einem ohrenbetäubenden, klirrenden Getöse, bei dem uns allen der Atem stockte, in einem Wirrwarr von umherfliegenden Glasscherben nach draußen. Unser Rudermeister torkelte einen Augenblick lang auf dem Bürgersteig umher, setzte sich dann benommen hin und kam schließlich wieder auf die Beine. Nick untersuchte ihn, um festzustellen, ob er einen Schock erlitten hatte, und zog Glassplitter aus seinen Armen und aus seinem Kopf, doch Mark betonte nachdrücklich, daß er auf jeden Fall in der Lage war zu rudern. Als wir vom Hotel abfuhren, stand der mit einer prächtigen Uniform bekleidete Portier noch immer fassungslos da, noch verwirrter als Mark, und hielt all das in seinen Händen, was von seinem Portal übriggeblieben war: zwei reichverzierte Türgriffe, die er von der Straße aufgelesen hatte.

Als die Argonauten ihre Plätze auf den Ruderbänken der *Argo* einnahmen und unseren türkischen Freiwilligen den für diese Galeere effektivsten Ruderstil zeigten, fielen eine ganze Reihe witziger, aber auch nervöser Bemerkungen, die hauptsächlich Marks unerwarteten Auftritt betrafen. Wir waren uns bewußt, daß die Bedingungen, um den Bosporus hinaufzurudern, an diesem Tag nicht im entferntesten als ideal bezeichnet werden konnten. Eine Brise wehte die Meeresstraße hinunter, also ein genauer Gegenwind für uns. Noch schlimmer war, daß die ganze vergangene Woche lang ein starker Wind aus dem Norden gekommen war, wodurch sich die Strömung immer mehr verstärkt hatte. Vor der Zeit der Motorschiffahrt hatten es die Kapitäne, die mit ihrem Schiff stromaufwärts fahren wollten, normalerweise so gehalten, auf einen der seltenen Südwinde zu warten, die zumindest die Strömung etwas abschwächten und, falls sie stark genug wehten, zum Segeln ausgenutzt werden konnten. Eine andere Möglichkeit war es gewesen, die kleineren Schiffe vom Ufer aus gegen die Strömung den Bosporus hinaufzuziehen. Für diesen Zweck war ein Treidelpfad angelegt worden, der sich parallel zum Ufer den ganzen Bosporus entlang hinzog. Nun wurde der Treidelpfad jedoch

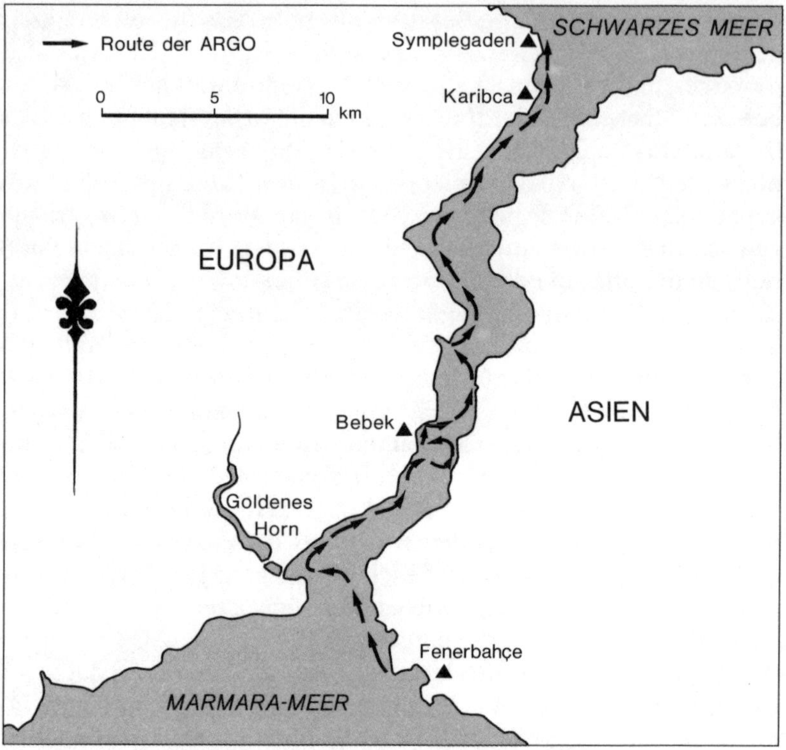

nicht mehr benutzt und befand sich in einem dementsprechenden Zustand. Mir wurde erzählt, daß die großen Segelschiffe auf ihrem Weg zur Krim in extremen Fällen über einen Monat gebraucht hatten, um den Bosporus hinaufzukommen, wobei sie sich dann mit Hilfe ihrer Ankerspille und von am Ufer festgemachten Tauen mühselig selbst die Meeresstraße hinaufzogen, in den Untiefen immer wieder geduldig vor Anker gingen und von der Besatzung immer wieder nach vorne verholt wurden. Aber natürlich hatten Jason und seinen Gefährten keine dieser Hilfen zur Verfügung gestanden. Sie befanden sich in einem möglicherweise feindlichen Gebiet, in dem es keinen bequemen Treidelpfad gab und in dem das Risiko bestand, angegriffen zu werden, wenn sie an Land gingen. Sie sind sicherlich an Bord ihrer Galeere geblieben, was Apollonios zufolge auch der Fall gewesen ist. Die Argonauten sind, so berichtet er, allein mit der Hilfe ihrer Muskelkraft den Bosporus hinaufgerudert. Und nun, 3000 Jahre später, mußten wir zeigen, ob dies physisch möglich gewesen sein konnte. Wir mußten nun das gleiche tun.

Wir stießen vom Steg des Jachtklubs ab und ruderten vorsichtig aus dem Hafen hinaus. Mark und Miles, die wieder die Positionen der beiden Schlagmänner eingenommen hatten, gaben ein gemäßigtes Tempo vor, so daß sich die neuen türkischen Ruderer an das Gewicht und an das Balancieren der 4,30 Meter langen Riemen gewöhnen konnten. Auf unserer Steuerbordseite zog sich ein niedriger Wellenbrecher entlang, der uns zunächst noch etwas vor dem Wind und der Strömung schützte. Und vor uns zeigte sich eine der beeindruckendsten und faszinierendsten Skylines der Welt: die Paläste und Minarette von Istanbul, die über das Goldene Horn hinwegblicken. Es war ein sehr erregender Moment, eine kleine Galeere in diese lebhafte Wasserstraße hineinzurudern, die bereits seit unvordenklichen Zeiten ein Hauptverkehrsweg für Handel und Seefahrt gewesen war. Dieser Ort ist wirklich einzigartig; der bedeutsamste Berührungspunkt von Europa und Asien, beherrscht von einer Stadt, die so prachtvoll ist, daß sie diesem Platz alle Ehre macht.

Vor der *Argo* entfaltete sich die Fassade des Topkapi-Palastes, der mit seinen Bäumen, Kuppeldächern, reichverzierten Kaminen, Spitztürmen, Terrassen und Pavillons das Bild der Landzunge prägte, die von den türkischen Sultanen als das prächtigste bebaute Gelände der bekannten Welt angesehen worden war. Hinter und neben dem Topkapi-Palast erhoben sich die Minarette, Kuppeln und Halbkuppeln einer einmaligen, hervorragenden Baukunst: die Moscheen von Suleiman, Hagia Sophia, Sultan Achmed und Yeni Valide Camii; eine Kaskade voller Eleganz. Gegenüber, auf der anderen Seite des Goldenen Horns, ragte der Galata-Turm wie ein Bleistift mit stumpfer Spitze über das genuesische Viertel dieser Königin der Städte. Die ganze Szenerie pulsierte vor Betriebsamkeit. Die Fähren fuhren in das Goldene Horn hinein und hinaus, eilten stromaufwärts auf die im Norden gelegenen Vororte zu oder stürmten verwegen nach Asien hinüber, wobei das Wasser um ihren stumpfen Bug herum hoch aufschäumte. Stromabwärts konnten wir eine ganze Reihe von ankernden Schiffen erkennen, die auf der südlich gelegenen Reede lagen, um beladen zu werden, Anordnungen zu erhalten oder Lotsen an Bord zu nehmen. Alle Arten von Handelsschiffen aus vielen Ländern waren hier unterwegs. Ein rumänischer Massengutfrachter bewegte sich in Richtung Norden, gefolgt von einem sowjetischen Trawler, der sich auf dem Weg zu seinem Heimathafen in der Ukraine befand. Ein israelisches Frachtschiff, das südwärts fuhr, ragte hoch über dem Wasser auf, da es seine Ladung in einem Schwarzmeerhafen gelöscht hatte. Dahinter glitt ein riesiger, schwerbeladener Öltanker unter liberianischer Flagge, der sicherlich aus einem sowjetischen Ölhafen kam, wie ein Moloch mit mindestens 100000 Tonnen Rohöl an Bord die Meeresstraße hinunter. Bei dieser tückischen Strömung und in diesem wabernden Irrgarten von Schiffen gab es keinen Spielraum für irgendein Fehlverhalten. Eine einzige falsche Bewegung und die Leviathane würden mit ungeheurer Wucht zusammenstoßen.

Die *Argo* ruderte an dem grimmigen Wrack des verunglückten Tankers vorbei, den ich auf meinem Erkundungsbesuch in Istanbul vor 18 Monaten bereits schon gesehen hatte. Der Lotse hatte das in Brand geratene Schiff aus der Hauptfahrrinne herausgelenkt und es in den Untiefen auf Grund laufen lassen. Nun waren unzählige Arbeiter damit beschäftigt, den riesigen Rumpf zur Verschrottung in Stücke zu schneiden, was so aussah, als ob sie einen gestrandeten Wal flensten. Der gewaltige Bug, der wie eine rostige Steilküste vor uns aufragte, ließ die *Argo* außerordentlich winzig erscheinen. Jenseits des Tankerwracks befand sich die Hauptströmung; mit einem Gefühl von Unsicherheit beobachtete ich die unruhigen Wellen.

Dieser Teil des Bosporus, die im Süden gelegene Einfahrt, ist ungefähr vier Kilometer breit und konfrontierte uns nun mit riesigen, wirbelnden Wassermassen, die sich mit einer Geschwindigkeit von drei bis vier Knoten südwärts, dem Marmarameer entgegen, ergossen. An diesem Tag zeigten sich viele weiße Schaumkronen und kurze, vereinzelte Wellen, die durch den Wind und das ständige Kommen und Gehen der Fährschiffe hervorgerufen wurden. *Argo* kam aus dem Schutzbereich des Wellenbrechers heraus, und plötzlich befanden wir uns ganz in der Gewalt von Wind und Strömung.

»Hidi Alla! Hupp! Hupp! Hupp!« brüllte die Gruppe der türkischen Ruderer begeistert und setzte ihre ganzen Kräfte ein. Die erfahreneren Argonauten lächelten verhalten und ruderten schweigend weiter. Sie hatten bereits über 600 Kilometer zurückgelegt und hielten es für besser, keinen einzigen Atemzug zu vergeuden. Man hörte Rufe auf türkisch – »Los! Los! Rudert fester! Fester!« –, als die Neulinge bemerkten, daß es etwas anderes war, eine acht Tonnen schwere Galeere zu rudern, als ein federleichtes Rennboot. *Argo*

Argo fährt an den Symplegaden vorbei auf das Schwarze Meer hinaus.

»Vor Erẽgli wartete eine Flotte von Fischerbooten darauf, uns zu begrüßen.«

Rechts: »Die ganze Szenerie pulsierte vor Betriebsamkeit. Die Fähren fuhren in das Goldene Horn hinein und hinaus . . . Alle Arten von Handelsschiffen waren hier unterwegs.«
Unten: Verstärkt durch Mitglieder der Ruderklubs von Istanbul (Mustafa mit seinem sonnenverbrannten Arm) »tauchten die Ruderblätter mit einem Wirbel schnell ausgeführter Schläge ins Wasser. Die Mannschaft gab im Takt mit ihren Anstrengungen Laute von sich.«

Als Jonathan Cloke eingeölt wurde, um für den Ringwettkampf in Fenerbahçe bereit zu sein, bei dem er gegen den türkischen Meister im Schwergewicht antreten sollte, sah er »ausgesprochen fehl am Platz aus.«

Kurz vor der Mündung ins Schwarze Meer, »kann man die sichtbaren Überreste der Symplegaden aus der Antike entdecken« (oben). Auf der Kuppe von einem dieser mächtigen Felsen untersucht der Autor zusammen mit Ali Uygun, einem der türkischen Freiwilligen, die Überreste einer römischen Säule, die einst als Landmarke für die Seefahrer gedient hatte.

Oben links: »Dann konnten wir ein fürchterliches, durchdringendes Krachen hören. Das Steuerruder auf der Backbordseite war zersplittert ... Es war nun wichtig, so schnell wie möglich in einen sicheren Hafen zu kommen.«
Oben rechts: Tim Readman und Peter Wheeler »packten die Taue und zurrten das Segel an die Rah.«

Links: Peter Wheeler untersucht das zerbrochene Steuerruder. Die Stange war an der Stelle, wo sie an das Blatt angrenzte, zersplittert.
Mitte: Jonathan Cloke hilft Peter Wheeler (mit roter Jacke) dabei, es zu reparieren und (oben) Cormac O'Connor und Mark Richards binden die beiden Ruderteile unter Peters Leitung provisorisch zusammen.

»Dies war der Augenblick der Wahrheit ... für
Seefestigkeit eines Schiffes aus der Bronzezeit.«
Unten: Vorzeichen eines Unwetters – der Him
vor der Landspitze von Sinop.

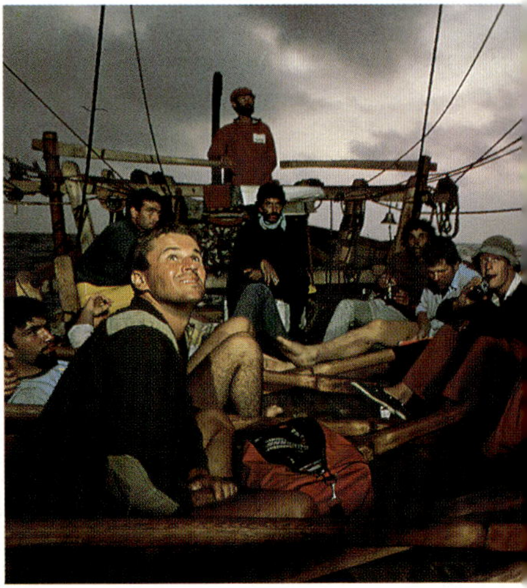

nz unten: »Die Mannschaft begann, immer deut-
nere Zeichen der Erschöpfung zu zeigen. Sie sahen
gezehrt und abgearbeitet aus.« Mark Richards
ıks) und Peter Moran.

Das Land der Chalyber. »Dieser schwarze Sand ist derart eisenreich, daß die metallenen Körner mit einem Magnet herausgeholt werden können.« (unten)
Peter Wheeler (links) auf dem eisenhaltigen Strand.

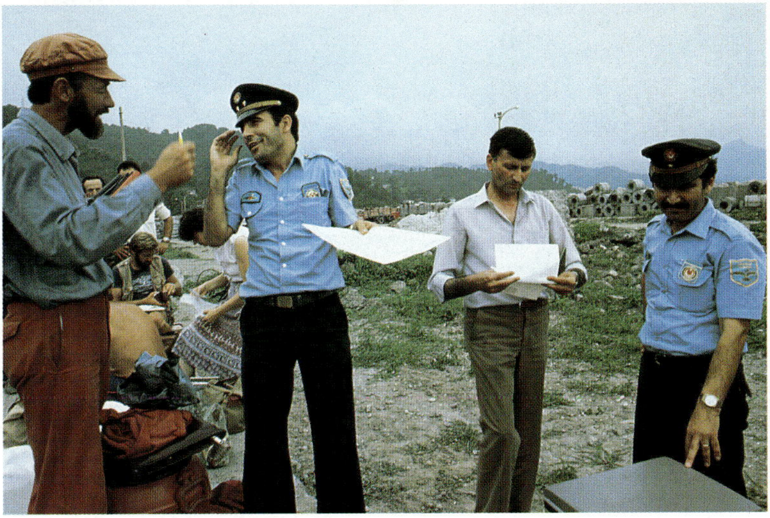

»Sie haben eine sehr besondere Auslaufgenehmigung«, erklärten die türkischen Zollbeamten dem Autor (mit roter Mütze). »Seit dem Zweiten Weltkrieg ist in Hopa kein einziges Schiff mehr ausklariert worden.«

EINIGE MITGLIEDER DER BESATZUNG:

Obere Reihe (von links na
rechts): Mark Richards,
Rudermeister; Peter Whee
Schiffszimmermann; Tim
Readman, Proviantmeister

Mitte:
Dave Brinicon
Toningenieur;
Peter Moran,
Schiffskoch.
Unten: Nick
Hollis,
Schiffsarzt;
Peter Warren,
Ruderer.

schoß nicht vorwärts wie ein Wettkampfboot; dieses sollte ein langer, hartnäckiger Wettstreit gegen Wind und Strömung werden. »He! Ist der Anker noch unten?« rief jemand, und die Türken lachten.

Ich setzte *Argos* Kurs auf 20 Grad gegen die Strömung und versuchte sie in schräger Richtung auf das gegenüberliegende Ufer, genau ein Stück stromauf vom Goldenen Horn, zuzubewegen. Doch mit jedem Meter, den wir auf diesem Kurs vorankamen, wurden wir zwei Meter seitwärts, auf das Marmarameer zu, abgetrieben. Die arme *Argo* glich einem zappelnden Käfer, der in den Rinnstein geraten war und nun in der Gefahr schwebte, vom Abfluß verschluckt zu werden. Wir arbeiteten uns so schnell, wie es uns nur möglich war, über die Wasseroberfläche, doch das Wasser selbst schwemmte uns fort. Mir kamen Zweifel daran, ob wir es tatsächlich schaffen konnten, das gegenüberliegende Ufer zu erreichen, ohne bis zu dem im Süden gelegenen Ankerplatz abgetrieben zu werden. In der unruhigen Oberfläche des Wassers erkannte ich unseren hauptsächlichen Widersacher. Das Rudern war für die Neulinge außerordentlich schwierig, da sie die beschwerlichen Ruderschläge nicht gewohnt waren. Die Galeere schlingerte und taumelte in den Wellen, und bei jeder Vorwärtsbewegung der Riemen trafen einige der Blätter auf die Gipfel der Wellenberge, wodurch der Ruderrhythmus unterbrochen und unsere Geschwindigkeit verringert wurde. Die Stimmung der Mannschaft war irrsinnig gut, die Ruderer lachten und rissen Witze, doch von meinem Platz am Steuerruder aus konnte ich deutlich sehen, was sie nicht bemerkten, nämlich daß *Argos* wirkliches Vorwärtskommen kaum der Rede wert war.

Dann entdeckte ich das, wonach ich Ausschau gehalten hatte: die Gegenströmung. Die Fließgeschwindigkeit des Bosporus ist so groß, daß das Wasser in der Nähe der Ufer seine Richtung ändert und, riesige Strudel bildend, zurückströmt, um das Vakuum zu füllen, das durch die in den Süden eilenden Wassermassen hervorgerufen wird. Diese Gegenströmungen, die verschieden stark und schnell sind und keine kontinuierliche Linie entlang des Ufers bilden, sind der Schlüssel für ein Schiff, das mit Hilfe von Rudern den Bosporus hinaufkommen will. Sie treten an bestimmten Stellen auf, besonders in den Buchten, wo sie ein Schiff dabei unterstützen können, stromaufwärts zu gelangen. Die Kunst besteht nun darin, diese Gegenströmungen zu finden und sich mit ihrer Hilfe nordwärts tragen zu lassen. Ein Fischer hatte mir erzählt, daß sich eine wichtige Gegenströmung auf der europäischen Seite genau nördlich des Goldenen Horns befand; und nun erkannte ich sie – ein deutlicher, sich scharf abzeichnender Streifen, der von einer schmutzigen Schaumlinie markiert wurde. Auf der einen Seite davon floß die Hauptströmung eilig gen Süden; auf der anderen, nicht mehr als eineinhalb Meter entfernt, war es recht flach, und das Wasser bewegte sich langsam und ruhig in die genau entgegengesetzte Richtung.

»Noch fünfzig Meter und wir sind aus dem Schlimmsten raus!« rief ich der Besatzung zu, und die Männer verdoppelten ihre Anstrengungen, zogen mit ihrer ganzen Kraft an den Rudergriffen, um die letzten schweren Meter hinter sich zu bringen. Dann glitt *Argo* über die Schaumlinie. Unvermittelt kamen wir vom Chaos in die Ruhe, von einer feindlichen Umgebung in eine angenehme. Es war geradezu so, als ob eine riesige Hand das Schiff am Kiel zurückgehalten und es hin und her geschüttelt hatte, nun aber endlich abrupt losgelassen hatte. Innerhalb weniger Sekunden war die Anspannung von den Ruderern gewichen, und ihre Bewegungen wurden gelöster. *Argo* hörte auf zu schlingern; mit sanfter Kraft wurde sie nun von der Besatzung nordwärts gerudert. Ich blickte auf meine Uhr. Es war halb elf. Die Mannschaft war nun eineinhalb Stunden lang gerudert, und alles, was wir bis jetzt geschafft hatten, war, daß wir von einer Seite des Bosporus zur anderen gefahren waren. In Richtung Norden – unser eigentlicher Kurs – hatten wir höchstens eineinhalb Kilometer zurückgelegt.

Nun mußte ich darauf achten, die *Argo* so dicht wie möglich am Westufer zu halten, wo die Gegenströmung zu unseren Gunsten am stärksten war. Dies erinnerte mich an meine Studienzeit, als ich als Steuermann eines Achters unser College-Boot so dicht wie möglich am Flußufer entlanglenken mußte, damit wir beim Rennen die besten Bedingungen ausnutzen konnten. Doch statt an einem lieblichen Flußufer aus dunklem Lehm entlang, wie man es in der Grafschaft Oxford oft finden kann, hoben und senkten sich die Ruderblätter der Galeere nun einen Meter von einer prächtigen, steinernen Uferbefestigung entfernt, die zu einem früheren Sultanspalast, einem heutigen Museum, gehörte.

Ich erkannte, daß die bisherige Anstrengung bereits reichlich an den Kräften der Ruderer gezehrt hatte, die nun froh darüber waren, daß sie es im Augenblick etwas langsamer angehen lassen konnten.

Aber die Gegenströmung war unbeständig. Zeitweise kamen wir mit rascher Gehgeschwindigkeit voran; auf den weniger geschützten Strecken, wo uns der Gegenwind erfassen konnte, krochen wir nur noch im Schneckentempo vorwärts. Hinter dem Palast befand sich ein weiterer, dann folgte eine Moschee. Spaziergänger, die auf dem Weg am Flußufer entlanggingen, blieben stehen, starrten zunächst die Galeere an und winkten uns dann zu. Um zwanzig vor zwölf glitt ein Schatten über uns hinweg. Er stammte von der Hängebrücke über den Bosporus, die sich scheinbar unbeschreiblich hoch über uns befand und den ununterbrochenen Verkehr zwischen den beiden Kontinenten ermöglichte, während eine kleine Galeere aus der Bronzezeit sich unter ihr mühsam vorwärts arbeitete. Die Gäste in einem vornehmen, am Wasser gelegenen Restaurant mit hellgelben Tischdecken rissen vor Erstaunen den Mund auf, als wir vorbeifuhren, und legten dann ihre Messer und Gabeln hin, um den schwer schuftenden Ruderern Beifall zu spenden, die grinsend zurückwinkten. Als nächstes passierten wir eine Reihe von Schiffen, die am Ufer festgemacht worden waren, um gewartet und instand gesetzt zu werden. Einige Werftarbeiter, die, auf Bootsmannsstühlen sitzend, hoch über uns schwebten, um den Rost von den Seitenwänden der Schiffe abzuschlagen, hörten mit dem Gehämmer auf und feuerten uns freudig an. Ihre Rufe hallten von den hoch aufragenden Stahlrümpfen wider.

Rechts von uns, in der Hauptströmung, hob und senkte sich eine Gruppe kleiner Fischkutter wie ein Möwenschwarm, der sich auf dem Wasser ausruht. Die Fischkutter ließen ihre Maschinen so laufen, daß sie genau ihre Position in der Meerenge beibehielten, während sie ihre Netze am Rande des tiefen Fahrwassers ausgeworfen hatten, um die Fischschwärme, die durch diesen einzigen Verbindungsweg zwischen dem Schwarzen Meer und den anderen Meeren der Welt schwammen, einzufangen. Auf der Oberfläche fließt der Bosporus stetig nach Norden, doch weiter unten fließt eine Strömung, die von den Türken *kanal* genannt wird, genau in die entgegengesetzte Richtung.

Auf der Höhe des Vorortes Bebek – unser geplantes Tagesziel – macht der Bosporus eine Biegung und wird enger. Dies ist die schmalste Stelle der Meeresstraße. Hier hat Mehmed II., der osmanische Eroberer von Konstantinopel, seine gewaltige Festung Rumeli Hisari erbaut, um die Durchfahrt zu kontrollieren. Mit einer Kanone konnte er leicht das andere Ufer beschießen. Durch diesen schmalen Durchlaß fließt das ganze überschüssige Wasser, das von den großen Strömen Osteuropas und Südrußlands, der Donau, dem Don, dem Dnjepr, und unzähligen anderen Flüssen in dem Gebiet von den Karpaten bis zum Kaukasus in das Schwarze Meer getragen wird. Einiges von diesen Wassermengen verdunstet, doch der größte Teil, 325 Kubikkilometer jährlich, wälzt sich durch den Bosporus hindurch. Und bei Bebek wird dieser gewaltige Strom in einen Kanal von nur 800 Metern Breite eingezwängt.

Die Folge davon – wenn dazu noch ein Nordwind weht – kann ein Mühlgerinne sein. Die Hauptströmung prallt dann von einem Ufer zum anderen, von Europa nach Asien, wirbelt umher und stürzt von einem Felsvorsprung zum nächsten und kann bei Flut Wasserfontänen entstehen lassen, die höher sind als kleine Schiffe. Die *Argo* hätte natürlich keine Chance, gegen einen derart furchterregenden Andrang von Wassermassen direkt gegenanzurudern. Nur indem sie die Gegenströmungen ausnutzte, konnte sie vorankommen. Doch um die jeweiligen Gegenströmungen zu erreichen, mußten wir den Bosporus von einem Ufer zum anderen überqueren; und in der Zwischenzeit war das Schiff natürlich der ganzen Kraft der Strömung ausgesetzt.

Die kleine Galeere kroch am europäischen Ufer entlang, während die Besatzung noch immer mühelos ruderte und die Kräfte für die nächste schwere Prüfung, so gut es ging, schonte. Bereits in einer Entfernung von nicht ganz einem Kilometer konnte ich das Mühlgerinne auf der Höhe von Bebek deutlich erkennen. Dort, wo ein felsiger Ausläufer bis in die Strömung hineinreichte, schoß das Wasser in einer brodelnden Masse um die Ecke. Strudel wirbelten von den Rändern der Stromschnellen davon; kleine Schaumgebilde wippten auf und ab und drehten sich in der rasenden Strömung. Als wir näher herankamen, rief ich der Mannschaft eine Warnung zu: »Noch dreißig Meter bis zu den Stromschnellen! ... Zwanzig ... Fangt an, schneller zu werden!« Angeführt von Mark und Miles, den beiden Schlagmännern, erhöhte die Mannschaft die Leistung – die Zahl der Ruderschläge pro Minute – und setzte wieder mehr Kraft ein. Die *Argo* wurde beschleunigt. »Zehn Meter ...«, warnte ich. Mark, der genau vor mir saß, meinte: »Können wir nicht auf dieser Seite bleiben? Vielleicht kommen wir ja an der Stelle vorbei, innerhalb der Strömung, und ...« Doch bevor er seinen Satz beenden konnte, traf *Argos* Bug auf die Stromschnellen, und ich hörte nur noch einen Aufschrei des Erschreckens von ihm.

Es war so, als ob die Lenkung eines fahrenden Autos versagte. *Argo* geriet ganz einfach außer Kontrolle. Sie rutschte zur Seite, als die anstürmenden Wassermassen sie plötzlich vom Kurs abbrachten; die Strömung, die auf den Rammsporn auftraf, drehte das Schiff augenblicklich um 90 Grad herum. Einen schrecklichen Moment lang dachte ich, daß die *Argo* nun ganz herumgedreht und stromabwärts getrieben werden würde. Durch die Wucht der Wassermassen legte sie sich auf die Seite wie ein kleines Flugzeug, das in Schräglage ging. Die beiden Steuerruder waren nun nutzlos, ich konnte einfach nichts machen, als sich die *Argo* nicht mehr nach vorne bewegte und zur Seite gerissen wurde. Es war nicht notwendig, der Mannschaft zu sagen, was sie nun tun sollte. Die Ruderer wußten genau, was vor sich ging. Sie hatten auf ihren Bänken gesessen und, an *Argos* Heck vorbei, den Bosporus hinuntergeblickt, und im nächsten Moment sahen sie plötzlich die gewaltige Mauer von Rumeli Hisari vor sich, während das Schiff im rechten Winkel zum vorherigen Kurs wie ein Zweig südwärts gerissen wurde.

Wir mußten aus diesem Mühlgerinne herauskommen. Ruck! Ruck! Ruck! Mit einem Wirbel schnell ausgeführter Schläge tauchten die Ruderblätter ins Wasser. Die Mannschaft gab im Takt mit ihren Anstrengungen Laute von sich und ruderte, so schnell sie konnte. Die Zeit, in der die Ruderer mit ihren Kräften haushalten konnten, war nun vorbei. Dies war die ganze Muskelleistung, die sie mit einer kurzen, konzentrierten Anstrengung erzeugen konnten, 20 Männer, die im Einklang miteinander und bis an die Grenzen ihrer Kräfte ruderten. Die *Argo* stoppte ihre unkontrollierte Seitwärtsbewegung; ich gewann mit den Steuerrudern wieder an Einfluß und konnte spüren, daß Wasser an den großen Ruderblättern vorbeirauschte und die Hebelarme zum Beben brachte. Ich drehte das Schiff so, daß es fast direkt in die Strömung deutete. Ich hoffte nur, daß die Mannschaft es schaffen würde, sich gegen die ankommenden Fluten zu stemmen und die Galeere an ihrem Platz zu halten, so daß ich sie Stück für Stück seitwärts zum asiatischen Ufer hinüberbewegen konnte. Wurde der Winkel zu groß, würde die *Argo* wieder herumgerissen werden.

»Los jetzt! Los! Mit voller Kraft! Durchhalten! Gut gemacht!« Die *Argo* verharrte in den Fluten, befand sich im Schwebezustand wie ein Lachs, der sich flußaufwärts kämpfte. Wenn auch nur sehr langsam, begannen wir nun aber doch, Fortschritte zu machen:

Kaum wahrnehmbar bewegten wir uns über den Grund. Ich vergrößerte den Winkel der Galeere zur Strömung um Haaresbreite. Der Raum zwischen uns und der europäischen Küste begann sich zu öffnen, als sich die *Argo* allmählich der Mitte des Bosporus näherte. Der Karte nach mußten wir nur noch 600 Meter zurücklegen, um den Bereich der Gegenströmung am gegenüberliegenden Ufer zu erreichen, doch gegen die Strömung zu rudern war gleichbedeutend mit mindestens der vierfachen Strecke unter normalen Bedingungen. Nun, in der Mitte der Fahrrinne, wehte der Wind noch stärker. Wir waren ihm schutzlos ausgeliefert. Die steife Brise erfaßte den hohen Bug der Galeere und hielt uns zurück. Doch selbst unter diesen Umständen kam die *Argo*, meiner Schätzung nach, mit sechs Knoten voran.

Es war wirklich eine großartige Leistung. Doch reichte sie aus? Eine Viertelstunde war vergangen, seitdem wir bei Bebek auf die wirbelnde Strömung getroffen waren, und die Ruderer verloren nun langsam ihre anfangs gezeigte Energie. Sie ermüdeten sichtlich, und ein falsches Gefühl der Sicherheit schlich sich ein. Das Ufer war zu weit entfernt, so daß sie nicht beurteilen konnten, ob und wie schnell wir vorankamen; außerdem hatten wir den eindrucksvollsten Teil der reißenden Strömung bewältigt. Nur ich als Steuermann, der den Standort des Schiffes zwischen den beiden Ufern ständig überprüfte, konnte bemerken, daß wir überhaupt nicht mehr vorankamen. Es war gerade eben wahrnehmbar, daß die *Argo* nun stromabwärts getrieben wurde. Wir hatten die Kontrolle über das Schiff verloren. Nun hatte sich die Strömung wieder der Galeere angenommen und diktierte ihr, wo es langging. Wenn diese Situation noch weitere fünf Minuten lang anhalten sollte, so würden wir zum Spielball der Strömung werden, würden von einem Ufer zum anderen getrieben werden, immer weiter südlich, wie Treibgut, während die Ruderer bald über keine Kräfte mehr verfügen würden. Ich erkannte deutlich, daß die Argonauten es bei diesem ersten Versuch schaffen mußten. Wenn es ihnen jetzt nicht gelang, würde es sehr negative Auswirkungen auf ihren Kampfgeist haben, und die elf türkischen Freiwilligen würden vielleicht meinen, daß es sich nicht lohnte, einen zweiten Versuch zu unternehmen. Zum erstenmal brüllte ich als Kapitän der *Argo* die Männer an.

»Los! Los!« schrie ich, so laut ich konnte. »Ihr verliert wieder alles! Wir werden wieder dahin zurückgetrieben, wo wir hergekommen sind!« Die Stamm-Argonauten sahen mich verwirrt an: So ungestüm hatten sie mich noch nicht erlebt. Sie setzten wieder ihre ganze Kraft ein, und die Türken paßten sich dem neuen, schnellen Rhythmus an. Ich bemerkte, daß einige der Männer bereits ihre Grenzen erreicht hatten und ausgelaugt waren. Auf der Stirn des türkischen Rudertrainers, der vor Anstrengung schon rot geworden war und mit den Zähnen knirschte, traten die Adern hervor. Ruck! Ruck! Ruck! Glücklicherweise wurde der Rhythmus nicht unterbrochen. Die Besatzungsmitglieder, von denen so viele neu auf dem Schiff waren, ruderten wie ein richtiges guteingespieltes Team. Das entfernte Ufer hörte auf, sich in die falsche Richtung zu bewegen, hielt inne, und dann kamen wir endlich wieder langsam voran.

»*Sie hatten einen Punkt erreicht*«, berichtet Apollonios über Jasons Fahrt durch den Bosporus, »*von dem aus sie auf beiden Seiten die unermeßliche Weite des Meeres sehen konnten, als vor ihnen plötzlich eine gewaltige Woge auftauchte, die gewölbt war wie ein überhängender Felsen. Bei diesem Anblick zogen sie ihre Köpfe ein, denn es schien so, als ob die Woge auf sie fallen und das Schiff unter sich begraben würde. Doch Tiphys schätzte sie gerade noch richtig ein, als sie nach vorne stürzte, und so glitt die große Welle unter dem Kiel hindurch ... Euphemos sprang auf und rief seinen Gefährten zu, daß sie die Ruder wieder aufnehmen sollten; die Männer gaben laut Antwort und setzten ihre Anstrengungen verstärkt fort. Doch mit jedem Meter, den Argo gewann, verlor sie zwei, obwohl sich die Riemen wie gespannte Bogen krümmten, als die Argonauten mit voller Kraft ruderten ...*«

So kämpfte sich die erste *Argo* durch den Bosporus. Und auf genau die gleiche Weise schafften es auch die neuen Argonauten. Gerade als der neue Energiestoß anfing, schwächer zu werden, gelang es den sich abquälenden Ruderern – Briten, Türken, Iren und einem einzigen Färöer –, die *Argo* die letzten, wichtigen Meter voranzuschleppen und die rettende Gegenströmung zu erreichen. Vor Erschöpfung keuchend, stellte die Mannschaft den muskelzerrenden, mörderischen Schlagrhythmus ein und ruderte normal weiter. »Ja, das ist es, was ich unter Rudern verstehe«, grummelte Jonathan vor sich hin.

An diesem Tag mußten wir die Hauptfahrrinne ein weiteres Mal durchqueren. Zunächst bewegten wir uns dicht an der asiatischen Küste entlang vorwärts und kamen in unserer freundlich gesonnenen Gegenströmung einige hundert Meter voran, dann mußten wir wieder auf den Hauptstrom hinaus und mit Macht durch die wirbelnde Strömung hindurchrudern, um unseren nächtlichen Ankerplatz in Bebek zu erreichen. Es war sonderbar, aber ich beobachtete, daß bei diesen Phasen totaler Anspannung die Mannschaft nicht nur als Einheit ruderte – wobei jede Person genau die gleichen Bewegungen ausführte –, sondern auch in gleicher, koordinierter Weise atmete. Es schien so, als ob die *Argo* in ihrer kritischen Situation eine einzige große Lunge bekommen hatte, die nun kräftig pumpte. Als wir die Galeere endlich festmachten, konnte man das allgemeine Gefühl der Zufriedenheit förmlich spüren. Die Ruderer hatten ihr Tagesziel mit Erfolg erreicht: gegen die Strömung halb den Bosporus hinaufzukommen, und das unter Bedingungen, die alles andere als günstig waren. Die Stamm-Argonauten brachen spontan in Beifall für unsere türkischen Freiwilligen aus, die sich nun, stolz ihre neuerarbeiteten Blasen miteinander vergleichend, verabschiedeten.

»Heute braucht ihr vierzig Leute«, meinte der türkische Rudernationaltrainer am nächsten Morgen, als wir auf dem Kai von Bebek standen. Ein Sturm wehte aus nördlicher Richtung, und der Bosporus zeigte nun erst richtig die Zähne. Das Rudern war unter diesen Bedingungen völlig unmöglich. Kleine Frachtschiffe, die stromaufwärts ins Schwarze Meer fahren wollten, hatten ihre Maschinen auf Volldampf gestellt, und das Wasser stieg weit an ihrem Bug hoch, doch wenn man den Küstenstreifen hinter ihnen beobachtete, sah man, daß sie so gut wie nicht vorankamen. Aus der Gegenrichtung kommend, wirbelte ein kleines Ruderboot wie ein Blatt stromabwärts an uns vorbei, schneller als ein Mann laufen konnte, während der Insasse schlau genug war, ruhig auf seiner Bank zu sitzen und die Fahrt zu genießen, ohne seine Ruder benutzen zu müssen. Ich sagte die Weiterreise für heute ab und machte mich statt dessen auf den Weg, um die nördliche Einfahrt in die Meeresstraße auszukundschaften. Ich ging an Bord einer Barkasse, in der 60 Personen Platz hatten, doch die Wellen schlugen so hoch, daß sich der Kapitän weigerte, den letzten Kilometer zurückzulegen; er meinte zu mir, daß es zu gefährlich wäre, und befürchtete, daß sein Schiff vollaufen würde.

24 Stunden später hatte sich der Sturm wieder gelegt. Der Wind kam noch immer aus Norden, und die Strömung gegen uns war äußerst stark, doch mit einem Dutzend türkischer Freiwilliger an

Bord, die wild darauf waren zu rudern, dachte ich mir, daß es die *Argo* schaffen konnte. Also nahmen wir die Plackerei wieder auf. Diesmal hatten wir weniger Schwierigkeiten. Die schmalste Stelle bei Bebek lag hinter uns, und da die Meeresstraße nun wieder breiter wurde, verringerte sich dementsprechend die Geschwindigkeit der Strömung. Um mit Hilfe der Gegenströmungen voranzukommen, mußten wir zur asiatischen Küste hinüber und, etwas später, wieder zurück, konnten uns dann aber dicht an der europäischen Küste halten, wo die Strömung am schwächsten und gelegentlich günstig für uns war. Je mehr wir uns dem Schwarzen Meer näherten, desto deutlicher spürten wir die Dünung der offenen See, die Wellen, die aus dem Norden heranrollten. Ich hielt die *Argo* so dicht ans westliche Ufer, wie ich es mir zutraute, und langsam arbeiteten wir uns nordwärts. Die Besatzung war über zehn Stunden lang gerudert, als wir endlich in den Fischereihafen von Rumeli Feneri einliefen. Dort befand sich der römische Leuchtturm, der das Ende des Bosporus markierte. Vor uns lag das Schwarze Meer. Die neuen Argonauten waren die ganze 30 Kilometer lange Strecke vom Marmara- bis zum Schwarzen Meer gegen die Strömung und gegen den Wind gerudert. Sie hatten damit ohne jeden Zweifel bewiesen, daß es möglich war, mit einer zwanzigrudrigen Galeere durch den Bosporus zu fahren, und daß diese Meerenge für Jason und seine Gefährten bei ihrer Suche nach dem Goldenen Vlies kein unüberwindliches Hindernis gewesen war.

Diese Erfahrung hatte mir auch noch etwas anderes offenbart: Das System von Strömungen und Gegenströmungen im Bosporus ist ein Schlüssel für die einzelnen Orte, die Jason und seine Gefährten der *Argonautica* zufolge an der Küste aufgesucht hatten. Die Strömungen bestimmen nämlich, wo genau eine Galeere von einer Seite zur anderen fährt, da sie natürlich bestrebt ist, günstige Bedingungen auszunutzen und die schlimmsten Stellen zu vermeiden. Wenn eine Galeere stromaufwärts rudert, so ist der Weg genauso klar festgelegt wie ein Pfad, der durch die Berge führt und dabei so verläuft, daß er die natürlichen Gegebenheiten am vorteilhaftesten ausnutzt.

Diese Erkenntnis half mir auch bei der Suche nach dem Wohnort des blinden Wahrsagers Phineus, der, wie die Sage erzählt, am Ufer des Bosporus lebte und Jason und die Argonauten darüber informierte, was sie erwarten würde, wenn sie sich in die unbekannten Gefahren des Schwarzen Meeres begaben.

Die Felsenküste bei Karibca

Phineus ist die sympathischste Person der ganzen Argonautensage. Er soll am Ufer der Meerenge gelebt haben, von wo aus er auf das Schwarze Meer blicken konnte. Er besaß die Fähigkeit, in die Zukunft schauen zu können; seine Prophezeiungen waren so zutreffend, und er war derart freigebig damit gewesen, den Leuten, die hilfesuchend zu ihm kamen, seine Voraussagen zu offenbaren, daß die Götter, die über seine Anmaßung sehr verärgert waren, ihn mit Blindheit straften. Wenn er es wagte, so klar in die Zukunft zu schauen, dann sollte er nicht die Fähigkeit besitzen, die Gegenwart zu sehen. Als zusätzliche Strafe wurden die Harpyien zu ihm geschickt, die ihn quälen sollten, drei geflügelte Dämonen, halb Vogel, halb Frau, die angeblich aus einer kretischen Berghöhle stammten. Immer wenn der blinde Phineus eine Mahlzeit zu sich nehmen wollte, stürzten die Harpyien aus den Wolken hervor, flogen kreischend auf ihn zu, schnappten das Essen von seinem Teller weg und besudelten den Tisch mit ihrem Kot. Die Folge war, daß nun Elend und Hunger das Leben des armen Phineus prägten. Die Menschen aus der Umgegend kamen noch immer wegen seiner Prophezeiungen zu ihm und brachten als Geschenke Nahrungsmittel mit, doch seit seiner Blindheit weigerte sich Phineus, ihnen die ganze Zukunft zu offenbaren, da er sich vor weiteren Bestrafungen durch die Götter fürchtete.

Die Figur des Phineus ist mit den weisen Einsiedlern zu vergleichen, die es in der Blütezeit des Christentums vorgezogen hatten, abgeschieden in einer Wüstenhöhle oder auf einer einsamen Felseninsel am Rande des Ozeans zu leben. Auch diesen Eremiten wurden von den Menschen in der Umgebung besondere Fähigkeiten des Heilens oder der Wahrsagekunst zugeschrieben, und es wurde für sie gesorgt. Römische Kommentatoren, die sich mit den Schriften des Apollonios befaßten, glaubten, daß sie den genauen

Wohnort des Phineus identifiziert hatten: Sie nannten den Ort Gyropolis, »Geierplatz«, da sie annahmen, daß es sich bei den Harpyien um eine besondere, nur in dieser Gegend vorkommende Art von Geiern handelte, die dem blinden Mann das Essen entrissen hatten. Die Stelle, die sie ausfindig gemacht hatten, ein Ort an der europäischen Küste in der Nähe des nördlichen Endes des Bosporus, stimmt mit der Beschreibung von Apollonios überein, denn dieser berichtet, daß Phineus in der Nähe einer Bucht gelebt hat und von seinem Zuhause aus den Argonauten erklären konnte, welchen Weg sie nehmen sollten, wenn sie aus der Meerenge hinaus ins Schwarze Meer kamen.

Heute leben in der Gegend von Gyropolis, falls es hier überhaupt jemals welche gegeben hat, keine Geier mehr; dieser Platz wird heute Karibca genannt, was soviel wie »seltsam« oder »merkwürdig« bedeutet, wegen seiner sonderbar geformten Felsen und Klippen, die sehr viele Stellen aufweisen, die man sich als Aufenthaltsort für einen die Einsamkeit suchenden Wahrsager denken kann. Darüber hinaus sind die gleichen Klippen mit unzähligen Höhlungen und Gesimsen übersät, die idealen Nistplätze für die Seevögel, deren Exkremente die Steilküste mit Streifen versehen. Die vielen Seevögel haben diesen Platz nicht nur wegen den günstigen Nistplätzen ausgewählt, sondern auch wegen den reichen Fischgründen, die man gleich in der Nähe finden kann. Hier sucht sich das Schwarze Meer seinen Weg in den engen Trichter des Bosporus hinein, und die zusammenfließenden, wirbelnden Fluten schaffen für die Nahrungssuche der Fische ideale Bedingungen; aus diesem Grund werden auch die riesigen Fischschwärme angelockt, die jedes Jahr die Meeresstraße passieren. Kurz gesagt, Karibca ist der ideale Ort für die räuberischen Seevögel, die dem blinden Phineus keine Ruhe gelassen hatten und dann als Harpyien in die Mythologie eingegangen sind.

Doch unsere Erfahrung mit der neuen *Argo* zeigte uns einen weiteren Grund, warum Karibca der Wohnort des Phineus gewesen sein konnte. Es ist die letzte geschützte Stelle des Bosporus, an der man an Land gehen kann, bevor man auf die weite Fläche des Schwarzen Meeres hinausfährt, und sie befindet sich genau auf dem Galeerenweg, der von den Strömungen festgelegt wird. Auf den letzten zehn Kilometern in nördlicher Richtung ist ein Ruderschiff wegen der Strömung gezwungen, sich dicht an der Westküste des Bosporus zu halten. Und genau dann, wenn sich das Schwarze

Meer vor dem Seemann auftut, entdeckt er auf seiner linken Seite die kleine Bucht von Karibca, die einen sicheren Ankerplatz anbietet. Aus drei Gründen würde der Seemann an Land gehen: einmal, um sich nach den Strapazen der Bosporusfahrt und vor dem Hinausfahren aufs Schwarze Meer auszuruhen; dann, um navigatorische Informationen über das vor ihm liegende unbekannte Gewässer zu erhalten; und schließlich – was am wichtigsten ist –, um wieder frisches Wasser an Bord zu nehmen.

Genau das hat Jason sicherlich getan. Karibca ist noch immer der letzte natürliche Hafen vor dem Schwarzen Meer. Heute sind beide Ufer der nördlichen Zufahrt in den Bosporus militärisches Sperrgebiet, das Zivilisten nicht betreten dürfen. Doch mitten in dieser militärischen Sperrzone versteckt existiert noch das Dorf Karibca; dort, wo die seltsam geformte, schwarze Steilküste von der kleinen Öffnung der winzigen Bucht durchbrochen ist, sind einige Fischerboote den Strand hinaufgezogen worden, auf dem sie vor der massiven Dünung des Schwarzen Meeres sicher sind, die sich, angetrieben durch die aus Rußland kommenden Stürme, auf den Bosporus zu bewegt. Karibca ist lediglich eine kleine Gemeinde, die aus traditionell gebauten Holzhäusern und einer einfachen Moschee besteht, ein bezaubernder Ort im alten Stil, der vom modernen Leben bisher unberührt geblieben ist. Und hoch darüber befinden sich die Ruinen einer Festung.

In der damaligen Zeit ist kein Schiff, das zum Schwarzen Meer wollte, an diesem Hafen vorbeigefahren, ohne hier haltzumachen. Am Fuß der Felsen hinter dem Dorf fand ich das, was ich dort vermutet hatte: eine Quelle mit frischem, klarem Wasser, das aus dem Gestein hervorsprudelte. Ein prachtvoll gearbeiteter Wasserhahn aus Messing schloß das Leitungsrohr ab, das den am Fuß der Felsen austretenden Wasservorrat anzapfte. Ergün, dessen Vater sich seinen Lebensunterhalt als Wasserverkäufer in Istanbul verdient hatte, als ich ihn zum erstenmal traf, kostete das Quellwasser von Karibca und bezeichnete es als sehr wohlschmeckend. Er meinte, daß es ebensogut war wie das Wasser, das in die Großstadt gebracht wurde.

Die Sage erzählt davon, daß die Argonauten noch viel mehr getan haben, als nur die Wasservorräte aufzufüllen. Als sie von Phineus' Unannehmlichkeiten mit den Harpyien hörten, boten zwei der Helden, Zetes und Kalais, an, sich mit den drei vogelartigen Frauen auseinanderzusetzen. Für diese Aufgabe waren sie außerordentlich gut geeignet: Als Söhne des Nordwinds besaßen sie die Fähigkeit zu fliegen. Ein köstliches Mahl wurde aufgetragen, um die Harpyien anzulocken, während Zetes und Kalais mit gezogenen Schwertern im Hinterhalt lagen. Und in der Tat hörten sie schon bald das brausende Geräusch und das gräßliche Kreischen der herannahenden Harpyien, die herabgestürzt kamen und anfingen, sich über das Essen herzumachen. In diesem Moment sprangen Zetes und Kalais aus ihrem Versteck hervor und scheuchten die Störenfriede auf; die Harpyien ergriffen die Flucht und flogen davon, verfolgt von den beiden Söhnen des Nordwinds. Nach einer langen Verfolgungsjagd holten Zetes und Kalais ihre Opfer ein; manchen Quellen zufolge geschah dies vor der griechischen Westküste in der Nähe der Inseln, die Strophades genannt wurden. Dort hätten die beiden Helden die Harpyien mit ihren Schwertern dann auch erschlagen, wenn die Götter des Olymps nicht eingegriffen hätten. Diese sandten die Göttin Iris als Botin, um die Boreassöhne davor zu warnen, den Harpyien irgend etwas anzutun. Sie sollten die vogelartigen Frauen in Ruhe lassen, denn diese würden den blinden Wahrsager in Zukunft nicht mehr belästigen. Daher gaben Zetes und Kalais ihre Jagd auf und kehrten zu Phineus und den Argonauten zurück, die am nördlichen Ende des Bosporus warteten, und überbrachten ihnen die guten Neuigkeiten.

Aus Dankbarkeit gab Phineus den Argonauten nun alle Informationen, die sie für den nächsten Teil ihrer Reise brauchten. Er riet ihnen, ostwärts zu fahren, wenn sie aus dem Bosporus herauskamen, und weit an der Nordküste von Kleinasien entlangzurudern, wobei sie sich dicht am Ufer halten sollten. Er zählte die Volksstämme auf, mit denen sie zusammentreffen würden, die Häfen, die sie finden würden, und die Abenteuer, die sie erleben würden. Doch er weigerte sich, ihnen zu enthüllen, was dann geschehen würde, wenn sie schließlich Kolchis erreichten, das Land des Goldenen Vlieses. Dies, so meinte er, würde bedeuten, daß zuviel offenbart würde; die Argonauten würden es schon früh genug erfahren.

Phineus' wichtigste Hilfe war jedoch noch direkter. Er verriet den Argonauten das Geheimnis, wie sie der größten physischen Gefahr der ganzen Reise entkommen konnten, der Gefahr, die jedes Schiff zerstört hatte, das bisher versuchte, durch die Meerenge zu kommen. Es handelte sich um die Bedrohung, die als die Symplegaden, die Klappfelsen, bekannt war.

7. Kapitel: Das Schwarze Meer

»Wenn ihr von hier losfahrt«, erklärte Phineus, *»so werdet ihr als erstes die beiden Felsen, die Kyaneen, am Ende der Meeresstraße sehen. Meines Wissens nach hat es bisher niemand geschafft, zwischen ihnen hindurchzukommen, denn da sie nicht im Meeresgrund verwurzelt sind, stoßen sie immer wieder zusammen, wobei sie das Wasser in einer wallenden Masse hochwerfen und es mit schallendem Getöse auf die felsigen Flanken der Meerenge niederfallen lassen. Da ich nun annehme, daß ihr gottesfürchtige Reisende und Männer mit Verstand seid, werde ich euch einen Rat geben. Werft nicht unüberlegt euer Leben weg, indem ihr euch mit jugendlicher Verwegenheit in die Gefahr hineinstürzt. Unternehmt zunächst einmal ein Experiment. Schickt von der Argo aus eine Möwe los, die den Weg erkunden soll. Wenn es ihr gelingt, zwischen den Felseninseln hindurch aufs offene Meer hinauszufliegen, so zögert nicht, ihr zu folgen, aber achtet darauf, kraftvoll zu rudern und euch schnell einen Weg durch das Wasser der Meerenge zu bahnen.«*

Der Trick mit der Taube funktionierte sehr gut. Als die Argonauten um die letzte Biegung der Meerenge herumfuhren, erblickten sie die Klappfelsen oder Symplegaden vor sich. Zwei massige, bewegliche Felseninseln waren es, die vor der Öffnung der Meerenge hin- und herschwammen und immer wieder heftig zusammenprallten. Jedesmal, wenn ein Schiff versuchte, zwischen den Felsen hindurchzukommen, schlossen sich diese wie eine riesige Falle und zermalmten den Eindringling. Selbst jetzt sahen die Argonauten, daß die Felsen ihre Falle gerade zugemacht hatten und sich nun wieder voneinander entfernten. Als *Argo* auf diese Kluft zuruderte, ließ Euphemos, der Schnelläufer, die Möwe los, die, sich dicht über dem Wasser haltend, genau zwischen den Felsen hindurchflog. Sofort prallten die beiden Inseln wieder gegeneinander, doch zu spät. Die Argonauten sahen, daß die Möwe durch die Schlucht hindurchgestürmt war; die Felsen hatten es nur noch geschafft, die Schwanzfedern des Vogels abzuklemmen.

Dies war das Zeichen für Jason und seine Gefährten, nach vorne zu drängen. Als sich die Felsen voneinander entfernten, begannen die Ruderer mit einem gewaltigen Spurt, und die *Argo* raste in die Schlucht hinein. Einen schrecklichen Moment lang steckte das Schiff in der wirbelnden Rückströmung fest und war nicht mehr in der Lage, sich vorwärts oder rückwärts zu bewegen. Es schien so, als ob die Felsen die Galeere mit Sicherheit zermalmen würden. In diesem Augenblick mischte sich, der *Argonautica* zufolge, die Göttin Athene ein, um die Seefahrer zu retten. Mit der einen Hand hielt sie die Felseninseln zurück, und mit der anderen schob sie das

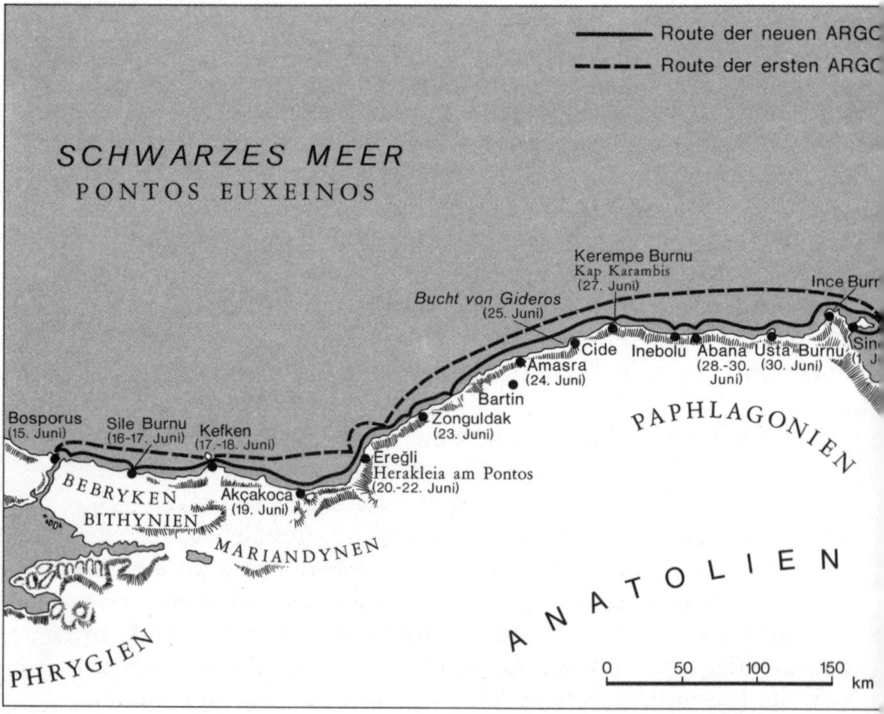

Schiff durch die Schlucht hindurch. Dies geschah gerade noch rechtzeitig. Die Symplegaden prallten wieder laut krachend zusammen, wobei sie die Heckverzierung der Galeere zerschmetterten. Von dieser Zeit an, berichtet Apollonios, *»standen die Klappfelsen nun für immer dicht nebeneinander fest verwurzelt. Es war von den Göttern beschlossen worden, daß dies ihr Schicksal sein sollte, wenn es einem menschlichen Wesen gelang, sie zu erblicken und zwischen ihnen hindurchzufahren«*.

Jahrhundertelang sind immer wieder Versuche gemacht worden, das Phänomen der Symplegaden auf natürliche Ursachen zurückzuführen. Man hat sie als gefährliches Riff erklärt, das sich angeblich durch den Gezeitenstrom auf der asiatischen Seite manchmal über und manchmal unter dem Wasserspiegel befand, so daß viele Seefahrzeuge, die sich dicht an der Küste hielten, Schiffbruch erlitten hatten. Eine andere Theorie besagte, daß es sich bei den Symplegaden um riesige Eisschollen gehandelt hatte, die während der Schneeschmelze im Frühjahr von der Krim her südwärts trieben und kurz vor der Meerenge die Schiffe zerstörten. Doch von Eismassen, die so weit in den südlichen Teil des Schwarzen Meeres gelangt sind, ist sehr selten berichtet worden; und auf beiden Seiten der nördlichen Zufahrt in den Bosporus befinden sich auch keine wirklich gefährlichen Riffe, lediglich einige Klippen vor dem Ufer, die man leicht ausmachen und ebenso leicht umfahren kann, zumal sich der Wasserspiegel hier infolge der Gezeiten kaum hebt und senkt.

Doch vieles von Apollonios' Schilderung kommt denjenigen bekannt vor, die schon einmal mit einem Ruderboot durch die Meerenge gefahren sind. Seine Beschreibung von den wirbelnden Strudeln, die sich in der Rückströmung zwischen den Felsen gebildet hatten, von der Art und Weise, wie die *Argo* hilflos in den Fluten steckengeblieben war, und wie es schien, als ob Athene buchstäblich im letzten Moment das Schiff ergriffen und vorwärts geschoben hatte, genau in dem kritischen Augenblick, als die Ruderer nicht mehr die Kraft aufbringen konnten, ihre Galeere gegen die Strömung weiter vorwärts zu bewegen – all dies sind dramatisierte Beschreibungen von wirklichen Schwierigkeiten. Etwas weiter stromabwärts, auf der Höhe von Bebek, würde jeder Galeerenfahrer, der sich den Bosporus hinaufkämpft, mit den Mühlgerinnen zu tun haben, den reißenden Strudeln und Wasserwirbeln, mit dem unkontrollierten Verhalten eines kleinen Seefahrzeugs, das mitten in der Strömung plötzlich herumgerissen wird, und mit der sonderbaren Erfahrung, die man macht, wenn eine Gegenströmung das Schiff aufnimmt und es vorwärts treibt, geradezu so, als ob die Göttin Athene – ebenso wie bei der *Argo* – zu Hilfe gekommen wäre. Dann, etwa 17 Kilometer weiter nördlich, an der Einfahrt ins Schwarze Meer, folgt der Rest seiner Beschreibung: Die Gischt, die weit hochgeschleudert wird von der sturmgetriebenen Dünung, die in den einengenden Trichter der nördlichen Bosporusmündung hineindrängt, und das Getöse der tosenden Wellen, wenn sie auf die beiden an den Seiten befindlichen Landzungen auftreffen und dann, eine wallende Rückströmung bildend, wieder zurückprallen.

Hier kann man auch die sichtbaren Überreste der Symplegaden aus der Antike entdecken. Die Alten zögerten nicht mit der Feststellung, daß es sich bei ihnen um die beiden riesigen Felsgebilde handeln mußte, die sich 80 Meter vor der nördlich gelegenen Halbinsel bei Rumeli Feneri befinden. Sie wurden auch Kyaneen oder »Dunkelblaue Felsen« genannt, da – wie Mark, unser Gelehrter der klassischen Philologie an Bord der neuen *Argo*, mir erklärte, als wir auf die Kuppe von einem dieser Felsen hinaufgestiegen waren – Dunkelblau zur Zeit der Antike als Farbe der Bedrohung oder der Gefahr galt. In Wirklichkeit sind die Felsen kohlefarben, vermischt mit einigen Grüntönen; sie bestehen aus riesigen Brocken, die anscheinend von den nahe gelegenen Klippen weggebrochen sind. Das massige Felsgebilde wird durch einen Spalt in zwei Hälften geteilt, so daß man sich mit einiger Phantasie vorstellen kann, daß sie einstmals unabhängig voneinander wie mächtige Bimssteinbrocken auf der Meeresoberfläche umhergetrieben waren. Ihr schlechter Ruf als Klappfelsen war ein reiner Mythos, der benutzt wurde, um die realen Schwierigkeiten bei der Passage des Bosporus deutlich zu machen. Als Jason und die anderen Argonauten es schließlich geschafft hatten, durch die Meerenge hindurch ins Schwarze Meer zu kommen, verloren die Felsen symbolhaft ihre Macht; nie wieder bedrohten sie ein Schiff, das an ihnen vorbeifuhr.

Ironischerweise sind diese gefürchteten Felsen nun in eine Zuflucht für die Schiffe verwandelt worden. Eine vor kurzem gebaute Betonmole verbindet die Felsen mit dem Festland, und auf der Windschattenseite liegt eine ganze Flotte kleiner Fischkutter sicher vor Anker. Die Fischer erklärten, daß die aufspritzende Gischt während der Winterstürme noch immer über die Felsen hinwegschießt, mehr als zehn Meter hoch, wobei das dabei entstehende

Getöse weit bis ins Landesinnere zu hören ist. Und die Felsen, so erzählten sie weiter, bilden noch immer die eigentliche Grenze der Gefahren, die im Bosporus herrschen. Bei schlechtem Wetter befindet sich kein Schiff, egal wie groß es ist, in sicherem Gewässer, solange es nicht die Felsen in Richtung Norden passiert und somit die ungestümen Wasserturbulenzen in der seichten Mündung der Meerenge hinter sich gelassen hat.

Auf der Kuppe des sagenumwobenen Felsens entdeckten Mark und ich die Überreste einer römischen Säule, ein ornamentierter Marmorblock, der etwa 1,20 Meter hoch war und einen Durchmesser von ungefähr einem Meter hatte. Es handelte sich um den Teil einer Steinsäule, die einstmals als Landmarke für Schiffe gedient hatte, die in die Meerenge hineinfuhren oder aus ihr herauskamen. In der Zeit davor hatten die Griechen an der gleichen Stelle einen Altar errichtet, da sie hier Opfer darbrachten und die Gunst der Götter erbaten, bevor sie dann das Wagnis unternahmen, auf das nördliche Meer hinauszufahren. Dies war ein entscheidender Augenblick auf einer Seereise, wenn die Seefahrer auf das Meer hinausfuhren, das die Vorfahren so sehr gefürchtet hatten, daß es von ihnen »das unwirtliche Meer« genannt worden war.

Das Schwarze Meer hat noch immer einen schlechten Ruf. Immer wieder sind wir gewarnt worden – von türkischen Fischern im Bosporus und im Marmarameer und von Griechen in der Ägäis –, daß das Schwarze Meer kein Gewässer für ein offenes Boot sei. Sie sagten, daß es dort überraschende Unwetter gäbe, die ohne irgendein Anzeichen ganz plötzlich losbrächen. Selbst das Wellenmuster, so erklärten einige Türken, unterschied sich von allem, was sie sonst kennengelernt hatten. In einigen Gebieten vor der Küste würden wir auf eine besondere Folge von drei Wellen stoßen, die größer waren als die normalen, die eine nach der anderen dicht aufeinander folgten. Kein Boot oder kleineres Schiff war völlig sicher vor diesen Dreierwellen, meinten sei. Das Seefahrzeug konnte vollaufen oder beschädigt werden, würde eine unglückliche Fahrt haben und durch das Geschüttel möglicherweise allmählich in Stücke zerfallen. Diese Dreierwellen waren so berüchtigt, daß in bestimmten Küstenbereichen kein Fischerboot verkehrte: Die Seeleute weigerten sich einfach, dort zu arbeiten.

So geschah es, daß wir mit einem komischen Gefühl im Bauch am 15. Juni mit der *Argo* aus dem hinter den Symplegaden gelegenen Hafen hinausfuhren und uns auf unseren langen Weg ostwärts, entlang der türkischen Nordküste, machten. Eine frische Gruppe türkischer Freiwilliger hatte die Männer, die uns auf der Strecke von Çanakkale nach Istanbul geholfen hatten, abgelöst. Mustafa trug einen schwarzen Bart und war sehr ernst; Ziya arbeitete normalerweise als Übersetzer bei einer Import-Export-Handelsgesellschaft; sein Freund Yiğit war ein 26jähriger Student der Wirtschaftswissenschaften, der sich als seemännisches Naturtalent herausstellte; und Hüsnü war ein Freund von Ali, ein ausgebildeter Architekt mit hervorragenden Englischkenntnissen. Der junge Umur, der so verdrießlich zu sein schien, als er zu uns gestoßen war, verkündete nun, daß er seine Fahrt an Bord der *Argo* nicht, wie geplant, in Istanbul beendete, sondern so lange wie möglich mit den Argonauten zusammenbleiben wollte. Außerdem befand sich noch eine zwölfjährige Person mit an Bord: meine Tochter Ida, der einige Tage auf der *Argo* versprochen worden waren, als Ausgleich für die lange Abwesenheit ihres Vaters während der Vorbereitungen des Unternehmens und während des Galeerenbaus.

Ida wurde, während die *Argo* sich auf See befand, an Bord gebracht, und zwar von Kaans Familie, meinen alten Freunden aus Istanbul. Es gab nichts, was die Familie nicht unternommen hätte, um die Expedition zu unterstützen. Ergün, der älteste Sohn, leitete ein Büro, in dem im Zusammenwirken mit der Verkehrspolizei Führerscheine ausgestellt und Kraftfahrzeuganmeldungen angenommen wurden. Seine Energie und sein Optimismus waren unerschöpflich. »Wenn andere Leute aufgeben, fange ich erst an«, meinte er mit seiner für ihn charakteristischen Zuversicht zu mir. »Für mich gibt es das Wort ›unmöglich‹ nicht.« Ergün war in der Tat eine Art Genie; immer wieder schien es so, als ob er unvermittelt aus der türkischen Wunderlampe hervorgekommen war. In Istanbul hatte die türkische Küstenwache erkannt, daß die *Argo* wohl nicht so plötzlich versinken würde und daher keine ständige Begleitung eines Patrouillenbootes benötigte. Statt dessen wollte die Küstenwache von Zeit zu Zeit, wenn ihr ein Schiff in dem betreffenden Gebiet zur Verfügung stand, ein wachsames Auge auf uns haben. Nun war es Ergün, der immer wieder an Orten, wo wir es am wenigsten erwartet hätten, plötzlich auftauchte. Ebenso wie Onkel John in Griechenland schien er alle Personen zu kennen, die etwas mit der Seefahrt zu tun hatten: Kapitäne von Fährschiffen, Kapitäne von Trawlern, Segler, Zollbeamte, Mitarbeiter der Küstenwache,

Bosporus-Lotsen usw. Wenn sie die *Argo* an ihrem Küstenstrich vorbeirudern sahen, gaben sie Ergün Bescheid, der daraufhin plötzlich auf dem Kai irgendeines entlegenen Hafens auftauchte; oder aber seine Stimme antwortete überraschenderweise, sobald ich das Walkie-talkie bediente, um mich mit dem Schlauchboot in Verbindung zu setzen, wenn es eine Einkaufstour zur Auffrischung unserer Vorräte unternahm.

Doch Ergün besaß eine Rivalin. Mukaddes, seine jüngste Schwester, war fest entschlossen, ihn noch zu übertreffen. Ich hatte sie zuletzt als schüchterne Dreizehnjährige, die große, rehfarbene Augen besaß, gesehen, das siebente in einer Familie von acht Kindern, die alle fröhlich in der Zweizimmerwohnung um den Eßtisch herum versammelt saßen. Seitdem hatte Mukaddes jedoch eine beeindruckende Entwicklung durchgemacht. Nun war sie eine überaus erfolgreiche Geschäftsfrau in Istanbul, ebenso tatkräftig und enthusiastisch wie ihr Bruder. Sie hatte sich mit einer ihrer älteren Schwestern, Ikün, verbündet, die als Leiterin einer Telefonzentrale arbeitete, und zusammen bauten sie mit Hilfe des Telefons ein Beobachtungssystem auf, das dem von Ergün an Effektivität gleichkam. Jeder Leuchtturmwärter und jeder Hafenmeister wurde von Ikün und Mukaddes angerufen, die wissen wollten, ob die *Argo* schon gesichtet worden war.

Mukaddes hatte meine Tochter Ida vom Istanbuler Flughafen abgeholt und sie somit genau vor Ergüns Nase weggeschnappt, denn er hatte ebenfalls vorgehabt, sie abzuholen. Am nächsten Morgen hatte Mukaddes den Kapitän eines Fischkutters dazu bewegt, hinauszufahren und der Galeere hinterherzujagen, die sich inzwischen im Schwarzen Meer befand. Mukaddes, Ikün und mehrere andere Mitglieder der Familie standen auf der Kommandobrücke des Trawlers und winkten uns zu, als sie uns einholten und Ida an Bord der *Argo* kletterte. Zur gleichen Zeit konnten wir Ergün hören, der uns mit schwacher Stimme über das Walkie-talkie anrief; als wir dann in den nächsten kleinen Hafen einfuhren, stand er bereits da: Vier Stunden war er mit dem Auto gefahren, um uns zu treffen. Er hatte das Meer mit dem Fernglas abgesucht und uns schließlich von der Steilküste aus entdeckt. Nun begrüßte er uns mit den Worten: »Braucht ihr irgend etwas? Sagt mir Bescheid!« Er hatte den Hafenmeister, den Bürgermeister des Ortes und den Offizier, der für die Sicherheit des Hafens zuständig war, bereits davon in Kenntnis gesetzt, daß die *Argo* unterwegs war. Dann verabschiedete er sich wieder von uns und machte sich auf die vier Stunden lange Rückfahrt nach Istanbul – und das alles, nachdem er nach einer größeren Operation gerade erst zwei Wochen vorher aus dem Krankenhaus entlassen worden war.

Solche Begegnungen wirkten als angenehme Zwischenspiele auf unserer langen, strapaziösen Fahrt in Richtung Osten. Es handelte sich wahrhaftig nicht um einen Urlaub. Die Tagesroutine begann normalerweise um sechs Uhr morgens, wenn die Besatzungsmitglieder aufstanden und den Strand verließen, auf dem sie geschlafen hatten. Sie kletterten zurück an Bord, wo sich bereits die drei oder vier Leute befanden, die die Nacht auf dem Vordeck oder auf der Gangway in der Mitte des Schiffes verbracht hatten und das Bereitschaftsteam bildeten, für den Fall, daß der Wind in der Nacht zunehmen und die *Argo* sich von ihrem Liegeplatz lösen sollte. Dann lichteten wir den Anker und begannen sofort mit dem Rudern. Die Männer schufteten eine Stunde lang, wobei wir uns daran hielten, daß immer zehn Personen an den Rudern blieben, während die anderen sich ausruhten. Alle fünf Minuten wurde eine Bank mit zwei Ruderern von zwei frischen Leuten abgelöst. Dann, nach einer Stunde harter Arbeit, änderte sich das System. Die ganze Mannschaft teilte sich nun in zwei gleich starke Gruppen; die eine ruderte eine Viertelstunde lang weiter, während die andere frühstückte. Waren die 15 Minuten verstrichen, so wechselten die beiden Gruppen ihre Plätze, und nach weiteren 15 Minuten war das Frühstück beendet. Es folgte die Wiederaufnahme des normalen Turnus, und die *Argo* schleppte sich mit drei bis dreieinhalb Knoten weitere fünf Stunden lang voran.

Die Neulinge hielten dieses System für mörderisch. Selbst die Widerstandsfähigsten und Kräftigsten sackten nach drei Stunden dieser mühseligen Plackerei erschöpft zusammen. Die Stamm-Argonauten ruderten weiter und weiter, bis es Mittag geworden war und eine Essenspause eingelegt wurde. Nachdem wir die *Argo* in seichtem Wasser geankert hatten, verschlang die Mannschaft gierig ihre Mahlzeit und nahm anschließend ein erfrischendes Bad. Gegen halb zwei Uhr nachmittags erscholl wieder der Ruf: »Ruderpositionen einnehmen! Zeit, weiterzufahren! Ruder außenbords! Seid ihr fertig? Los!« Und die mühevolle Routine setzte sich fort, bis wir unseren abendlichen Liegeplatz erreicht hatten. An den schlimmsten Tagen mußte die Mannschaft elf blasenziehende Stunden lang rudern, bevor wir endlich für die Nacht vor Anker gingen.

Verständlicherweise hatten alle eine Aversion gegen das eigentliche Rudern. Es war geistlos, monoton und langweilig, und so freute man sich über jede Art der Ablenkung. Einige legten ein Buch neben sich auf die Bank und versuchten, beim Rudern zu lesen. Andere stülpten sich Kopfhörer über und lauschten der Musik des Kassettenrecorders, bis ihnen auch die Bänder langweilig wurden. Es wurden Wortspiele veranstaltet, und eine Witzliste wurde aufgestellt. Jeder mußte der Reihe nach einen Witz erzählen, je länger dieser war, desto besser, doch wenn der Witz zu schlecht war, wurde er für eine Zeitlang gestrichen und durfte mindestens zwei Wochen lang nicht mehr erwähnt werden; wirklich peinliche Witze wurden mit einem Bann von zwei Jahren belegt. Die bei weitem beliebteste Beschäftigung war jedoch das Singen, egal ob es sich um eine Solovorstellung oder um einen Chor handelte. Die Lieder gaben einen Rhythmus vor, der die Anstrengungen der Ruderer auf angenehme Weise koordinierte. Moderne Pop-Stücke eigneten sich jedoch meistens nicht dafür. Am effektivsten waren entweder irische Trinklieder oder aber die mitreißenden anglikanischen Kirchenlieder, deren Rhythmen für das Rudern einer Galeere besonders geeignet waren. So hörten die Türken mit verwirrter Verwunderung zu, als die Stamm-Argonauten, meistens unter der Leitung von Tim Readman, fröhlich alte und neue Kirchenlieder, aufs Geratewohl durchsetzt mit Kneipenliedern, hinausbrüllten. Als bester Sänger stellte sich Cormac heraus, der eine sehr gute Stimme hatte und über ein breites Repertoire an Shanties und traditionellen irischen Liedern verfügte; zusammen mit der Mannschaft, die im Chor jeweils den Refrain übernahm, ersang Cormac sich unseren Weg entlang der anatolischen Küste.

Langsam aber sicher bewegte sich die Expedition in östlicher Richtung voran. An guten Tagen kam uns der Wind zu Hilfe, und die Besatzung konnte eine Pause einlegen, um sich vom Rudern zu erholen, während die *Argo* mit vollem Segel vorwärts glitt. Bei solchen Gelegenheiten war es völlig klar, daß wir nicht anhalten konnten, um unsere Vorräte aufzufrischen. Eine günstige Brise war so kostbar, daß nicht einmal zehn Minuten davon vergeudet werden durften. Daher stiegen Pete, der Koch, und Tim, der Proviantmeister, in das Schlauchboot mit dem kleinen Außenbordmotor, von dem aus wir auch die Fotos machten, und fuhren auf das Festland zu, um einen Ort zu finden, wo sie einkaufen konnten, während die *Argo* weiter an der Küste entlangsegelte. Später, wenn unser Nachschubteam seine Besorgungen gemacht hatte, stieß es wieder zu uns; und die *Argo* hatte in der Zwischenzeit jeden Hauch der günstigen Brise ausgenutzt.

In den kleineren Orten war es nicht so einfach, die benötigten Nahrungsmittel zu bekommen: Die Ansprüche einer vielköpfigen, sehr hungrigen Rudermannschaft waren so groß, daß sie von dem Lebensmittelhändler oder dem Schlachter des Dorfes manchmal nicht erfüllt werden konnten. Pete, der Koch, mußte sich schon einiges einfallen lassen, um den Heißhunger jedes einzelnen zu befriedigen: Wir verschlangen ganze Bottiche voller Joghurt, säckeweise Früchte und Brot und jede Art von Fleisch, die erhältlich war. Fisch war tatsächlich nicht zu bekommen – daß wir einige Male doch Fisch essen konnten, hatten wir Cormac zu verdanken, der ihn für uns gefangen hatte. Peter Warren, Peter Wheeler und Trondur waren fanatische Fischer, was man schon daran erkennen konnte, daß um ihre Bänke herum ein abschreckend aussehendes Sortiment von Angelschnüren, rostigen Angelhaken, Bleigewichten, vergammelten Fleischstücken und anderen sonderbaren Ködern verstreut lag. Doch sie fingen immer nur Stichlinge. Cormac besaß dagegen eine magische Anziehungskraft. Wenn Fische auftauchten, dann kamen sie zu seinem Haken, und er zog einige kleine Haifische, die fast einen Meter lang waren, an Bord, was dann natürlich immer ein gutes Mahl abgab.

Trondur erntete jedoch noch auf andere Art und Weise im Meer. In der Nähe des Hafens von Kefken und noch einmal in der Nähe von Zonguldak jagte er in den Felshöhlen am Meer nach Seevögeln in ihren Nestern. Über seine Tennisschuhe zog er dicke Socken aus Färöer-Wolle, damit er auf den nassen, bewachsenen Felsen nicht ausrutschte, und verschwand dann mit dem Schlauchboot in den klaffenden Öffnungen der Höhlen, wo Kormorane und Möwen ein und aus flogen. Im hinteren Teil der Höhle sprang Trondur an Land und kletterte an der Felswand hoch, auf die oberen Gesimse zu.

»Es war ein beeindruckender Anblick«, erzählte mir Tim Readman, als er gerade mit ihm von einer Jagd zurückgekehrt war. »Trondur kletterte geschwind die Felswand hinauf, während über ihm die jungen Kormorane aus ihren Nestern herausstarrten, wobei sie vor Neugier und vor Angst aufgeregt gluckten und krächzten. Dann tauchte plötzlich Trondurs struppiges Gesicht über dem Rand auf, worauf ein wildes Kreischen und Schreien folgte und eine fürchterliche Balgerei, bei der die Federn in alle Richtungen davonflogen. Alles, was man von Trondur sehen konnte, während er seine Beute packte, waren seine Wollsocken, die über dem Sims hervorragten. Dann kam er wieder zum Vorschein und kletterte herunter; mit jeder Hand hielt er einen herabbaumelnden jungen Kormoran am Hals fest.«

»Der Hals eines Kormorans ist schon lang genug«, meinte Cormac bei der Betrachtung der Beute. »Aber wenn Trondur mit dem Tier fertig ist, sieht es eher aus wie eine Giraffe.«

Gerupft und in einer wohlschmeckenden Sauce geschmort, war die *Kormoran-Kasserolle à la Trondur Patursson* eine köstliche Spezialität. Das Fleisch hatte die Farbe und den Geschmack von geschmortem Hasenklein, und die besten Mahle begannen mit einer Vorspeise aus Miesmuscheln, die von den Felswänden gesammelt und auf dem Kiesstrand über einem Treibholzfeuer gebacken worden waren.

Am 19. Juni um halb drei Uhr nachmittags verkündete der Rudermeister Mark, daß gerade der 200000. Ruderschlag der Reise ausgeführt worden war, und die Mannschaft war noch immer motiviert genug, um daraufhin die Geschwindigkeit zu erhöhen; mit übertriebener Kraftanstrengung bahnte sie sich, laut die weiteren Ruderschläge hinausbrüllend, ihren Weg durchs Wasser. Es schien den Schwerarbeitern überhaupt nichts auszumachen, daß sie ohne richtige Frühstücks- und Mittagspause seit morgens viertel nach sieben ruderten. An diesem Abend braute sich ein Unwetter über dem Meer zusammen, wodurch eine günstige Brise für uns aufkam, und schon bald erblickten wir die Landspitze von Ereğli, hinter der sich, Apollonios zufolge, das Tor zur Unterwelt befand, der nächste identifizierbare Ort auf der Fährte der ersten *Argo*.

In Ereğli wartete eine Flotte von Fischerbooten darauf, uns zu begrüßen. Die mit Zuschauern überfüllten Boote strömten aus dem Hafen und bildeten unter Drängeleien eine geschlossene Front. Erschrocken beobachtete ich, wie ein größerer Trawler direkt vor der *Argo* entlangsauste, ein stämmiger Türke, nur noch mit seiner Unterhose bekleidet, auf das Geländer der Schiffbrücke kletterte und sich mit einem Sprung aus acht Metern Höhe direkt vor unserer Galeere ins Meer stürzte. Er verschwand aus dem Blickfeld, und ich bekam regelrecht Angst, daß die Schiffsschrauben der vielen Fischerboote hinter uns Hackfleisch aus ihm machen würden. Wie durch ein Wunder ergriff er den Haltegriff, den Peter Wheeler an dem Rammsporn befestigt hatte – und kletterte nun den Bug hinauf, triefend, mit einem Schnurrbart und behaart, so daß ich unwillkürlich an eine Robbe denken mußte. Er war betrunken und hatte sich fest dazu entschlossen, den ersten Argonauten, den er traf, mit einer festen Umarmung zu begrüßen. Es ergab sich nun so, daß Trondur dieser Argonaut war, mit seinem Vollbart und seiner struppigen Frisur, was den angetrunkenen Türken leicht durcheinanderbrachte.

»*Diese hoch aufragende Landspitze*«, schrieb Apollonios über Ereğli, »*mit ihren steilen Klippen blickt auf das Bithynische Meer hinaus. Darunter, auf Meereshöhe, erstreckt sich ein fester Absatz aus glattem Gestein, auf dem sich die tosenden Wellen brechen, während der Fels auf der landeinwärts gelegenen Seite allmählich abfällt und eine Schlucht bildet. Hier befindet sich, beschattet von großen Bäumen und umgeben von riesigen Felsblöcken, die Höhle des Hades, aus deren Tiefen ein eisiger Luftzug entsteigt, der alles mit funkelndem Rauhreif bedeckt, bis dieser unter der Mittagssonne wieder hinweggeschmolzen ist. Das Tosen des finsteren Meeres vermischt sich für immer mit dem Rascheln der Blätter, die vom Wind aus der Hadeshöhle geschüttelt werden. Hier befindet sich auch die Mündung des Acheron, der aus den Bergen herausströmt, in eine tiefe Schlucht fällt und in das östliche Meer fließt ... Die Argonauten brachten ihr Schiff an die gleiche Stelle. Kurz nachdem sich der Wind gelegt hatte, zogen sie es im Schutz des Acherusischen Kaps den Strand hinauf.*«

Das Tor zur Unterwelt ist die zweite von drei nebeneinanderliegenden Höhlen, die den aus Kalkstein bestehenden Berghang auf dem linken Ufer des Flusses, den die Einwohner von Ereğli jetzt Froschfluß, Der Bagh, nennen, durchbohren. Wie Apollonios berichtet, strömt der Fluß genau neben dem Acherusischen Kap ins Schwarze Meer hinein. Nun ist dieses Gebiet zu einer militärischen Sperrzone geworden, denn bei Ereğli handelt es sich um einen strategisch wichtigen Hafen an der Nordküste der Türkei, wo sich außerdem noch das Hauptquartier des Befehlshabers der türkischen Kriegsmarine befindet. Die Entwicklung der modernen Stadt Ereğli hat den klassischen griechischen Hafen überdeckt, und die Küstenlinie ist verändert worden, doch es ist immer noch möglich, der Straße zu folgen, die an den Windungen des Froschflusses entlang hinaufführt. Bis zum Anfang dieses Jahrhunderts waren viele kleine Schiffe den Fluß hinaufgefahren und hatten in der

Nähe der ersten Höhle festgemacht, in der man die Überreste eines Mosaikfußbodens und eine sehr alte christliche Kapelle finden kann.

Die zweite Höhle ist noch weitaus größer. Ihr Eingang besteht lediglich aus einer schmalen Spalte im Fels, und es war leicht einzusehen, warum man sie als das Tor zur Unterwelt betrachtete. Apollonios hat geschrieben, daß ihr ein eisiger Luftzug entstieg. Im Frühjahr und im Winter, so berichtete unser Fremdenführer, der

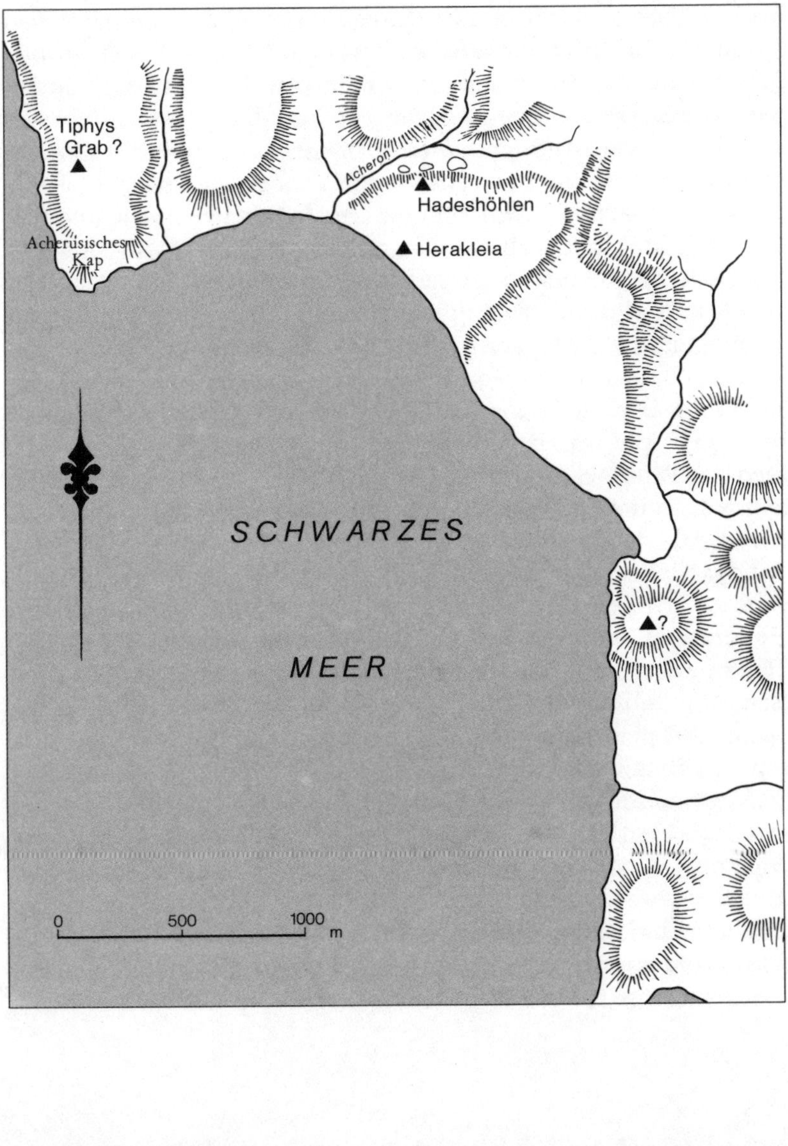

Sohn des örtlichen Apothekers, füllt ein dichter Nebel das üppig bewachsene Tal aus und hüllt die Büsche, Bäume und die umliegenden Hänge mit einer feuchtkalten, weißen Masse ein, die aus der Spalte hervorzuströmen scheint. Hinter dem schmalen Eingang der Höhle, der gerade groß genug ist, daß man sich hindurchzwängen kann, geht es steil nach unten, und der Gang beschreibt eine enge Spirale, so daß sich der Besucher an dem klammen Gestein festhalten muß, das aufgrund der Kondensation und dem Oberflächenglanz des Kalksteins deutlich glitzert. Im Innern fällt die Temperatur noch mehr ab, und der Gang führt in einen unterirdischen Hohlraum, der sich einstmals eineinhalb Kilometer weit in den Berg hinein erstreckte, doch 1960 hat ein gewaltiger Steinschlag den weiteren Zugang in den rückwärtigen Teil der großen Höhle verschüttet. In der Mitte des unterirdischen Saals befindet sich ein kleiner, tiefer See mit frischem, klarem Wasser; die Kalksteinwände der Grotte sind übersät mit schimmernden Furchen und Rinnsalen. Die kalte Luft ist erfüllt von den unaufhörlichen Geräuschen des Wassers, das von der Decke herabtropft und die Wände herunterrieselt und alles mit Kalk überzieht. Für einen Besucher aus der Bronzezeit, der dort stand und als Lichtquelle nur ein brennendes Holzscheit oder eine Öllampe zur Verfügung hatte, muß diese Kalksteinhöhle tatsächlich als Tor zur Unterwelt erschienen sein. Scherben von Töpferwaren, zerbrochene griechische und römische Statuen und Rußflocken von den Lampen sind an den Stellen gefunden worden, an denen die Alten ihre Riten und Opfer abgehalten hatten.

Angeblich soll Herakles hierhergekommen sein, um seine Aufgabe zu erfüllen, den Wächter der Unterwelt, den schrecklichen Höllenhund Kerberos, aus dem Totenreich heraufzuholen. Das Tier fing wegen seiner demütigenden Gefangennahme an zu geifern, und an den Stellen auf dem Boden, auf die seine tödlichen Speicheltropfen fielen, soll der giftige Eisenhut hervorgesprossen sein, der in der Umgebung von Ereğli noch immer gesammelt und als Volksheilmittel benutzt wird. Ob dies das einzige Mal gewesen war, daß Herakles diesen Ort aufgesucht hat, ist nicht bekannt, doch der Sage nach soll er hier auch vorbeigekommen sein, als er unterwegs war, um den Juwelengürtel der Amazonenkönigin zu erbeuten, und die Bewohner dieser Gegend bei ihren kriegerischen Auseinandersetzungen mit den benachbarten Völkerstämmen unterstützte. Auf jeden Fall gedenkt die heutige Stadt des Helden, denn »Ereğli« ist die moderne Schreibweise des alten Herakleia am Pontos; die Stadt ist also ihm zu Ehren benannt worden.

Als Jason und die Argonauten dort ankamen, wurden sie besonders herzlich empfangen. Die Bewohner dieser Gegend, die Mariandynen, waren erbitterte Feinde der Bebryken, deren brutaler König Amykos von Pollux bei dem vor kurzem abgehaltenen Faustkampf getötet worden war. Die Mariandynen und die Bebryken hatten sich in einem Grenzkrieg befunden, und Lykos, der König der Mariandynen, war nun überaus erfreut darüber, daß die Argonauten den Bebryken eine derart vernichtende Niederlage beigebracht hatten. Pollux wurde natürlich als derjenige Mann gefeiert, der den brutalen Raufbold eigenhändig zur Strecke gebracht hatte, und so wurden er und die anderen Argonauten in den Palast des Lykos eingeladen, um an einem feierlichen Festmahl teilzunehmen. Außerdem verkündete König Lykos, daß er zu Ehren von Kastor und Pollux auf der Landspitze ein Monument errichten lassen würde, das dort dann als Landmarke für alle in der Zukunft vorbeikommenden Seefahrer dienen sollte. Ferner wollte er, daß sein eigener Sohn, Daskylos, die Argonauten begleitete, um ihnen als Führer zu dienen und um als ihr Gesandter für die freundlich gesonnenen Volksstämme, die weiter entfernt an der Küste Kleinasiens lebten, zu dienen.

Traurigerweise endete der Aufenthalt bei Lykos jedoch mit einer zweifachen Tragödie. Vom Beginn der Reise an hatte Idmon, der Wahrsager, gewußt, daß er nicht mehr in seine Heimat zurückkehren würde; er war dazu verurteilt, am Ufer eines fremden Landes zu sterben. In der Morgendämmerung, als die Reisenden, mit vielen

Das Acherusische Kap

Geschenken des Königs beladen, vom Fest des Lykos zur *Argo* zurückkehrten, schreckten sie einen alten, wilden Eber auf, der im Schilf am Fluß gelegen hatte. Das angriffslustige Tier ging auf Idmon los und riß das Bein des Argonauten auf. Idmon stürzte tödlich verwundet zu Boden, und obwohl seine Gefährten den wilden Eber mit ihren Wurfspießen töteten, konnten sie nichts mehr tun, um Idmons Leben zu retten. Sie brachten ihn zur *Argo* zurück, wo er in den Armen seiner Freunde starb. Sein Tod verlangte traditionsgemäß drei Trauertage; am vierten Tag begruben die Argonauten ihren Schiffskameraden auf einer Anhöhe der Landzunge, errichteten einen Hügel über dem Grab und bepflanzten es mit einem wilden Olivenbaum.

Die Verzögerung, die durch die Begräbniszeremonien zustande kam, wurde dann einem weiteren Argonauten zum Verhängnis; diesmal ereilte das Schicksal ihren erfahrenen Steuermann Tiphys. Er starb nach einer kurzen, nicht genauer beschriebenen Krankheit; möglicherweise hatte er sich im feuchten Sumpfgebiet des Acheron ein Fieber zugezogen. Auch Tiphys wurde auf der Landzunge begraben, in der Nähe seines Gefährten. Insgesamt zwölf Tage lang kam die Suche nach dem Goldenen Vlies auf solch traurige Weise zu einem Stillstand. Jason war durch den Tod seiner beiden Gefährten so niedergeschlagen, daß er jeden Willen verlor, die Reise fortzusetzen. Die anderen Argonauten waren ähnlich verzagt, und so blieb es Ankaios überlassen, die Initiative zu übernehmen. Er erklärte sich dazu bereit, als Steuermann an die Stelle von Tiphys zu treten, wies darauf hin, daß er ebenfalls ein sehr erfahrener Seemann war, und er schaffte es schließlich, die anderen aus ihrer düsteren Lethargie herauszuholen und sie dazu zu bringen, die Suche wiederaufzunehmen.

Durch einen glücklichen Umstand ist der wahrscheinlichste Platz für die Gräber von Tiphys und Idmon der Ausdehnung der modernen Stadt Ereğli entronnen. Die Acherusische Höhe, auf der die beiden begraben worden waren, befindet sich, der Beschreibung in der *Argonautica* zufolge, innerhalb des militärischen Sperrgebiets; eine immer noch unberührte ländliche Gegend, die von Gras und kleinen Bäumen bewachsen ist. Als wir mit der *Argo* daran vorbeiruderten, konnten wir vom Meer aus hinaufsehen, wie es die alten Seefahrer auch getan hatten, und entdeckten auf der Kuppe des Hügels die Ruinen eines alten Gebäudes, das vormals sicherlich einmal ein Leuchtturm oder ein Wachtturm gewesen war. Die Ruinen stehen auf einer niedrigen Erhebung, die nicht natürlichen Ursprungs ist; möglicherweise handelt es sich hierbei um ein altes Hügelgrab. Wenn dieses militärische Sperrgebiet für die Archäologen frei zugänglich gemacht wird, dann muß dies der erste Platz sein, den man untersucht, um die Überreste der beiden Männer zu finden, die zusammen mit Jason auf der *Argo* entlang der Küste Kleinasiens gesegelt waren.

Wir ließen Ereğli, wo meine Tochter Ida wieder von Bord ging, hinter uns zurück und kamen zu der Kohlenstadt Zonguldak. Der Bürgermeister des Ortes schickte uns zwei Schlepper entgegen, die unsere Galeere sicher in den Hafen geleiteten. Auf dem Anleger wartete eine weitere Tanzgruppe auf uns; diesmal sollte ein echter Schwarzmeertanz aufgeführt werden. Die Tänzer und Tänzerinnen trugen tiefschwarze Tuniken und führten den Fischtanz vor, bei dem sie sich schüttelten und hin und her zuckten wie ein Sardellenschwarm, der in den Netzen der Fischer gefangen worden war und nun, ausgekippt, auf dem Deck zappelte. Leuchtende Silbergürtel, schimmernde Quasten und Lederbänder, alle mit Silber besetzt, funkelten und glitzerten, als die Tanzgruppe das Einfangen und den Todeskampf der zuckenden Fische darstellte.

Akçakoca, Ereğli, Zonguldak – jede Küstenstadt, an der wir vorbeikamen, wollte uns mit Geschenken, Blumen, Nahrungsmitteln und der Darbietung von Volkstänzen willkommen heißen. Die Verzögerung in Zonguldak hatte uns in unserem Zeitplan etwas in Verzug gebracht, und so geschah es, daß wir bei Anbruch der Dunkelheit auf einen trostlos wirkenden, ungeschützten Strand zuruderten. Nur wenige der Fischerboote waren im seichten Wasser festgemacht worden, der Rest der Flotte war, um sicherzugehen, weit den Strand hinaufgezogen worden. Für eine Übernachtung sah dieser Ort nicht gerade vertrauenserweckend aus, doch wir waren zu erschöpft, um noch weiterzufahren. Der Anker wurde ins Wasser geworfen, eine Heckleine am Ufer befestigt, und wir nahmen unsere Abendmahlzeit ein. Dann machten die meisten der Besatzungsmitglieder wie gewöhnlich ihr Nachtlager auf dem Sandstrand zurecht, während ich mit den Leuten, die diesmal Nachtwache hielten, an Bord blieb. Ungefähr um Mitternacht wurden die Sterne durch große, schwarze Wolken, die aus nördlicher Richtung herüberzogen, verdunkelt. Und plötzlich brach eine unruhige Betriebsamkeit auf dem Strand aus. Lichter bewegten sich auf und ab, als die Bootseigentümer zum Vorschein kamen und anfingen, hin und her zu rennen. Aufgeregte Rufe waren zu hören.

»Der schwarze Wind kommt!« rief Ali vom Strand aus zu mir herüber. »Die Leute sagen, daß er gefährlich ist und wir vorsichtig sein müssen!«

Die Fischer wateten ins Meer hinaus, um zu ihren festgemachten Booten zu gelangen und sie mit Hilfe von Schlepptauen auf den Sand zu ziehen. Andere betätigten selbstgebaute Winden, die auf dem Strand standen, und hievten ihre Seefahrzeuge hoch über die Wasserfläche.

»Sie meinen, es wäre besser, wenn du die *Argo* aus dem Wasser holst«, rief Ali wieder. »Sie sagen, daß dort eine große Winde steht, mit der sie hochgehievt werden kann, und daß sie dabei helfen wollen.«

Ich entschied, daß es vernünftiger war, *Argos* Ankern zu vertrauen und die Galeere dort zu lassen, wo sie sich jetzt befand. Bei einem stärker werdenden Wind und in der Dunkelheit vor einer ungeschützten Küste Experimente zu unternehmen schien mir nicht sehr sinnvoll zu sein; die *Argo* lief Gefahr, bei diesem Manöver, wenn sie sich gerade halb im und halb über dem Wasser befand, vom Unwetter überrascht und beschädigt zu werden. Die Nachtwache für eventuelle Notfälle an Bord regte sich – ich konnte deutlich erkennen, wie die drei Schlafsäcke auf dem Vordeck ihre Form veränderten. Ihre Besitzer waren durch den Tumult aufgeweckt worden und blickten sich nun um, verspürten aber nicht gerade die Neigung, nach draußen zu klettern, in den Regen, der gerade in der Dunkelheit herabzufallen begann. Sie mußten jedoch schon bald erkennen, daß sie keine andere Wahl hatten, als sich die Ölkleidung anzuziehen, sich um die Ankertaue zu kümmern und das schützende Schlechtwetter-Segeltuch anzubringen.

Wir waren noch dabei, die letzten Ecken des Segeltuchs zu befestigen, als der Sturm losging. Er war nicht so heftig, wie die Fischerleute befürchtet hatten, doch für die Mannschaft an Bord gab es trotzdem keine ruhige Minute mehr. Die Leine, die dafür gesorgt hatte, daß *Argos* Heck zum Strand zeigte, wurde losgebunden und der Hauptanker hochgezogen, so daß die Galeere in tieferes Wasser hineinglitt; dann wurde der Sturmanker hinabgelassen, damit unser Schiff durch die schnell größer werdenden Wellen nicht aufs Land zugetrieben werden konnte. Inzwischen war der Regen ungemein stark geworden, und die ersten Blitze beleuchteten die umherhuschenden Silhouetten der Argonauten am Ufer, die nun Hals über Kopf durch die Gegend rannten, um einen Schutz vor dem Regenguß zu finden. Sie konnten unter die umgedrehten Boote klettern, wo sie relativ trocken blieben, während die Nachtwache an Bord völlig durchnäßt wurde.

»Das nennt man das Glück der Iren!« grummelte eine der triefenden Gestalten neben mir an Bord, als wir damit kämpften, ein nasses Tau aufs Schiff zu ziehen. Die Bemerkung kam von Cormac, und ich stellte fest, daß die Nachtwache an Bord zufälligerweise ausschließlich aus den irischen Argonauten bestand. Von da an wurde das Vordeck, auf dem die drei in dieser feuchten Nacht eigentlich schlafen wollten, von den anderen Besatzungsmitgliedern »die irische Botschaft« genannt.

Das Gewitter war das Vorzeichen einer Wetteränderung. An den folgenden drei Tagen, an denen wir weiter ostwärts ruderten und segelten, wurden die Regenschauer immer häufiger. Hinter der alten Stadt Amasra, wo wir eine Nacht über in dem Oval des wunderschönen, alten Galeerenhafens festgemacht hatten, begann sich die türkische Küste zu verändern. Steile Berge reichten nun bis ins Meer herein, und die Landschaft wirkte wilder und verlassener. Wir ruderten an erhabenen Felswänden vorbei, vor denen die Möwen, weißen Schaumflecken gleich, umherflogen. Die Berge hinter ihnen waren mit Kastanienwäldern bewachsen und mit Haselnußsträuchern, so weit das Auge reichte, die von den Bauern der Umgebung abgeerntet wurden. Von Zeit zu Zeit glitten wir an kleinen, abgelegenen Buchten vorüber, die lediglich durch einen schmalen Pfad mit dem Landesinneren verbunden waren. Der hintere Teil der Buchten bestand oftmals aus einer kleinen, flachen Wiesenlandschaft, in der wir ein Bauernhaus aus Holz, ein oder zwei Scheunen und mehrere durch Holzzäune unterteilte Weiden erkennen konnten. Auf den Weiden grasten Pferde und Kühe, und von weitem gesehen wirkten diese winzigen Tiere und Gebäude so, als ob ein Kind einen Spielzeugbauernhof auf dem Teppich aufgebaut hatte.

Am 26. Juni erreichten wir den tückischsten Küstenstreifen, dem wir bisher begegnet waren. Mehrere hundert Meter von uns entfernt sahen wir Klippen und Felsen – nur noch Klippen und Felsen, als wir uns mühsam vorwärts bewegten. Das Wetter war schlecht: An diesem Morgen war die Sonne hinter derart dicken, dunklen Regenwolken aufgegangen, daß es um neun Uhr vormittags bereits wieder dunkel zu werden schien. In der grauen Düsternis konnte man die Berge zu unserer Rechten nur noch als Schatten im Wolkenmeer erkennen. Langgezogene Nebelschwaden trieben auf die Steilküste zu; über den Hochtälern schwebten Wolkenfetzen. Die letzten 24 Stunden lang hatte der Wind beständig aus Richtung Norden geweht, und irgendwo weiter draußen im Schwarzen Meer braute sich offensichtlich ein Unwetter zusammen, denn die Dünung wurde immer stärker und schlug dumpf gegen die Felsen, wodurch sich die auf der Rückströmung schwimmende Gischt ausbreitete. Es fing an zu regnen. Schon nach wenigen Minuten des Schauers glänzte die Haut der Besatzungsmitglieder, die noch immer mit nacktem Oberkörper ruderten. Schließlich regnete es sich ein, ein starkes, unbarmherziges Geprassel, und die Küste verwischte sich zu einem verschwommenen Grau. Die Hände der Ruderer wurden weiß und klamm, und ihre hart erarbeiteten Blasen sahen aus wie totes Fleisch.

Das Leben an Bord hätte nun nahezu unerträglich sein müssen, doch – erstaunlicherweise – ergötzte sich die Mannschaft geradezu an den neuen Bedingungen. Der starke Regen bedeutete eine Veränderung, und jeder Einbruch in die Monotonie des Ruderns war willkommen. Die Leute fingen an zu singen – ein Lied nach dem anderen, zumeist recht frivole Lieder, aber auch bekannte Kinderlieder, Balladen und Trinklieder. Tim Readman sprang auf die Gangway in der Mitte des Schiffs und gab auf der rutschigen Laufplanke eine kabarettistische Einlage. Er wurde wenig später von Adam unterstützt, der ebenso wie Nick Arzt war und sich uns in der Nähe von Zonguldak angeschlossen hatte, und schließlich kam auch noch Mark dazu, der für seine Vorstellung vorher noch einen türkischen Fes aus seiner Reisetasche herausgeholt hatte. Die Besatzung sang und lachte und ruderte dabei weiter. Während die Sketche aufgeführt wurden, frischte der Wind auf und wehte mehr aus östlicher Richtung. Die *Argo* kam nun so gut wie nicht mehr voran, und, nach vorne blickend, über die fröhlichen Gesichter der Ruderer hinweg, konnte ich erkennen, daß die kleine Galeere allmählich auf die Felsen zugetrieben wurde. Die Aussicht war äußerst unangenehm. Um vor der grimmigen, zerklüfteten Küste zu ankern, war das Wasser zu tief; unsere einzige Chance bestand darin, zu der Bucht zu gelangen, zu dem Einschnitt in der gefährlichen Felswand, der auf den türkischen Karten eingezeichnet war. Als die *Argo* immer dichter an die Küste gedrängt wurde, verstärkte sich meine Unruhe. Wir kamen gefährlich nah an die Klippen heran, und die

Mannschaft wurde wieder stiller, da die beständige Schinderei an ihren Kräften zehrte.

Dann entdeckte ich eine weiße Markierung am Fuß einer Klippe, einen kleinen Fleck, der sich als eine kurze Steinsäule herausstellte. Sie stand auf einer Felsplatte, genau auf einer Seite eines schmalen Einschnitts in den Klippen. Ohne diese Säule als Markierung hätte man die Einfahrt in die Bucht erst dann gesehen, wenn es schon zu spät gewesen wäre. Die kleine Bucht könnte man als ein geologisches Phänomen bezeichnen. Irgendwann einmal in ferner Vergangenheit hatte das Meer eine schwache Stelle der steilen Felsenküste bearbeitet und mit der Zeit eine Öffnung hineingenagt, die ungefähr 30 Meter breit war. Durch diese Schlucht hindurch war das Wasser hineingeströmt und hatte ein kleines, hinter den Klippen gelegenes Tal völlig überschwemmt, wodurch sich ein Becken gebildet hat, das fast ganz von Land umschlossen war. Die einzige Zufahrt wurde von der kaum wahrnehmbaren Spalte in der Steilküste gebildet.

»Vorsicht! Da ist ein Felsen mitten in der Einfahrt!« rief Ziya plötzlich erschrocken, als eine große, wohlgerundete Welle in die schmale Zufahrt hineinglitt und sich unvermittelt, tosende Gischt erzeugend, brach. Doch das schäumende Wirrwarr des Wassers war von den auf beiden Seiten der Klippen abgeprallten und zurückströmenden Wellen hervorgerufen worden, die in der Mitte der schmalen Einfahrt ab und zu aufeinandertrafen und hochgeschleudert wurden, als ob sie sich auf einem Felsen brachen. Ich wendete die *Argo* um 90 Grad und hielt sie genau auf die Einfahrt zu. Sie wurde von einem Wellenrücken hochgehoben, etwas nach vorne getragen, sank dann wieder nach unten und wurde erneut von einer Welle aufgenommen. Die Mannschaft ruderte angestrengt, um die Galeere weiter in Bewegung zu halten, so daß sie schnell genug war, damit ich sie lenken und darauf achten konnte, daß sie nicht von ihrem Kurs abgeriet. In einer imposanten Berg- und Talfahrt raste die Galeere, deren grimmige Augen starr nach vorne blickten, durch die Spalte hindurch, und wir glitten in den sicheren Hafen hinein.

Die kleine Bucht war eine Welt für sich. Nach 15 Metern kam die *Argo* aus der starken Dünung des Meeres in eine völlige Stille. Alles, was von der draußen tobenden See übrigblieb, war ein Schaumgebilde, das sich von der Einfahrt aus bogenförmig in der Bucht ausbreitete und sich dann sanft auflöste. Das Wasser in der Bucht wurde kaum bewegt. Es war so, als ob man sich in einem riesigen Wasserglas befand. Auf allen Seiten stieg das Land so steil an, daß die Bucht völlig umschlossen und somit vor den Elementen geschützt war. Draußen grummelte das Schwarze Meer, und über uns jagte der Nordwind einen grauen Wolkenschleier, der die Berghänge hinaufgewirbelt wurde. Doch in dem überschwemmten Tal wehte lediglich eine unmerkliche Brise, von der die Blätter der Büsche, die auf den Abhängen wuchsen, leicht zum Rascheln gebracht wurden. Eine perfekte Zuflucht, wie sie nur von der Natur gestaltet werden konnte. Auf der einen Seite der Bucht befanden sich drei oder vier Gebäude, ein winziges Dorf, auf der anderen ein einziges Haus mit einem überdachten Vorbau, ein Bootsschuppen, ein kleines Strandstück und ein schöner Anleger, der auf geschickte Weise so gebaut worden war, daß eine Reihe von halb überschwemmten Steinen verbunden wurden. Der Besitzer des kleinen Hauses mußte beobachtet haben, wie die *Argo* aus der Düsternis hervorgebrochen war, denn er stieg bereits in ein kleines Ruderboot, um uns entgegenzukommen und uns zu begrüßen.

Argo glitt zu seiner Seite der Bucht hinüber und warf Anker. Der Fremde hieß uns herzlich willkommen, nahm eine Leine für uns mit an Land, legte sie um einen Felsblock und machte sie fest. Der Galeere würde in der Bucht von Gideros absolut nichts passieren, versicherte er uns. Nicht einmal in den schlimmsten Winterstürmen konnte eine Welle in den verborgenen Hafen eindringen. Er lebte nun seit 25 Jahren hier und war noch nie von schlechtem Wetter belästigt worden. Schwere Stürme hatten nur 400 Meter

Einfahrt in die Bucht von Gideros

weiter weg getobt, aber die Blätter der Kletterpflanzen, die an dem Vorbau seines Hauses hochrankten, bewegten sich dann nur leicht. Wenn das Wetter gut war, verdiente er sich seinen Lebensunterhalt, indem er aus der Bucht herausfuhr und im Meer auf Fischfang ging. Ansonsten kümmerte er sich um seinen Garten, baute auf den winzigen ebenen Flächen des steilen Hanges über seinem Haus Gemüse an und pflegte seine Kirschbäume. Es führte keine Straße zu seinem Haus, nur ein mit zähem Schlamm bedeckter steiler Pfad. Doch man brauchte nur ein kurzes Stück hinaufzusteigen, um zur Hauptstraße zu gelangen, und von dort konnte er mit dem Bus in die nächste Stadt kommen, die acht Kilometer entfernt war. Sein Leben schien genauso idyllisch zu sein wie die Bucht.

Diese Küstenlandschaft war von den alten Griechen Paphlagonien genannt worden; die Bewohner standen damals in dem Ruf, zähe Krieger zu sein, die keine Fremden in ihrem Lande duldeten und in der Lage waren, sie wieder ins Meer zurückzudrängen. Selbst heute ist diese Gegend noch immer das unzugänglichste und unnahbarste Gebiet der türkischen Schwarzmeerküste. Das zerklüftete Gelände und die dicht an der Küste gelegenen hohen Berge haben diese Region von der übrigen Türkei isoliert. Die erste Küstenstraße ist noch im Bau, und die kleinen Städte haben kein Hinterland. Die Bewohner leben von der Forstwirtschaft, der Fischerei und von dem mühsamen Landbau auf den Gebirgsvorläufern. Cide, die Stadt, die der Bucht von Gideros am nächsten lag, war ein verarmter, trostloser Ort. Die meisten der jungen Leute hatten die Stadt verlassen, um Arbeit in Ankara, Istanbul oder im Ausland zu suchen. Nur die Älteren waren zurückgeblieben; viele von ihnen lebten von dem Geld, das ihre Kinder nach Hause schickten. Aber selbst hier, trotz dieser offensichtlichen Armut, war der Stadtrat fest entschlossen, die Argonauten nicht vorbeifahren zu lassen, ohne vorher seine Gastfreundschaft anzubieten. Der Bürgermeister hatte veranlaßt, daß ein Bus zur Bucht kam, der uns abholen sollte; und so kletterten wir im Nieselregen den rutschigen, schlammigen Pfad hinauf, um in die Stadt gefahren zu werden, wo wir eine Mahlzeit bekamen, ein Bad im *Hamam* und ein Bett für die Nacht.

Bei Morgengrauen saßen wir bereits wieder auf den nassen Ruderbänken. *Argos* Segel hatte während der letzten feuchten Tage keine Chance gehabt, trocken zu werden, statt dessen war es mit einigen dunklen Moderflecken bedeckt, was ihm ein etwas heruntergekommenes Aussehen gab. Die Kleidung der Besatzung wies ähnliche Flecken auf. Selbst die sonst so makellose Garderobe des lässigeleganten Dick Hill zeigte die ersten Anzeichen des Verfalls. Unsere sämtlichen Kleidungsstücke waren mit dem Hammelfett von den Ruderstropps eingeschmiert, unsere Hemden zerrissen und verdreckt und unsere schmuddeligen Hosen von dem stundenlangen Rudern unförmig geworden. Unser Eßgeschirr sah arg mitgenommen aus und konnte nicht gerade als sauber bezeichnet werden. Die metallenen Feldkochtöpfe, die am Anfang unserer Reise so sauber und gepflegt ausgesehen hatten, waren mittlerweile verbeult und zerkratzt. Wir tranken nun aus beschmierten Plastiktassen oder aus schmutzigen Metallbechern. Alles, was aus Versehen in den Kielraum hinunterfiel, konnten wir abschreiben und mußten es über Bord werfen, weil es einfach unmöglich war, den Gestank des dreckigen, trüben Bilgenwassers durch Abwaschen wieder wegzubekommen. Auf die Bücher und Zeitschriften, die im Umlauf waren, wurde mit besonderer Sorgfalt geachtet, aber die Seiten waren nun doch durch die Feuchtigkeit angeschwollen. Jonathan war auf seine Lesebrille getreten und gab nun eine recht merkwürdige Figur ab: Das eine Glas war gebrochen und daher undurchsichtig geworden, so daß er nun aussah wie jemand, der auf einem Auge blind war.

Weitere vier Tage lang arbeiteten wir uns mühsam voran, entlang einer langen, dunklen Küste, die immer wieder von steilen Flußtälern durchbrochen war. Eine Landspitze folgte der anderen und bewegte sich mit ermüdender Langsamkeit nach achtern.

Apollonios zufolge teilte sich der Nordwind beim Kap Karambis, wandte sich auf der einen Seite gen Westen, auf der anderen gen Osten. Die neuen Argonauten hofften sehr, daß dies stimmte, denn dann würden wir jenseits des Kaps den Wind im Rücken haben. Bei der Mannschaft zeigten sich allmählich die Auswirkungen der Strapazen. Peter Wheeler und Peter Warren waren nicht kleinzukriegen – sie besaßen anscheinend die Vitalität, ewig weiterrudern zu können. Mark, der Rudermeister, war so motiviert, daß er immer alles gab, was er geben konnte, aber obwohl sich seine Muskeln noch weiter ausbildeten, beendete er den Tag oftmals in einem Zustand kurz vor dem körperlichen Zusammenbruch, völlig ausgelaugt von der Anstrengung, sechs oder sieben Stunden lang mit nur kurzen Unterbrechungen zu rudern. Die wirklich überaus starken Männer – Jonathan und Cormac – verfügten eben über das nötige Gewicht und die Kraft, um den Strapazen standzuhalten. Doch in verschiedenem Ausmaß begann jeder, Zeichen der Erschöpfung zu zeigen: Man sah verzerrte Gesichter, eingefallene Augen, Leute mit Rückenschmerzen, wunden Ellbogen und Hinterbacken, bei manchen lösten sich Hautstreifen ab.

Es gab niemanden an Bord, der nicht die Position des Schlagmanns hätte einnehmen können, um das Team zu leiten und den Ruderstil auf die sich verändernden Bedingungen abzustimmen. Bei gutem Wetter war ein langer Schlag angebracht, aber wenn die See unruhig wurde, war ein kürzerer und anstrengenderer Schlag unbedingt erforderlich, um die dann stampfende und schlingernde *Argo* unter Kontrolle zu halten. Jedes Ruder hatte einen individuellen Charakter angenommen. Wir wußten alle genau, welches Ruder etwas unnachgiebiger, zu schwer oder leicht verzogen war. Andere waren wiederum zu leicht und zu biegsam, während die besten genau das richtige Maß an Elastizität besaßen, so daß man sich bei dem langen Turnus von Platzwechseln, der sich durch die Ruhepausen für die Besatzungsmitglieder ergab, auf den Moment freute, in dem man sich an ein gutes Ruder setzen konnte.

Es wurde geradezu eine Besessenheit, das Schiff exakt in der Horizontalen zu halten. Nachdem die Mannschaft fast zwei Monate auf den Ruderbänken verbracht hatte, war sie hinsichtlich der Änderung der Trimmlage ebenso empfindsam wie eine Wasserwaage. Wenn sich die *Argo* auch nur um einen Grad auf die Seite legte, war es für die Leute auf der höher gelegenen Seite doppelt so schwer, ihre Ruderblätter ins Wasser zu tauchen. Dann erscholl der Ruf: »Trimmt!« von oben, der die Leute, die sich gerade ausruhten, dazu brachte, auf die entsprechende Seite der Galeere zu klettern, um mit ihrem Körpergewicht das Schiff auszubalancieren. Hin und wieder riß während der Ausführung eines Ruderschlags die durchnäßte Naht eines Stropps auf, was zur Folge hatte, daß der unglückliche Ruderer rückwärts von seiner Bank in den Kielraum hinunterkatapultiert wurde. Wenn dies geschah, lachte niemand darüber. Die Mannschaft war zu erschöpft, und es war schon zu oft geschehen. All dies hatte Apollonios bereits beschrieben:

»Sie mühten sich an dem unermüdlichen Ruder ab. Sie arbeiteten wie Ochsen, die das nasse Land umpflügen. Der Schweiß läuft an den Flanken und den Nacken hinunter; ihre verdrehten Augen starren scheel unter dem Joch hervor; Stöße heißer Luft entweichen

dröhnend aus ihren Mäulern; und den ganzen Tag lang schuften sie, graben ihre Hufe in die Erde ein. Genauso durchfurchte die Besatzung der Argo die ganze Nacht lang mit ihren Rudern das Salzwasser.«

Vor Kap Karambis sah es so aus, als ob der Wind zu unseren Gunsten drehen würde, wie es Apollonios geschrieben hatte, doch das Wetter machte einen heimtückischen Eindruck. Als wir mit gesetztem Segel, in das eine starke Brise vom düsteren, verregneten Himmel herab hineinblies, am Kap vorbeiglitten, wurden wir von einigen Sturmböen erfaßt, die Gischt über das Schiff hinwegfegten und mich zu der Erkenntnis brachten, daß Vorsicht noch immer der bessere Teil des Heldenmuts war. Bei den neuen Argonauten handelte es sich um hervorragende Ruderer, doch ihre seemännische Geschicklichkeit bei schwerem Wetter war noch unerprobt. Bis jetzt hatte die Besatzung 70 Prozent der zurückgelegten Strecke an den Rudern verbracht, war also nur wenig gesegelt. Die Hälfte der Mannschaft – die Türken und einige der Stamm-Argonauten – hatte praktisch keine Erfahrung mit dem Umgang von offenen Booten bei schwerem Wetter, und schließlich kam noch hinzu, daß die *Argo* bei ungünstigen Bedingungen außerordentlich verwundbar war.

In der Obhut einer unerfahrenen oder erschöpften Besatzung konnte sie sehr schnell in Schwierigkeiten geraten. Bei schwerer See konnte sie leicht vollaufen. Sie besaß kein Deck, um eine an Bord stürzende Welle abzuschütteln; und durch größere Wassermengen, die im Kielraum frei hin und her schwappten, würde sie in gefährlichem Maße unstabil werden. Wenn sie nach hinten gedrückt werden würde und der Wind von der falschen Seite kam, so daß ihr Segel gegen den Mast gepreßt wurde, konnte sie nur noch durch schnelles Erfassen der Situation und sofortiges Handeln vor dem Umkippen bewahrt werden, falls nicht der Mast schnell genug zersplitterte und somit die Hebelwirkung verringerte. Bei einer steifen Brise konnte die Galeere von einer besonders starken Welle aus der Balance gebracht werden, woraufhin die Besatzung sofort ihr Körpergewicht einsetzen müßte, um sie wieder zu trimmen. Nach zehn oder zwölf Ruderstunden war eine Mannschaft jedoch zu erschöpft, um mit der notwendigen Schnelligkeit reagieren zu können. Alles in allem hielt ich es für besser, defensiv zu segeln und weiterhin zu versuchen, vor Einbruch der Nacht an Land zu gehen. Was ich am wenigsten wollte, war, daß die *Argo* in der Dunkelheit mit erschöpften Besatzungsmitgliedern an Bord, von denen einige dann wahrscheinlich noch seekrank werden würden, von einer tückischen Bö oder einem plötzlichen Sturm erfaßt wurde.

Meine Vorsicht verschärfte sich, als uns am 29. Juni Trondur, der erfahrenste Seemann an Bord, verlassen mußte, um zu den Färöern zurückzukehren. Es war schade, ihn gehen zu sehen, zumal er nun beim letzten, wahrscheinlich interessantesten Teil der Reise nicht dabeisein würde. Doch er war nach Hause gerufen worden, und er nutzte zuletzt jede freie Minute, um weitere Skizzen von der Fahrt anzufertigen, wobei er sowohl an Bord als auch auf dem Schlauchboot arbeitete. Der Tag seiner Abreise wurde durch einen genauen Gegenwind noch bedrückender gemacht. Wir liefen um fünf Uhr morgens aus dem kleinen Hafen von Abana aus und ruderten und kreuzten, ruderten und kreuzten, mehr als sechs Stunden lang, um vorwärts zu kommen, bis ich die Niederlage schließlich annehmen mußte und in den kleinen Hafen zurücksteuerte. Es schien alles nur eine fürchterliche Kraft- und Zeitverschwendung zu sein.

Dann, wie so oft bei einer langen Reise, folgte auf den schlechtesten Tag einer der besten. Wieder standen wir im Halbdunkel auf und ruderten bei Sonnenaufgang aus dem Hafen von Abana. Diesmal hielt die Windstille den ganzen Vormittag lang an; nachmittags kam dann eine sanfte Brise aus westlicher Richtung auf, so daß wir das Segel setzen konnten. Cormac warf eine Angelschnur aus und fing mehrere fleischige kleine Haifische, genug, um damit ein köstliches Abendessen für alle zubereiten zu können. Als die Sonne unterging, kam der Wind noch immer aus Westen, und das Wetter sah so beständig aus, daß ich mich dazu entschloß, das Risiko einzugehen, in der Nacht weiterzusegeln. Die Mannschaft war gut ausgeruht und völlig entspannt. Zwei der Türken, Mustafa und Umur, spielten Schach miteinander, aus dem Kassettenrecorder kam ruhige klassische Musik; der Rest der Besatzung las oder plauderte. Wir hatten den letzten sicheren Hafen hinter uns gelassen, und es kam uns als Schande vor, jetzt zurückzukehren.

Zu unserer Belohnung blies dieser segensreiche Wind die ganze Nacht hindurch, bei einem klaren Himmel voller Sterne, nach denen sich der Steuermann richten konnte. So glitt *Argo* mit drei bis vier Knoten voran, während sich die Wachen ablösten. Jede Schiffswache setzte sich aus vier Leuten zusammen: Zwei von ihnen, der Hauptwachhabende und sein Stellvertreter, besaßen Segelerfahrung; die anderen beiden waren jeweils Neulinge, aber auch sie mußten das Steuerruder übernehmen und lernen, mit einer vollgetakelten Galeere zu segeln. Dies war nicht so einfach, denn einen Fehler zu machen bedeutete meistens, daß der Wind auf die falsche Seite des Segels geriet, woraufhin die anderen Wachhabenden zu den Rudern greifen und die *Argo* herumbewegen mußten, so daß die Galeere wieder auf den richtigen Kurs kam und weitersegeln konnte.

In der Morgendämmerung passierten wir Ince Burun, das nördlichste Kap an der türkischen Küste; dort befindet sich auch die schmalste Stelle des Schwarzen Meeres. Nun waren wir lediglich 250 Kilometer von der Küste der Krim-Halbinsel entfernt und bereits weiter östlich als Suez gekommen. Über die aus Norden herangleitenden Wellen hinweg eilten wir an der von Höhlen durchlöcherten, steilen Kalksteinküste vorbei, die unbewohnt und leer war, abgesehen von einem einsamen Leuchtturm auf dem Kap, der diesen wichtigen Wendepunkt unserer Reise markierte. Pete, der Koch, servierte das Frühstück, das aus Rührei, Wassermelone und Brot bestand, und schließlich kam in weiter Ferne der abgeplattete Berg von Sinop, unser Tagesziel, in Sicht. Wir waren außerordentlich gut vorangekommen: Elegant legte *Argo* in schneller Fahrt einen Kilometer nach dem anderen zurück. Der Wind wehte nun stärker, und die Wellen wurden steiler, wenn sie aus den Tiefen aufstiegen und die Energie, die sie auf ihrem langen Weg von der Ukraine bis hierher gesammelt hatten, verbrauchten. Mit besonderer Vorsicht steuerte ich die Galeere so, daß wir von der Landzunge Sinops weit genug entfernt waren und in sicherem Abstand um das Gebiet, wo die Wellen gegen die Felsen schlugen, herumfahren konnten. Es handelte sich eben um eine Vorsichtsmaßnahme, aber ich sollte in den nächsten Stunden noch sehr froh darüber sein, daß ich diese Entscheidung getroffen hatte.

Argo wurde von einer großen Welle hochgehoben. Sie glitt über den Kamm hinweg, rutschte auf der anderen Seite wieder hinunter, und dann konnten wir ein fürchterliches, durchdringendes Krachen hören. Das Steuerruder auf der Backbordseite war zersplittert. Die 7,5 mal 18 Zentimeter dicke Ruderstange aus erstklassigem, ausgesuchtem Holz war an der Stelle durchgebrochen, wo sie in das Blatt überging, das nun, völlig unbrauchbar geworden, nur noch von einigen verdrehten Splittern gehalten, zu einer Seite lose herunterhing. Vielleicht war das Steuerruder angeschlagen worden, als wir im Marmarameer über die Felsen gescharrt waren; vielleicht war es auch einfach eine besonders starke Welle gewesen. Welche Ursache diesem Bruch auch zugrunde lag, die *Argo* verfügte jetzt nur noch über ein Steuerruder.

Zunächst schien die Situation nicht allzu kritisch zu sein. *Argo* segelte noch immer mit dem Wind, und das intakte Steuerruder auf der Steuerbordseite hielt sie weiterhin auf dem richtigen Kurs, um an der wellengepeitschten Landspitze vorbeizukommen. Scheinbar bestand auch die Möglichkeit, den Kurs der Galeere noch etwas auszugleichen, so daß sie unbeschadet an den drohenden Felsen vorübergleiten konnte. Der erschrockene Gesichtsausdruck einiger Besatzungsmitglieder beim lauten Krachen des zersplitternden Ruders verschwand wieder und wurde durch Interesse ersetzt; man fragte sich nun, was als nächstes passieren würde. Peter Wheeler, der Schiffszimmermann, kam nach achtern und untersuchte gleichmütig das kaputte Steuerruder. Ruhig wie immer schüttelte Peter bei der Betrachtung des Schadens nur mit dem Kopf, zog das zerbrochene Teil an Bord und band es mit einem Seil wieder fest zusammen.

»Ich werde es richtig reparieren, wenn wir in Sinop sind«, sagte er beruhigend.

Die *Argo* segelte weiter und fuhr an der ersten Landspitze vorbei. Dann bewegte ich vorsichtig das intakte Steuerruder, um sie etwas nach rechts zu lenken, damit wir um die Landzunge herumkamen, wobei ich eine Fahrrinne zwischen den Klippen und einer kleinen, zerklüfteten Insel vor der Küste anvisierte. Ich hatte vor, durch diese Kluft hindurch und um die Landspitze herumzufahren, um dort Schutz vor dem Wind zu finden, der von der Steilküste abgelenkt wurde. Die Ausführung dieses Manövers schien nicht sehr schwierig zu sein; worauf man dabei achten mußte, war, innere Ruhe zu bewahren und zeitgerecht zu handeln. Es war nun wichtig, so schnell wie möglich in einen sicheren Hafen zu kommen. Wenn wir mit nur einem einzigen Steuerruder über die Landzunge von Sinop hinausgetrieben wurden, dann würde es große Schwierigkeiten für uns geben. Unsere Bronzezeit-Galeere konnte bei Rückenwind nicht zurückfahren; wenn wir über unser Ziel hinausschossen, es also nicht schafften, in den Hafen von Sinop einzulaufen, würden wir in die 80 Kilometer lange Bucht von Bafra getrieben werden. Auf der anderen Seite dieser Bucht befand sich das Vorland von Bafra, das ins Meer hineinragende Mündungsgebiet des Flusses

Kizilirmak. Es handelt sich um einen ungeschützten Küstenstreifen, an dem es keinen einzigen Hafen, aber unzählige Untiefen und Klippen gibt. Der Navigationsführer empfahl dringend, einen Sicherheitsabstand von mindestens acht Kilometern einzuhalten, da man sich selbst auf die Karten nicht verlassen konnte. Der nächste Hafen war Samsun, auf dem Seeweg fast 160 Kilometer von Sinop entfernt, also viel zu weit weg, um zu versuchen, mit einem lädierten Schiff dorthin zu kommen.

Aber als ich das rechte Steuerruder bewegte, bekam ich eine deutliche, schreckenerregende Lektion darüber erteilt, wie die Steuerung einer Galeere funktioniert. Einige Sekunden lang lief alles gut: Die *Argo* änderte langsam die Richtung. Dann, als sie einen bestimmten kritischen Winkel erreicht hatte, übernahm plötzlich das stramm gefüllte Segel die Kontrolle über das Schiff: Die *Argo* ging regelrecht durch. Das Segel übte mehr Kraft aus als das einzelne Steuerruder, und die leichte Richtungsänderung wurde zu einer ungestümen Wende nach rechts. Anstatt auf die Lücke zwischen den Klippen und der kleinen Insel zu deuten, raste das Schiff genau auf die Steilküste zu. Das intakte Steuerruder schwang, ohne irgendeine Wirkung zu zeigen, lose hin und her. Eigenwillig hatte *Argo* einen natürlichen Kurs eingeschlagen; sie zog ihren Kopf ein, erhöhte schnell ihre Geschwindigkeit und eilte schicksalhaft den Felsen entgegen. Ich fühlte mich genauso wie ein Anfänger beim Skilaufen, der auf einem Abhang langsam wendet und plötzlich feststellt, daß die Skier die Kontrolle übernehmen und zusammen mit ihm auf einen Abgrund zurasen.

»Steuerbordbrasse, los! Hart bei, Backbordbrasse! Steuerbordschot, los! Backbordschot, holt ein!« Mit einer schnell aufeinanderfolgenden Reihe von Befehlen versuchte ich das Segel herumzuschwenken und die *Argo* wieder aufzurichten. Doch es hatte keinen Zweck. Der Rammsporn verhielt sich nun wie ein Vorderruder, drang tief ins Wasser und sorgte dafür, daß die Galeere ihren selbstmörderischen Kurs beibehielt. Das aufgeblähte Segel wurde zu einer drohenden Gefahr. Ohne die beiden Steuerruder, mit deren Hilfe die *Argo* perfekt kontrolliert werden konnte, gebärdete sie sich wie ein durchgehendes Pferd. »Geit auf!«

Tim Readman besaß das Geschick, bei einem Notfall an Bord immer gleich handlungsbereit zu sein, und so kletterten er und Peter Wheeler auf das Achterdeck, packten die Taue und zurrten das Segel an die Rah.

»Geht in Ruderposition! Ruder außenbords! Steuerbordseite, los! Backbordseite, rudert hart nach achtern!« Die Leute auf der Steuerbordseite fingen an, so kräftig wie möglich vorwärts zu rudern, während ihre Gefährten auf der Backbordseite ihre Ruderblätter ins Wasser tauchten und nach hinten drückten, um als Bremse zu dienen. Unsere Absicht war, das Schiff um die eigene Achse zu drehen, doch die vereinigte Kraft von 14 Ruderern reichte nicht aus. Vom Wind gepackt, raste *Argo* weiter auf die Felswand zu. Noch 50 Meter und wir würden auf die Klippen auflaufen. Irgendwie mußte der Bug des Schiffes in Richtung backbord gedreht werden, und zwar sehr schnell. Auf einer modernen Jacht benutzte man dazu das Focksegel oder den Klüver, aber die *Argo* besaß nur ein einziges rechteckiges Segel. Ein Klüver, ein provisorischer Klüver...

»Schnell! Holt die Regenplane für vorne und bringt sie an der Vorstag als Segel an.«

Tim Readman und Pete, der Koch, eilten zu der Stelle, wo die Regenplanen verstaut lagen, rissen an der Schnur des großen Beutels und holten das kleine dreieckige Segeltuch heraus, das normalerweise als Regenschutz für das Vordeck gedacht war. »Schnell! Schnell!« Die angeschlagene *Argo* raste noch immer, trotz der angestrengten Bemühungen der Ruderer, blindlings auf die Klippen zu. Die Leute, die versuchten, das Schiff zu bremsen, wurden durch den Druck, der auf ihre Rudergriffe wirkte, schwer gepeinigt; sie lehnten sich zurück und hielten sich mit einer Hand am Dollbord fest, damit sie nicht unter ihre Ruderbank gedrückt wurden.

Tim und Pete rannten mit der Plane auf der Laufplanke entlang zum Bug. Der gewaltige Cormac ließ sein Ruder los und lief hinterher, um zu helfen. Er hob Tim auf seine Schultern, so daß dieser hoch genug kam und eine Ecke der Plane oben an der Vorstag festmachen konnte. Es blieb keine Zeit mehr, um die Plane weiter zu befestigen, also hielt Pete, der Koch, eine weitere Ecke des Segels fest, und Peter Warren hängte sich an die dritte. Das kleine Stück Segeltuch flatterte im Wind, dann wölbte es sich. Deutlich spürte ich den Ruck des Minisegels am Bug; *Argo* wurde dazu gedrängt, sich wieder aufzurichten. Langsam wendete der Rammsporn der Galeere, ging auf den gewünschten Kurs, und die *Argo* fuhr wieder in die richtige Richtung.

Fünf Minuten später entschloß ich mich dazu, wieder zu versuchen, das Hauptsegel einzusetzen, doch sobald es sich mit Wind gefüllt hatte, wirbelte *Argo* erneut herum und stürmte wieder auf die Klippen zu. Diesmal waren wir aber gut darauf vorbereitet: Sofort trat der provisorische Regenplanenklüver in Aktion, und unser Schiff bewegte sich elegant aus dem Gefahrenbereich heraus. Auf diese sonderbare Weise fuhr die lädierte Galeere im Zickzack am Fuß der Steilküste entlang. Nun tauchten die Leute auf der Backbordseite ihre Ruderblätter ins Wasser und hielten sie starr fest, so daß sie als Steuerruder fungierten; im nächsten Augenblick ruderten die Leute auf der Steuerbordseite los, um uns vorwärts zu treiben. Auf dem Vordeck agierten die drei Peters und Tim Readman, drehten und wendeten die Plane, um den Wind einzufangen, und bestimmten somit, in welche Richtung der Bug der Galeere zeigte, während das intakte Steuerruder unbrauchbar im Wasser hing. Wir näherten uns der kleinen, zerklüfteten Insel. Wenn alles klappte, konnten wir nun ohne Schwierigkeiten durch die Lücke hindurchgleiten. Ich blickte auf die Karte. Mit einem halben Sturm im Rücken lief die *Argo* Gefahr, in die große, langgezogene Bucht von Bafra geweht zu werden.

»Es ist möglich, daß wir genau hinter der Landspitze ein geschütztes Fleckchen finden«, erklärte ich der schwer schuftenden Mannschaft. »Aber in dem Augenblick, in dem wir das Ende der Klippen erreicht haben, müssen wir wie wild rudern, damit wir um die Spitze herum und aus dem Wind kommen. Bereitet euch darauf vor, und wenn ich Bescheid sage – dann los!« Ich bewegte die *Argo* sanft auf die Klippen zu, ging so dicht, wie ich mich traute, an die Felsen heran. Als wir gerade eben an der Spitze der Landzunge vorübergeglitten waren, schrie ich: »Rudert! Rudert, was das Zeug hält!« und lenkte *Argos* Bug nach steuerbord. Wir schossen um die Ecke herum; die Mannschaft ruderte genauso verzweifelt wie an der schlimmsten Stelle des Bosporus. Unsere Geschwindigkeit reichte gerade aus, um dem Wind, der von den Klippen herüberkam, standzuhalten.

Zu meiner großen Erleichterung entdeckte ich tatsächlich eine kleine Stelle unbewegten Wassers, die nicht mehr als 30 Meter lang und 20 Meter breit war; ein Fischerboot ankerte bereits dort und kam mit den gelegentlichen Windböen gut zurecht. Die *Argo* erreichte den geschützten Platz, und Cormac warf den Anker ins Wasser. Einen Moment lang wollte der Anker nicht halten; die *Argo* begann wieder, auf die steile Felswand zuzutreiben, so daß Peter Wheeler mit einem Bootshaken bereitstehen mußte, um uns im

Notfall von den Klippen abzustoßen, aber die Ruderer bekamen das Schiff gerade noch rechtzeitig unter Kontrolle. Cormac beschmierte eines der Bleigewichte mit Butter und ließ es an einem Seil ins Wasser hinuntergleiten, um herauszufinden, ob der Meeresboden mit Sand oder mit Steinen bedeckt war. Als das Gewicht mit Sandkörnern in der Butter wieder heraufkam, wurde der Anker erneut ausgeworfen, und diesmal hielt er.

Peter Wheeler machte sich sogleich daran, sich um das auseinandergebrochene Steuerruder zu kümmern. Er wollte zwei der beweglichen Planken, die der Koch für seinen Vorratsraum verwendet hatte, als Schienen benutzen, bohrte eine Reihe von Löchern in die zerbrochene Ruderstange und schlug einige Holzdübel hinein, so daß die Schienen fest anlagen. Das ganze wurde noch verstärkt, indem es zusätzlich mit einem Seil zusammengebunden wurde. Peter war noch immer mit dieser provisorischen Reparatur, die sicherstellen sollte, daß wir uns nach Sinop schleppen konnten, beschäftigt, als ein großes Fischerboot mit jubelnden und händeklatschenden Türken an Bord um die Landspitze herumkam. Sinop feierte das Ende des Fastenmonats Ramadan mit einer Regatta. *Argo* hätte zu keinem besseren Zeitpunkt ankommen können. Ob wir doch bitte in den Hafen rudern könnten, wenn sich der Wind legte, riefen sie herüber. Und dann entfalteten sie ein riesiges, leicht falsch geschriebenes Spruchband. Darauf stand: *»Sinop wellcomes the Argonauts«*.

8. *Kapitel:*
Die letzte Etappe

Wenn es Jason und den Argonauten irgendwann im 13. Jahrhundert v.Chr. tatsächlich gelungen war, bis ins Schwarze Meer zu kommen, worauf die Zeugnisse schließen lassen, was für Menschen mögen es dann gewesen sein, die dort an der Küste gelebt hatten und mit denen sie zusammengetroffen waren? Der Direktor des Museums von Sinop zeigte mir die Überreste einer Siedlung, die sich zu der Zeit, als die Argonauten vorbeigesegelt waren, in voller Blüte gestanden hatte. Die Stätte befand sich ungefähr fünf Kilometer von Sinop entfernt auf der Kuppe eines steilen Hügels und beherrschte einen großen Teil der Bucht und die hügelige Umgegend, die sich bis zu den Bergen, die das Inland Anatoliens von dem Küstengebiet trennten, erstreckte. Die Häuser der späten Bronzezeit waren alle aus Holz gebaut worden, dem natürlichen Baustoff dieser reichbewaldeten Gegend, und die Bewohner hatten schlichte Töpferwaren und Werkzeuge aus Bronze und Knochen angefertigt. Der Museumsdirektor meinte, daß es sich um eine Kultur gehandelt hatte, die einfach und robust gewesen war und enge Beziehungen zu den anderen entlang der Küste lebenden Völkerstämmen unterhalten hatte. Die Bewohner, die Kaskäer genannt wurden, nahmen ein Gebiet ein, das man als Küstenkorridor bezeichnen konnte, der sich vom Bosporus im Westen bis zum Kaukasus im Osten erstreckte, und sie hatten gute Kontakte untereinander, während ihre Verbindungen zu den in der Hochebene lebenden Menschen nur dürftig waren. Wenn die Argonauten diesen Korridor einmal erreicht hatten, so wären sie also ganz automatisch nach Kolchis, dem Land des Goldenen Vlieses, gekommen.

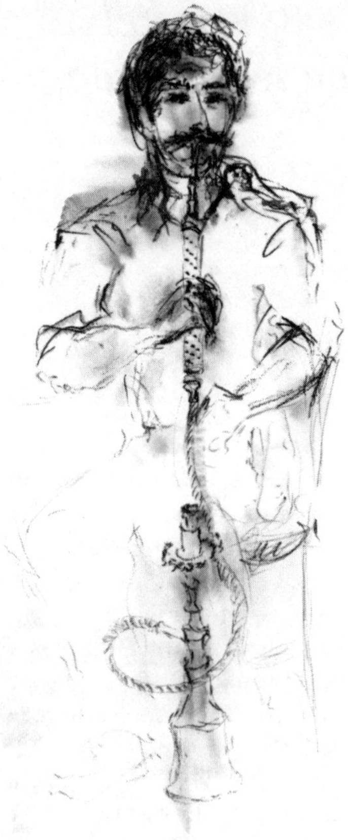

Von dem Volk der Kaskäer weiß man nicht allzuviel. Es wird in den Aufzeichnungen der Hethiter aus dem 16. Jahrhundert v. Chr. erwähnt, und es gibt Gründe, anzunehmen, daß die hethitischen Herrscher einen Handelsweg von ihrer Hauptstadt Hattusa (dem heutigen Boğazköy) im nördlichen Mittelanatolien bis zur Schwarzmeerküste in das Territorium der Kaskäer errichtet hatten. Die Bedeutsamkeit dieses Handelsweges wird erst jetzt allmählich von den Historikern erkannt, die sich bisher mehr für die südwärts zum Mittelmeer gehenden Kontakte der Hethiter interessiert hatten. Doch ein kurzer Blick auf die Landkarte zeigt, daß der für die Hethiter nächstgelegene Zugang zum Meer im Norden lag – das Schwarze Meer befand sich in nächster Nähe. Und diese Tatsache mag für die Argonautensage von einiger Bedeutung zu sein. Vor kurzem sind ein Dutzend mykenische Tonkrüge in den brandgeschwärzten Ruinen eines kleinen hethitischen Palastes in Masat, im nördlichen Mittelanatolien, entdeckt worden. Dieser Fund sorgte für große Aufregung unter den Archäologen, denn diese Krüge, langweilig einfache Gefäße zur Aufbewahrung von Öl, waren die ersten unbestreitbar mykenischen Gegenstände, die man im hethitischen Kernland gefunden hatte. Paradoxerweise stammen diese Krüge aus der Zeit, als der Niedergang des Hethiterreiches begann und die Landwege entsprechende Zerfallserscheinungen zeigten. Auf der anderen Seite deckt sich das Alter der Krüge genau mit der Zeit, als die Fahrt der Argonauten stattgefunden haben soll, und somit kann es gut sein, daß diese Tongefäße den Beweis dafür erbringen, daß schließlich der Kontakt auf dem Seeweg, durch den Bosporus hindurch, hergestellt worden war, der Kontakt zwischen den Mykenern auf der einen Seite und den Hethitern, Kaskäern und den anderen Volksstämmen entlang der Schwarzmeerküste auf der anderen. Wenn dies der Fall ist, dann würde die Sage von Jason und den Argonauten das erstmalige Vordringen der Griechen in das Schwarze Meer symbolisieren.

Buum! Buum! Tacka! Tacka! Buum! Jeder Trommelschlag drang über das Wasser hinweg deutlich zu uns. Der Trommler, der nur eine weiße Unterhose trug, gab ein recht sonderbares Bild ab, als er auf der Mole des Hafens von Sinop entlangschritt, starr nach vorne blickte und seine Trommel schlug. Er sah kein einziges Mal zu uns herüber, obwohl es offensichtlich war, daß er nur gekommen war, um sich von uns zu verabschieden. Der Mann mochte in seinen Sechzigern sein und war im Laufe der sonnigen Sommermonate dunkelbraun gebrannt worden; auf seinen Fersen folgte ein kleiner Terrier mit einem großen, schwarzen Fleck über einem Auge, so daß er aussah wie ein Hund aus einem Zeitungscomic. Auch der Hund blickte weder nach rechts noch nach links, sondern trottete mit geradeaus gerichteter Schnauze nur wenige Zentimeter hinter den nackten Fersen seines Herrchens her. Sonst befand sich niemand auf dem Anleger, nur ebendiese exzentrische Person, die im Takt zu unseren Ruderschlägen einen wilden Rhythmus schlug, als wir auf das Schwarze Meer hinausfuhren.

Die steif voranschreitende Figur, der eindringliche Trommelschlag und der kleine, lebhafte Terrier, der wie der Vertraute eines Hexenmeisters hinter dem Mann hertrottete, machten mich aus irgendeinem Grunde unruhig. Peter Wheeler hatte das Steuerruder erstklassig repariert. Er hatte eine Tischlerei ausfindig gemacht und

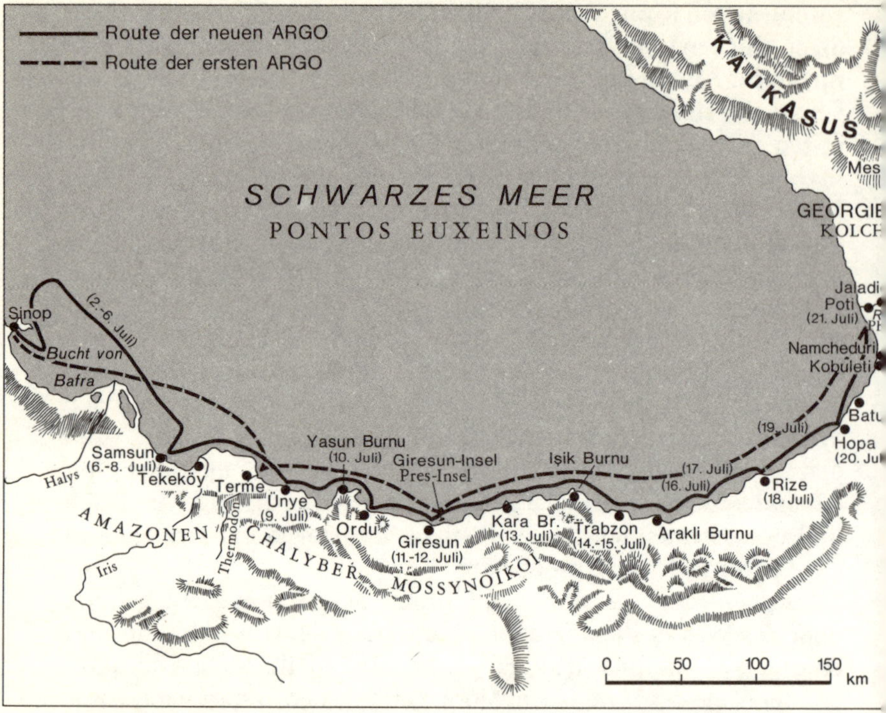

dort die zersplitterte Ruderstange fachmännisch verstärkt; das Steuerruder fühlte sich nun wieder solide an und ließ sich einwandfrei bewegen. Die Mannschaft hatte auf die Einladung des Bürgermeisters hin Sinops *Hamam* besucht, und die *Argo* war von uns gründlich gesäubert worden. Warum sollte ich also das Gefühl einer bösen Vorahnung bekommen? Der Himmel war klar, wir hatten einen leichten Rückenwind, und auf unserer linken Seite gab uns die hoch aufragende, abgeflachte Landzunge von Sinop einen angenehmen Windschatten, in dem wir segeln konnten. Die einzige leichte Irritation war, daß die Abendbrise, die uns in die langgezogene Bucht hineintrieb, mitunter etwas launenhaft zu sein schien. Ich hatte vor, die Bucht zu durchfahren, und wollte bis zum folgenden späten Abend, wenn es noch hell war, an der nicht ungefährlichen Landspitze von Bafra vorbeigekommen sein. Ich hoffte, daß der Wind anhalten würde, so daß die Besatzung in der Morgendämmerung nicht anfangen mußte zu rudern, um die Landspitze zu umfahren. Wenn wir gewußt hätten, was uns die nächsten fünf Tage erwarteten, hätte sicherlich niemand von uns etwas gegen das

Rudern eingewendet, denn wir sollten nun unsere Feuertaufe erleben; zum erstenmal sollten wir nun an Bord der Bronzezeit-Galeere mit schwerem Wetter konfrontiert werden.

Um Mitternacht drehte der Wind und kam nun aus Osten, die ungünstigste Richtung für uns. Um zu vermeiden, daß wir in der Dunkelheit auf die Klippen von Sinop getrieben wurden, lenkte ich die *Argo* nordwärts aufs offene Meer hinaus. Der Wind nahm zu. Der Richtungswechsel ging nicht sehr schnell vonstatten, sondern ganz allmählich. Und mit dem immer stärker werdenden Wind begann das Meer schon bald, sich unruhig hin und her zu wälzen. Nun zeigten sich die von den Fischern beschriebenen Dreierwellen: Vereinzelte Gruppen von drei kurzen, steilen Wellen, die größer waren als die anderen, rollten auf die *Argo* zu und brachten die Galeere heftig ins Schlingern. Wir mühten uns ab, uns von der gefährlichen Küste fernzuhalten, wobei die Mannschaft eine Zeitlang versuchte zu rudern, doch schon bald war es völlig unmöglich geworden, die Ruder einzusetzen. Das Schiff schwankte einfach zu sehr. Es gelang niemandem mehr, mit dem Ruderblatt einen richtigen Halt im Wasser zu finden. Die Männer rutschten auf den von der Gischt durchnäßten Bänken aus, fluchten vor sich hin, versuchten immer wieder erfolglos, einen richtigen Ruderschlag auszuführen, und gaben ihre nutzlosen Bemühungen schließlich auf. Die Besatzungsmitglieder zogen ihre Ruder so weit wie möglich an Bord und verkeilten die Griffe unter den Bänken so, daß die Blätter möglichst weit nach oben zeigten, damit sie nicht mit den Wellen in Berührung kamen. Dies wurde nicht nur aus Gründen der Bequemlichkeit getan, denn es bestand jederzeit die Gefahr, daß eine Reihe von Rudern von einer Sturzwelle erfaßt wurde, dadurch als Hebel wirkte und das Schiff bedenklich zum Schwanken brachte.

Um zwei Uhr in der Nacht beleuchtete die schmale Sichel des Mondes das ganze Ausmaß von *Argos* Elend. Sie wälzte sich mit Übelkeit erregenden Bewegungen von einer Seite zur anderen. Manchmal schlingerte die Galeere so heftig, daß die Ruderblätter, obwohl sie sich so weit oben befanden, unter Wasser getaucht wurden und dann wieder schäumend und mit einem bedrohlichen Geklapper der Rudergriffe, die das Schiff in seiner gesamten Länge erzittern ließen, zum Vorschein kamen. Gelegentlich drängte eine größere Welle das Schiff noch mehr auf die Seite, und das Wasser klatschte über das Dollbord hinweg. In diesen Fällen mußten wir sofort das Wasser aus dem Kielraum herausschöpfen.

Es wurde nun Zeit, verstärkt auf Schutzmaßnahmen gegen die stürmische See zu achten, damit wir das schwere Wetter möglichst heil überstehen konnten. Dies war der Augenblick der Wahrheit für Colin Mudies Konstruktion und für die Seefestigkeit eines Schiffes aus der Bronzezeit. Wir wußten nicht, wie gut sich die *Argo* halten würde, und ob sich das Wetter noch weiter verschlechterte. In den alten griechischen Texten konnte man unzählige Beschreibungen von Galeeren finden, die bei Sturm gesunken waren; die größten Verluste hatte man immer dann erlitten, wenn die Flotten durch die Unwetter gegen die Klippen getrieben worden waren: Tausende von Menschen waren dadurch ums Leben gekommen. Ich beschloß, daß wir, solange das Segel der *Argo* gesetzt bleiben konnte, weiterhin aufs offene Meer hinausfahren sollten. Wir ließen die Rah etwa einen Meter am Mast herunter; das Segel setzten wir so, daß es recht locker war, so daß der Wind darin ein Großteil seiner Kraft verlor. Nach einigen Experimenten fanden wir die sicherste Position für die Galeere heraus: Am besten war es, wenn sie quer zu den Wellen lag, so daß sie sich mit der vorbeiziehenden Dünung hob und senkte und leicht seitwärts schlingerte, wenn ein Wellenkamm unter ihrem Kiel entlangglitt, der einen Tiefgang von nur 60 Zentimetern hatte. Eigentlich handelte es sich bei der *Argo* lediglich um ein langes, schmales Ruderboot, das weit draußen im Meer in ein Unwetter geraten war, und es hing nun von der Besatzung ab, ob und wie dieses Seefahrzeug den Sturm überstehen würde. Um zu verhindern, daß sich die Galeere zu sehr zur Seite neigte, legten sich die Besatzungsmitglieder auf ihre Ruderbänke und kauerten sich so hin, daß sich ihr Kopf – der schwerste Teil des Körpers – nahe der windwärts gelegenen Reling befand. Die beengenden Bedingungen an Bord wurden nun noch unbequemer, denn immer, wenn die Wellen über die Reling hinweg aufs Schiff schwappten, bekamen die Männer nasse Köpfe, und das Wasser lief an ihrem Nacken herunter.

In der Morgendämmerung waren die schwachen Konturen der Landspitze von Sinop am Horizont noch gerade eben sichtbar, und als wir weiter auf das offene Meer hinausfuhren, verschwanden sie schließlich ganz. Auf der Landzunge befand sich eine Funkstation, die ich mit Hilfe des Walkie-talkies anzurufen versuchte, um nach der Wettervorhersage zu fragen und über unsere mißliche Lage zu berichten. Doch die Leistung des kleinen Funksprechgeräts, das nicht größer als eine Kamera war, reichte nicht aus; es kam keine

Argo *in schwerem Wetter*

Antwort. Ich langte unter die Laufplanke in der Mitte des Schiffs, wo sich der Notsender befand, zog die Antenne aus und versuchte es noch einmal; wieder kam keine Antwort. Im Schwarzen Meer gibt es nur wenige Empfangsstationen auf Schiffen oder an der Küste. Ich schob die Antenne zusammen und legte das Gerät wieder an seinen Platz. Wir mußten eben zusehen, daß wir allein klarkamen.

Im Laufe des langsam vergehenden Vormittags wurde die *Argo* immer weiter auf das offene Meer hinausgedrängt. Die Landspitze war nicht mehr zu sehen; wir wurden nun von einer endlosen Weite voller düsterer, mit Schaumkämmen bedeckten Wellen umgeben, über der sich ein trüber Himmel erstreckte. Kein anderes Schiff war zu sehen, denn die *Argo* befand sich jetzt nicht mehr auf der Route, die von den wenigen Küstenfahrern, die das Kap umrundeten, benutzt wurde. Wir waren schließlich auf uns selbst gestellt, gefangen in der klassischen Situation, vor der sich alle Galeerenfahrer seit den ersten Tagen der Seefahrt gefürchtet hatten: in einem offenen Schiff den Wind und den Wellen preisgegeben, mit Männern an Bord, die bald müde und mutlos werden würden, wenn sich die Witterungsverhältnisse nicht besserten; die Galeere war zu klein und zu schwach, um bei diesem Unwetter über den Kurs bestimmen zu können; und es gab keine Möglichkeit, zur Küste zurückzukommen, solange der Wind nicht nachließ oder zu unseren Gunsten seine Richtung änderte. Die neuen Argonauten erlebten die ursprünglichen Bedingungen auf einer Galeere nun so hautnah wie nie zuvor.

Die Nervenprobe setzte sich den ganzen Tag und die ganze nächste Nacht lang fort. »Eine weitere wirklich jämmerliche Nacht auf der unveränderlich rauhen See verbracht«, steht in meinem Tagebuch, daß ich 36 Stunden später geschrieben hatte, »und das Schiff schaukelt mit losem Segel mühsam über die weißen Wellenkämme hinweg. Wir werden unablässig nach Norden getrieben. Alle Türken an Bord haben nun die Seekrankheit, können nichts mehr essen und liegen, Decken um sich gehüllt, wie Tote auf den Bänken. Ali versucht, trockenes Brot zu essen, um seine Brechanfälle zu stoppen, doch Umur und Yüksel sind völlig entkräftet und weigern sich, irgend etwas zu sich zu nehmen. Ab und zu klatscht eine Welle an Bord, oder eine kleinere Welle schlägt gegen die Seite der Galeere und wird durch den Aufprall zu Gischt, die dann über die auf den Ruderbänken schlafenden Männer hinwegfegt. Wenn es sich dabei um eine größere Welle handelt, läuft das Wasser an ihren Hals hinunter in ihre Schlafsäcke hinein ... Die Hot Dogs in Dosen, die wir letzte Nacht gegessen haben, schmeckten widerlich, selbst Peter Wheeler mußte sich übergeben. Ich denke, daß sie in den Dosen schlecht geworden sind, aber es ist schwierig, unter diesen Bedingungen etwas anderes zu kochen. Der einzige Lichtblick war da, als Pete, der Koch, jeder Person eine Wassermelonenscheibe gab – einfach köstlich. Wir müssen auf den Wasserverbrauch achten. Ich habe 16 Leute an Bord, und unsere Wasservorräte sind begrenzt.«

Die Reaktionen der Besatzung waren verschieden. Einige Leute, wie zum Beispiel der arme Yüksel oder Umur, waren durch ihre Seekrankheit derart geschwächt, daß es ihnen ziemlich egal war, was weiterhin geschah. Fast zwei Tage lang rührten sie sich so gut wie nicht, eine durchnäßte Decke über ihren Kopf gezogen, während die Galeere schlingerte und schwankte, und lagen völlig kraftlos inmitten unseres Gepäcks. Wenn *Argo* gekentert wäre, hätten sie kaum eine Chance gehabt. Die meisten von den anderen Besatzungsmitgliedern wurden stumpfsinnig. Sie lagen in ihren Schlafsäcken oder hatten sich in ihre Ölkleidung verkrochen, und gelegentlich wurden sie von einem Brecher mit Wasser überschüttet. Der einzige Zeitvertreib bestand darin, sich ganz bis zum Dollbord hinzubewegen und über den Rand zu starren, um die stetige Folge von Wellen, die auf die *Argo* zustürzte, zu beobachten und dann zu raten, wie weit jede einzelne Welle – was von ihrer Größe und dem Winkel abhängig war – an der Schiffswand hochkommen würde und ob sie es schaffte, bis zur eigenen Nase zu gelangen.

Bei neun von zehn Malen erreichte *Argo* einen kritischen Punkt der Kippsicherheit; sie legte sich auf die Seite, wenn der Wellenkamm das Dollbord hinaufstürmte und das Wasser dem Rand der Beplankung näher und näher kam, bis sie dann, wenn der Abstand nur noch acht bis zehn Zentimeter betrug, plötzlich eine ruckartige Bewegung machte und sich wieder aufrichtete, während die Welle unter uns vorbeizischte. Immer wieder schlängelte sie sich auf diese Weise über die Wellen hinweg, und nur gelegentlich bekam sie Wasser an Bord.

Ein oder zwei der Besatzungsmitglieder fingen an, wirklich elend auszusehen. Es war das lange Warten, das ihre Moral untergrub. Die Stunden schleppten sich endlos dahin, während *Argo* ohne Unterlaß, von einer Welle nach der anderen bedroht, schlingerte und schaukelte, so daß es für die Neulinge ungemein schwierig war, einfach zu akzeptieren, daß wir uns auch weiterhin passiv verhalten und auf die Konstruktion des Schiffes vertrauen mußten. Das beste, was wir tun konnten, bestand tatsächlich darin, unsere Energien zu bewahren und auf ein Nachlassen des Unwetters zu warten. Erst dann konnten wir den Versuch wagen, unseren Weg zurück zur Küste zu finden. Bis dahin mußten wir aber zusehen, daß wir uns so weit wie möglich vom Land entfernt hielten und die *Argo* dabei unterstützten, sicher durchs unruhige Wasser zu kommen. Uns stand noch immer die Alternative zur Verfügung, zu wenden und uns mit dem Wind und den Wellen treiben zu lassen, darauf vertrauend, daß sich das elegante, nach oben hin gekrümmte Heck der Galeere über die Brecher erhob, doch niemand wußte, wie sich der Rammsporn in dieser Situation auswirken würde. Es konnte gut sein, daß er sich ins Wasser grub, den Bug zur Seite riß und dabei die Galeere möglicherweise zum Kentern brachte. *Argos* Verhalten bei schwerem Wetter erfuhren wir nun aus erster Hand; es glich einer Fahrt ins Unbekannte. Keiner von uns wußte, wie gut die Galeere diesen Bedingungen standhalten würde. Jedes Besatzungsmitglied verfügte über seine eigenen begrenzten Erfahrungen, nach denen die Lage beurteilt wurde. Diejenigen, die zum erstenmal ein Unwetter an Bord eines offenen Schiffs erlebten, waren natürlich die ersten, die sich ängstigten, während bei denjenigen, die über mehr Erfahrung verfügten, die Schwelle der Besorgnis höher lag.

Am zweiten Morgen gegen drei Uhr begann der Sturm endlich nachzulassen, und bei Sonnenaufgang wurde die *Argo* nicht mehr von schweren Brechern bedroht. »36 Stunden lang bei schwerem

Wetter in einem offenen Schiff mit so vielen Besatzungsmitgliedern sind genug«, heißt es in meinen Aufzeichnungen weiter. »Ich hoffe, daß es nicht noch weitergeht. Das beste an diesen Bedingungen ist, daß die Sonne selbst noch bei Windstärke 7 scheint, so daß die Wellen spritzig und lebhaft wirken, wenn sie sich auf die *Argo* stürzen. Eher ein enthusiastischer Überfall als eine düstere Bedrohung . . .«

Eine Sache, die der Sturm bewirkte, war, daß wir aufhörten, ohne Kompaß zu navigieren. Als der Wind sich legte und wir wieder segeln konnten, war plötzlich ein kleiner Taschenkompaß aufgetaucht, der sich nun dort befand, wo ihn der jeweilige Rudergänger gut sah. Wir waren über 1200 Kilometer ohne Kompaß ausgekommen und hatten somit bewiesen, daß man auch ohne seine Hilfe sehr gut mit einem Schiff von Griechenland bis ins Schwarze Meer gelangen konnte. Einige der Besatzungsmitglieder dachten offensichtlich, daß es nun auch genug war; das historische Experiment war erfolgreich gewesen, somit reichte es nun, und sie waren jetzt mehr daran interessiert, so schnell wie möglich wieder an Land zu kommen. Natürlich zeigten die Sonne und die Sterne noch immer deutlich an, wo Süden war und in welcher Richtung sich die Küste befand, aber der Kompaß wirkte beruhigend; genaugenommen handelte es sich also eher um eine psychologische als um eine navigatorische Hilfe. Seine Brauchbarkeit war sowieso stark eingeschränkt, da wir nach eineinhalb Tagen im Sturm, der uns weit von der Küste weggetrieben hatte, überhaupt nicht wußten, wo wir uns jetzt genau befanden.

Ich schätzte unsere Position auf 50 Kilometer Nordnordost von Sinop. Ohne unseren Ausgangspunkt zu kennen, ohne die Möglichkeit, unsere Geschwindigkeit genau zu ermitteln, und ohne zu wissen, wie sich die örtlichen Strömungen auswirkten, konnten wir immer noch nicht in Erfahrung bringen, wann und wo wir wieder an die Küste kommen würden. Ich blickte zum nächtlichen Himmel hinauf, als *Argo* dem Land entgegensegelte, und fand es ebenso beruhigend, die beiden Sterne Kastor und Pollux zu sehen, die zu Ehren der ursprünglichen Argonauten im Sternbild der Zwillinge leuchten. Indem ich die Zwillinge während der ersten Nachtwache beständig in nächster Nähe der Steuerbord-Rahnock hielt, fuhr die *Argo* genau auf die türkische Küste zu.

Langsam gingen uns die Nahrungsmittel aus. An Bord gab es einfach nicht genug Platz, um für 16 Leute Vorräte zu verstauen, die über einen längeren Zeitraum hinweg ausreichen würden, und wir hatten bereits die Brot- und Gemüserationen für zwei Tage verbraucht. Zu unseren Reservevorräten gehörten die Hot Dogs in Dosen, die höchstwahrscheinlich schlecht geworden waren, weshalb es uns sicherer erschien, sie über Bord zu werfen. Unsere Rationen mußten also gekürzt werden; zum Abendessen gab es nun ein einziges Ei und eine Handvoll Reis, während Frühstück und Mittagessen aus zwei Scheiben Zwieback und einer Tasse Kaffee oder Tee bestanden. Aber wir hatten noch genug frisches Wasser an Bord, was natürlich wichtiger war. Ohne Essen konnten wir einige Tage lang auskommen – die seekranken Besatzungsmitglieder hatten sowieso keinen Appetit –, doch ohne Wasser wäre die Situation sicherlich katastrophal geworden. Wir hatten es uns zum Prinzip gemacht, niemals aus einem Hafen auszulaufen, ohne daß die Wasserbehälter mindestens zu 80 Prozent voll waren, und so hatten wir sie glücklicherweise auch in Sinop frisch gefüllt. Die Besatzung beschränkte sich nun selbst darauf, daß jede Person pro Tag nur ein bis eineinhalb Liter trank, was bedeutete, daß wir mindestens noch eine Woche lang genug frisches Wasser hatten.

Meine größte Sorge war nun der Wind, der mindestens zwei Tage lang aus einer für uns günstigen Richtung wehen mußte. Wenn er wieder drehte und ablandig wurde, hätte es zur Folge, daß wir noch weiter aufs Schwarze Meer hinausgetrieben werden würden; wenn sich der Wind andererseits legte, waren wir noch immer zu weit vom Land entfernt, um durch Rudern dorthin zu gelangen, falls wir nicht sogar in eine völlige Flaute gerieten, was im Schwarzen Meer jedoch sehr unwahrscheinlich war. Die Fläche der offenen See im Norden war dafür zu groß, und die Dünung wurde hier viel stärker als zwischen den Inseln der Ägäis. Wie zu erwarten, blieb das Meer zunächst einmal weiterhin sehr unruhig, während wir, schaukelnd und schwankend, südostwärts segelten. Dann, am 5. Juli um acht Uhr morgens, hörten wir erneut das unmißverständliche Krachen eines zerbrechenden Steuerruders.

Diesmal war die Stange des Steuerruders auf der Steuerbordseite zersplittert. Es hatte sich wiederum ereignet, als die *Argo* einen Wellenberg hinabgeglitten war; das Gewicht der Galeere erwies sich als zu schwer für das Steuerruder, und so war die Stange aus solidem Holz entzweigebrochen, das Blatt hing nur noch lose herunter. Tim Readman baute sogleich ein Hilfssteuersystem auf, indem er ein Ruder am Heck befestigte, und half dem Steuermann eine Stunde lang dabei, die *Argo* auf ihrem Kurs zu halten, während Peter Wheeler die Reparatur ausführte, die ihm nun schon ziemlich vertraut vorkam. Und wieder verlor der Koch seine beiden herausnehmbaren Planken, die ergriffen und als Schienen für das zerbrochene Steuerruder benutzt wurden. Dann leitete Peter Mark und Cormac an, wie sie ein festes Seil um die provisorische Verbindung zu wickeln hatten. Als sich das Steuerruder wieder an seinem Platz befand, sah es nicht gerade sehr funktionstüchtig aus. Das Blatt schwankte hin und her, da die provisorische Verbindung nicht fest genug war, und die aus Seilen und Keilen bestehende Bandage hinderten es daran, sich ganz zu drehen, so daß das Steuerruder lange nicht mehr so beweglich war wie vorher. Es ragte nun ins Wasser hinein und wirkte wie eine sehr wacklige Kielflosse, doch immerhin war es stabil genug, um die *Argo* auf ihrem Kurs zu halten, vorausgesetzt, daß nun keine schroffen Steuerbewegungen nötig waren.

Der Unfall wirkte sich weder auf die Stimmung noch auf unser Vorwärtskommen aus. *Argo* glitt fröhlich mit einer Geschwindigkeit von drei bis vier Knoten voran, wobei sie stetig die gewünschte Richtung beibehielt. Den alten Hasen von der Sindbad-Fahrt waren ähnliche kritische Situationen nicht unbekannt. Auf dem Weg nach China hatte unser arabisches Schiff ständig Probleme mit seinem Ruder gehabt, und trotzdem hatte es uns schließlich ganz bis nach Kanton gebracht. Alles, was man benötigte, war die Fähigkeit, jederzeit provisorische Reparaturen auf See auszuführen und dabei gelassen zu bleiben. Die Tatsache, daß nun bereits zum zweitenmal ein Steuerruder der *Argo* entzweigebrochen war, half ebenfalls. Wir hatten alles schon einmal durchgemacht und wußten, daß wir das Steuerruder reparieren konnten und daß irgendwie schon alles gutgehen würde. Ebenso würde es sich verhalten, wenn wir wieder in ein Unwetter hineingerieten. Jetzt, wo die Mannschaft einen Sturm durchgemacht und ihn überlebt hatte, würde ihr Vertrauen beträchtlich viel größer sein.

Zum Abendessen gab es wieder nur Zwieback. Dann, in der vierten Nacht auf See, wurden weit in der Ferne am Horizont Lichter sichtbar. Unseren Berechnungen nach mußte es sich um die Provinzhauptstadt Samsun handeln, und wir begannen, auf sie zuzurudern. Um acht Uhr morgens erreichten wir den Wellenbrecher des Hafens von Samsun und machten nur wenig später an einem der Anleger fest. Vier Tage waren nun vergangen, seitdem wir Sinop verlassen hatten; die Argonauten waren erschöpft. Was wir nun alle wollten, waren ein fester, ungestörter Schlaf und eine warme Mahlzeit. Wir hatten jetzt eine weit längere Zeit ununterbrochen auf der Galeere verbracht, als es ursprünglich geplant gewesen war. Ali ging an Land, um sich nach einem Café umzusehen, wo wir frühstücken konnten, und kam wenig später mit einer Zeitung wieder. Er grinste. »Seht euch mal die Schlagzeile auf der ersten Seite an«, meinte er. »Da steht was über die Argonauten: ›*Fünfundzwanzig britische Seeleute im Schwarzen Meer verschollen!*‹«

Samsun verfügt über einen der besten Häfen an der türkischen Nordküste. In der späten Bronzezeit existierte an einem Ort, der heute Tekeköy heißt, 22 Kilometer östlich von Samsun, bereits eine wichtige Siedlung. Erste Ausgrabungen in Tekeköy haben Gräber aus der späten Bronzezeit zutage gefördert, die Ohrringe, Bronzemesser und zwei Speerspitzen aus Bronze für kultische Zwecke enthielten. Diese Funde deuten darauf hin, daß sich Tekeköy am Ende eines Handelsweges befunden hatte, der das Schwarze Meer mit den wichtigsten hethitischen Städten im Landesinnern verband. Das Küstengebiet in dieser Gegend hat sich durch die Unmengen von Schlick, Sand und Steinen, die von den Flüssen wie dem Kızılırmak angeschwemmt und dort als Delta abgelagert worden sind, drastisch verändert. Apollonios hatte berichtet, daß es sich bei diesem Küstenstreifen um ein Land handelte, das von sich ständig verformenden Flußdeltas geprägt wurde – von den Mündungen der Flüsse Halys, Iris und Thermodon. Der Letztgenannte war bekannt, da an seinen Ufern die kriegerischen Amazonen lebten, und der Fluß Iris war berühmt wegen seiner 96 Nebenarme und Nebenflüsse, die sich auf der amazonischen Ebene hin und her wanden, wobei viele von ihnen unter die Erde verschwanden und nicht wieder zum Vorschein kamen, während die wenigen übriggebliebenen zusammenflossen und in der Nähe von Themiskyra ins Schwarze Meer strömten. Dort, so berichtet Apollonios weiter, zogen die Argonauten die *Argo* auf den Strand und hatten vor, die wilden Amazonen herauszufordern, doch ein von Zeus gesandter günstiger Nordwestwind bewegte sie dazu, mit der größtmöglichen Geschwindigkeit weiter in Richtung Kolchis zu fahren, und so wurde die Schlacht vermieden.

Die neuen Argonauten wurden von einer ähnlichen Ungeduld

ergriffen. Wir verbrachten zwei Tage in Samsun und erholten uns von der Fahrt auf dem offenen Meer, während ein ehemaliger Offizier der türkischen Kriegsmarine, der aus gesundheitlichen Gründen aus dem aktiven Dienst entlassen worden war, fachmännisch das zerbrochene Steuerruder für uns reparierte. Er weigerte sich entschieden, irgendeine Bezahlung dafür anzunehmen, und bat uns nur darum, ihm Kopien von den Bauplänen der *Argo* zu geben, damit er dann später ein Modell von der Galeere anfertigen konnte. Bei der Reparatur benutzte er für die Seitenteile Maulbeerbaumholz, für die Dübel türkische Eiche und für die Leisten Buche. »Jetzt könnten wir einen Preis verleihen«, bemerkte Peter Wheeler, »und zwar derjenigen Person, die genau sagen kann, wie viele verschiedene Holzarten beim Bau des Schiffes verwendet worden sind.«

Sobald das Steuerruder wieder montiert war, setzten wir unseren Weg fort und fuhren um das Delta des Yeşilırmak herum, der nordöstlich von Samsun noch immer Land und Geröll ablagert. »Achtung: möglicherweise Untiefen, Schiffe sollten in der Nähe der Iris-Landspitze einen Mindestabstand von acht Kilometern zur Küste einhalten«, wurde auf der Seekarte gewarnt, da sich die Wassertiefe hier ständig änderte. Wir waren, da dies mit einer Galeere möglich ist, etwa 200 Meter vom Ufer entfernt, als wir den riesigen, fächerförmigen Flecken milchigen Wassers erreichten, der die Flußmündung markierte.

»Hier müßte es Störe geben«, meinte Peter Wheeler erwartungsvoll, der gerade dabei war, einen übergroßen Angelhaken mit einem Köder zu versehen. »Es wäre sehr schön, Kaviar zum Frühstück zu haben.«

»Werden Störe nicht mit Netzen gefangen?« fragte jemand, der nicht vom Fach war, zweifelnd.

Es wurde kaum noch gesprochen, als sich die *Argo* vorwärts schleppte. Einige Leute der Besatzung kämpften mit einem fürchterlichen Kater: das Überbleibsel einer mitternächtlichen Party in Samsun; einen oder zweien von ihnen ging es so schlecht, daß sie sich kaum noch rühren konnten. Wieder einmal kam bei der *Argo* die schlechte Angewohnheit durch, sich unmerklich, aber stetig auf die Küste zuzubewegen, obwohl wir das Segel so straff wie möglich gespannt hatten.

Schließlich sagte Nick leise: »Laß uns doch alle nach achtern gehen. Vielleicht kann *Argo* dann besser segeln.« Zwei Monate vorher, kurz nachdem wir aus Volos ausgelaufen waren, hatten wir einen ähnlichen Versuch unternommen, bei dem wir soviel von *Argos* Ausrüstung wie möglich nach achtern gebracht hatten, um zu sehen, ob die Galeere dann näher am Wind segelte. Damals schien es so, als ob es keinen großen Unterschied machte. Doch jetzt waren wir der Meinung, daß wir ruhig alles ausprobieren sollten, wenn dadurch die Möglichkeit bestand, daß unser Schiff besser segelte und wir weniger zu rudern brauchten. Die gesamte Mannschaft, egal ob mit oder ohne Kater, kletterte nach hinten und drängte sich auf dem winzigen Achterdeck zusammen. Es war dort so eng, daß es nicht einmal für jeden einen Stehplatz gab. Einige hockten sich auf die Reling oder setzten sich übereinander und bildeten einen Haufen, wodurch der Eindruck entstand, als ob gerade eben eine Tonne Menschenfleisch aufs Achterdeck geschafft worden war. Aber die Wirkung war erstaunlich – *Argos* Nase hob sich etwas, und plötzlich zeigte sie 15 Grad mehr zum Wind.

»Phantastisch!« rief Seth. »Wir brauchen nicht mehr zu rudern! Jetzt können wir nach Georgien segeln!«

In der Tat verbesserte Nicks Vorschlag die Bedingungen für den Rest der Reise mehr als jede andere Sache. Offensichtlich war unser vorher in Griechenland unternommenes Experiment nicht gründlich genug durchgeführt worden. Wenn wir den Ballast anders verteilen wollten, so mußten wir es in großem Ausmaß tun. Nun verstauten wir die Ladung an Bord auf andere Weise: Die Anker legten wir unter das Achterdeck; alle schweren Gegenstände wurden herausgesucht und nach hinten gebracht; und die Wasserbehälter wurden so weit achtern wie möglich festgezurrt, selbst wenn es bedeutete, daß wir das Wasser, das wir zum Kochen brauchten, nun über das ganze Schiff bis zum Bug tragen mußten. Wir einigten uns, daß wir ab jetzt etwas darauf achten sollten, wo die Besatzung saß, was bedeutete, daß wir der Versuchung widerstehen mußten, nach vorne zu gehen, um uns auf dem winzigen Vordeck zu versammeln. Diese Versuchung war verständlich: Am Bug hatte man einen besseren Schutz vor dem Wind, und – was noch weitaus wichtiger war – hier befand sich das Reich von Pete, dem Koch. Die Verlockung nach einem kleinen Imbiß zwischendurch und einer Tasse Tee oder Kaffee war groß.

»Am folgenden Tage bei Einbruch der Nacht«, schrieb Apollonios, *»erreichten sie das Land der Chalyber. Diese pflügen nicht die Erde,*

pflanzen kein Korn, keinen Wein und keine fruchttragenden Bäume an und weiden keine Herden auf den taubedeckten Wiesen. Ihre Aufgabe ist es, in dem harten Boden nach Eisen zu graben, und sie leben von dem Verkauf des Metalls, das sie hervorholen. Für sie gibt es keinen freien Tag. In einer düsteren Umgebung aus Ruß und Rauch verbringen sie ein Leben ständiger mühseliger Arbeit.«

Anatolien ist tatsächlich eine der ersten Regionen der Welt, wo die Menschen Eisen gewonnen und geschmiedet haben, und den Grund dafür kann man auf den östlich von Samsun gelegenen Stränden deutlich sehen. Der Sand dort ist schwarz bis dunkelgrau, denn die Wellen haben aus der eisenhaltigen Erde, die von den Flüssen angeschwemmt wird, die metallenen Körner aussortiert. Dieser schwarze Sand ist derart eisenreich, daß die Körner mit einem Magnet herausgeholt werden können, und der schwärzeste Sand kann zu Roheisen geschmolzen werden, indem man ihn einfach in der Glut eines Feuers erhitzt. Eisen war für die Menschen der Bronzezeit so wertvoll, daß man es den Herrschern als Tribut gab, es bei Wettkämpfen als Preis aussetzte und es als eines der großzügigsten Geschenke ansah. Die Griechen glaubten – wie wir auf Lemnos erfahren hatten –, daß der Gott Hephaistos ihnen das Wissen über die Metallbearbeitung übermittelt hatte, nachdem er auf die Insel gekommen war. Falls dieses Wissen tatsächlich von den Gebieten entlang der Schwarzmeerküste Anatoliens stammte, was sehr wahrscheinlich ist, dann war die Route, auf der die Übermittlung erfolgte, sicherlich identisch mit dem Weg, auf dem Jason und seine Gefährten gereist waren.

In der Tat gibt es in der *Argonautica* Hinweise darauf, daß sogar schon, bevor Jason diese Route befahren hatte, irgendwelche Handelsbeziehungen existierten. Seine große Galeere mag das erste griechische Schiff gewesen sein, das die gesamte Strecke zurückgelegt hatte, doch es ist gut möglich, daß die Griechen selbst schon viel früher in einige Teile dieses Gebiets vorgedrungen waren, entweder auf dem Landweg oder aber auf Küstenfahrten mit Schiffen aus der näheren Gegend. Phrixos auf dem fliegenden Widder war nicht der einzige, der vor den Argonauten nach Kolchis gekommen war, denn in Sinop, so geht die Sage, trafen Jason und seine Gefährten die drei Griechen Deileon, Autolykos und Phlogios. Diese drei waren von Herakles nach dem Zug gegen die Amazonen dort zurückgelassen worden und waren nun froh, von ihren Landsleuten aufgenommen zu werden.

Die Wahrscheinlichkeit, daß es einen vielbefahrenen Seeweg längs der Küste gegeben hat, wird durch das sich nun ereignende, außerordentlich glückliche Zusammentreffen von Jason mit vier von seinen Vettern erhärtet, die mit dem Schiff aus der entgegengesetzten Richtung, nämlich aus Kolchis, gekommen waren. Bei diesen vier jungen Männern – Kytisoros, Phrontis, Melas und Argos – handelte es sich um die Söhne des Phrixos. Ihre Mutter war Prinzessin Chalkiope, die Tochter des mächtigen Königs Aietes von Kolchis, die Phrixos im Lande des Goldenen Vlieses geheiratet hatte. Nach dem Tod ihres Vaters hatten sich die vier jungen Männer dazu entschlossen, in seine Heimat nach Griechenland zu fahren, um das Erbe, das ihnen zustand, geltend zu machen. Sie hatten sich mit einem Schiff, das in Kolchis gebaut worden war, auf die Reise begeben und waren bis Giresun gekommen, als in der Nacht ein starker Wind einsetzte. Sie versuchten sich vor dem heulenden Sturm aus dem Norden in Sicherheit zu bringen und hielten auf Giresun zu, wo sie einen sicheren Ankerplatz vermuteten, doch ihr Schiff rammte einen Felsen und brach auseinander. Die jungen Männer schafften es, sich an den Wrackteilen festzuklammern, und wurden ans Ufer einer Insel geschwemmt, die Ares, dem Gott des Krieges, geweiht war. Schon sehr bald nach dem erlittenen Schiffbruch wurden sie dort durch die Ankunft der *Argo* gerettet.

Es ist nicht schwierig, die Aresinsel zu identifizieren. An der Nordküste Anatoliens gibt es lediglich vier Inseln, die diesen Namen verdienen. Ein Schiff, das sich auf Erkundungsfahrt entlang dieser Küste befindet, läuft natürlicherweise jede dieser Inseln an, da sie sichere Lagerstellen bieten, die weit genug von irgendwelchen feindlich gesonnenen Bewohnern des Festlands entfernt sind. Als die *Argo* das Land der Amazonen erreichte, hatte sie bereits drei dieser Inseln passiert. Die vierte und somit letzte Insel wurde laut Apollonios von den Amazonen als Ort der Anbetung benutzt, an dem sie Pferde für ihren Kriegsgott opferten; als Altar verwendeten sie dabei einen geweihten schwarzen Stein.

Die Insel Giresun, zweieinhalb Kilometer nordwestlich der heutigen Stadt gleichen Namens, befindet sich genau dort, wo der Beschreibung nach die Aresinsel gelegen haben soll; und der Palamut-Felsen in der Nähe, eine vereinzelte, gefährliche Klippe, könnte sehr gut die Stelle sein, an der das Schiff aus Kolchis verunglückt war. An einer Küste, vor der es auf Hunderten von Kilometern so gut wie keine Klippen gibt, bildet der Palamut-Felsen eine außergewöhnliche Gefahr, zumal er sich noch so ziemlich an der ungünstigsten Stelle befindet. Er liegt mitten im nördlichen Zufahrtsweg in den Hafen von Giresun und ragt kaum über die Wasseroberfläche; nur die gelegentlichen Schaumkämme der darüber hinweggleitenden Wellen warnen vor der Gefahr. Das Schiff aus Kolchis, das in der undeutlichen Düsternis des Nordsturms auf Giresun zuhielt, um Schutz zu suchen, hatte keine Chance gehabt, die Gefahr zu erkennen, war geradewegs auf diesen alleinstehenden Fangzahn aufgelaufen und durch den Aufprall zertrümmert worden. Die Besatzungsmitglieder waren ins Wasser geschleudert worden, und die Glücklicheren von ihnen haben schwimmend die einen Kilometer entfernte Insel Giresun erreichen können.

Phineus, der blinde Wahrsager am Bosporus, hatte den Argonauten warnend mitgeteilt, daß es auf der Aresinsel von feindseligen Vögeln wimmelte. »Ihr müßt euer Schiff auf den Strand einer flachen Insel ziehen«, hatte er ihnen gesagt, »jedoch nicht, bevor ihr nicht irgendein Mittel gefunden habt, um die unzähligen Vögel zu vertreiben, die das einsame Ufer unsicher machen.« Die Vögel griffen auch Menschen an. Die Sage erzählt davon, daß, als die Argonauten auf die Insel zuruderten, ihnen ein Vogel entgegenflog und eine Feder auf sie abschoß, die in der linken Schulter des Oileus steckenblieb. Eribotes, der neben Oileus auf der gleichen Ruderbank saß, zog die Feder heraus und verband die Wunde, während Klytios den nächsten Vogel, der herankam, mit einem Pfeil niederstreckte. Die Hälfte der Argonauten hielt daraufhin ihre Schilde hoch, so daß über der *Argo* ein schützendes Dach gebildet wurde, während die anderen in Richtung der Insel weiterruderten. Als sie an Land gingen, ließen sie ein ohrenbetäubendes Getöse erschallen, schlugen ihre Waffen gegen ihre Schilde und schrien laut, so daß *»die Vögel in die Luft stiegen, nachdem sie zunächst aufgeschreckt herumgeflattert waren, einen Hagel von Federpfeilen auf das Schiff abschossen und sich dann eilig über das Meer hinweg in Richtung der Berge auf dem Festland zurückzogen«.* Dies ist sicherlich eine Beschreibung von der Landung der Argonauten auf einer Insel, die von einer großen Anzahl von Vögeln bevölkert war. Genau dies trifft heute auf die Insel Giresun zu. Als wir uns ihr näherten, konnten wir auf den felsigen Flanken der Insel unzählige Kormorane und Möwen sitzen sehen, die sich in Schwärmen in die Luft stürzten, als sie von der Ankunft der neuen *Argo* aufgeschreckt wurden.

Bei der Landung auf der Insel Giresun muß man noch immer sehr vorsichtig sein. Es gibt dort keinen Hafen, sondern nur eine Anlegestelle, ein grober Einschnitt in das solide Felsgestein auf der dem Festland zugewandten Seite. Niemand lebt auf dieser Insel, die nur ungefähr 250 Meter breit ist; doch zur Zeit des Byzantinischen Reiches war sie befestigt gewesen. Heutzutage wird diese Insel immer am 20. Mai von Bewohnern des Festlands aufgesucht, die dann kommen, um die magische Kraft dieses Eilands zu beschwören. Denn auch hier entdeckten wir, daß sich an einem Ort, an dem die Argonauten gewesen waren, bis heute eine sehr lebendige Tradition bewahrte, die etwas mit magischen Kräften zu tun hatte. Es ist der Brauch, zunächst einmal auf dem Festland zu einem Flußufer zu gehen und sieben doppelte Handvoll Kiesel ins Wasser zu werfen, gefolgt von einer einzigen Handvoll. Dieser Akt symbolisiert Befreiung, man entledigt sich der Sorgen und des Unglücks. Dann sucht sich der Bittsteller einen Bootsführer, der ihn zur Insel Giresun rudert und sie dreimal umrundet, jedesmal von Osten nach Westen. Schließlich geht der Besucher an Land und nähert sich einem alleinstehenden schwarzen Felsblock, der sich auf dem östlichen Ufer der Insel befindet. Dieser schwarze Felsen, der einen Durchmesser von ungefähr drei Metern hat und wie eine riesengroße Billardkugel aussieht, besteht aus genau dem gleichen Konglomerat wie die Klappfelsen und ist mit kleinen Löchern durchsetzt. In diese Löcher hinterlegt der Bittsteller Zeichen seines Wunsches: Ein Paar eng zusammenliegender kleiner Kieselsteine stammt von Verliebten, die auf eine Heirat hoffen; ein einzelner Stein ist von einem kinderlosen Ehepaar hingelegt worden, das Nachwuchs haben will. Auch Stoffstreifen kann man entdecken, die am Felsblock befestigt worden sind, um einen Wunsch auszudrücken. Wenn ein Mann jung und gut in Form ist, kann er die magische Kraft noch verstärken, indem er selbst, mit gespreizten Beinen gegen die rauhe Gesteinsfläche gepreßt, um den Felsen herumklettert, und zwar ebenfalls dreimal.

Der alte Fährmann, der davon lebt, diese Besucher zur Insel hinüberzufahren, erzählte von Männern, die auf der Insel, die im Innern nun von Gestrüpp, Gehölzen und baufälligen byzantinischen Ruinen bedeckt ist, nach Schätzen gegraben hatten. Soweit er wußte, ist niemals ein Schatz gefunden worden, aber der schwarze Felsen war wegen seiner magischen Kraft bei allen Bewohnern der Umgegend bekannt. Konnte es sein, daß es sich bei diesem gewaltigen Felsblock um den schwarzen Stein handelte, auf dem die Amazonen, laut Apollonios, die als Opfer bestimmten Pferde geschlachtet hatten? Es ist gut möglich. Ansonsten würden nur noch die kleineren Felsen in Frage kommen, die nun unter Farnkraut und Dornengestrüpp vergraben liegen, im Zentrum der Insel, über dem beständig die Seevögel kreisen, wenn der Wind über Aretia hinwegstreicht.

Die vier Söhne des Phrixos, halb Griechen, halb Kolcher, waren bestürzt, als sie hörten, daß die Argonauten vorhatten, das Goldene Vlies zu holen. Wüßten sie denn nicht, fragten sie die Argonauten, daß ihr Großvater, König Aietes, gegenüber allen Ausländern mißtrauisch war und diese für gewöhnlich hinrichten ließ, wenn sie in sein Reich eingedrungen waren? Und mit dem Vlies verhielt es sich so, daß es von den Kolchern sehr verehrt wurde; sie hatten es in den Wipfel einer heiligen Eiche, die sich an einem geweihten Ort befand, gehängt. Dort wurde es von einer riesengroßen drachenähnlichen Schlange bewacht, die niemals schlief. Ihre Mission fortzusetzen würde an Wahnsinn grenzen. Doch da die Söhne des Phrixos Blutsverwandte von Jason waren und ihre Rettung den Argonauten verdankten, erklärten sie sich damit einverstanden, die Griechen auf ihrem Weg nach Kolchis zu begleiten. Wenn sie mit der Galeere dort ankamen, wollten sie für die Argonauten bei ihrem Großvater Fürsprache einlegen.

Von Giresun an ostwärts liegen die Häfen an der Schwarzmeerküste näher zusammen; und eine neue Straße schlängelt sich an der Küste entlang, wo die Berge fast bis ins Meer hineinragen. Zur Zeit des Apollonios waren die Wälder dieser Region berühmt gewesen, weil sie die Heimat eines seltsamen Volkes gewesen waren, der Mossynoikoi, die ihren Namen nach den »Mossynes«, den Holzhäusern, in denen sie lebten, erhalten hatten. Diese Ureinwohner hatten recht ungewohnte, zum Teil genau umgekehrte als übliche Ansichten über den Anstand. Tätigkeiten, denen andere Völkerstämme in der Öffentlichkeit nachgingen, führten die Mossynoikoi scheu für sich allein aus, aber alle normalerweise privaten Handlungen vollzogen sie in der Öffentlichkeit; so schliefen sie beispielsweise ohne Scheu in Gegenwart ihrer Nachbarn miteinander. Es handelte sich um kein kriegerisches Volk. Wenn ihr Anführer einen Fehler gemacht hatte, so wurde dieser als Strafe nur einen Tag lang ohne Essen in einen Raum eingesperrt.

Heutzutage sind die Hänge der mossynischen Berge bekannt für ihre Tee- und Haselnußplantagen, weite Flächen sind davon bedeckt, und überall, wo wir hinkamen, gab man uns Haselnüsse zum Essen – roh, geröstet, als Süßigkeit oder als Aufstrich.

»Wenn wir noch mehr Haselnüsse essen, werden wir alle einen buschigen Schwanz bekommen, die Bäume hinauflaufen und anfangen, einen Wintervorrat anzulegen«, stöhnte Mark nach einer weiteren Einkaufsfahrt, bei der sie mehrere Kilo Nüsse mitgebracht hatten.

Wo Teesträucher wachsen, regnet es oft und heftig. Als *Argo,* an den mit Terrassen versehenen Berghängen des türkischen Teeanbaugebiets vorbei, langsam vorankam, wurden wir immer wieder von starken Regenschauern durchnäßt. Mittlerweile kannte jedes Besatzungsmitglied die Schwächen der anderen: John Egans überschwengliche Gefühlsausbrüche; Seths cockneyhafte Lebensfreude und seine unaufgeräumte Reisetasche, die immer wieder die vielen überflüssigen, angesammelten Sachen ausspie; und die Angewohnheit des hochgewachsenen Jonathan, bei Anbruch der Dunkelheit auf dem Schiff hin- und herzulaufen, in dem Versuch, genügend Raum für seine 1,96 Meter lange Gestalt zu finden, wobei er über diejenigen, die sich bereits hingelegt hatten, hinwegstolperte. »Du stehst auf meinem Kopf«, kam eines Abends der ruhige Protest von Mark unter der Ruderbank hervor, wo Jonathan bereits zwei Minuten lang gestanden hatte, um sich nach einem Schlafplatz umzusehen. Tim Readman hatte ebenfalls herausgefunden, daß der Kielraum einen idealen Schlafplatz bot, und morgens tauchte er dann wieder auf, mit rundem Gesicht, Stupsnase und Bart, blinzelte verschlafen mit seinen blauen Augen und trug noch immer seinen nun völlig zerknautschten Hut, so daß er aussah wie der Bär Paddington aus dem beliebten Kinderbuch.

Die Bärte der Besatzungsmitglieder wurden dichter und länger, während der Haarschnitt immer kürzer wurde. In jedem Hafen, den wir anliefen, schien jemand gewillt, den türkischen Barbier aufzusuchen, und kehrte dann mit einem Borstenhaarschnitt zurück, der noch kürzer war als vorher. Die Bewohner von Giresun, Tirebolu und Akçakale konnten beobachten, wie die Haarlänge der Mannschaft rapide abnahm. In Trabzon lud uns der Hafenmeister zu einem köstlichen Festmahl ein, das im Park, von dem aus man das Meer überblicken konnte, abgehalten wurde, und abends unterhielt uns ein Sänger, der in der Region sehr berühmt war, mit einer neu verfaßten Ballade über die Argonauten – Türken, Briten und Iren –, die geradezu besessen waren, da sie unbedingt die ganze Schwarzmeerküste entlangrudern wollten.

Einige neue türkische Freiwillige kamen für kurze Zeit an Bord, um ein kleines Stück mitzurudern: ein Unternehmer, der eine Autowaschanlage betrieb und sich ein paar Tage freinehmen konnte; ein Medizinstudent und ein Oberschüler. Mustafa erzählte mir am Tag, an dem er sich von uns verabschiedete, um sich einen Job für den Sommer zu suchen, daß sie aus Neugier, ganz spontan oder aus idealistischen Gründen gekommen waren. Mustafa hatte sich uns angeschlossen, weil er das Abenteuer suchte; er wollte neue Leute kennenlernen und sich selbst finden. Er war beim Examen für Zahnmedizin durchgefallen und hatte gehofft, auf der *Argo* sein Selbstvertrauen wiederzufinden. Er meinte zu mir, daß er in den 25 Tagen an Bord der Galeere einiges mehr über sich selbst erfahren und gelernt hatte. Nun wußte er, daß er große körperliche Anstrengungen aushalten konnte und das Regenwetter, das stundenlange Rudern, das Zusammenleben auf äußerst engem Raum, die Unannehmlichkeit, in einer feuchten, kalten Nacht Wache halten zu müssen oder, was noch unangenehmer war, in der Dunkelheit rudern zu müssen, um die *Argo* durch das windstille Zentrum eines Sturms zu bringen. Mustafa war glücklich, als er abreiste; er beklagte nur die Zeiten, in denen er mit der Seekrankheit gekämpft hatte. Er faßte es mit wenigen Worten treffend zusammen: »Manchmal ist es wirklich eine Tortur gewesen.«

Mustafa verließ uns also, und die Mannschaft begann, immer deutlichere Zeichen körperlicher Erschöpfung zu zeigen. In der letzten Ruderwoche entlang der türkischen Küste machte sich Lethargie breit. Der Grund war zum Teil psychologischer Natur: Die Ruderer gingen sparsam mit ihren Kräften um, damit sie ausgeruht genug waren, wenn sie über die Grenze hinweg in die Sowjetunion fuhren, nach Georgien hinein, wie das Land des Goldenen Vlieses heute genannt wird. Doch andererseits waren sie nun auch wirklich ausgelaugt durch die tagelangen beengenden Lebensbedingungen und durch die körperlichen Anstrengungen. Sie sahen ausgezehrt und abgearbeitet aus; das drei oder vier Stunden währende Rudern am Morgen, das sie anfangs mit Begeisterung hinter sich gebracht hatten, wurde nun zur mühseligen Routine, die sie müde und abgespannt werden ließ. Nach der Ausführung von einer Viertelmillion Ruderschlägen wirkte der Gedanke, noch weitere 150 Kilometer rudernd zurückzulegen, nur noch abstumpfend. Alle Leute an Bord zogen es vor, auf Wind zu warten, egal wie unbeständig er sein würde oder wie lange es dauerte, bis er aufkam. Ob Tag oder Nacht, Regen oder Sonnenschein, *Argo* bewegte sich nur noch, solange der Wind wehte, der das Segel füllte und die Ruderer ausruhen ließ.

Wie sich herausstellte, setzten die günstigen Brisen meist nach Einbruch der Nacht ein, so daß die Besatzung noch weniger Schlaf bekam, wenn sich die *Argo* vorwärts tastete, sich parallel zu der Kette von Lichtern am Ufer hielt und in der Dunkelheit gelegentlich von den Schnuppergeräuschen umringt wurde, die von den Schwärmen der kleinen Delphine im Schwarzen Meer stammten. Unsere Reise hatte im Lande der Oliven ihren Anfang genommen. Nun befanden wir uns jenseits des Olivenanbaugebiets; damals war der Delphinspeck die einzige Quelle für die Bewohner Trabzons gewesen, aus der sie Öl gewinnen konnten. Als wir im späten Frühjahr Griechenland verlassen hatten, befand sich die Landschaft in klarem Licht und war an den warmen, sonnigen Tagen deutlich zu sehen. Jetzt, im Hochsommer, war das östliche Schwarze Meer lau und nebelhaft, die Sicht war schlecht, und beständig zogen Wolken über die Berge hinweg. Zehn aufeinanderfolgende Tage lang sahen wir kein einziges Mal die Sonne.

Am 18. Juli ging die Mannschaft über Bord, um den Schiffsrumpf zu säubern. Wir kratzten mit den scharfen Kanten unseres so oft mißbrauchten Eßgeschirrs den Seetang und die Entenmuscheln ab, die sich im Laufe von zehn Wochen angesammelt hatten. Als sich die Teile vom Rumpf ablösten, beobachteten wir, wie sie im Wasser hinter uns eine Wolke bildeten und davontrieben, ein sicheres Zeichen dafür, daß die *Argo* selbst hier von einer unmerklichen Strömung leicht gebremst wurde. Der abgeschabte Rumpf bewirkte, daß unsere Geschwindigkeit um einen Viertelknoten erhöht wurde, ein minimaler Gewinn, der jedoch sehr willkommen war. *Argo* fuhr ständig aufs Meer hinaus und zur Küste zurück, mühselig darauf bedacht, den Wind auf günstigste Weise auszunutzen. Wenn sich die Brise legte, schoben wir die Riemen ins Wasser und ruderten wieder auf das Land zu, bis wir ankern konnten, denn wir wollten unter allen Umständen verhindern, daß wir von der Strömung zurückgetrieben wurden oder auf das Meer hinausgeweht wurden mit der Aussicht, gegen ein weiteres Unwetter antreten zu müssen. Die ganze Nacht auf den 19. Juli verfolgten wir vergeblich einen Zickzackkurs, segelten so weit aufs Meer hinaus, wie wir uns trauten, und kehrten wieder zur Küste zurück, wo wir dann jedoch feststellen mußten, daß wir uns genau an dem Platz befanden, den wir am Abend zuvor verlassen hatten.

Als sich am 20. Juli das erste Licht zeigte, erwachte ich und bemerkte, daß die Morgenwache – bestehend aus Peter Warren, Peter Wheeler, Seth und Cormac – beherzt ruderte, um den letzten Kilometer zu der Anlegestelle eines Hafens zurückzulegen. Sie brachten die *Argo* nach Hopa, dem letzten türkischen Hafen, der nur vier Kilometer von der sowjetischen Grenze entfernt liegt. Wir hatten der Ankunft in Hopa so erwartungsvoll entgegengesehen, daß es nun eine Enttäuschung war, an einem derart heruntergekommenen und eintönigen Ort an Land zu gehen. Ich hatte das Gefühl, daß es eine Schande war, ein Land, das sich so herzlich und gastfreundlich gezeigt hatte, von einem Punkt aus zu verlassen, der außerordentlich bedrückend wirkte. Die Hauptstraße von Hopa war von Schlaglöchern übersät und wies viele Risse auf wegen der vielen Lastwagenkonvois, die hierherkamen, um Ladung aufzunehmen, die sie dann auf dem Landwege in den Iran oder in den Irak brachten, denn Hopa ist für diese Länder der nächstgelegene Hafen am Schwarzen Meer. Die Stahlbetongebäude waren häßlich und in vernachlässigtem Zustand, und der Hafen, der für die Erweiterung der Handelsbeziehungen mit dem Nahen Osten um einiges vergrößert worden war, litt unter einer plötzlichen Wirtschaftskrise. An den riesigen Kaianlagen hatten lediglich zwei oder drei Frachter festgemacht. Hopa wurde von einer leblosen, deprimierenden Atmosphäre beherrscht; man hatte das Gefühl, am Ende der Welt zu sein.

Und dennoch waren die Behörden in Hopa mehr als überall sonst bestrebt, uns zu helfen. Normalerweise muß heutzutage jedes Schiff, das von der Türkei aus in die Sowjetunion fahren will, wegen der Zollabfertigung und wegen der Abwicklung der Einreiseformalitäten nach Trabzon, das wir bereits passiert hatten. Nur sehr wenige Frachter überquerten diese Grenze, und es war noch nie dagewesen, daß ein Schiff direkt von Hopa aus nach Georgien fuhr. Ich erklärte, daß ich voll und ganz darauf vorbereitet war, die Reisepässe aller Besatzungsmitglieder auf dem Landwege mit nach Trabzon zu nehmen, um diese dann zusammen mit den Schiffspapieren abstempeln zu lassen, und dann wieder zurück nach Hopa zu kommen. Die Beamten blickten mich entsetzt an. Man brauchte fünf Stunden bis Trabzon, erklärten sie, und das Büro der Hafenpolizei war möglicherweise schon geschlossen, wenn ich dort ankam. Und dann müßte ich weitere fünf Stunden mit dem Bus fahren, um wieder hierherzukommen. Die Beamten berieten sich und faßten wenig später den Entschluß, den Gouverneur anzurufen und ihn um Hilfe zu bitten, doch er war nicht anzutreffen, da er gerade an einer Feierlichkeit teilnahm. Die Argonauten warteten den ganzen Nachmittag lang auf dem Kai, umgeben von der gesamten Ausrüstung und dem Gepäck in Säcken und Taschen, die wegen der bevorstehenden Zollkontrolle bereits alle geöffnet waren. Schließlich mußte der Gouverneur oder sein Stellvertreter offensichtlich doch in sein Büro zurückgekehrt sein, denn die Beamten kamen zufrieden strahlend den Kai entlanggeeilt.

Die *Argo* hatte die Auslaufgenehmigung erhalten. Ich brauchte also nicht extra nach Trabzon zu fahren. Der Zollbeamte war zufrieden, ebenfalls der Hafenmeister und auch der Polizeichef des Ortes. Aber was war mit unseren Reisepässen? fragte ich höflich. Sie waren bei unserer Ankunft in der Türkei mit einem Einreisestempel versehen worden – brauchten wir keinen Ausreisestempel aus Hopa?

»Nein, nein«, wurde mir erklärt, »das ist nicht nötig. Sie haben eine sehr besondere Auslaufgenehmigung. Und wir können Ihre Reisepässe sowieso nicht abstempeln, denn seit dem Zweiten Weltkrieg ist in Hopa kein einziges Schiff mehr ausklariert worden. Es ist tatsächlich so, daß uns überhaupt niemand die dafür notwendigen Stempel gegeben hat! Gute Reise. *Gule! Gule!*«

So verließen wir die Türkei, ihren Abschiedsgruß in unseren Ohren. Übersetzt bedeutete er: »Fahrt mit einem Lachen!«

9. Kapitel: In Georgien

Zwei riesige Steintürme markieren die Grenze zwischen der Türkei und der Sowjetunion im Schwarzen Meer. Mit aufgemalten roten und weißen Streifen ragen die beiden Türme starr am Ufer auf, einer hinter dem anderen, und hinter ihnen erheben sich die beeindruckenden Berghänge des Kleinen Kaukasus. Wenn die beiden Türme vom Wasser aus gesehen genau hintereinander stehen, dann befindet sich der Seefahrer mitten auf der unsichtbaren Grenze, die sich auf der Meeresoberfläche entlangzieht und die beiden Länder voneinander trennt. Die beiden Türme stehen auch in direkter Linie mit einem weit im Landesinneren befindlichen hohen Berggipfel, den die Regierungsbeauftragten wahrscheinlich als unverkennbares Grenzzeichen der Natur angesehen haben.

Argo überquerte diese imaginäre Linie mit einer gemütlichen Geschwindigkeit von drei Knoten im grauen Halbdunkel des frühen Morgens. Wenn dies also, wie man uns mitgeteilt hatte, seit nahezu 40 Jahren tatsächlich das erste Schiff war, das die Erlaubnis erhalten hatte, auf dem Weg zum ersten sowjetischen Hafen, nämlich Batumi, direkt vom letzten türkischen Hafen Hopa aus die Grenze zu überqueren, so wollte ich diese Linie nicht unbesonnenerweise bei Nacht passieren. In Hopa hatten wir uns von unseren türkischen Argonauten verabschiedet, dann ruderten wir eine halbe Stunde lang an der Küste entlang und ankerten schließlich in einer kleinen, felsigen Bucht, um ein spätes Abendessen einzunehmen, uns auszuruhen und auf die nächtliche, vom Land her wehende Brise zu warten, die uns in Richtung der Sowjetrepublik Georgien bringen sollte.

An Bord herrschte eine Atmosphäre, die von wirklicher Aufregung und Neugier geprägt war. Was würde der nächste Tag bringen? Wie würde es im sowjetischen Georgien sein? Auf welche Weise würden wir empfangen werden? Würden sich die Menschen in Georgien sehr von denen in der Türkei unterscheiden? Die Grenze war nur 120 Kilometer von unserem endgültigen Ziel entfernt, der Mündung des Flusses Rioni, den die alten Griechen Phasis genannt hatten und an dessen Ufer die heilige Eiche, in die Phrixos das Goldene Vlies gehängt hatte, gewachsen war. Die Georgier behaupten, einer der ältesten bis heute bestehenden Zivilisationen der Welt anzugehören; sie sind die direkten Nachfahren der Kolcher, die zu Jasons Zeiten im Flußgebiet des Rioni gelebt hatten, und einige von ihnen sprechen noch immer die gleiche Sprache, die auch die Argonauten damals gehört haben mußten. Was würden diese Leute von unserer Suche im 20. Jahrhundert halten? Wie würde das Endergebnis unserer zermürbenden Arbeit aussehen, die uns Schwielen an den Händen gebracht hatte, wunde Hinterbacken, unbequeme Nächte auf harten Ruderbänken, schweißdurchtränkte Kleidung, stinkendes Bilgenwasser und Nachtwachen, bei denen man sich mit müden Augen danach sehnte, in den warmen Schlafsack zurückzukriechen, anstatt am Steuerruder stehen zu müssen, wenn die Zeit endlos langsam verging.

Einer nach dem anderen legte sich hin, um ein kurzes Nickerchen zu halten, bevor wir uns aufmachten, die Grenze zu überqueren. Nichts mehr konnte ihre Leistung vermindern, so weit gekommen zu sein. Sie hatten es geschafft, mit einem Seefahrzeug aus der späten Bronzezeit eine Strecke von 1500 Seemeilen zu rudern und zu segeln, eine Reise, die Homer und seine Zeitgenossen als eine Heldentat angesehen hatten und die damals von Männern unternommen worden war, die an schwere körperliche Arbeit und harte Anstrengungen gewöhnt waren. Unser einziger Vorteil im heutigen Zeitalter bestand darin, daß wir wußten, wo wir hinwollten. Mit Hilfe unserer Karten und unserer geographischen Kenntnisse verspürten wir natürlich nicht die Furcht vor dem Unbekannten, die sich bei den mykenischen Seefahrern sicherlich bemerkbar gemacht hatte. Dennoch wurden wir von einer ähnlichen Unwissenheit in Mitleidenschaft gezogen. Als wir uns von Griechenland aus auf den Weg machten, wußten wir nicht, ob unser Schiff den Bedingungen während der Reise standhalten konnte. Wir wußten nicht, wann wir Schutz suchen mußten, was zu tun war, wenn wir in einen

Sturm gerieten, woran man einen guten Ankerplatz für eine Galeere erkannte und welche Teile des Schiffs am anfälligsten waren. All dies, was für die damaligen Argonauten sicherlich selbstverständlich gewesen war, mußten wir zum Teil unter großen Schwierigkeiten erst selbst herausfinden. Die neuen Argonauten hatten meiner Meinung nach wirklich Grund, stolz auf sich zu sein.

Als *Argo* in der Dunkelheit leicht an ihrem Ankertau zerrte, dachte ich an all diejenigen, die uns dabei geholfen hatten, so weit zu kommen, und die jetzt nur ungefähr wußten, wo wir uns in diesem Moment befanden: Onkel John in Athen; Costas, der einundsechzigjährige ehemalige Flugkapitän, und die anderen griechischen Freiwilligen; Erzin, Umur und die Türken; Trondur auf den Färöer-Inseln mit seiner Mappe voller Skizzen, die ihn an wärmere Länder erinnerten. Ich bedauerte sehr, daß sie nun nicht hiersein konnten, um sich Georgien aus nächster Nähe anzusehen, nachdem sie soviel dazu beigetragen hatten, daß wir jetzt auch den letzten Teil der Reise angehen konnten.

Viele andere warteten darauf, von unseren Erfahrungen zu hören: Colin Mudie, dessen Entwurf der *Argo* sich als sehr gelungen herausgestellt hatte; Tom Vosmer wollte sicherlich wissen, wie die alten Techniken der damaligen Schiffbaumeister den Unbilden der dreimonatigen Fahrt widerstanden hatten; und dann war da natürlich noch Vasilis. Der wortkarge griechische Schiffbauer auf Spetses lag wahrscheinlich noch in tiefem Schlaf, bevor er den neuen Tag, wie jeden anderen Tag seines arbeitsreichen Lebens, sicherlich damit beginnen würde, frühmorgens auf seinem Motorroller zu seiner kleinen Werft hinunterzutuckern, die Katzen zu füttern und sein *Skipani* zu nehmen, um dann seine Arbeit an einem seiner gewöhnlichen Fischerboote aus Holz fortzusetzen. Vasilis würde niemals sehen, wie sein Meisterstück über die sowjetische Grenze hinwegfuhr, aber zumindest hatten wir noch immer sein *Skipani* bei uns, denn er hatte uns ja am Tage unserer Abfahrt von Spetses darum gebeten, es an Bord zu behalten. Das Werkzeug hing nicht mehr am Achtersteven, denn wir hatten festgestellt, daß die scharfe Schneide eine Gefahr für die Leute darstellte, die über das Heck kletterten, aber Peter Wheeler hatte es sicher bei den anderen Werkzeugen verstaut und benutzte es oft, wenn schnelle Reparaturen ausgeführt werden mußten.

Alles, was zur Durchführung dieser Expedition beigetragen hatte, ermöglichte es nun, daß sich die Jason-Reise einem Höhepunkt näherte. Morgen würden wir uns in ein neues, völlig unbekanntes Territorium begeben. Meine ganze mehr oder weniger feste Planung endete an der türkischen Grenze; jenseits dieser Linie befand sich das Schicksal der Expedition völlig in den Händen unserer sowjetischen Gastgeber. Doch irgendwie hatte ich das Gefühl, daß alles gutgehen würde. Mein Vertrauen wurde einige Monate zuvor von Sarah Waters geteilt, die Schlüsselfigur des Teams, die seit dem Aufkommen der ursprünglichen Idee von der Reise von Anfang an das einzige »Büro« des Projekts geleitet hatte. »Oh, die Sowjets werden sich schon gut um euch kümmern«, hatte sie gesagt. »Wenn ihr erst einmal über die Grenze gekommen seid, bleibt für mich nichts mehr zu tun. Ich denke, daß ich dann meinen Urlaub nehme und das Büro für einige Wochen schließe. Schickt mir einfach ein Telegramm, wenn ihr auf dem Rückweg seid.«

Nun ankerte *Argo* wenige Kilometer vor der Grenze. Das Meer murmelte am Kiesstrand. Die Besatzung schlief. Um Mitternacht kam die vom Land her wehende nächtliche Brise auf. Cormac hievte den Anker an Bord, während gleichzeitig das Segel gesetzt wurde. *Argo* nahm Fahrt auf, und wir bewegten uns wieder voran. Hier verlief die Küste fast in Nord-Süd-Richtung, denn wir glitten nun an der am weitesten entfernten Begrenzung des Schwarzen Meeres entlang, an dem Ufer, das die alten Griechen als »äußerste Grenze« bezeichnet hatten, das entlegenste Gebiet ihrer Seereisen. Wir befanden uns nun in der Tat auf einem Längengrad, der bereits östlich von Mekka lag. Die nächtliche Brise war so günstig, daß die *Argo* zu schnell vorwärts kam. Es bestand die Gefahr, daß wir bereits vor der Morgendämmerung die Grenze erreichen würden, weshalb ich anordnete, das Segel einzuholen, und so lag die Galeere drei Stunden lang geduldig im rechten Winkel zum Wind auf dem Wasser und driftete langsam seitwärts auf die UdSSR zu.

Die Morgendämmerung enthüllte die beiden Steintürme, und wir entrollten wieder das stockig gewordene Segel. Die drei mit roter Farbe aufgemalten mykenischen Krieger waren schon etwas ausgeblichen, aber sie marschierten noch immer, ihre Schilde mit dem Widderkopfsymbol vor sich haltend, entschlossen auf Kolchis zu. Am 78. Tag nach unserer Abfahrt von Volos schickten sie sich an, in das Königreich des Goldenen Vlieses einzudringen.

Um 6 Uhr 34 morgens standen die beiden Türme genau hintereinander, und wir segelten in die sowjetischen Gewässer hinein.

Kein einziges Schiff war zu sehen; wir befanden uns ganz allein auf der Wasserfläche. Die *Argo* bewegte sich, sanft auf der Dünung schaukelnd, unerschütterlich über das Meer. Die Sicht an diesem Morgen war so schlecht, daß man kaum einen Kilometer weit sehen konnte. Ein feiner Regenschauer ließ direkt vor uns einen grauen, undurchdringlichen Schleier entstehen. Irgend etwas in dieser düsteren Wand bewegte sich leicht, ein dunklerer Fleck im gleichmäßigen Grau. Wir blinzelten argwöhnisch nach vorne und fragten uns, ob dort irgend jemand war, der uns erwartete.

Seit sechs Wochen hatte ich keinen Kontakt mehr mit den sowjetischen Behörden gehabt. Als wir durch Istanbul gefahren waren, hatte ich das sowjetische Konsulat aufgesucht und einen freundlichen Beamten darum gebeten, Moskau darüber zu informieren, daß die Expedition wie geplant gut vorankam. Er hatte versprochen, dies zu tun, und wußte über die *Argo* bereits bestens Bescheid, was ein gutes Zeichen war. Aber es war natürlich unmöglich gewesen, genau vorauszusagen, wann wir nun die sowjetische Grenze erreichen würden; das hing von Wind und Wetter ab und davon, was uns auf der langen Strecke entlang der türkischen Nordküste widerfahren würde. Und es war mehr als sechs Monate her, daß ich an Juri Senkewitsch, den russischen Arzt und Forschungsreisenden, geschrieben und einer Kommission des sowjetischen Fernsehens mein Vorhaben, im sowjetischen Georgien der Sage vom Goldenen Vlies nachzuspüren, erklärt hatte. Die Kommission war bereit gewesen, mir zu helfen, und wollte es arrangieren, daß ich die wichtigen archäologischen Stätten in Georgien besuchen und meine Theorien mit georgischen Wissenschaftlern diskutieren konnte. Es war sogar im Gespräch gewesen, eine sowjetische Rudermannschaft an Bord der *Argo* zu bringen, während sie sich noch auf See befand, die uns dann dabei helfen sollte, die georgische Küste entlangzurudern und auch noch weiter bis in die Mündung des Rioni hinein, falls dies mit der Galeere möglich war. Doch ich wußte, wie heikel es ist, auf hoher See ein Treffen zweier Schiffe zu veranstalten, besonders dann, wenn das eine Schiff so klein ist und so tief im Wasser liegt wie die *Argo;* und das Gelingen eines Rendezvous zweier Schiffe auf See hängt davon ab, ob der launische Wind mitspielt.

Der schwarze Fleck hinter dem Regenschleier nahm Gestalt an. Es war ein Küstenwachboot, ein graues Schiff vor einem grauen Hintergrund, das genau auf uns zuhielt. Die *Argo* befand sich nun mit Sicherheit in sowjetischen Gewässern. Das Küstenwachboot kam auf uns zu, umkreiste uns einmal, dann ein zweites Mal. Die Leute auf der Brücke starrten unbewegt auf uns herab. Wir winkten. Keine Reaktion. Die uniformierten Figuren betrachteten uns forschend, als ob wir ein großes Stück Treibholz wären. Nur ein sowjetischer Matrose, der sich nicht im Blickfeld der Offiziere befand, lugte aus einem Bullauge heraus und winkte heimlich zurück. Abrupt gab das Küstenwachboot Vollgas. Es beschrieb eine leichte Kurve, drehte ab und fuhr wieder, eine weiße Kielwasserfurche hinter sich lassend, in den Regenschleier hinein. Wir beobachteten, wie es wieder auf seinen Posten ging, eine Wache, die vor der Küste auf der Lauer lag. *Argo* segelte weiter voran, hinter dem Patrouillenboot her. Es war so, als ob die kleine Galeere nicht mehr existierte.

Plötzlich wurde das kleine Walkie-talkie lebendig. »*Argo! Argo!* Können Sie mich hören?« rief eine Stimme deutlich. »Hier ist *Towarischtsch.* Hallo!«

Ich griff nach dem Funksprechgerät und antwortete: »*Towarischtsch, Towarischtsch!* Hier ist *Argo.* Ich kann Sie laut und deutlich hören. Kommen!« Ich ließ die Sprechtaste los und wartete.

Es kam keine Antwort. Das Funkgerät in meiner Hand rauschte leise, dann wiederholte die Stimme: »*Argo! Argo!* Können Sie mich hören? Bitte kommen!«

Ich versuchte noch einmal zu antworten, doch ohne Erfolg. Es war offensichtlich, daß unser Funkgerät zu schwach war; wir konnten deutlich verstehen, was die Leute auf dem mysteriösen Schiff durchgaben, aber sie konnten uns nicht hören. So blieb uns nichts anderes übrig, als weiterzusegeln, der Stimme des unbekannten Funkers zu lauschen und pflichtbewußt alle zehn Minuten zu versuchen, Kontakt aufzunehmen. Es kam mir vor wie eine Art Blindekuhspiel.

»Nun gut, zumindestens erwartet uns jemand«, meinte ich.

»Wenn das die *Towarischtsch* ist, an die ich denke, dann kenne ich sie«, sagte Adam. »Es ist das große sowjetische Ausbildungsschiff, das bei der Windjammerparade im letzten Jahr mitgemacht hat. Sie ist ein Rahsegler.«

Wir bewegten uns weiter voran. Der günstige Wind blieb beständig, und die *Argo* glitt mit einer Geschwindigkeit von nahezu vier Knoten durchs Wasser. Die Sonne löste den feuchten Dunst fast ganz auf, und als das Licht intensiver wurde, bekamen die Stellen im Wasser um uns herum, die infolge von Untiefen und Schlick die

Die *Argo* begibt sich in sowjetische Gewässer.

»Die *Towarischtsch* ... die voll aufgetakelte Dreimastbark der sowjetischen Ausbildungsflotte, zeigte sich von ihrer besten Seite: Die Morgensonne schien auf ihre pyramidenförmig angeordneten Segel, und ihr weißer Rumpf hob sich deutlich von den grauen Wolken und dem blaßgrünen Wasser ab ... Es war ganz offensichtlich, daß sie gekommen war, um uns zu begrüßen.«

Ganz oben: »Der hintere Teil des Hafens von Poti war schwarz vor Menschen; Tausende von Zuschauern warteten dort. Sie drängten sich auf der Kaimauer, füllten den öffentlichen Platz und standen auf den Balkons.«
Links: »Zum ersten Mal betraten wir georgischen Boden.« Der Autor empfängt einen Blumenstrauß von einem der vielen Kinder.
Oben: »Die erstaunlich komplizierte und verschlungene, gefühlvolle Kunst des Chorgesangs hat mit den traditionellen Sängern Georgiens einen beeindruckenden Höhepunkt erreicht.«

Oben: »Saftige Weiden erstreckten sich nun auf beiden Seiten des Flusses; die georgischen Bauern kamen mit ihren Familien ans Ufer, um uns zu beobachten.«
Unten: »Wir waren geistesgegenwärtig genug, drei rote Leuchtraketen hervorzuholen, die wir in die Luft abschossen, um das Ende unserer Reise symbolisch deutlich zu machen.«

: entschlossen, zur Begrüßungsfeier nach Vani zu kommen, schleppen die georgischen Freiwilligen *Argo* mit Hilfe ihrer Muskelkraft den Fluß hoch.

VANI
1984

Die Begrüßungsfeier in Vani am Ufer des Rioni, wo sich einstmals eine altgriechische Stadt befunden hatte, die nun ausgegraben wird.
Ganz unten: »Meine Begleiterin für diesen Abend war ›Prinzessin Medea‹, eine bildschöne georgische Schauspielerin, die eine schneeweiße, altgriechische Tracht trug.«
Ganz links unten: Der Autor und Juri Senkewitsch, der Arzt, der bei Expeditionsreisen von Thor Heyerdahl mitgefahren war, verewigen sich auf einer Säule.

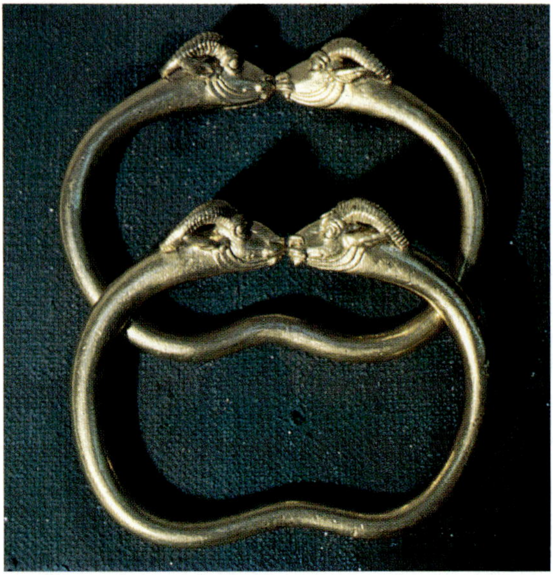

Griechische Schriftsteller der Antike beschrieben Kolchis als ein Land, das »reich an Gold« war. Dieses Attribut und die Argonautensage werden bestätigt durch solide, goldene mit Widderköpfe verzierte Armreife aus dem 4. Jahrhundert v. Chr., die in Vani gefunden worden sind.
Unten: »In diese Flußläufe legten die Swanen ihre Schaffelle, und zwar so, daß sich die wollene Seite oben befand ... Wenn das Wasser über die Vliese hinwegströmte, verfingen sich die winzigen Goldkörnchen in der Wolle.«

gleichmäßige Fläche durchbrachen, eine wunderschöne, undurchsichtige, blaßgrüne Färbung. Es war so, als ob wir durch flüssige Jade fuhren. Das Sonnenlicht versah die Wolkenbänke in weiter Ferne mit einer perlgrauen Tönung; die vom Regen gereinigte Luft war ungewöhnlich klar wie nach einem Gewitter. Gerade eben sichtbar, sehr weit von uns entfernt, tauchten drei winzige Linien am Horizont auf. Ich blickte durchs Fernglas, und sogleich wurden die drei winzigen Linien zu Maststangen eines Schiffs, das auf uns zukam. Eine Viertelstunde später konnte man die Masten mit bloßem Auge erkennen. Und dann entfalteten sich an ihnen weiße Blütenblätter – die Segel.

Schließlich wurde der Rumpf des fremden Schiffs, das weiter auf uns zuhielt, über dem Horizont sichtbar. Es handelte sich tatsächlich um die *Towarischtsch,* die voll aufgetakelte Dreimastbark der sowjetischen Ausbildungsflotte. Sie war bereits schon auf Tausenden von Postkarten und Kalenderbildern zu sehen, segelte auf allen Weltmeeren und nahm an den meisten der großen Windjammerregatten teil. Für jeden Kenner der Großsegler ist die *Towarischtsch* ein Begriff. Heute zeigte sie sich von ihrer besten Seite: Die Morgensonne schien auf ihre pyramidenförmig angeordneten Segel, und ihr weißer Rumpf hob sich deutlich von den grauen Wolken und dem blaßgrünen Wasser ab. Sie bot einen überwältigenden Anblick. Und es war ganz offensichtlich, daß sie gekommen war, um uns zu begrüßen.

»Das nenn' ich ein Empfangskomitee!« rief einer der Argonauten auf den Ruderbänken anerkennend aus.

Die *Towarischtsch* änderte ihren Kurs, so daß sie, nicht weiter als 100 Meter entfernt, parallel zur *Argo* segelte. Kleine Figuren eilten die Wanten der Dreimastbark hoch und verteilten sich auf den Rahen. Die oberen Segel wurden eingeholt, eins nach dem anderen, und sorgfältig verstaut. Dann beschrieb die *Towarischtsch* einen Halbkreis und ging an unserer Backbordseite in Position. Auf den Rahen waren noch immer die Silhouetten der Kadetten zu sehen. Ein Pfiff ertönte – wir konnten ihn deutlich über das Wasser hinweg hören – woraufhin die sowjetischen Kadetten mit einem Ruck ihre weißen Mützen abnahmen und ein dreifaches Hoch ausstießen; eine nette, gut einstudierte Ballettvorführung in luftiger Höhe. Die Argonauten, die in ihrer abgerissenen Kleidung auf den schmuddeligen Ruderbänken saßen, ihre kunterbunte Sammlung von Habseligkeiten in Taschen und Kisten unter ihren Füßen verstaut, an Bord einer durch die Fahrt arg strapazierten Galeere, starrten gebannt auf die makellos saubere Dreimastbark, die aufgrund der frischen Farbe, der verwendeten Polituren und der übergenauen Pflege regelrecht strahlte.

Weitere Schiffe tauchten am Horizont auf. Jachten eilten aus dem Hafen von Batumi, der mittlerweile im Nordwesten in Sicht gekommen war. Der Name des Schiffes, das die anderen anführte, war mit 1,20 Meter großen Buchstaben auf den blauen Rumpf aufgemalt worden: *Kolkhida,* die georgische Schreibweise von Kolchis. Man erinnerte sich offensichtlich noch sehr gut an die alte Sage. Die *Kolkhida* stürmte auf uns zu, wendete elegant durch den Wind und ging längsseits zur *Argo,* so daß sich die *Towarischtsch* auf der anderen Seite der Galeere befand. Die Besatzungsmitglieder der Jacht winkten uns zu. »Willkommen, *Argo!* Willkommen in Georgien!« riefen sie auf englisch zu uns herüber. Der Steuermann schüttelte heftig eine Flasche. Es mußte sich um georgischen Sekt handeln, denn plötzlich spritzte ein Schaumstrahl aus der Flasche, und an Deck wurden Gläser gefüllt und weitergereicht. Die Segler prosteten uns zu, tranken den Sekt und warfen die geleerten Gläser ins Meer.

»He! Und was ist mit uns?« rief Tim Readman hinüber. Die Segler grinsten und nickten uns fröhlich zu, steuerten die *Kolkhida* bis auf wenige Meter heran und warfen drei Flaschen Sekt zu uns herüber.

Ich wandte mich zur Backbordseite und blickte auf die *Towarischtsch.* Ihre Reling war mit winkenden und jubelnden Zuschauern gesäumt. Ich konnte Kamerateams des Fernsehens erkennen, die ihre Linsen auf die *Argo* gerichtet hielten, und auf dem Mitteldeck des Schiffs eine Gruppe von Leuten, die alle blaue Trainingsanzüge anhatten. Sie glichen einem Fußballteam, das sich für ein Mannschaftsfoto aufgestellt hatte. Ich erinnerte mich an das Versprechen, das mir gemacht worden war: Es mußte sich um die Mannschaft der sowjetischen Ruderer handeln, die dabei helfen sollten, die *Argo* den Rioni hinaufzurudern.

Unser Schlauchboot nahm den Pendelverkehr zur *Towarischtsch* auf. Unter den ersten Leuten, die über *Argos* Heckreling kletterten, befand sich ein stämmiger Mann mit lebendigen Gesichtszügen, der verschmitzt mit den Augen zwinkerte. Mit einem Grinsen streckte er mir zum Gruß seine Hand entgegen, und ich erkannte ihn von den Fotos her, die ich von ihm gesehen hatte.

»Sie sind bestimmt Juri Senkewitsch«, sagte ich. »Vielen, vielen Dank dafür, daß Sie diesen wundervollen Empfang organisiert haben. Es ist wirklich phantastisch!«

»Es freut mich, daß es Ihnen gefällt«, antwortete Juri. »Wir haben die letzten Tage schon auf euch gewartet; alle möglichen Leute wollen euch kennenlernen und begrüßen.«

Plötzlich stürzten mit blauen Trainingsanzügen bekleidete Gestalten vom Schlauchboot aus an Bord – große, kräftig gebaute Männer, die Turnschuhe trugen. Sie liefen die Laufplanke entlang, die über das ganze Schiff führte, und schüttelten den Argonauten die Hände. Auf dem Trainingsanzug jeder Person war das Emblem der Republik Georgien aufgenäht. Sie konnten es kaum abwarten, mit dem Rudern anzufangen.

»Dürfen wir rudern?« fragte ihr Mannschaftsführer.

Angesichts dieser Frage verdrehte Mark Richards mit leicht spöttischer Verwunderung seine Augen. »Hier! Seien Sie mein Gast! Sie können mein Ruder benutzen!« Er kletterte von seiner Bank und überließ seinen Platz dem superfit aussehenden georgischen Athleten, der sogleich fachmännisch einige Ruderschläge ausführte, um ein Gefühl für das 4,30 Meter lange Ruder zu bekommen. Alle Neuankömmlinge waren, wie sich dann herausstellte, gut durchtrainierte Sportlehrer. Jeder von ihnen gehörte zu den besten Sportlern der Sowjetunion. Einige hatten sich aufs Rudern spezialisiert; zwei von ihnen waren hervorragende Kajakfahrer; und ihr Mannschaftsführer hatte die Spartakiade gewonnen. Selbst der vergnügte, etwas weniger schlanke Georgier, der neben mir auf dem Achterdeck stand und anbot, das Steuer für mich zu übernehmen, war ein wettkampferfahrener Steuermann.

Bei einem derartigen Besucherstrom hatte man auf *Argos* Achterdeck kaum noch Platz. Die Staatsgewalt erschien in der uniformierten Gestalt eines höheren Offiziers des sowjetischen Grenzschutzes, dessen Uniformjacke mit farbigen Tressen besetzt war, während sich auf seinem Revers eine glänzende Versammlung goldener Sterne zeigte. Er war weniger daran interessiert, unsere Papiere zu überprüfen, als vielmehr daran, möglichst viele Abdrücke unseres *Argo*-Stempels – der die Umrisse einer Galeere zeigte – zu sammeln, die er als Andenken mitnehmen und in seinem Büro verteilen wollte. Juris Sohn Nikki traf ein, und gleich darauf wurde ich einem kleinen, aufgeweckt wirkenden Mann vorgestellt, der Lebendigkeit und Frische ausstrahlte. Wegen seiner dunklen Augen und seinem schwarzen Haar hielt ich ihn für einen Georgier, und es stellte sich heraus, daß es Nugsar Popkhadse war, der Vorsitzende des Staatskomitees für Radio Georgien und die für unseren bevorstehenden Besuch verantwortliche Person. Er war ein regelrechtes Energiebündel. Wie weit würde die *Argo* meiner Meinung nach heute fahren, fragte er mich sogleich. Würden wir bis zum an der Mündung des Rioni gelegenen Hafens von Poti kommen?

Nein, so weit nicht, erwiderte ich, doch wenn der günstige Wind anhielt, könnten wir Poti am nächsten Tag erreichen. »Gut«, sagte Nugsar und klatschte seine Hände energisch zusammen. »Wir werden euch erwarten.« Er gab keine weiteren Erklärungen ab, aber das Leuchten in seinen Augen zeigte mir deutlich, daß mir eine Überraschung bevorstand.

Zusammen mit Nugsar kam noch ein Besucher an Bord, dessen Beruf man bereits aus einer Entfernung von 50 Metern leicht erraten konnte. Er war genau das, wofür man ihn auf den ersten Blick halten konnte – ein ausgezeichneter Wissenschaftler – aber nur selten findet man einen brillentragenden, steifen Akademiker, der auf dem schwankenden Achterdeck eines offenen Schiffs eine derartig offensichtliche Freude verspüren kann. Bei diesem Gelehrten handelte es sich um Professor Othar Lordkipanidse, dessen Name mir in den letzten drei Jahren, seitdem ich mit meinem intensiven Studium des archäologischen Hintergrundes der Argonautensage begonnen hatte, sehr vertraut geworden war. Othar Lordkipanidse hatte viele von den Abhandlungen über die frühen griechischen Kontakte mit Kolchis geschrieben, die ich gelesen hatte. Er leitete eine bedeutende Ausgrabung in der alten kolchischen Stadt Vani am Ufer des Rioni, hielt auf internationalen Kongressen hochgeschätzte Vorträge und war Leiter des angesehenen Archäologischen Forschungsinstituts von Georgien.

»Wir freuen uns darauf, Sie in Vani begrüßen zu können«, sagte er. »Alle sind sehr aufgeregt, und es ist alles vorbereitet worden. Ich werde Sie in Georgien herumführen und Ihnen die archäologischen Stätten zeigen, die Sie sehen wollen.«

Was wäre geschehen, so fragte ich mich bei der Beobachtung all dieser sorgfältigen Vorbereitungen, wenn die *Argo* es nicht geschafft hätte? Es war niemals sicher gewesen, daß wir ganz bis nach Georgien kommen würden. Wir hätten ebensogut vom Bosporus in die Knie gezwungen werden oder in einem Unwetter vor der Küste bei Sinop sinken können. Doch es war offensichtlich, daß hier in

Georgien – und auf einer höheren Ebene in Moskau – enorme Anstrengungen unternommen worden waren, um sich auf unseren Besuch vorzubereiten; monatelang hatte man geplant und verschiedenste Möglichkeiten in Betracht gezogen, Fachleute mit bestimmten Dingen beauftragt, Zeitpläne aufgestellt, Ruderer ausgewählt und auf ihre Aufgabe vorbereitet, die *Towarischtsch* in Bereitschaft gehalten – kurz gesagt, es war ein ganzer Apparat in Bewegung gesetzt worden. Und das alles für ein kleines, offenes Schiff, bemannt mit einer Handvoll von Freiwilligen, das sich im Schneckentempo auf das sowjetische Georgien zubewegte. Ich war froh, daß ich nicht im entferntesten an eine derartige Verantwortung gedacht hatte, als sich die *Argo* auf hoher See befand: So fiel es nun viel leichter, diesen ungewöhnlichen Empfang zu genießen.

An diesem Tag kamen wir bis nach Kobuleti, einer kleinen Stadt an der Küste, 25 Kilometer südlich von Poti, wo das flache Flußdelta des Rioni in einen sandigen Küstenstreifen, der mit Kiefern bewachsen war, überging. Die georgischen Freiwilligen zeigten sich sehr enttäuscht darüber, daß wir Rückenwind hatten und somit bis zum Sonnenuntergang segeln konnten. Als es dunkel wurde, warnten uns die zischenden Wellen, daß wir uns auf Untiefen zubewegten. Die *Towarischtsch* hatte schon vorher Abstand genommen, um den Bereich mit den Untiefen zu vermeiden, und die Jachten steuerten zur Nacht den Hafen von Poti an. Sechs Argonauten fuhren mit, entführt von einigen enthusiastischen Georgiern. Wo sie nun genau hinfuhren und mit wem, wußte ich nicht, bis zum nächsten Morgen, als sie wieder auftauchten und erzählten, daß sie in Poti gewesen waren, wo man sie ausgiebig mit Speis und Trank bewirtet hatte. »Im Restaurant war eine Frau, die war mindestens zwei Meter groß!« erzählte der noch immer verwunderte Tim Readman, als er zurückkam wie ein grauhaariger Seemann, der zu lange auf See gewesen war und für seine Schiffskameraden immer einige leicht übertriebene Geschichten auf Lager hatte.

Die begeisterten Sportlehrer, die in dieser Nacht für meine fehlenden Argonauten eingesprungen waren, hatten eine Einführung in die yogaähnlichen Annehmlichkeiten, auf den harten Holzbänken zu schlafen und wechselweise die Ankerwache zu übernehmen, bei der man darauf achten mußte, daß die *Argo* nicht in der Dunkelheit an Land getrieben wurde, erhalten. Einige von ihnen waren seekrank geworden, was sich jedoch nicht auf ihre beeindruckende Motivation auswirkte. Als wir begannen, die letzten Kilometer nach Poti zu rudern, ertönte ein durchdringendes Krachen, gefolgt von einem lauten Beifallsruf. Diesmal war nicht das Steuerruder zerbrochen, sondern einer der hölzernen Ruderpflöcke, die einen Durchmesser von 3,2 Zentimetern hatten und dafür sorgten, daß die Ruder drehbar gelagert waren. Der ehemalige Spartakiaden-Meister hatte so stark an seinem Ruder gezogen, daß der Pflock in der Mitte durchgebrochen war.

Die *Towarischtsch,* unser Leitschiff, erschien wieder und steuerte auf einen Hafen zu, bei dem es sich um Poti handeln mußte. Gehorsam folgten wir ihr. Einen Kilometer vor der Einfahrt hielten wir dann an, um unser Schiff sauberzumachen, damit die *Argo* halbwegs präsentabel wurde – wir rollten das Segel sorgfältig auf, legten die Taue in Ringen übereinander und räumten unsere durcheinanderliegenden Sachen weg. Dann glitten wir – Briten, Iren und Russen Schulter an Schulter rudernd – in den Hafen von Poti hinein, vorbei an unzähligen riesigen Kränen, Eisenschrotthaufen und in Bau befindlichen Schiffen, die auf der Helling lagen. Als wir um eine Ecke fuhren und ins Haupthafenbecken einliefen, gab Juri Senkewitsch, der neben mir stand, einen Ausruf der Überraschung von sich. Der hintere Teil des Hafens war schwarz vor Menschen; Tausende von Zuschauern warteten dort. Sie drängten sich auf der Kaimauer, füllten den öffentlichen Platz und standen auf den Balkons des großen Hafenamtsgebäudes. Jeder Fensterplatz, jeder Sims, selbst die Führerkabinen der Kräne waren voll besetzt. Am Kai lag die bereits festgemachte *Towarischtsch* mit ihren drei hoch aufragenden Masten und ebenfalls all die anderen Jachten, die uns am Tag zuvor begrüßt hatten. Eine Jacht fuhr sogar unter bulgarischer Flagge; sie hatte das Schwarze Meer durchquert, um die *Argo* zu treffen.

»Aufpassen jetzt! Achtet auf den Rhythmus! Bleibt bei der Sache!« So flott wie wir es vermochten, ließen wir *Argo* die letzten 100 Meter zurücklegen. »Anker los!« Cormac warf den Anker in den Hafenschlick hinunter. »Steuerbordseite, halten. Backbordseite, weiterrudern.« Die georgischen Ruderer brauchten keine Übersetzung; sie wußten alle, was zu tun war. Mit leichten, gleichmäßigen Ruderschlägen drehte sich die *Argo* um 180 Grad. Die Ruderer auf der Backbordseite begannen nun rückwärts zu rudern, und *Argo* glitt langsam an ihren Liegeplatz. Eine Heckleine wurde von einem Hafenarbeiter aufgefangen und am Kai festgemacht.

»Ruder einholen!« Mit lautem Getöse zogen die Argonauten ihre Ruder an Bord und legten sie quer übers Schiff. Dann erhoben wir uns, um an Land zu gehen; zum erstenmal betraten wir georgischen Boden.

Eine Reihe von Beamten hielt die Zuschauer zurück. Als wir uns auf den Kai begaben, ließen sie eine Gruppe Kinder durch, kleine Mädchen, die sogleich, einen Wettlauf veranstaltend, mit fliegenden Zöpfen auf uns zustürzten. Jedes Mädchen, darauf bedacht, uns als erste zu erreichen, trug einen Blumenstrauß, der dann hastig einem der Argonauten in die Hand gedrückt wurde, bis wir vor lauter Blumen fast nicht mehr zu sehen waren. Eine achtunggebietende Gestalt tauchte genau vor mir auf, bärtig und wie ein Dragoner mit einem langen Mantel bekleidet, komplett ausstaffiert mit Stiefeln aus weichem Leder und einem Dolch mit silbernem Griff an seinem Gürtel. Er packte mich am Ellbogen und begann, einen Arm in theatralischer Manier in die Höhe gestreckt, mit klangvoller Stimme zu deklamieren.

»Eine Begrüßungsrede«, flüsterte mir Othar in Ohr. »Er spricht die alte georgische Sprache.«

Dann wurde ich nach vorne geführt, um mit dem Bürgermeister von Poti zusammenzutreffen. In zwei flache, irdene Schalen wurde Wein eingeschenkt, und Früchte wurden angeboten. »Dies sind die traditionellen Geschenke zur Begrüßung von Gästen«, erklärte Othar. Aus den Lautsprechern auf den Balkons erschallte eine georgische Hymne, die von der zusammengedrängten Menge im volltönenden Chor mitgesungen wurde. Kurz darauf wandten sich alle Zuschauer einer Stelle in der Menge zu. Dort standen ungefähr 20 Männer in einer Reihe, von denen die meisten über 50 oder 60 Jahre alt waren, und sie posierten mit beachtlicher Wirkung in der gleichen dragonerähnlichen Tracht: schwarze, lange Mäntel mit silbernen Verzierungen, schwarze Stiefel, gekreuzte Patronengurte und weiße, um den Kopf geschlungene Tücher. Sie nahmen eine entsprechend stolze Haltung an, und ihr Anführer schritt nach vorne. Er stellte sich seinen aufmerksamen Männern gegenüber, hob einen Arm, dann fing die Gruppe an zu singen. Die erstaunlich komplizierte und verschlungene, gefühlvolle Kunst des Chorgesangs hat mit den traditionellen Sängern Georgiens einen beeindruckenden Höhepunkt erreicht. Zum erstenmal in meinem Leben hörte ich diesen bewegenden Gesang live, den Gesang, den die neuen Argonauten im Laufe der folgenden zehn Tage immer wieder zu hören bekommen sollten und den niemand von uns jemals wieder würde vergessen können.

Jason und seine Gefährten konnten nicht im entferntesten einen derartig herzlichen und farbigen Empfang genießen, als sie in das Reich von König Aietes kamen. Sie näherten sich dem Königreich der Kolcher mit größter Vorsicht und fuhren im Schutz der Dunkelheit an der Küste entlang. Die vier von den Argonauten Geretteten aus Kolchis hatten warnend erklärt, daß ihr Großvater, der verschlagene und grausame König, äußerst argwöhnisch gegenüber allen Fremden sei, die uneingeladen in sein Reich kämen; wahrscheinlich würde er die Abenteurer festnehmen und hinrichten lassen. Daher landeten die Argonauten in Kolchis wie Einbrecher, die eine gutbewachte Villa auskundschaften wollen. Sie glitten nachts heimlich in die Mündung des Phasis, ruderten ein kurzes Stück stromaufwärts ins Marschland hinein und versteckten die *Argo* dann im Schilf. Dort berieten sie sich darüber, wie sie bei der problematischen Aufgabe, das Goldene Vlies von seinem Besitzer, dem König von Kolchis, zu erhalten, am besten vorgehen sollten.

Apollonios zufolge wollte Jason die Gesetze der Gastfreundschaft respektieren. Denn da Aietes dem Phrixos, als dieser Jahre zuvor als Flüchtling nach Kolchis gekommen war, Asyl gewährt hatte, hielt Jason es nun für richtig, daß die Argonauten dem König offen sagten, was sie hierhergeführt hatte, und seine Reaktion abwarteten. So würden sie in Erfahrung bringen, ob er sie als Gäste oder als Feinde behandeln wollte. Jason machte sich auf den Weg zu Aietes' Palast, wobei er einen Heroldstab trug, um zu zeigen, daß er in Frieden kam, begleitet von zwei Argonauten, Augeias und Telamon, und den vier Enkeln des Königs Aietes, die versuchen wollten, *Argos* Mission zu erklären.

Apollonios berichtet, daß sich der königliche Palast auf dem rechten, also dem nördlichen Ufer des Phasis befand. Der Weg von *Argos* Versteck aus, das sich im Schilf befand, verlief durch düstere, nebelverhangene Weidendickichte, in denen die Körper von toten Kolchern hingen. Dem örtlichen Brauch nach wurden nur die Leichen der Frauen unter der Erde begraben. Wenn ein kolchischer Mann starb, wurde sein Körper in eine ungegerbte Ochsenhaut gehüllt und an einen Baum gehängt, damit er sich unter freiem Himmel zersetzen konnte. Der dichte Nebel, der über dem Marschland lag, muß den Gang zum Königspalast noch bedrohlicher gemacht haben, doch andererseits verbarg er auch die Ankunft der Fremden so lange, bis sich Jason und seine Gefährten vor den Toren der königlichen Festung befanden.

Der Palast war ein beeindruckendes Bauwerk mit zahlreichen Hofräumen, die alle miteinander verbunden waren, mit Balkons, von denen aus man einen guten Ausblick hatte, Nebengebäuden und Flügeltüren, hinter denen sich die verschiedenen Wirtschaftsräume der königlichen Hofhaltung befanden. Dazu gehörten auch die Gemächer des Königs, die seines Sohnes und Thronfolgers Apsyrtos, und das Gebäude, das für die im Palast lebenden Frauen vorbehalten war, insbesondere für die Tochter des Königs Aietes, Prinzessin Medea.

Als Jason und seine Gefährten ankamen, standen die großen Tore, die in den königlichen Bezirk führten, offen; also gingen sie hinein und trafen auf die königlichen Bediensteten, die mit ihren alltäglichen Arbeiten beschäftigt waren: mit Holzhacken, dem Schlachten eines Ochsen für die königliche Küche und dem Erhitzen des Badewassers.

Die genauen Einzelheiten bei der Beschreibung des Palastes hat sich Apollonios möglicherweise ausgedacht: Sie geben nur wieder, wie er sich den Palast des gefürchteten Königs von Kolchis vorgestellt hatte. Ebenso können sie aber auch auf einen Bericht darüber, wie eine damalige kolchische Königsfestung aufgebaut war und geführt wurde, zurückgehen, an den er sich vage erinnert hatte. Apollonios' Behauptung, daß König Aietes, der gleiche Mann, der über Kolchis geherrscht hatte, als Phrixos dorthin gekommen war, noch gelebt hat, ist etwas zweifelhaft; die Historiker nehmen an, daß der Name des Königs immer wieder übernommen worden ist, zumindest von den alten griechischen Geschichtsschreibern, die scheinbar alle frühen kolchischen Könige Aietes genannt hatten.

Jasons freimütiges Herantreten an den Herrscher von Kolchis brachte ihn in große Gefahr. König Aietes lud die Fremden ein, zusammen mit ihm zu essen, und nach dem Mahl fragte er seine Enkel, warum sie von ihrer Reise so früh zurückgekehrt waren und warum sie Fremde mitgebracht hatten. Argos, der älteste von den vier Enkeln, berichtete, wie er und seine Brüder vor der Aresinsel Schiffbruch erlitten hatten, von den Argonauten gerettet und zurück zum Phasis gebracht worden waren. Die Besucher, so erklärte er seinem königlichen Großvater, waren gekommen, da sie das Goldene Vlies von Phrixos' heiligem Widder begehrten und es wieder zurück nach Griechenland bringen wollten. Um Aietes für das Vlies zu entschädigen, boten Jason und die Argonauten an, den Kolchern bei ihrem Krieg gegen ihre Nachbarn im Norden, ihren langjährigen Feinden, den Sarmaten, zur Seite zu stehen.

König Aietes bekam einen Wutanfall. Er schrie Jason, Augeias und Telamon an und schwor, daß sie, wenn sie und ihre Gefährten nicht sofort sein Königreich verließen, von ihm grausam gestraft werden würden. Ihre Geschichte vom Goldenen Vlies wäre eine Lüge, wetterte er. Sie waren nur gekommen, um ihn anzugreifen und den Thron von Kolchis zu erbeuten. Sie wären nichts anderes als habgierige Seeräuber. Wenn sie nicht an seinem Tisch gegessen hätten, wodurch sie nun durch die Gesetze der Gastfreundschaft geschützt wären, hätte er ihre Zungen herausgerissen, ihre Hände abgeschlagen und sie dann zu ihren Gefährten, die auf der *Argo* warteten, zurückgeschickt, als eine Warnung, nicht widerrechtlich sein Land zu betreten.

Angesichts dieses Anfalls behielt Jason einen kühlen Kopf. Er wiederholte ruhig sein Angebot, daß die Argonauten, wenn sie das Vlies bekämen, den Kolchern bei ihrem Kampf gegen die Sarmaten helfen würden. Und wenn Aietes so edelmütig wäre, ihnen das Goldene Vlies zu übergeben, so wollten Jason und seine Männer dafür sorgen, daß der Name Aietes in ganz Griechenland einen ruhmvollen Klang haben würde.

Der unglückliche Jason tappte nun in genau die gleiche Art von Falle, die bewirkt hatte, daß die Suche nach dem Goldenen Vlies überhaupt stattfand: Pelias' verschlagenes Angebot, daß Jason den Thron von Iolkos bekommen würde, wenn er das Goldene Vlies zurückbrachte. Diesmal war es König Aietes, der die Falle auf geschickte Weise auslegte. Er meinte zu Jason, daß dieser das Vlies tatsächlich mitnehmen könnte, wenn er dafür eine besondere Aufgabe erfüllen würde: Jason sollte zwei feuerschnaubende Stiere anschirren, die auf dem heiligen Feld des Ares grasten, auf dem anderen Ufer des Flusses, wo auch die geweihte Eiche mit dem Goldenen Vlies stand. Hatte Jason es geschafft, die beiden Stiere anzuschirren, so sollte er sie dazu bringen, an einem einzigen Tag ein Feld mit einer Fläche von fünf Morgen zu pflügen. In die Furchen sollte er die Zähne einer riesigen Schlange säen. Aus diesen Zähnen würden sehr schnell bewaffnete Männer hervorwachsen, und es war Jasons Aufgabe, all diese Krieger vor Einbruch der Nacht zu töten. Eine Heldentat, deren Ausführung nicht unmöglich war, meinte Aietes, denn als König von Kolchis besaß er selbst die Fähigkeit, die Stiere anzuschirren, die Zähne auszusäen und die Krieger zu töten. Wenn Jason bewies, daß er ebenfalls dazu in der Lage war, konnte er das Vlies noch am gleichen Tage mitnehmen.

Insgeheim beschloß König Aietes jedoch, die Argonauten zu töten. Selbst wenn Jason seine schwere Prüfung bestand, sollte eine Gruppe von kolchischen Kriegern die *Argo* mitsamt ihrer Besatzung verbrennen. Um seine vier Enkel für die Unbesonnenheit, diese gefährlichen Fremdlinge nach Kolchis gebracht zu haben, zu bestrafen, gedachte Aietes, sie in die Verbannung zu schicken.

Nun aber kommt Prinzessin Medea mit in den Handlungsablauf der Sage hinein. Apollonios erzählt, daß sie Jason bereits flüchtig gesehen hatte, als er den Palast betrat. Dieser erste Anblick des mykenischen Prinzen versetzte sie in Aufruhr; sie verliebte sich sogleich vollkommen und unentrinnbar in den jungen Mann. Auch als die Besucher mit Aietes verhandelten, wurde Medea in ihren Gemächern von ihrer brennenden Zuneigung zu dem Fremden gequält und zugleich von der Vorahnung, daß als Folge etwas Schreckliches passieren würde. Schon jetzt wußte sie, daß sie ihrer Leidenschaft, ganz gleich, was geschehen mochte, nicht widerstehen konnte. Es war ihr nicht möglich, Jason aus Kolchis abreisen zu lassen, ohne ihm vorher geholfen zu haben, auch wenn sie ihren Vater dadurch verletzte.

Medea war in Kolchis als eine Frau bekannt, die magische Kräfte besaß, jedoch stand sie nicht in dem schlechten Ruf, den sie sich später in Griechenland erwarb. In Kolchis war sie eine jungfräuliche Priesterin, der man nachsagte, daß sie alle aus Kräutern gewonnenen Zaubermittel und deren Zubereitung kannte und daß sie auch in der Lage war, einen Zauberbann wirksam zu machen. Die schreckliche Veränderung ihrer Rolle in der Argonautensage – von dem verliebten Mädchen in Kolchis zur todbringenden Königin in Griechenland – sollte zu einer der bekanntesten Transformationen in der griechischen Bühnenkunst werden. Doch zu dieser Zeit handelte es sich bei der jungen kolchischen Prinzessin noch um eine überaus liebenswerte Person.

Als Jason und seine Gefährten zur *Argo* zurückkehrten, erzählte ihnen der junge kolchische Edelmann Argos von Medeas Zauberkräften und empfahl ihnen, sich darum zu bemühen, ihre Hilfe gegen König Aietes zu gewinnen. Er erklärte sich dazu bereit, Jason an einen Platz zu führen, wo dieser Medea mit Sicherheit treffen konnte, denn er wußte, daß sich die Prinzessin in dem Tempel aufhalten würde, der Hekate, der Göttin der Unterwelt, geweiht war.

Jason stimmte zu, und so gingen er und Argos, begleitet von Mopsos, dem Seher, zu der heiligen Stätte. Kurz vor dem Hain hielt Mopsos Argos zurück, denn er wußte, daß Jason und Medea unter sich sein mußten, wenn das Treffen erfolgreich sein sollte. Als Medea Jason zwischen den Bäumen hindurch auf sich zukommen sah, so berichtet Apollonios, »*blieb ihr Herz stehen, über ihre Augen senkte sich ein Schleier, und eine warme Röte breitete sich auf ihren Wangen aus. Sie konnte sich weder auf ihn zubewegen noch zurücktreten; wie angewurzelt stand sie da.*« Jason sprach sie freundlich an und sagte, daß sie sich nicht vor ihm zu fürchten brauche. Er wäre nur gekommen, um sie um Hilfe zu bitten. Wenn sie sich dazu bereit erklärte, ihn zu unterstützen, so würde ihr Name wegen ihres Wohlwollens unsterblich gemacht werden. Er erinnerte sie an die hochgeborene Ariadne, die Theseus dabei geholfen hatte, das Labyrinth zu entwirren und den Minotaurus ausfindig zu machen. Sie war von den Göttern mit ihrem eigenen Sternenkreis belohnt worden, das nun zwischen den anderen Konstellationen am Himmel zu sehen ist. Medeas Schönheit, so sagte Jason, wäre ein Zeichen für das warme, gütige Herz im Innern.

»*Jasons Huldigung*«, erzählt Apollonios weiter, »*brachte Medea zum Schmelzen ... Einen Moment lang starrten beide in tiefer Verlegenheit zu Boden; im nächsten Augenblick lächelten sie sich an und blickten einander in die Augen, die vor Liebe leuchteten.*« Nun eröffnete Medea Jason das Geheimnis, wie er die feuerschnaubenden Stiere anschirren, das Feld pflügen und die daraus hervorwachsenden, bewaffneten Krieger besiegen konnte. Sie hatte für ihn bereits ein Zaubermittel hergestellt, eine Salbe, die sie aus einer blutroten Pflanze, die in den kaukasischen Bergen wuchs, gewonnen hatte. Wenn Jason nun eine mitternächtliche Zeremonie zu Ehren von Hekate ausführte und dann seinen ganzen Körper mit der Salbe einrieb, wo würde er einen Tag lang unverwundbar sein. Er würde in der Lage sein, die Stiere ins Joch zu spannen, mit ihnen das Feld zu pflügen und die Schlangenzähne auszusäen. Wenn die bewaffneten Männer sich aus den Furchen erhoben, sollte er einen großen Stein mitten unter sie werfen, so daß sie verwirrt aufeinander losgingen und untereinander kämpften, bis er schließlich nur noch die wenigen Überlebenden niederstrecken mußte.

Im Besitz des Geheimnisses, mit dem er Aietes' Herausforderung erfolgreich begegnen konnte, und hingerissen von Medeas Schönheit, bat Jason die Prinzessin darum, zusammen mit ihm an Bord zu gehen, wenn die *Argo* Kolchis wieder verließ, um nach Griechenland zurückzukehren. Zusammen würden sie nach Iolkos fahren, wo sie seine Ehefrau werden sollte, und zusammen würden sie dann das Königreich regieren. Sein Heiratsantrag an Medea war es schließlich, der zu den blutigen Ereignissen führen sollte, die später mit ihrem Namen in Verbindung gebracht wurden.

Eine der ersten Fragen, die ich Professor Othar Lordkipanidse stellte, war, ob es irgendeinen archäologischen Hinweis darauf gab, daß eine Person wie König Aietes tatsächlich in Georgien in der späten Bronzezeit gelebt hatte, und ob seine Hauptstadt, die von den alten Griechen Aia genannt worden war, von den Archäologen hat lokalisiert werden können. Othar antwortete, daß georgische Archäologen und Geschichtswissenschaftler sehr lange nach der mysteriösen Stadt Aia gesucht hatten, aber zu keinen eindeutigen Ergebnissen gekommen seien. In den nächsten Tagen wollte er mich zu einigen Stätten führen, bei denen es sich möglicherweise um die Überreste dieser Stadt handelte, obwohl einige Wissenschaftler auch die Ansicht vertraten, daß Aia kein bestimmter Ort gewesen war, sondern ein allgemein gebräuchlicher Name für das ganze Reich des Königs Aietes, dessen Titel wörtlich übersetzt nichts anderes bedeutete als der »Herrscher von Aia«. Doch ich benötigte noch einen festen Punkt an den Ufern des Flusses Rioni, wo wir dann unsere Reise auf den Spuren der Argonauten symbolisch beenden konnten; daher fragte ich Othar, wie weit flußaufwärts die erste sicher identifizierte Bronzezeitsiedlung aus dem 13. Jahrhundert v. Chr. lag. Diese befand sich an einem Ort, den man Jaladidi oder auch das Große Tal nannte, erklärte er mir; die Siedlung war 15 Kilometer von der Mündung des Rioni entfernt. Diese Stelle, beschloß ich, sollte das Ende der Fahrt mit der neuen *Argo* markieren. Othar sagte mir zu, daß er am nächsten Tag mit seinem Auto nach Jaladidi fahren und dort am Ufer warten würde. Ich wollte zusammen mit meiner Mannschaft die *Argo* flußaufwärts rudern, und wenn wir dann diese genau bestimmte Stelle erreicht hatten, sollte Othar dies durch seine Autohupe bekanntgeben.

So ruderten wir die *Argo* nach Beendigung der Begrüßungsfeier im Hafen von Poti zum nördlichen Arm des Rioni-Deltas, wo sich der Fluß an Sandbänken und Untiefen vorbei ins Schwarze Meer ergießt. Das flache Mündungsgebiet des Rioni erstreckte sich unter einem grauen Himmel. Auf den salzreichen Weideflächen graste das Vieh, und die Kinder, die am Strand gespielt hatten, wateten ins seichte Wasser und blieben dort stehen, um die von See her kommende *Argo* zu beobachten, während die letzten Wellen der Meeresdünung gegen ihre Beine schwappten. Neugierig und verwundert blickten sie auf das fremdartige Schiff, dessen aufgemalte Augen noch immer nach vorne starrten, als es sich ostwärts fahrend auf den großen Fluß zu bewegte, der für die alten Griechen der Hauptverkehrsweg in das Königreich von Kolchis gewesen war. Nur zehn Ruderschläge waren nötig, um unsere kleine Galeere von der schaukelnden Dünung des Meeres in das ruhigere Wasser des Flusses zu bringen. Und die *Argo*, die zweieinhalb Monate lang ein Geschöpf des Meeres gewesen war, verwandelte sich nun in ein Flußwesen, das ruhiger und verhaltener wirkte.

Der Küstensand wurde von der Erde des Flußufers abgelöst, die zunächst blaß und gelblichgrau war und dann zunehmend dunkler und verschlammter wurde. Schilfgräser und niedrige Büsche drangen von den Ufern aus ins brackige Wasser hinein. Sie hatten als Versteck für die Galeere gedient, als Jason und seine Gefährten nicht wußten, welchen Empfang ihnen König Aietes und die Kolcher bereiten würden. Jenseits des Schilfgürtels wuchsen kleine, dünne Bäume, die unsere georgischen Ruderer *Tkhelma* nannten, und hier und dort raschelte eine vereinzelte Silberweide mit ihren Blättern im Wind, der vom Meer her wehte. Im Sommer wie im Winter blies der immer gleiche Wind übers Land, immer aus der gleichen Richtung, erzählten die Georgier. Zu bestimmten Zeiten im Jahr führte der Fluß Hochwasser; die Rinnen im Flußbett veränderten ihre Lage und nahmen dann wieder ihren normalen Verlauf ein, während die Insel im Zentrum des Deltas sich immer weiter seewärts bewegte.

Mehrere kleine Häuser standen am Ufer des Rioni. Sie waren nicht größer als Fischerhütten oder Sommerhäuschen. Vor jedem der kleinen Gebäude befand sich ein auf Pfählen gebauter Anleger, an dem einige Boote festgemacht waren. Die Bewohner, ihrem Aussehen nach schien es sich um Urlauber zu handeln, winkten uns fröhlich zu. Dann kam die *Argo* um eine Flußbiegung, und vor uns sahen wir eine alte Eisenbahnbrücke, die von Eisenträgern gestützt wurde. Auf der Brücke wimmelte es von Zuschauern. Hunderte von Georgiern hatten sich dort versammelt, da sie wußten, daß dies der beste Aussichtspunkt war, wenn die *Argo* hier vorbeikam. Ein plötzliches, aufgeregtes Gemurmel entstand, das Raunen menschlicher Stimmen, als sie die Galeere erblickten. Durch das Geräusch und das Gewühl von Leuten schien es so, als ob sich auf der Brücke ein Bienenschwarm niedergelassen hatte. Während sich unser Schiff näherte, drängten sich immer mehr Menschen auf die Brücke, um eine bessere Aussicht zu haben, bis schließlich ein lautes, unheilvolles Krachen zu hören war, als der Fußgängerüberweg entlang der Schienen unter dem Gewicht der Leute nachzugeben begann. Glücklicherweise wurde niemand verletzt, und die Menge brachte sich sofort eilig in Sicherheit. Die Brücke, die sich infolge der vielen Zuschauer vor unseren Augen durchgebogen hatte, nahm wieder ein etwas geradlinigeres Profil an. Der dadurch vergrößerte Zwischenraum erwies sich als sehr nützlich. Die *Argo* kam mit heruntergelassenem Mast gerade eben unter der Brücke hindurch. Von ihrem nach oben gebogenen Skorpionschwanz bis zum rostigen, stählernen Unterboden der Brücke waren es nicht mehr als fünf Zentimeter, als die Besatzungsmitglieder die Galeere hindurchbugsierten, indem sie sich mit den Händen von den Eisenträgern abstießen. Als sich die *Argo* auf der anderen Seite wieder herauszwängte, brach die Menge in Beifall aus.

Othar Lordkipanidse hatte mir bereits in Poti erklärt, warum die Georgier so sehr von der Jason-Reise angetan waren. Die Argonautensage hat sich im Stolz und im Bewußtsein der Georgier fest verankert. Die Geschichte von der Suche nach dem Goldenen Vlies ist in ihrem Land besser bekannt als sonst irgendwo auf der Welt. Als Kinder bekommen sie diese Sage als Märchen erzählt. In der Schule wird sie schon bald als grundlegender Text gelesen. Auf der Universität kann sie als Quelle für georgische Geschichte und für die Kultur in der Antike benutzt werden. Georgien ist stolz auf seine ununterbrochene geschichtliche Vergangenheit, die mindestens 5000 Jahre weit zurückreicht; und in dieser Vergangenheit bildet der Besuch von Jason und den Argonauten einen Markstein. Er ist der erste schriftlich festgehaltene Kontakt Georgiens mit den alten Kulturen des Mittelmeerraums. Georgische Gelehrte haben äußerst genaue Übersetzungen der *Argonautica* aus dem Altgriechischen in die georgische Sprache erstellt. Kunsthistoriker haben Bildbände veröffentlicht, die sämtliche Illustrationen, klassische und auch modernere, zu den Ereignissen der Argonautensage enthalten. Viele georgische Mädchen heißen immer noch Medea, und eine allgemein beliebte georgische Tabaksorte heißt »Goldenes Vlies«, auf deren Packung ein Bild der ersten *Argo* zu sehen ist. Jason, Medea und die Argonauten gelten in der lebendigen Kultur der Georgier als Volkshelden. Daher war es nicht verwunderlich, daß die Georgier die neue *Argo,* als sie den Rioni hinaufgerudert kam, sogleich in ihr Herz schlossen. Eine neue Sonderausgabe der *Argonautica* war bereits gedruckt und kurz vor unserer Ankunft ausgeliefert worden; eine neue georgische Weinbrandsorte wurde nach der Sage benannt; und eine große, unterirdische Höhle, die vor kurzem von Forschern im Kaukasus entdeckt worden war, erhielt den Namen »Argonautenhöhle«.

Am ersten Nachmittag unserer Reise auf dem Fluß fuhren wir sieben Kilometer stromaufwärts und schlugen dann am Ufer unser Lager auf. Am nächsten Morgen setzten wir unseren Weg fort, ruderten den Rioni hinauf, der wie eine breite, trübe Straße ins Landesinnere führte. Das Wetter war, nicht gerade der Jahreszeit entsprechend, sehr schlecht; ein heftiger Regenschauer fiel, floß von den Weiden ab und verstärkte das Schmelzwasser, das von den Oberläufen im Kaukasus zur Küste transportiert wurde, wodurch sich die Geschwindigkeit der Strömung erhöhte und die Ruderer sich sehr abmühen mußten, um überhaupt voranzukommen. Aber mit zehn gut durchtrainierten georgischen Sportlehrern an Bord besaß die *Argo* genug Muskelkraft, um sich gegen die Strömung voranzukämpfen. Ein Besatzungsmitglied stand während der Fahrt ständig am Bug und warf die Lotleine aus, denn obwohl der Rioni Hochwasser führte, war er mit Schlammbänken und Untiefen durchsetzt, die dafür sorgten, daß die Fahrrinnen oftmals Absperrungen aufwiesen oder aber in Sackgassen endeten.

Saftige Weiden erstreckten sich nun auf beiden Seiten des Flusses; die georgischen Bauern kamen mit ihren Familien ans Ufer, um zu beobachten, wie wir uns stromaufwärts arbeiteten. Ihre Kinder versuchten, mit uns Schritt zu halten, rannten barfuß durch den zähen, dunklen Schlamm am Ufer entlang und blieben auf jedem kleinen Hügel stehen, um einen besseren Ausblick zu haben. Ihr aufgeregtes Gejohle glich dem Zwitschern von Spatzen. Es war warm, bewölkt und feucht und so trübe, daß wir glaubten, uns durch eine endlose Landschaft zu quälen, die nur aus braunem Flußwasser, grünen Weiden und einem leblosen, grauen Himmel bestand. Es gab hier keine Dörfer, denn das Land war hier so sumpfig, daß die Häuser weiter weg gebaut werden mußten; von unserem Schiff aus konnten wir sie nicht sehen. Nachdem wir die Kinder überholt hatten, war nur noch der Fluß da, ab und zu zeigten sich ein Reiher, ein Schwarm Wildenten und die verstreuten Rinder- und Wasserbüffelherden. Die einzigen Geräusche waren das Klatschen der Ruder, das Rauschen des Wassers, das an den Seiten des Rumpfes entlangwirbelte, das Schnaufen und Keuchen der Ruderer und gelegentlich ein leises Platschen, wenn ein Stück des lehmigen Ufers, das von der Strömung unterspült worden war, in die nagenden Fluten stürzte. Einige Male fuhr die *Argo* auf die versteckten Schlammbänke auf, was aber keine schwerwiegenden Folgen hatte, da der mit Sand durchsetzte Schlamm sehr weich war. Bei derartigen Vorfällen ruderten wir rückwärts und ließen uns von der Strömung helfen, bis das Schiff wieder freikam und wir unseren Weg fortsetzen konnten.

Mit jedem Kilometer häuften sich diese leichten Kollisionen. Bald war es soweit, daß wir alle fünf Minuten auf eine Schlammbank aufliefen. Die Anstrengungen, die unternommen werden mußten, um wieder freizukommen, zehrten an den Kräften der Besatzung. Bereits im Laufe des Vormittags bemerkte ich, wie die Ruderer müde wurden. Während ich die Oberfläche des Flusses nach den verräterisch glatten Stellen und nach den Strudeln absuchte, die vor weiteren Untiefen warnten, fragte ich mich, wie weit wir mit der *Argo* überhaupt noch kommen würden; sicherlich dauerte es nicht mehr sehr lange, bis die Wassertiefe nicht mehr ausreichte und wir die Flußfahrt abbrechen mußten.

Wir durchfuhren eine weitere Windung, und ich sah deutlich, daß wir nun eine sehr schwierige Strecke vor uns hatten. Der Fluß war hier so breit, daß sich in seiner Mitte eine Insel gebildet hatte. Keine der beiden Fahrrinnen, die an den Seiten der Insel vorbeiführten, sahen sehr vielversprechend aus, weshalb ich zunächst einmal nach links steuerte; die *Argo* schleppte sich weiter voran. Als wir fast die Spitze der kleinen Insel erreicht hatten, lenkte ich die Galeere, auf der Suche nach der Hauptfahrrinne, wieder zur rechten Seite hinüber. Ich spürte einen leichten Ruck am Steuerruder. Im gleichen Moment erzitterte die *Argo* unmerklich, da ihr Kiel mit seiner ganzen Länge auf die Steigung einer unter Wasser befindlichen Sandbank auffuhr. Die Mannschaft, die nichts davon mitbekommen hatte, ruderte zunächst noch weiter. Die am Rumpf entlanggleitende Strömung überlistete die Sinne und spiegelte ihnen vor, daß die *Argo* noch immer vorwärts kam. Aber schließlich merkten auch die Ruderer, daß die Galeere auf Grund gelaufen war. Dankbar ließen die erschöpften Männer die Ruder los. Ich wollte gerade sagen, daß es an der Zeit war, sich auszuruhen und eine Mittagspause einzulegen, als das eindringliche und ununterbrochene Hupen eines Autos ertönte. Ein seltsames Geräusch in dieser idyllischen Wasserlandschaft. Zu meiner Linken entdeckte ich ein schlammbespritztes Auto, das über die Weide geholpert kam und dabei noch immer beständig hupte. Der Fahrer war kein anderer als Othar Lordkipanidse, der laut hörbar signalisierte, daß wir die erste Bronzezeitsiedlung am Rioni – Jaladidi – erreicht hatten. Genau an dem Ort, an dem die *Argo* nun endgültig auf Grund gelaufen war, hatte sie sich befunden.

Nun sagte ich etwas anderes. »Ruder einlegen!« rief ich. »Das war's! Die Jason-Reise ist zu Ende! Wir haben's geschafft.«

Ein Tumult brach aus. Die Ruderer sprangen von ihren Bänken. Laute Rufe erklangen: »Wir brauchen nicht mehr zu rudern! Das muß gefeiert werden! Wo ist der Wein?« Wir waren geistesgegenwärtig genug, drei rote Leuchtraketen hervorzuholen, die wir eine nach der anderen in die Luft abschossen, um das Ende unserer Reise symbolisch deutlich zu machen; und dann begann der Ernst der Feier. Hastig legte ich mein Notizbuch beiseite, denn ich wußte, was nun traditionellerweise geschehen würde. Zwei stämmige Argonauten kamen entschlossen den Laufsteg entlang, glitten gebückt unter den Querbalken vor dem Achterdeck hindurch, packten den Kapitän und schleuderten mich über die Reling hinweg in den Fluß hinein. Er war flach genug, so daß ich stehen und dann beobachten konnte, wie ein Ruderer nach dem anderen ins Wasser sprang, fiel oder hineingeworfen wurde, bis sich keine Menschenseele mehr an Bord der *Argo* befand. Ihre ganze Besatzung planschte laut gröhlend in der Strömung herum. Die meisten hatten das Schiff mit Flaschen georgischen Weins verlassen, die nun weitergereicht wurden. Dann kletterten wir völlig durchnäßt wieder an Bord und feierten dort, mitten auf dem Fluß, ein wirkliches Freudenfest.

Eine Barkasse kam auf uns zu, die uns ein gewaltiges Picknick mitbrachte: Hühnchen, Brot, verschiedene Käsesorten, Weintrauben, Äpfel, Pflaumen, Melonen und Fisch. Dieses Festmahl wurde auf der Laufplanke, die über das ganze Schiff führte, aufgetragen. Othar Lordkipanidse, Nugsar Popkhadse und Ilja Peradse, der die georgischen Ruderer trainiert hatte, kamen an Bord, um an dem

Triumph der durchnäßten, aber glücklichen Ruderer teilzunehmen. Peter, der Koch, schwor, daß er sein letztes Argonautenessen zubereitet hatte und von nun an von der Mildtätigkeit der Georgier leben würde; und die Besucher beobachteten gespannt, wie einer der georgischen Ruderer mit der flachen Hand so lange gegen den Boden einer Weinflasche schlug, bis der Korken schließlich durch den anwachsenden Druck herausflog. Aber das war noch gar nichts. Die eindrucksvollste Vorführung gab ein kraftstrotzender georgischer Sportler, als er den kleinen Finger an seiner rechten Hand steif machte, die Fingerspitze auf den Korken setzte und mit einer einzigen konzentrierten Bewegung den Korken durch den Hals hindurch in die Flasche hineindrückte.

Dann wurden die Trinksprüche ausgebracht. Es wurde auf jeden Besucher getrunken, dann auf jedes der Länder, denen die Besatzungsmitglieder angehörten, und schließlich auf die abwesenden Argonauten, die beim Rudern der *Argo* geholfen hatten, beim letzten Teil der Reise jedoch nicht mehr dabeigewesen waren. Die ungestüme georgische Art, einen Trinkspruch auszubringen, war für diese Feier bestens geeignet: Immer wenn jemand glaubte, einen guten Anlaß für einen Trinkspruch gefunden zu haben, machte er auf sich aufmerksam, hob sein Glas, sprach den Toast aus und begann dann mit den Silben »*Gau . . . ma . . .*«, worauf alle anderen mit lautem Gebrüll »*. . . Jous!!*« hinzufügten und ihren Wein hinunterstürzten. Diese georgischen Silben sollten bei unserem Besuch in Kolchis zu unserem Schlagwort werden. Dann fingen wir an zu singen: zuerst die Georgier mit traditionellen Liedern und schließlich die Argonauten mit ihren gut einstudierten Ruderchorgesängen, die sie während der ganzen Fahrt von Griechenland bis zum entlegenen Ende des Schwarzen Meeres gesungen hatten. Es war für mich ein vollendetes Symbol der Kameradschaft, als Cormac O'Connor, der ehemalige westirische Meister im Curragh-Rennen, seinen Arm um die kräftige Schulter von Vladimir Beraija legte, dem ehemaligen Gewinner der Spartakiade, und die beiden Männer dann zusammen in den Refrain eines georgischen Volksliedes einstimmten.

Drei Stunden später, als das Fest auf dem Fluß seinem Ende zuging, verkündete Ilja, daß man vorhatte, die *Argo* weiter flußaufwärts zu bewegen, zu einer Zeremonie, die in der Stadt Vani stattfinden sollte. Es wäre bereits alles organisiert worden, meinte er. Ein Schleppschiff stand bereit, und die Mitglieder des Rudervereins hatten den Fluß genau inspiziert und sogar eine Flußkarte erstellt, auf der die Fahrrinnen eingezeichnet und die jeweilige Wassertiefe angegeben worden war. Othar und die anderen Würdenträger gingen von Bord, um nach Vani zu fahren, und die georgisch-internationale Argonautenmannschaft sprang ins Wasser, schob die *Argo* von der Sandbank und brachte ein Tau zu dem kleinen Schleppdampfer.

10. Kapitel: Das Goldene Vlies

Die Flußfahrt, die von den Georgiern so aufwendig und bis ins Detail vorbereitet worden war, stellte sich in der Realität als ein äußerst schwieriges und mühseliges Unterfangen heraus. Als die Freiwilligen vom Ruderverein den Fluß genauestens inspiziert hatten, um die für die *Argo* geeignetste Fahrrinne herauszuarbeiten, hatte niemand vorhersehen können, daß mitten im Juli ungewöhnlich heftige Regenschauer niedergehen würden. Die Strömung des Rioni war daher nun viel stärker, als man sich vorgestellt hatte, und der Wasserspiegel des Flusses hob und senkte sich um fast zwei Meter in zwölf Stunden. Sandbänke tauchten irgendwo auf und wurden nach einiger Zeit wieder überschwemmt; die Hauptströmung verlegte sich von einer Seite einer mitten im Fluß gelegenen Insel auf die andere; große Mengen Treibgut glitten schwankend um die Windungen und stellten eine Gefahr für die Schiffsschraube des Schleppers dar oder verfingen sich in dem Schlepptau.

Wir starteten unseren Versuch, indem wir uns von einem Motorboot ziehen ließen, doch schon sehr bald wurde offensichtlich, daß es nicht stark genug war, um gegen die Strömung anzukommen. Irgend jemand eilte los, um Hilfe zu holen. Wenig später tauchte ein anderes Motorboot auf, das größer und leistungsstärker war. Es schleppte die *Argo* einige Kilometer weiter stromaufwärts, bis es auf Grund lief und – bei dem Versuch, sich von der Untiefe zu befreien – hin und her schleuderte, wobei von der Schraube Schlick in die Luft hochgewirbelt wurde und der spezifische Geruch eines überhitzten Motors entstand. Wir machten das Schlepptau los, das sogleich von einer kleinen herbeieilenden Flotte von Ruderbooten mit Außenbordmotoren übernommen wurde. Ilja Peradse leitete diese ganzen Operationen mit einer beeindruckenden Vitalität. Er fuchtelte heftig mit seinen Armen und gab laut rufend seine Anweisungen, die der kleinen Gruppe von Booten galt, die nun am Schlepptau zerrten und gegen die Strömung ankämpften, ihre Außenborder auf Hochtouren laufend, was sich anhörte, als ob ein Mückenschwarm über dem Wasser umherschwirrte. Der große Schlepper tauchte noch einmal auf und half uns für kurze Zeit, aber schließlich blieb er äußerst geräuschvoll und endgültig wegen mangelnder Wassertiefe stecken. Kurz bevor wir eine weitere Windung hinter uns brachten, sahen wir ihn ein letztes Mal, hoffnungslos festsitzend, während seine Besatzung ergeben mit einer rotweißgestreiften Stange, die sie zum Loten benutzt hatte, am Rumpf herumhantierte, um ihr Schiff wieder freizubekommen.

Die Georgier gaben nicht auf. Egal wie widrig sich die Umstände zeigten, sie waren und blieben fest entschlossen, die *Argo* nach Vani zu bringen. Nichts konnte sie aufhalten, nicht einmal der Rioni mit seiner extremen Launenhaftigkeit. Was also zunächst eigentlich als ein kleines Nachspiel, als eine Art Ausklang, gedacht war, entwikkelte sich nun zu einer kompletten Nebenhandlung und wurde schließlich zu einer der schönsten Episoden des ganzen Projekts. Der Enthusiasmus unserer athletischen Gastgeber war einfach nicht kleinzukriegen. Als das Leitboot unserer Mückenflotte auf Grund lief, warf der Steuermann das Schlepptau sofort weg, während das nächste Boot sogleich ausscherte, um eine bessere Fahrrinne zu finden. So befanden sich manchmal drei oder vier Boote vor uns, die sich auf der ganzen Breite des Flusses verteilt hatten, um nach einer Durchfahrtsmöglichkeit zu suchen.

Argo benötigte lediglich eine Wassertiefe von 60 bis 90 Zentimetern, um vorwärts zu kommen, und doch geschah es sehr häufig, daß sie auf Grund lief. Alle Besatzungsmitglieder sprangen dann von Bord und schoben, zerrten und zogen, während sie sich bis zur Hüfte im Wasser des Flusses befanden, bis sie es geschafft hatten, ihre Galeere mit reiner Muskelkraft wieder freizubekommen. Als die Wassertiefe selbst für die kleinen Boote nicht mehr ausreichte, so daß ihre Außenborder nicht mehr funktionieren konnten, stürzten sich alle Argonauten in den Rioni und schleppten die Galeere tatsächlich allein mit ihrer Muskelkraft weiter vorwärts, während das Wasser brusthoch an ihnen vorbeiströmte. Wir wußten genau, wann wir wieder die Hauptfahrrinne erreicht hatten, da die Leute,

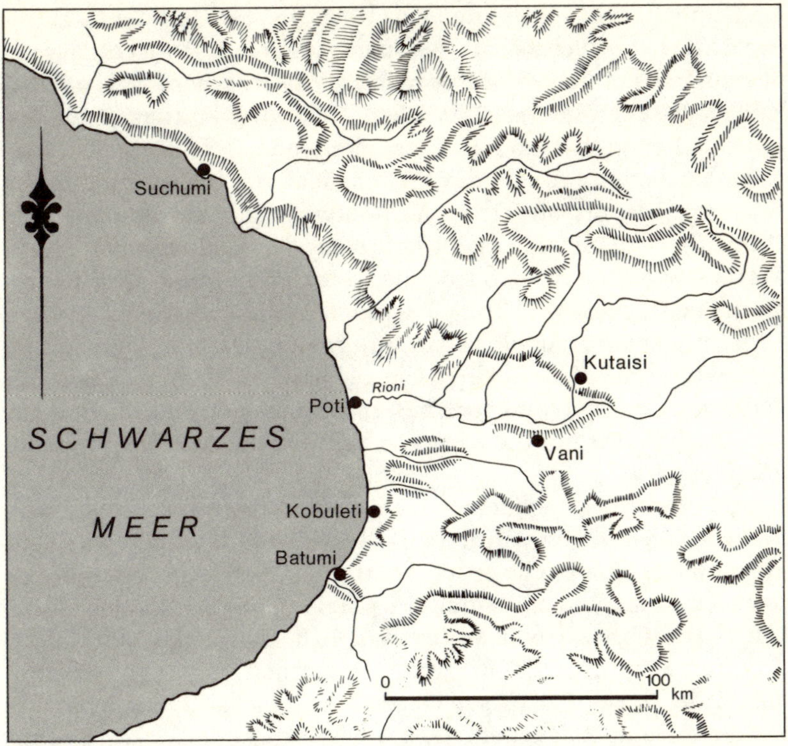

die ganz vorne gezogen hatten, dann plötzlich unter Wasser verschwanden. All dies ging mit einer lebendigen Aufregung und mit einem derart beeindruckenden Elan vor sich, daß es unmöglich war, nicht von dieser vitalen Stimmung mitgerissen zu werden. Es war ganz offensichtlich, daß unsere starken georgischen Männer das Gefühl haben wollten, daß sie der Expedition bei der Erreichung ihres Ziels wirklich geholfen hatten, und die *Argo* nun allein mit ihrer Muskelkraft den Fluß hinaufzuschleppen war die beste Möglichkeit dafür. Selbst ein sturzbachartiger Gewitterschauer in der Nacht – die nasseste der ganzen Fahrt – konnte ihrem Enthusiasmus nichts anhaben. In dieser Nacht kam niemand zum Schlafen. Die *Argo* lag in der Dunkelheit an einer schlammigen Sandbank fest, irgendwo mitten im westlichen Georgien, während der Regen herabflutete und Blitze immer wieder die pechschwarze Finsternis zerrissen. Wir hatten den Kontakt zu den Schleppbooten verloren; niemand am Ufer wußte, wo wir uns jetzt befanden – und die Bedingungen waren nun auch zu widrig, um dies herauszufinden. Daher verkroch sich die Besatzung unter provisorische Plastikplanen, tröstete sich, da nichts mehr zu Essen an Bord war, mit den letzten Flaschen georgischen Weins und ging laut gröhlend das gesamte Repertoire ihrer gut einstudierten Lieder durch.

Am nächsten Tag war das Wetter nicht viel besser, und da die *Argo* gegen die rasende Strömung immer langsamer vorankam, ließ Othar Lordkipanidse jemand kommen, der mich abholen sollte. Man versicherte mir, daß sich die Georgier um die Galeere kümmern und sie nach Vani bringen würden. In der Zwischenzeit wollte Othar mir seine archäologische Ausgrabungsstätte in Vani zeigen. Dies würde mir dabei helfen, die georgischen Verbindungen mit dem alten Griechenland noch besser zu verstehen, und würde deutlich machen, warum die Sage von dem Goldenen Vlies bis heute überlebt hatte.

Ein Hinweis lag an vielen Stellen auf dem Boden verstreut. Nach heftigen Regenfällen wurden auf den Hängen oberhalb von Vani manchmal goldene Gegenstände an die Oberfläche gespült. Ein reichverziertes goldenes Stück eines Halsschmucks war von einem Mitarbeiter Othars genau an dem Tag, an dem die *Argo* in den Rioni gefahren war, im Schlamm gefunden worden. Im Laufe der Jahre hatten die Bewohner dieser Gegend viele elegante Diademe aus Gold entdeckt, Halsketten, die auf hervorragende Weise aus Tausenden winziger, leicht miteinander verschmolzener Goldkügelchen gefertigt worden waren, Ohrringe, Gehänge und verschiedenste weitere Schmucksachen aus Gold. Diese Gegenstände stammen aus der Ära des antiken Griechenlands, als hier eine griechische Stadt ihre Blütezeit erlebt hatte. Zwar hatte sich das Leben in dieser Stadt erst einige Jahrhunderte nach Jason so prachtvoll entfaltet, aber der entscheidende Punkt war der, daß es sich um Gold aus Kolchis handelte. Das Land war, wie Othar erklärte, in der Antike so berühmt für seine Goldgewinnung, daß die griechischen Schriftsteller ihm das Attribut »reich an Gold« beigegeben hatten, ein Attribut, das Kolchis mit Mykene teilte. Somit sorgten diese goldenen Gegenstände aus Vani und anderen kolchischen Städten dafür, daß der Mythos von einem Goldschatz an der weit entfernt gelegenen Schwarzmeerküste lebendig blieb, und man das Gebiet, in dem das Gold gewonnen wurde, weiterhin als identisch mit Georgien betrachtete.

Ein weiterer wichtiger Anhaltspunkt für meine Nachforschungen war ein für kultische Zwecke benutztes Bronzebeil, das von Othars Team drei Wochen vorher ausgegraben worden war. Es handelte sich um ein hervorragendes Exemplar, das genau die besondere Form aufwies, die im westlichen Georgien von der Steinzeit bis in unser Jahrhundert hinein unverändert geblieben war; die georgischen Bauern benutzen heute noch immer Beile mit genau dieser Form, um Gestrüpp und Unterholz wegzuschlagen – eine lebendige Erinnerung an lang vergangene Zeiten. Das Beil, das Othars Mitarbeiter gefunden hatten, stammte aus dem 8. Jahrhundert v. Chr. Auf dem Nacken dieses Beils war die Gestalt eines Kriegers zu Pferde mit einem Speer und einem kegelförmigen Helm zu sehen, ein kriegführender Stammesfürst der Kolcher. Es handelte sich um die älteste bekannte Darstellung eines kolchischen Herrschers der Art, wie er möglicherweise im Flußgebiet des Phasis zur Zeit, als Jason und seine Gefährten dort gelandet waren, regiert hatte. Dieser berittene Kriegsherr war das bisher beste Abbild, das die Archäologen entdeckt hatten, um zu ermitteln, wie König Aietes und seine Nachkommen ausgesehen haben mögen.

Durch die im Flußgebiet des Rioni unternommenen Ausgrabungen hat man viel über die kolchische Kultur in der späten Bronzezeit erfahren können. Die Kolcher waren Bauern gewesen, die eingepfählte Siedlungen bauten und ihre Könige zusammen mit landwirtschaftlichen Werkzeugen begruben. Dies war sehr ungewöhnlich, für die frühen Kulturen schon fast einzigartig, und Othar bemerkte dazu, daß die Episode von Jasons Aufgabe, das Feld zu pflügen, vielleicht ein Hinweis auf die landwirtschaftliche Tüchtigkeit der Kolcher ist. Die Episode von der Aussaat der Schlangenzähne hatte Apollonios möglicherweise aus der bekannten Sage von Kadmos übernommen, der die gleiche Aufgabe bewältigen mußte und die hervorwachsenden Krieger mit der gleichen List, nämlich einen großen Stein mitten unter sie zu werfen, besiegte. Aber die Tatsache, daß Aietes von Jason erwartete, an einem landwirtschaftlichen Wettkampf teilzunehmen, bei dem Aietes, wie er betonte, ein Experte war, mag ebenso mit der frühzeitigen Bedeutung der kolchischen Könige als Autoritäten im Bereich des Ackerbaus in Zusammenhang gestanden haben.

Aber was war nun mit dem Goldenen Vlies? fragte ich Othar. Angenommen, daß Kolchis »reich an Gold« war und die Könige mit der Landwirtschaft zu tun hatten, wie ist es dann zu erklären, daß in der Argonautensage die Heiligkeit des Widderfells so sehr betont wird? Othar zeigte mir eine Tonfigur, die einen Widder darstellte. Man hatte sie in Vani gefunden, und es war offensichtlich, daß es sich um einen Kultgegenstand handelte. Othar versicherte mir, daß er mir in den nächsten Tagen Dutzende von diesen heiligen Widdern zeigen würde, und meinte, daß ich schon selbst dahinterkommen würde, welche Bedeutung sie gehabt hatten.

Am folgenden Tag hatte die *Argo* ihre Flußfahrt fast vollendet, und wir wurden eingeladen, an einem Argonautenfest teilzunehmen, das die Bewohner von Vani für uns vorbereitet hatten. In einem öffentlichen Park am Ufer des Rioni hatten sie eine Bühne aufgebaut. Am späten Nachmittag war die Sonne durch die Wolken gebrochen und tauchte den Park nun in ein sanftes, goldenes Abendlicht, in dem die von dem an diesem Tage fast ununterbrochenen Regen reingewaschenen Bäume und Büsche eine lebendige grüne Färbung annahmen. In dem Park drängten sich unzählige Georgier, die sich festlich gekleidet hatten; der ganze Platz war von einer fröhlichen Stimmung geprägt. Othar zeigte ein breites Grinsen, als er mich meiner Begleiterin für diesen Abend vorstellte. Es war »Prinzessin Medea« – eine bildschöne georgische Schauspielerin, die auserwählt worden war, da sie sowohl eine helle Hautfarbe als auch pechschwarzes Haar hatte; ihre Lockenfrisur wurde im klassischen Stil mit einem Stirnband zurückgehalten. Die »Prinzessin« trug eine schneeweiße altgriechische Tracht und leichte Sandalen, in ihren Händen hielt sie einen Strauß dunkelroter Rosen. Sie lächelte etwas schelmisch, während ihre beiden Begleiterinnen, ebenso attraktive georgische Frauen, die ein langes, goldenes Gewand im mittelalterlichen Stil trugen, versuchten, in angemessener Weise ernst auszusehen.

Die Argonauten wurden gebeten, sich in der ersten Reihe vor der Bühne hinzusetzen; hinter uns drängten sich dann die Bewohner von Vani, um einen guten Platz zu bekommen. Dann wurde die Feier eröffnet. Sie begann natürlich mit einer weiteren Begrüßungsrede, diesmal gehalten von einem Ältesten, der eine traditionelle Tracht trug. Es folgten die Sängerchöre, die sich aus den Bewohnern des Ortes zusammensetzten und Chorgesang in Perfektion darboten. Ein Flötist gab eine glänzende Vorstellung, weitere georgische Frauen in mittelalterlichen Kostümen spielten wohlklingende Melodien auf harfenähnlichen Instrumenten, und einmal an diesem Abend war die ganze Holzbühne dicht gedrängt mit 40 oder 50 tanzenden Jungen, die ungefähr sieben oder acht Jahre alt waren und mit großem Elan und viel Disziplin, hüpfend und stampfend, ihre gut eingeübte Tanznummer vorführten. Weitere Gesangs- und Instrumentaldarbietungen folgten und eine ergreifende Vorstellung, als sich einem Solotänzer, einem vitalen fünfundsiebzigjährigen Mann, ein sechsjähriger Junge anschloß, der genau die von dem alten Tänzer vorgegebenen Schritte nachvollzog; eine beeindrukkende Darstellung davon, auf welche Weise die georgischen Traditionen an die nachfolgenden Generationen weitergegeben wurden. Schließlich trat eine Tanzgruppe aus der Hauptstadt Tiflis auf, die einzigen professionellen Darsteller der gesamten großartigen Veranstaltung. Sie führten einen Säbeltanz auf, bei dem die Klingen klirrten und Funken durch die anbrechende Dunkelheit flogen. Man erhielt einen starken Eindruck von dem ausgeprägten, überschäumenden Stolz der Georgier auf ihre Traditionen und auch von den beträchtlichen Anstrengungen, die sie für unsere Begrüßung unternommen hatten. Diese Veranstaltung muß zwischen zwei und drei Stunden gedauert haben und bestand aus zwölf bis 14 verschiedenen Darbietungen, zwischen denen höchstens jeweils 20 Sekunden Pause gewesen waren. Eine exakt organisierte Veranstaltung, die während ihres ganzen Verlaufes eine starke Faszination auf uns ausgeübt hatte.

Am nächsten Tag machten sich die neuen Argonauten, unsere Gastgeber und die Mannschaft der georgischen Ruderer auf den Weg, um die Quelle des kolchischen Goldes zu besichtigen. Wir benutzten die Straße, die zunächst durch das Rioni-Tal und dann in das nördlich gelegene Vorgebirge führte. Das Tal hätte ein Teil von Burgund sein können. Hier herrschte die gleiche Atmosphäre von üppiger Fruchtbarkeit und jahrtausendealtem Ackerbau. Das Bild war täuschend ähnlich; hier befanden sich ebenfalls unzählige Weinberge, Maisfelder, Pflaumen-, Apfel- und Birnenplantagen. Sogar die gleichen hochgewachsenen Pappeln säumten viele der Landstraßen. Die Häuser der Bauern waren sehr charakteristisch: flache Gebäude, die oftmals aus Holz bestanden, manchmal ein Wellblechdach hatten und auf kurzen Pfählen gebaut waren, damit sie nicht mit dem feuchten, schweren Erdboden in Berührung kamen. Hinter jeder Kurve zeigte sich solider, bäuerlicher Wohlstand, üppiges Leben und ein bukolischer Reichtum. In gut gepflegten Vorgärten wuchs Gemüse in Hülle und Fülle. Gänse und Hühner kämpften mit Truthähnen und Puten um die Essensreste. Schweine liefen auf den Straßen umher, gefolgt von lebhaften Gruppen gefleckter Ferkel. Selbst die Hunde sahen gepflegt und wohlgenährt aus. Heftiger Regen ging auf die gute, schwarze Erde nieder, und als wir über eine Brücke fuhren und den Rioni überquerten, sah der schlickreiche Fluß fruchtbar genug aus, um selbst dort Feldfrüchte anbauen zu können.

Dieser Überfluß wurde bei Tisch freigebig ausgebreitet. Unsere Gastgeber ließen ihre Besucher in keinster Weise hungern, selbst bei einer kurzen Rast holten sie Kartons hervor, die kaltes Huhn, Brot und frische Früchte enthielten. Die vorbereiteten Mahlzeiten konnte man nur als Festessen bezeichnen. Wenn man das Speisezimmer betrat, egal ob es sich nun in einem Privathaus oder an einem öffentlichen Treffpunkt befand, war der visuelle Eindruck immer wieder überwältigend: Lange Tische, an denen auf jeder Seite mindestens 30 Gäste Platz finden konnten, waren aufgestellt und mit Leinentüchern bedeckt worden, auf denen sich Teller, Gläser und Bestecke befanden und außerdem eine ungewöhnliche Vielfalt an Speisen und Gerichten in beeindruckenden Mengen. Diese gastronomische Fülle war wirklich schwindelerregend. Auf den Tischen entdeckte man Spanferkel, Stör, Kaviar, auf verschiedene Arten zubereitetes Huhn, Schweinebraten, Weißfisch, Shish Kebab, Lammbraten, Fleischpasteten, Tomaten, Quarkkäse, Kuchen, Weizenbrot, Maisbrot, weißen Käse, gelben Käse und geräucherten Käse. All dies wurde mit georgischem Wein, weißem oder rotem, hinuntergespült oder mit einem seltsamen leichten Getränk, das Tee zum Grundstoff hatte, mit Cola, mit Mineralwasser aus der Umgebung oder mit Wodka, der pur oder mit Zitrone getrunken wurde. Es glich einem mittelalterlichen Bankett. Mit dem Fortschreiten des Festmahls wurden stolz weitere Gerichte hereingetragen und vor dem Gast aufgestellt, bis nicht mehr genug Platz war und die neuen Speisen auf die vorher aufgetragenen Schüsseln gestellt wurden.

An diesem ersten Tag fuhren wir zu den Swanen, den Gebirgsbewohnern Georgiens. Ihr Territorium reichte einstmals bis hinunter zu den Vorbergen im Flußtal, aber heute leben sie hauptsächlich im hochgebirgigen Gebiet des Großen Kaukasus. Als wir aufwärts fuhren, sahen wir die ersten Swanen, die man sofort an ihren grauen Filzkappen erkennen kann. Die Swanen waren gerade mit Straßenarbeiten beschäftigt, denn die Strecke in die Berge sollte richtig ausgebaut und mit einem ordentlichen Belag versehen werden. Das Gelände mußte ein Alptraum für einen Straßenbauingenieur sein. Die Flanken des Kaukasus ragten hoch auf, bildeten riesige Wände, die von Felsschluchten zerspalten wurden und mit ungewöhnlich steilen Abgründen versehen waren. Die Straße wand sich in dem Versuch, das Gebirgsmassiv zu durchdringen, hin und her, durchmaß ein Tal, bis es zu steil wurde, um weiterzuklettern, änderte daher ihre Richtung, überquerte einen Gebirgskamm und hatte somit die Möglichkeit, einem benachbarten Paß folgend, einige Kilometer weiter nach oben zu gelangen. Manchmal stürmte die Straße durch einfache, in den Fels gehauene, neue Tunnel hindurch oder klammerte sich an von Menschen geschaffene Gesimse, die durch Einkerbungen in die Steilwände entstanden waren.

Die Rundblicke, die man in dieser Landschaft bekam, waren gewaltig. Kiefernwälder zogen sich an den Hängen entlang, und tief unten im Tal sah man den Fluß, zu einem langgestreckten, wellenförmigen See gestaut, dessen Oberfläche mit Tausenden von schwimmenden Baumstämmen bedeckt war, die darauf warteten, daß sie abgeholt wurden, um dann zu Bauholz zugesägt zu werden. Von der Höhe aus, auf der wir uns befanden, sahen diese schwimmenden Baumstämme bereits wie Streichhölzer aus. Auf halbem Wege unseres mit unzähligen Windungen versehenen Aufstiegs legten wir eine Rast ein, bei der ich feststellen mußte, daß alle Mitarbeiter von Nugsars Fernsehteam ohne weiteres jederzeit als Double für die Mitglieder eines Radiochors hätten einspringen können. Sie nahmen diese Gelegenheit wahr, um einen volltönenden Chorgesang anzustimmen, bei dem sie für ihr Repertoire swanischer Lieder das von den riesigen Berghängen zurückgeworfene Echo kunstvoll mit einsetzten. Manchmal schien es fast so, als ob sie jodelten. Der Vergleich mit der Schweiz drängte sich noch mehr auf, als wir die Hochebene erreichten. Kleine, vereinzelt stehende Blockhäuser, braune Kühe, die auf mit Wildblumen durchsetzten Weiden grasten, der Blick auf die schneebedeckten Gipfel in der Ferne, Männer und Frauen, die auf den Bergwiesen Heu ernteten – all dies gab dem Kaukasus eine alpine Atmosphäre.

Die Dunkelheit brach herein, bevor wir unser Ziel, Mestia, die swanische Hauptstadt, erreicht hatten. Als wir den letzten Paß überquerten, tauchte im Scheinwerferlicht vor uns plötzlich eine Gestalt auf, die die Straße blockierte. Es war ein junger Mann, der auf einem grauen Pony saß. In seiner Hand hielt er eine Art Totemzeichen, eine Stange, auf deren oberem Ende eine gespenstisch aussehende Maske befestigt worden war – in dem verwirrenden Spiel von Licht und Schatten schwer zu erkennen –, und weiter unten an der Stange flatterte ein Stoffstreifen. Das Pferd bewegte sich nervös und scheute leicht im blendenden Licht der Scheinwerfer. Der Wagen hielt an, und Nugsar bat mich, der Gestalt entgegenzugehen. Hinter dem Reiter hatten sich noch mehr Gestalten auf der Straße aufgestellt, weitere Männer zu Pferde waren dabei, die alle swanische Kleidung trugen und Banner schwenkten. Einer von ihnen hielt eine Rede, und mir wurde ein Trinkhorn, das mit einem bitteren Getränk gefüllt war, in die Hand gedrückt. Es stellte sich heraus, daß es sich um Hirsebier handelte. Diese Männer waren Abgesandte der swanischen Ältesten, die darauf warteten, die Argonauten zu begrüßen. Die Hufe auf der Schotterstraße ließen ein lautes Geklapper und sprühende Funken entstehen, als sich der kleine Reiterzug herumdrehte und vor uns weg trottete, um uns in die Stadt Mestia zu eskortieren.

Swanien, das Land der Swanen, ist von entscheidender Wichtigkeit für das Verständnis der Sage vom Goldenen Vlies. Historiker nehmen an, daß die Kultur der Swanen mindestens 4000 Jahre alt ist, vielleicht sogar noch älter, und sicherlich schon zu der Zeit bestand, als die Argonauten Kolchis erreicht haben sollen. Die Sprache, Gebräuche, Traditionen und der Glaube dieses Bergvolkes reichen bis ins Heldenzeitalter zurück. Der Widder taucht immer wieder als eine Art Volkssymbol auf, meist hat er eine magische oder religiöse Bedeutung. Eine swanische Volkssage erzählt beispielsweise davon, daß sich irgendwo in den kaukasischen Bergen eine verborgene Höhle befindet, in der ein goldener Widder, der mit einer Kette ganz aus Gold angebunden ist, einen versteckten Schatz behütet. Niemand weiß, wie alt diese Sage ist, aber fest steht, daß die Swanen seit der Bronzezeit unzählige symoblische Darstellungen des Widders angefertigt haben; und diese Symbole werden im allgemeinen als Hinweis auf eine Art Widderkult angesehen.

In Kala, einem Dorf in der Nähe von Mestia, befindet sich zum Beispiel die kleine bronzene Figur eines Widders. Sie wurde ungefähr zur gleichen Zeit, in der Jason in das Land des Goldenen Vlieses gefahren sein soll, gegossen und hat ein Loch im Boden, so daß sie auf eine Stange gesteckt werden konnte. Dieser Widder wird in der Kirche von Kala sorgfältig aufbewahrt. Aus Raja, in einem Tal östlich von Mestia gelegen, stammt ein noch älteres

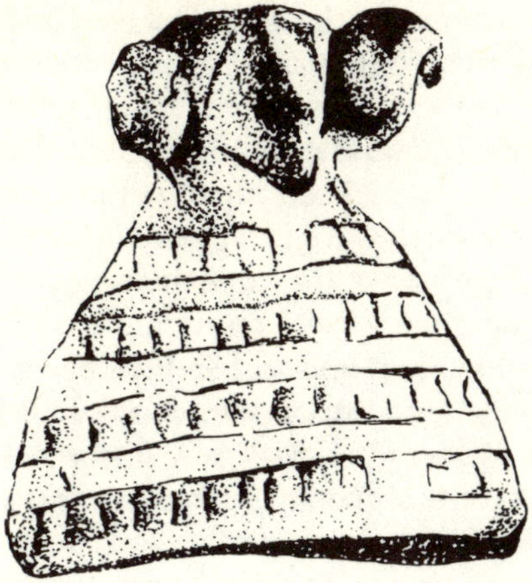

Widderfigur aus der späten Bronzezeit, gefunden in Kala

Widdersymbol aus Bronze: ein Paar doppelt gewundener Widderhörner, die in einem Grab lagen, dessen Entstehungszeit auf die Mitte des 2. Jahrhunderts v. Chr. datiert wurde. In Larilari, 80 Kilometer westlich von Mestia, war ein Archäologenteam unter der Leitung von Schota Tsartolani, einem weiteren georgischen Archäologen und selbst ein Swane, gerade dabei, Gräber aus dem 5. und 6. Jahrhundert v. Chr. freizulegen. Schota zeigte mir eine Figur des heiligen Widders nach der anderen, alle aus Bronze gegossen, die zusammen mit den Toten begraben worden waren.

Ebenso bedeutsam ist, daß Swanien die hauptsächliche Quelle des kolchischen Goldes war. Am nächsten Morgen sollten wir zu sehen bekommen, wie das Gold gewonnen wurde, nämlich auf eine Art, die für die Sage vom Goldenen Vlies von entscheidender Bedeutung ist. Vier swanische Goldschürfer erwarteten uns. Sie standen im seichten Wasser des Flusses Inguri, der durch Mestia fließt, und sie wollten uns zeigen, wie die Swanen ihr Gold gewannen. Drei von ihnen hatten einstmals ihren Lebensunterhalt als professionelle Goldwäscher verdient; der vierte hatte als kleiner Junge seinem Vater bei der gleichen Arbeit geholfen, bis zum Ende des Zweiten Weltkriegs, als der letzte staatliche Agent, an den diese Männer ihr Gold verkauften, abgezogen wurde.

Nugsar hatte diese Vorführung organisiert. Das wichtigste Hilfsmittel der Swanen bei der Goldgewinnung war ein – Schaffell. Jedes Frühjahr, wenn der Schnee und die Gletscher in den Hochtälern zu tauen begannen, kletterten die swanischen Goldsammler in die höher gelegenen Täler, zu den Zuflüssen des Inguri. Jeder Arbeiter suchte dann den von ihm bevorzugten Platz auf, da er aus Erfahrung wußte, daß das Schmelzwasser an dieser Stelle kleine Mengen an Gold mit sich führte, die von den in den Felsen befindlichen Adern herausgewaschen worden waren. In diese Flußläufe legten die Swanen ihre Schaffelle, und zwar so, daß sich die wollene Seite oben befand. Die ausgebreiteten Felle wurden auf kleine Holzpaletten genagelt, ins Wasser gelegt und mit Steinen beschwert, so daß der Fluß über sie hinwegfloß, oftmals über mehrere Paletten hintereinander. Wenn das Wasser über die Vliese hinwegströmte, verfingen sich die winzigen Goldkörnchen, die schwerer als Sand und Schlick waren, in der Wolle. Wenn es an der Zeit war, holte der Goldsammler die Schaffelle wieder aus dem Fluß, wusch den angesammelten Schlick aus der Wolle und durchforschte ihn nach Goldpartikel. In außergewöhnlichen Fällen konnte ein Schaffell, wenn es im ergiebigsten Gebiet, also am weitesten flußaufwärts, gelegen hatte, so sehr mit Goldstaub durchsetzt sein, daß tatsächlich ein Goldenes Vlies entstanden war.

Strabon, der griechische Geograph, hatte diesen Hintergrund der Sage bereits im 1. Jahrhundert v. Chr. vermutet. *»Man sagt, daß in ihrem Land* [Kolchis] *das Gold von den reißenden Bergflüssen heruntergeschwemmt wird, und daß die Barbaren es mit Hilfe von durchlöcherten Wannen und wolligen Fellen gewinnen; dies soll der Ursprung des Mythos von dem Goldenen Vlies sein ...«* Es war erstaunlich, 2000 Jahre später immer noch Leute zu finden, die diese alte Arbeitstechnik kannten und sie noch selbst anwendeten. Bis zu den Knöcheln im eiskalten Wasser des Inguri stehend, zeigten sie mir ihre Arbeitsgeräte: Schaffelle, die auf Holzpaletten befestigt waren, eine Hacke, um den auf der Wolle angesammelten Schlamm gleichmäßig zu verteilen, einen Kratzer, um das Vlies zu säubern, und eine einfache Holzwanne, um den Schlamm nach Gold auszuwaschen.

Meiner Meinung nach fehlte nun nur noch die Antwort auf eine letzte Frage. Gab es irgendwelche Beweise dafür, daß die Griechen bzw. die Mykener, wie sie damals genannt wurden, tatsächlich bereits zur Zeit Jasons in das Land des Goldenen Vlieses gelangt waren? Bisher hat man in Georgien keine Töpferwaren, keine Schmuckstücke oder andere deutliche Beweise einer mykenischen Präsenz gefunden, weshalb Skeptiker einfach behaupten könnten, daß all die Geschichten von dem Goldenen Vlies und dem heiligen Widder einige Jahrhunderte später, als die griechischen Kolonien an den Ufern des Phasis gegründet wurden, ausgedacht worden sind. Jedoch gibt es einen Beweis, der von entscheidender Bedeutung ist – nämlich den linguistischen Beweis. Die Griechen benutzten das Wort *Phasis,* um den großen Fluß in Georgien zu benennen, und daß sie diesen Namen kannten, bedeutet, daß sie eine ganze Zeit *vor* dem Ende des 1. Jahrtausends v. Chr. Kontakt zu Kolchis gehabt haben müssen. Rismag Gordesiani, der Leiter des Instituts für Mittelmeerkunde in Tiflis, erläuterte die Bedeutsamkeit dieses Anhaltspunktes.

Bis zum Ende des 2. Jahrtausends v. Chr., erklärte er, sprachen die Bewohner von Kolchis eine Sprache, die Kartwelisch genannt wurde. Der Name des Flusses wäre in dieser Sprache *Pati* gewesen, und die Griechen müssen dieses Wort aufgenommen haben, als sie den Fluß *Phasis* genannt hatten, wobei sie den normalen Regeln der Ausspracheveränderung folgten. Dann, einige Zeit vor dem Jahre 1000 v. Chr., verschwand die kartwelische Sprache im westlichen Georgien. Die Bewohner des Flußgebiets begannen nun eine davon abgeleitete Sprache, die Mingrelisch genannt wurde, zu sprechen, und somit erhielt der Fluß dann den Namen *Poti* (ein Name, den es heute immer noch gibt, denn die Stadt an der Flußmündung heißt ja bekanntlich Poti). Die alten Griechen nannten den Fluß jedoch weiterhin *Phasis,* behielten also den ursprünglichen Namen bei, den sie demnach schon lange vor der Gründung ihrer Kolonien am Schwarzen Meer gekannt haben mußten. Was Rismag außerdem für sehr interessant hält, obwohl er noch keine genaue Erklärung dafür finden konnte, ist, daß das altgriechische Wort für Schaffell mit dem kartwelischen Wort für Vlies verwandt zu sein schien.

Ich fragte mich nun, ob vielleicht nicht sogar schon vor den Argonauten ein Kontakt zwischen Griechenland und Georgien bestanden hatte. Wie war es zu erklären, daß der fliegende Widder anfangs nach Griechenland kam, um Phrixos, dem nach dem Leben getrachtet wurde, zu retten? Woher wußten Jason und die Argonauten, daß sie nach Kolchis reisen mußten, um das Goldene Vlies zu finden? All dies waren Fragen, die sich nun jenseits der von uns durchgeführten Suche auftaten. Die Ziele, die wir uns mit unserer Jason-Reise gesteckt hatten, waren alle erreicht worden. Wir hatten bewiesen, daß diese Fahrt mit einem Schiff aus der späten Bronzezeit bewältigt werden konnte. Selbst mit 20 Ruderern – anstatt mit einer Besatzung von 50 Leuten, die Jason angeblich zur Verfügung gestanden hatte – konnte eine Galeere gegen die Strömung den Bosporus hinaufrudern und mit den Rauheiten des Schwarzen Meeres fertig werden. Die ganze Strecke über hatten wir die wirklichen geographischen Bedingungen mit den Beschreibungen der Sage verglichen und festgestellt, daß diese jenseits irgendwelcher Zufälligkeiten recht genau damit übereinstimmten. Und in Georgien hatten wir nun, dank der Unterstützung der georgischen Archäologen, einen sehr alten Widderkult kennengelernt, einiges über Kolchis, das wirklich »reich an Gold« gewesen war, erfahren und mitbekommen, was es mit der Bedeutung des Goldenen Vlieses auf sich gehabt hatte. Wie ich dachte, war über die Sage von der Suche nach dem Goldenen Vlies nun nichts Neues mehr herauszufinden.

Doch ich sollte bald bemerken, daß ich mich geirrt hatte. Eine weitere Woche lang wurden wir von der überwältigenden georgischen Gastfreundschaft verwöhnt. Wir kamen aus den Bergen zurück und wurden nach Tiflis gebracht. Wir wurden festlich bewirtet, besichtigten Klöster und Museen – im Nationalmuseum befand sich ein Paar wundervoller goldener Armreife mit Widderkopfverzierung, die Othar an seiner Ausgrabungsstätte in Vani gefunden hatte – und verbrachten eine wirklich schöne Zeit. Tim Readman, der, sobald er nach England zurückkam, heiraten wollte, versprach, bei der Hochzeitsfeier eine weiße georgische Tracht zu tragen (was er dann auch tat), und für uns wurde es immer schwieriger, genug Platz für all unsere Geschenke zu finden, mit denen wir regelrecht überschüttet wurden: Zierdolche, Trinkschalen und -hörner, kunstvoll geschliffene Gläser, Banner und andere Geschenke der verschiedensten Art. Unsere Gefährten, die georgischen Ruderer, begleiteten die Argonauten überallhin; schließlich trafen wir dann mit wirklichem Bedauern unsere Vorbereitungen, um wieder zur Küste zu gelangen und unsere Rückfahrt durchs Schwarze Meer anzutreten. Genau in dieser Zeit geschah es, daß ich völlig unerwartet über etwas stolperte, was ich dann schließlich für den endgültigen Beweis hielt, daß die Argonautensage auf Tatsachen basiert.

An unserem allerletzten Tag in Georgien, am 2. August, wurden wir zurück zur Schwarzmeerküste gebracht, nach Batumi, dem großen Ausfuhrhafen für Erdöl. Auf dem Weg dorthin fragte mich Othar, ob ich noch eine letzte archäologische Stätte besichtigen wollte. Sie befand sich in der Nähe von Kobuleti, der Stadt, vor der die *Argo* ihre erste Nacht vor der georgischen Küste verbracht hatte. Ich war sehr daran interessiert, mir diesen Platz anzusehen, denn Jason und die Argonauten mußten die Küstenebene ungefähr an dieser Stelle betreten haben. Dort befand sich höchstwahrscheinlich eine Siedlung der Art, wie er und seine Gefährten sie angetroffen haben mußten, als sie das Reich des Königs Aietes betreten hatten, um nach dem Goldenen Vlies zu suchen.

Es war ein weiterer regennasser Tag, und Othar und ich stapften einen kleinen Hügel hinauf, der sich wie ein Schildbuckel auf der sumpfigen Küstenebene erhob. Die Archäologen hatten sich entschlossen, an dieser Stelle, bei Namcheduri, Ausgrabungen vorzunehmen. In diesem Gebiet sind noch mehr Hügel dieser Art gefunden, aber noch nicht genauer untersucht worden. Als wir auf der Kuppe des Hügels angelangt waren, sahen wir, daß die andere Seite abgetragen worden war, so daß diese Erhebung einem Kuchen glich, von dem bereits die Hälfte fehlte. Wir blickten hinunter auf die gewohnte archäologische Szenerie, bestehend aus Schlamm und Pfützen und aus etwas, bei dem es sich offensichtlich um die Überreste eines alten Holzgebäudes handelte, das die Arbeiter in der Mitte des Hügels freigelegt hatten.

Dawid Khakhutaischwili, der Archäologe, der diese Ausgrabung leitete, erklärte, daß dieser Platz einst ein heiliger Ort gewesen war. Hier hatte sich ein Graben befunden und eine Einpfählung, die ungefähr zehn Meter hoch war und einen Durchmesser von 70 Metern besaß; und im Zentrum hatte ein Holzgebäude gestanden, das in neun kleine Räume unterteilt worden war; sehr wahrscheinlich handelte es sich bei diesen Überresten um einen Tempel. Ganz beiläufig fragte ich ihn, ob sein Team in diesem Tempel irgendwelche Spuren des Widderkults gefunden hatte. Mittlerweile hatte ich so viele Figuren und Darstellungen von heiligen Widdern gesehen, daß ich regelrecht bestürzt war, als er antwortete: »Nein!« Ich war verwirrt. Welchem Kult war man denn nachgegangen, wenn nicht dem Widderkult? Zunächst klang seine Antwort enttäuschend. Hier und in der nächsten Umgebung galt der in der späten Bronzezeit ausgeübte Kult dem Stier. Die Archäologen hatten an mehreren Stellen versteckte Stieridole gefunden, Stücke aus Stein oder Ton, die ungefähr 30 Zentimeter lang und an einem Ende gegabelt waren, die wohlbekannte Darstellung von Stierhörnern.

Dann, etwas verspätet, erinnerte ich mich an eine Einzelheit, die bei mir während der letzten Tage infolge der ständigen Konfrontation mit den kultischen Widderfiguren in Vergessenheit geraten war: Jasons Aufgabe, die heiligen Stiere anzuschirren. Um das Goldene Vlies zu erhalten, mußte er zunächst die heiligen Stiere bändigen, die auf dem Feld in der Nähe des geweihten Baumes, in dem das Goldene Vlies hing, lebten. Und da stand ich nun unvermutet vor einem Tempel, der dem heiligen Stier geweiht war, einem Tempel, der sich genau im richtigen Teil von Kolchis befand und aus der späten Bronzezeit stammte. Die Einzelheiten waren erstaunlich zutreffend. Hatte man das Vlies vielleicht in einem Tempel oder einem Hain, der mit dem Stierkult im Zusammenhang stand, aufbewahrt?

Aber die Sage enthielt noch einen weiteren wesentlichen Faktor: Bei seiner Suche nach dem Goldenen Vlies war Jason von Anfang an davor gewarnt worden, daß dieses Widderfell von einer schrekkenerregenden, drachenähnlichen Schlange bewacht wurde, die niemals schlief, sondern ständig den heiligen Baum, in dem das Vlies aufgehängt worden war, im Auge behielt. Selbst als Jason es mit Medeas Hilfe geschafft hatte, die heiligen Stiere zu bändigen, mußte er noch die Wache haltende Schlange überwinden. Dies gelang ihm, der Sage zufolge, ebenfalls mit Medeas Unterstützung. In der Nacht schlichen sich die beiden heimlich zu dem geweihten Ort, wo Medea die Schlange so lange in ihren Zauber verstrickte, bis diese ihre Augen schloß. Geschwind holte Jason das Goldene Vlies vom Baum herunter, woraufhin die beiden Verliebten zur *Argo* zurückeilten, die sofort ablegte und so schnell wie möglich auf das Meer hinausfuhr, um den rachsüchtigen Kolchern zu entkommen.

Wie stand es nun mit den Schlangen? Ich fragte den Archäologen in Kobuleti: Hatte sein Team irgendwelche Hinweise auf Schlangen entdeckt?

Zu meinem Erstaunen und meiner Freude antwortete er: »O ja. Ich kann Ihnen etwas zeigen.« Er führte mich zu einem nahe gelegenen Gebäude, in dem die Ausgrabungsarbeiter ihre Funde aus dem alten Tempel und von anderen Stätten der Umgebung aufbewahrten. Der Archäologe nahm ein charakteristisches Stieridol aus einem Regal, einen Kultgegenstand aus Lehm, ungefähr 45 Zentimeter lang und an einem Ende gegabelt, und strich mit seinem Finger daran entlang. »Hier«, meinte er. »Sehen Sie diese zickzackförmig verlaufende Furche? Es ist das Symbol einer Schlange, einer beschützenden Schlange. Dieses Stück stammt aus dem 8. oder 7. Jahr-

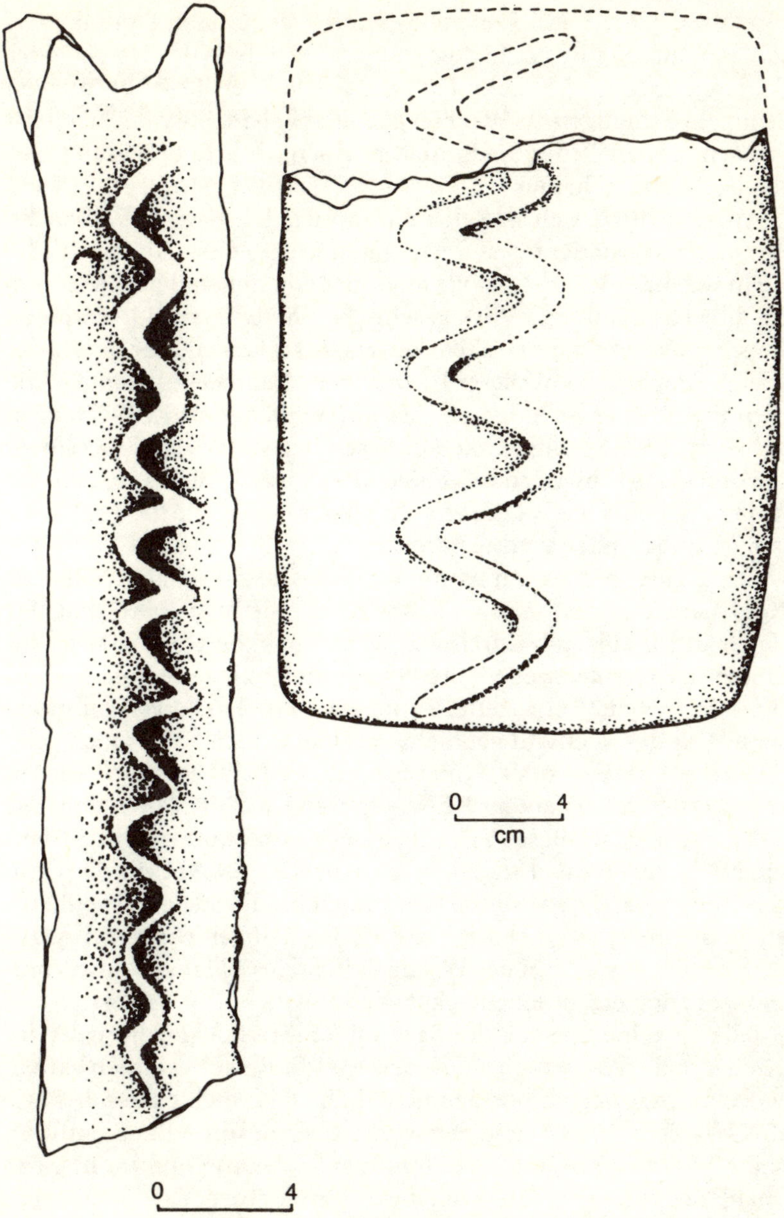

Im Tempel von Nancheduri gefundene Schlangensymbole
Links: Stieridol. Rechts: Steinfliese

hundert v. Chr.; wir haben viele Steinfliesen, Öllampen und Stieridole gefunden, die noch älter sind und ebenfalls das Zeichen der Schlange tragen. Wir nehmen an, daß die alten Kolcher in ihren Tempeln Schlangen als Wächter gehalten haben. Bis vor kurzem ist es noch bei den Georgiern Brauch gewesen, als Schutz Schlangen in den Häusern zu halten.«

Am Ende fügte sich also alles zusammen. Dies war sicherlich die endgültige Bestätigung der Argonautensage, eine Einzelheit, die nicht nachträglich von Apollonios oder von den anderen Autoren, die über das Goldene Vlies geschrieben hatten, erfunden werden konnte. Die archäologischen Beweismittel zeigen, daß es in der späten Bronzezeit auf dieser Küstenebene Tempel gegeben hat, die dem Stierkult geweiht waren. In den Tempeln wurden Schlangen gehalten, die die Kultgegenstände beschützten. Die ganze Geschichte von Jasons schwer zu bewältigender Aufgabe und seinem Raub des Goldenen Vlieses könnte anhand der Dinge, die die Archäologen gefunden haben, erklärt werden.

Das Goldene Vlies war nämlich genau das: ein Schaffell aus dem Kaukasus, das man zur Goldgewinnung benutzt hatte und das daher mit Goldstaub durchsetzt war. Möglicherweise war es auf einem der Handelswege – die bekanntlich existierten, da man in der Küstenebene hergestellte Töpferwaren in den Bergen gefunden hatte – in das Tiefland gebracht worden, es kann aber auch sein, daß es ein Tribut- oder Kultgeschenk der Bergbewohner an den mächtigsten König an der Küste gewesen war. Natürlich hätte das Volk an der Küste dieses Vlies in einem Tempel aufbewahrt, in dem eingepfählten Tempel aus Holz, der dem Stier geweiht war. Um nun das Vlies zu erbeuten, mußte Jason zunächst die Stiere selbst überlisten, und als er es geschafft hatte, in den heiligen Bezirk zu gelangen, mußte er noch an der Wache haltenden Schlange vorbeikommen, die den eigentlichen Schatz beschützte.

Jede einzelne Episode der Sage findet ihre Entsprechung in der Archäologie. Was anfangs, als wir die Jason-Reise begonnen hatten, wie eine weit hergeholte, abenteuerliche Geschichte aussah, hatte in Georgien, 1500 Seemeilen vom Ausgangsort Iolkos entfernt, seine Lösung gefunden. Die stummen Steine von Dimini in Griechenland, von denen die Archäologen annehmen, daß es sich vielleicht um die Überreste von Aisonia, der kurzzeitig bewohnten königlichen Siedlung von Jasons Familie außerhalb von Iolkos, handelt, scheinen zu bestätigen, daß der Anfang und das Ende der

damaligen Suche wirklich den Tatsachen entsprechen. In Georgien, in dem Land, wo der Widder verehrt und das Vlies dazu benutzt wurde, Gold zu gewinnen, bildete die heilige Stätte des Stierkults, von Schlangen bewacht, einen weiteren schlagenden Beweis für die Richtigkeit der Sage. Dieser kurze Aufenthalt auf dem sumpfigen Tempelhügel in der Nähe von Kobuleti beschloß meine Suche, genauso wie hier für Jason die Suche zu Ende gegangen sein muß – vor fast 33 Jahrhunderten.

Epilog

Was geschah nun weiter mit Jason und Medea und den umherfahrenden Argonauten? Wie sind sie mit dem Vlies und mit ihren vielen abenteuerlichen Geschichten nach Griechenland zurückgekommen? Bei diesem abschließenden Teil der Sage zeigt sich ein großes Durcheinander. Von der Rückfahrt gibt es so viele verschiedene Versionen, wie es Autoren gibt, die darüber geschrieben haben.

Apollonios berichtet davon, daß die Argonauten zunächst wieder an der anatolischen Küste entlanggefahren waren, wo sie dann Daskylos, den Sohn des Königs der Mariandynen, an der Mündung des Halys an Land setzten, so daß er wieder nach Hause zurückkehren konnte. Daraufhin segelten sie, einen günstigen Wind im Rükken, mit der *Argo* zur gegenüberliegenden Küste des Schwarzen Meeres, erreichten die Mündung der Donau und fuhren den Fluß stromaufwärts, bis sie, einem Nebenfluß folgend, in die Adria gelangten. Apollonios vermittelt ein verwirrendes Bild der geographischen Gegebenheiten, denn einen derartigen Nebenfluß gibt es natürlich nicht. Nichtsdestotrotz erzählt er, daß die Argonauten das Adriatische Meer erreichten. Dort trafen sie auf Medeas Bruder, Prinz Apsyrtos, und die Flotte der Kolcher, die die Flußmündung blockierten. Da sie in der Minderheit waren, boten die Argonauten einen Waffenstillstand an. Apsyrtos war bereit, sie weiterfahren zu lassen, unter der Bedingung, daß Medeas Schicksal dem König in dieser Gegend überantwortet wurde, der darüber entscheiden sollte, ob sie nach Kolchis zurückkehren mußte oder aber Jason nach Iolkos begleiten konnte. Jason nahm diese Bedingung an, Medea war darüber jedoch aufgebracht und warf ihm vor, ein Feigling zu sein. Wenn er sie wirklich liebte, so würde er es dadurch beweisen, daß er sie von Apsyrtos befreite, und sie überredete ihn schließlich dazu, Apsyrtos eine Falle zu stellen. Sie ließ ihrem Bruder die Nachricht überbringen, daß sie tatsächlich von den Argonauten gefangengenommen worden sei und nun gegen ihren Willen mit Jason mitfahren müsse. Wenn Apsyrtos zu einem geheimen Treffen auf eine abgelegene Insel käme, würde sie sich unbemerkt von der *Argo* davonschleichen und das Vlies mitbringen. Apsyrtos wurde hintergangen. Allein und unbewaffnet kam er auf die Insel, und während Medea seine Aufmerksamkeit auf sich lenkte, schlich sich Jason, der sich versteckt gehalten hatte, an ihn heran und tötete den Kolcher. Diese ruchlose Tat, das Brechen des Waffenstillstands und die Ermordung eines Unbewaffneten, sollte die Strafe der Götter heraufbeschwören. Von da an war die Ehe zwischen Medea und Jason dem Untergang geweiht.

Eine andere Fassung der Sage erzählt, daß Medea ihren Bruder an Bord der *Argo* lockte, während sie sich noch auf dem Schwarzen Meer befanden, ihn tötete und die Leiche zerstückelte. Im weiteren Verlauf der Reise warf sie dann die Stücke nach und nach ins Kielwasser der Galeere, so daß die sie verfolgenden kolchischen Schiffe aufgehalten wurden, da die Kolcher die Leichenteile einsammelten und ihrem toten Prinzen am Ufer des Schwarzen Meeres ein angemessenes Begräbnis bereiteten.

Eine dritte Version von der Rückfahrt erzählt, daß die *Argo* weiter den Phasis hinauffuhr, bis die Galeere den Weltenfluß erreichte, von dem die alten Griechen annahmen, daß er die bewohnbare Welt umschloß. Die Argonauten steuerten in südliche und westliche Richtung, trugen die *Argo* durch die libysche Wüste und kamen schließlich ins Mittelmeer zurück. Dort starb Mopsos, der Seher, der von einer Giftschlange gebissen worden war. Von der libyschen Küste aus segelten die überlebenden Argonauten nordwärts, an Kreta vorbei, wo sie von Talos, dem gelenkigen Bronzeriesen, der an der Küste der Insel Wache hielt und Felsen auf Eindringlinge warf, bedroht wurden. Er hinderte die Argonauten daran, an Land zu gehen, doch Medea warf ihm den bösen Blick zu, und während er gelähmt war, verletzte er sich an seiner schwachen Stelle in der Knöchelgegend, so daß die Flüssigkeit aus seinen Adern rann, der Riese zusammenbrach und starb. Von dort aus segelten die Argonauten zurück nach Iolkos.

In wieder anderen Varianten wird behauptet, daß die *Argo* das Schwarze Meer verließ, indem sie nordwärts den Don hinauffuhr, Europa umsegelte und schließlich entweder auf dem Wege zwischen den Säulen des Herakles hindurch oder den Rhein und die Rhone hinab oder aber den Po in Norditalien entlang wieder in ihre Heimat kam. Natürlich handelte es sich bei all diesen Reiserouten um freie Erfindungen. Keine einzige davon kann von einer Galeere befahren werden. Sie geben einfach die damalige Neigung der Autoren wieder, ihre geographische Sachkenntnis zu präsentieren; sie wollten die äußerst uninteressante Tatsache umgehen, daß die Argonauten den gleichen Weg genommen haben mußten wie auf der Hinfahrt – nämlich zurück durchs Schwarze Meer und wieder durch den Bosporus hindurch, wo sie sich diesmal mit der Strömung treiben lassen konnten. Dies ist die einzig mögliche Route.

Ein römischer Autor, Apollodorus, war sicher, daß es sich um die richtige Route handelte. Er wies darauf hin, daß die Seefahrer zu seiner Zeit noch immer auf einer Landspitze, die sich am nördlichen Ende des Bosporus auf asiatischer Seite befand, Opferhandlungen vornahmen; diese Stelle nannten sie Kap Jason, denn an diesem Ort hatte Jason während der Rückfahrt von seiner Unternehmung angehalten und den Göttern Dankesopfer dargebracht. Eine andere Geschichte, die man sich am Bosporus erzählt, besagt, daß Prinzessin Medea ihr Kästchen, das ihren Vorrat an Zauberkräutern, die sie in Kolchis gesammelt hatte, enthielt, ans Ufer warf, als die *Argo* in südlicher Richtung den Bosporus hinunterglitt. Von da an wurde dieser Ort zu einem bedeutenden Heilort.

Als die Argonauten schließlich wieder in die Bucht von Iolkos einliefen, war der Augenblick gekommen, den Thron für Jason zu fordern, da sie die Suche nun erfolgreich abgeschlossen hatten. König Pelias regierte noch immer, war aber inzwischen ein alter Mann geworden. Da es keineswegs sicher war, daß Pelias sein Versprechen halten würde, und da Iolkos zu gut befestigt war, um von der kleinen Schar der Argonauten mit Gewalt genommen zu werden, schlich sich Medea, so erzählt die Sage, verkleidet in die Stadt. Sie ging in den Königspalast und schaffte es, die Töchter des Königs glauben zu machen, daß sie ihnen dabei helfen konnte, die Jugendlichkeit des Königs Pelias wiederherzustellen. Sie erzählte ihnen, daß sie ihren Vater töten und seinen Körper in einem Kessel, der ein besonderes, von ihr zubereitetes Gebräu enthielt, kochen mußten. Natürlich glaubten die Töchter des Pelias zunächst nicht, was Medea behauptete, doch schließlich wurden sie durch ihre Zauberkraft getäuscht. Sie nahm einen alten Widder, schnitt seine Kehle durch und warf ihn in den Kessel, aus dem sie dann wenig später, mit Hilfe eines Tricks, ein junges, lebendiges Lamm herausholte. Die leichtgläubigen Töchter des Pelias glaubten ihr. Sie liefen in die Kammer des Königs, töteten ihren Vater, wie Medea sie angewiesen hatte, und warfen seinen zerstückelten Leichnam in den Kessel. Als sie den Frevel ihrer Tat erkannten, drangen die Argonauten in die Stadt ein, und die Bewohner von Iolkos, ihres Königs beraubt, akzeptierten Jasons Forderung nach dem Thron.

Dies ist die blutrünstigste Version von der Heimkehr der Argonauten. Eine weniger gewalttätige Fassung der Sage erzählt lediglich, daß Jason mit seinen Gefährten, die alle schon seit langem für tot gehalten worden waren, zurückkehrte und Pelias den Thron friedfertig Jason überließ. Aus unbekannten Gründen entschloß sich Jason jedoch dazu, den Thron nicht zu behalten, sondern überließ ihn wenig später wieder Pelias. Möglicherweise empfand Jason das Leben in Iolkos nach seiner langen Reise im Ausland als eher zu langweilig.

Auf jeden Fall kühlte die Liebe zu Medea ab. Jason entschloß sich, eine andere Ehefrau zu nehmen, die Tochter des Königs von Korinth, woraufhin Medea fürchterliche Rache schwor. Als Hochzeitsgeschenk sandte sie ein verzaubertes Gewand an die korinthische Prinzessin. Als das Mädchen das Gewand anzog, ging es in Flammen auf, und sie verbrannte unter großen Schmerzen, obwohl sie sich noch in einen Brunnen stürzte, um die tödlichen Flammen auszulöschen. Diese entsetzliche Geschichte ist im heutigen Griechenland bekannter als die anderen, erfreulicheren Ereignisse bei der Suche nach dem Goldenen Vlies, denn durch seine Tragödie *Medea* hat Euripides sie unsterblich gemacht. Aus diesem Grunde gibt es wahrscheinlich kein griechisches Mädchen, das Medea genannt wird – ganz im Gegensatz zu den georgischen. Im weit entfernten Kolchis erinnert man sich an die Tochter des Königs Aietes nämlich als eine junge, wunderschöne Frau, die sich so sehr in den edlen Fremden verliebte, daß sie Heimat und Familie aufgab und ihm in ein entlegenes Land folgte, wo sie dann ein unglückliches Leben führte. Daraus folgt, daß die georgischen jungen Frauen es sich zweimal überlegen sollten, wenn sie mit dem Gedanken spielten, mit einem Fremden ins Ausland zu gehen.

Jason und Medea waren nicht die einzigen, die eine schmerzliche Heimkehr erfahren mußten. Die meisten Argonauten kehrten, ohne einen tragischen Zwischenfall zu erleben, nach Hause zurück, doch auf einige von ihnen wartete ein gewaltsamer Tod. Herakles hatte nicht vergessen, daß Kalais und Zetes die anderen Argonauten überredet hatten, weiterzusegeln, anstatt wieder an Land zu gehen, um nach Hylas zu suchen, als dieser von der Wassernymphe in die Fluten hinabgezogen worden war – und Herakles hatte ihnen auch nicht vergeben. Um diese Tat zu rächen, spürte er die Söhne des Nordwinds auf und tötete sie auf der Insel Tenos. Auf ihre Leichname stapelte er, gut ausbalanciert, riesige Steine, die, immer wenn der Nordwind über sie hinwegstrich, leicht schaukelten.

Lynkeus, der Scharfsichtige, und Idas, der Prahler, gerieten mit den Zwillingen Kastor und Pollux, ihren ehemaligen Schiffskameraden, aneinander. Entweder stritten sie sich wegen zwei schönen Frauen, die sie heiraten wollten, oder aber, was wahrscheinlicher ist, über die Verteilung der Beute aus einem gemeinsam unternommenen Raubzug. Was auch immer der Grund gewesen war, die Auseinandersetzung endete tödlich. Die Zwillinge verfolgten Idas und Lynkeus, aber dieser konnte aufgrund seiner außerordentlichen Sehkraft einem Hinterhalt zuvorkommen. Er entdeckte die Zwillinge bereits von weitem, als sie sich in einem hohlen Baumstamm verborgen hielten. In einem blutigen Kampf durchbohrte Idas Kastor mit einem Speer, woraufhin Pollux den Tod seines Zwillingsbruders rächte, indem er Lynkeus niederstreckte; aber auch er wäre von Idas getötet worden, wenn nicht Zeus eingegriffen und einen tödlichen Blitz auf diesen geschleudert hätte. Somit blieb nur Pollux am Leben. Aber er konnte es nicht ertragen, ohne seinen Bruder weiterzuleben, und so bat er Zeus, den Vater der Zwillinge, inständig darum, daß sie irgendwie zusammenbleiben konnten. Sein Wunsch wurde erfüllt, als Kastor und Pollux als Sternbild der Zwillinge in den Himmel versetzt wurden.

Jason erging es nur wenig besser. Er hatte sich mit der unsterblichen *Argo* nach Korinth begeben. Wie die meisten Schiffe, die das Ende ihrer Tage erreicht hatten, war die große Galeere auf den Strand gezogen worden, wo man sie ihrem langsamen Verfall überließ. Eines Tages war Jason einsam und bedrückt, und er ging zur Küste und setzte sich in den Schatten der *Argo.* Der große Balken am Bug, der schon ganz verrottet war, gab in diesem Augenblick nach. Er fiel herab und zerquetschte Jason.

Nahezu alles, was sich auf der Hinreise ereignete, eine Zeit, die von Hoffnung und von dem Neuen geprägt war, behielt einen positiven, optimistischen Grundzug bei: die Geschichte von den lemnischen Frauen; die Niederlage von König Amykos, dem Faustkämpfer; die Hilfe, die dem blinden Phineus gegeben wurde; die mutige Fahrt zwischen den Symplegaden hindurch; die Rettung der Enkel des Königs Aietes von der Aresinsel und schließlich die Erbeutung des Goldenen Vlieses. Doch als das spätere Leben der Helden zu einem bevorzugten Thema der griechischen Tragiker wurde, glitt die Sage in Verzweiflung und Düsterkeit ab, spiegelte also die Ereignisse in Griechenland wider, als die mykenische Lebensweise Übergriffe, Krieg und Zerstörung erleiden mußte.

Glücklicherweise wurde die Rückkehr der neuen *Argo* aus Georgien nicht von irgendeiner derartigen Katastrophe begleitet. Nachdem wir es schließlich geschafft hatten, die Galeere stromaufwärts nach Vani zu bringen, machten wir sie neben dem Park, in dem die Veranstaltung stattfand, fest, so daß die Bewohner dieser Gegend Gelegenheit hatten, sich das Schiff aus nächster Nähe anzusehen. Während der schwierigen Flußfahrt waren wir haarscharf an einigen schweren Unfällen vorbeigeschliddert, weshalb ich mir nun ernsthaft Sorgen darüber machte, daß irgend jemand verletzt werden könnte, wenn wir das Risiko eingingen, mit der *Argo* den Rioni hinunterzufahren. Ich teilte Nugsar meine Befürchtungen mit, der daraufhin meinte, daß er sehen wollte, was sich machen ließ, um das Schiff wieder an die Küste zu bekommen, so daß wir unsere Rückfahrt zum Bosporus antreten konnten.

Das Problem war nur, daß ein Transport auf der Straße unmöglich war. Die Brücken, die über die Straßen hinwegführten, waren zu niedrig, so daß die *Argo,* wenn sie sich auf einem Transporter befand, nicht hindurchpassen würde. Überhaupt kein Problem, meinte Nugsar, seiner charakteristischen Lebhaftigkeit gemäß; wie wäre es denn, die *Argo* mit einem Hubschrauber zu transportieren? Meine Kinnlade fiel nach unten. Das Schiff hatte ein Gewicht von acht Tonnen und war 16,5 Meter lang, konnte also, wenn überhaupt, nur von einem der größten Hubschrauber getragen werden. Nichtsdestotrotz – es trafen tatsächlich mehrere Hubschrauberpiloten ein, die die *Argo* inspizieren wollten, um zu sehen, ob sie helfen konnten. Aber schließlich stimmten sie darin überein, daß der Transport mit Hilfe eines Hubschraubers zu gefährlich sei.

Dann schlug jemand vor, die *Argo* auf einen Sonderzug zu verladen. Wieder war es so, daß sich die Georgier einfach nicht unterkriegen ließen. Ingenieure kamen und nahmen Messungen vor; Eisenbahnbeamte wurden konsultiert. Peter Wheeler fuhr zu einem Stahlwerk und entwickelte und baute dort zusammen mit dem Chefingenieur eine Wiege, die aus Eisenträgern bestand. Für einen Kran war die *Argo* nämlich eine langgestreckte, empfindliche Last, die bei falscher Behandlung leicht auseinanderbrechen konnte. Am festgesetzten Tag kroch deshalb ein riesiger Autokran vorsichtig über die sumpfige Weide. An dem Haken hing die aus Eisenträgern gebaute Wiege. Langsam wurde die Wiege in das schnell dahinfließende Wasser gesenkt, bis sie auf dem Flußbett zu liegen kam, wobei sich die oberen Enden der Eisenträger noch immer über der Oberfläche befanden. Sämtliche Argonauten, die Georgier und auch die Besucher manövrierten die *Argo* mit Hilfe von Seilen und Rudern stromabwärts, bis die Galeere genau zwischen den Trägern zu liegen kam und festgebunden werden konnte.

Vorsichtig spulte der Kranführer das Drahtseil auf, und die *Argo* hob sich tropfend aus dem Phasis. Der Kran kam bedenklich ins Schwanken, als sich die Räder in den sumpfigen Boden gruben, und der Fahrer mußte sich sprungweise Stück für Stück auf der Weide vorwärts bewegen, bis er das Schiff endlich auf den Laster laden konnte, der dann weiter zum Bahnhof fuhr. In der Nacht wurde die *Argo* von einem Sonderzug quer durch Georgien transportiert, und am nächsten Tag um die Mittagszeit schwamm sie im Hafen von Batumi, bereit, die Rückfahrt anzutreten.

Ich wollte in die Türkei zurückfahren und dort versuchen, ein Fischerboot aufzutreiben, das die *Argo* 1200 Kilometer weit schleppen würde, bis nach Istanbul, wo die Galeere dann überwintern sollte. Es hatte keinen Sinn, die ganze Strecke wieder rudernd und segelnd zurückzulegen. Die Argonauten hatten nicht mehr soviel Zeit, die Leute mußten wieder ihre Arbeit aufnehmen, und die meisten von ihnen waren natürlich durch die Anstrengungen auf der Hinfahrt körperlich erschöpft. Als ich meinen Plan Juri Senkewitsch mitteilte, stimmte er mir zu.

»Aber bevor du etwas organisierst«, sagte er zu mir, »will ich erst noch einmal mit der sowjetischen Handelsflotte Kontakt aufnehmen, um zu sehen, ob sie uns nicht unterstützen kann. Der Minister ist sehr hilfsbereit. Vielleicht kann er irgend etwas arrangieren.«

Zwei Tage später kam ein Telegramm aus Moskau. Unsere alte

Freundin, die *Towarischtsch,* sollte gerade zu einer Ausbildungsfahrt im Mittelmeer auslaufen. Das Ministerium hatte veranlaßt, daß sie nach Batumi kam, von wo aus sie dann *Argo* bis zum Bosporus ins Schlepptau nehmen sollte. Die Mannschaft konnte es kaum glauben: Ein Dreimaster sollte unser Schleppschiff sein! Es war eine großartige Geste; eine Geste, die jenseits dessen lag, was wir uns jemals erträumt hatten.

So fuhren wir die ganze Strecke von Batumi bis zum Bosporus hinter der *Towarischtsch* her, gezogen von dem prächtigen, vollgetakelten Schoner, wobei wir nichts anderes zu tun hatten, als wechselweise an Bord der *Argo,* die wie ein Spielzeug durchs Wasser glitt, auf das Schlepptau zu achten. Schließlich kam die Einfahrt in den Bosporus in Sicht. Da die *Towarischtsch,* ohne anzuhalten, durch die Meerenge fahren wollte, hatten wir bereits all unsere Sachen an Bord der *Argo* gebracht und warteten nur noch darauf, das Schlepptau loszumachen. Ich bedankte mich bei Oleg Wandenko, dem Kapitän der *Towarischtsch,* und fuhr mit dem kleinen Schlauchboot zurück zur *Argo.* Beide Ufer des Bosporus waren bereits dicht an uns herangerückt, als der Dreimaster seine Geschwindigkeit drosselte, damit wir das Schlepptau lösen konnten. Das sowjetische Segelschiff glitt den Bosporus hinunter; wir winkten noch dankend hinterher und nahmen dann Kurs auf die europäische Küste.

Die arme *Argo* zeigte deutliche Spuren ihrer anstrengenden Reise. Beide Steuerruder waren ein zweites Mal durchgebrochen; das eine während der abenteuerlichen Flußfahrt auf dem Rioni, das andere auf dem Rückweg durch das Schwarze Meer. Einige der anderen Ruder waren ebenfalls zersplittert, die Ruderpflöcke abgenutzt und brüchig, und das Segel war während der Zeit im östlichen Schwarzen Meer so stockig und mürbe geworden, daß es nur noch bei einer leichten Brise zu gebrauchen war. Die Galeere sah ebenso erschöpft und heruntergekommen aus wie ihre Besatzung. Wir hatten die Ruderpflöcke provisorisch repariert und arbeiteten uns nun durch die Strömung hindurch auf das Ufer zu.

Nur eine einzige Person wußte, daß wir zurückkehrten: Ich hatte ein Telegramm an Ergün, mit dem mich eine dreiundzwanzigjährige Freundschaft verband, geschickt, um ihm mitzuteilen, daß wir unsere Rückfahrt angetreten hatten. Ich hörte eine Autohupe, und im nächsten Moment erblickte ich wunderbarerweise tatsächlich Ergün, der auf einem Anleger stand und uns zuwinkte. Kurz darauf half er uns, die Leinen festzumachen. »Es ist alles in die Wege geleitet«, meinte er. »Ich kenne jemanden hier im Zollamt, der innerhalb weniger Minuten all deine Formalitäten erledigen wird.« Ich war zu meiner türkischen Familie zurückgekehrt.

Die Argonauten blieben vier Tage in Istanbul und schlossen das Unternehmen ab. Wir holten alle Sachen aus der Galeere, packten unsere Andenken, die wir auf dieser außergewöhnlichen Reise bekommen hatten, zusammen und machten die Galeere winterfertig. Ich wollte, daß man sorgfältig auf sie achtgab, denn es lagen noch weitere Reisen vor ihr. Nachdem ich nun die Sage von Jason und den Argonauten enträtselt hatte, wollte ich im folgenden Frühjahr erneut mit ihr auslaufen, diesmal, um Odysseus' Spuren zu folgen; ich wollte die gleiche Route nehmen wie er, als er aus Troja zurückkehrte, die Route, die von Homer in der *Odyssee* beschrieben wird.

Dalan Bedrettin, der Bürgermeister von Istanbul, erklärte, daß die *Argo* der Ehrengast der Stadt sein sollte. Mit der unerschöpflichen türkischen Gastfreundschaft arrangierte er, daß sie zu einem Schiffsliegeplatz gebracht wurde, wo sie den Winter über bleiben konnte. Dort verabschiedete ich mich von *Argo,* deren Bug unter der schützenden Plane hervorlugte.

Die Argonauten hatten sich nach und nach auf den Weg gemacht, um nach Hause und zu ihrer Arbeit zurückzukehren. Peter Moran und John Egan wollten, bevor sie getrennt nach Irland zurückfuhren, noch einige Wochen in Griechenland herumreisen. Mark Richards und Tim Readman schleppten eine riesige Holzkiste voller Souvenirs mit, als sie sich aufmachten, den Zug über Bulgarien nach England zu nehmen, wo Tim dann einige Wochen später heiraten wollte. Die beiden Ärzte, Nick und Adam, befanden sich auf dem Rückweg, um ihre Arbeit wieder aufzunehmen. Jonathan Cloke und Peter Warren mußten ein Flugzeug nehmen. Cormac hoffte, rechtzeitig wieder an Bord seines irischen Trawlers zu sein, um an den Fangfahrten im Spätsommer teilzunehmen. Die Gruppe der Argonauten löste sich auf, doch Peter Warren versprach, für das kommende Jahr ein Treffen zu organisieren, bei dem wir dann in Erinnerungen schwelgen konnten.

Schließlich mußte auch ich abreisen. Ich versprach meiner türkischen Familie, daß ich im Laufe des Winters noch einmal kommen würde, um nach der *Argo* zu sehen. Vielleicht konnte Kaan, ihr Sohn, bei einem Teil der Odysseus-Fahrt mithelfen? Natürlich, meinten sie; und Hüsnü, einer der Türken, die entlang der Schwarzmeerküste mitgerudert waren, hatte bereits gefragt, wann ich plante, wieder mit der *Argo* loszufahren. Er und einige von den anderen türkischen Argonauten wollten uns helfen, wenn die Galeere auslief, um das Unternehmen Odysseus zu beginnen.

Und im nächsten Jahr, so schwor ich mir, wollte ich versuchen, die *Argo* zurück nach Spetses zu bringen, damit Vasilis, der Schiffbaumeister, sie noch einmal sehen konnte. Ich packte meine Sachen zusammen und machte mich reisefertig. Sämtliche Mitglieder meiner türkischen Familie waren da, um mir Lebewohl zu sagen. Ich wurde an den Tag erinnert, als wir die georgische Stadt Vani verließen. In den Augen der georgischen Besatzungsmitglieder waren Tränen zu sehen gewesen. Vielleicht konnten im nächsten Jahr auch einige von den Georgiern an dem neuen Unternehmen der *Argo* teilnehmen. Auf jeden Fall wollte ich sie dazu einladen. Ich kletterte auf den Rücksitz des Autos, das mich zum Flughafen von Istanbul bringen sollte. Als der Wagen anfuhr, war plötzlich ein lautes Platschen zu hören. Verwirrt blickte ich zurück. Dort, mitten auf der Straße, stand die Frau, die der Familie im Haushalt half. Sie hatte hinter unserem abfahrenden Wagen einen ganzen Eimer Wasser auf die Straße geschüttet. Es handelte sich um einen alten türkischen Brauch, der besagte, daß der abreisende Gast wiederkehren würde. In meinem Fall wußte ich genau, daß es stimmte.

Anhang: Antike Quellen und Dichtungen

In der *Odyssee* weist Homer auf die »berühmte *Argo*« hin, die es geschafft hatte, ungeschoren an den schwimmenden Felsen vorbeizukommen, als sie »von Aietes' Küste aus heimwärts fuhr«. Und in der *Ilias* schrieb er von Euneos, dem Sohn Jasons und der Königin Hypsipyle von Lemnos. Da Homer heute unsere älteste Quelle griechischer Mythologie ist, bedeutet dies, daß der Ursprung der Argonautensage noch viel weiter zurückliegen muß. Wann genau die Sage nun entstanden ist, wissen wir nicht, aber aus Homers Dichtung geht deutlich hervor, daß er bei seinem Publikum die Bekanntheit dieses Stoffes voraussetzen konnte, zumindest die Geschichte von den lemnischen Frauen, den Besuch der Argonauten im Reich des Königs Aietes und natürlich die Existenz der *Argo.*

Der böotische Dichter Hesiod, der Ende des 8. Jahrhunderts v. Chr. gelebt hat, also fast ein Zeitgenosse Homers gewesen war, muß die Argonautensage ebenfalls gekannt haben, denn in seinen Werken erwähnt er Jasons Besuch bei König Aietes, sein Treffen mit Prinzessin Medea und seine Rückkehr nach Iolkos, »das Mädchen mit den strahlenden Augen, das er zur Ehefrau nahm«, an seiner Seite. In einer Reihe von Texten, die als die »hesiodischen« bekannt sind, da sie einstmals Hesiod zugeschrieben wurden (während man nun aber annimmt, daß sie von anderen Autoren stammen), findet man ebenfalls Hinweise auf Phrixos, auf Jasons Jugendzeit und auf die Episode von Phineus und den Harpyien.

Im folgenden Jahrhundert, im 7. v. Chr., stellte Mimnermos, ein weiterer griechischer Dichter, deutlich heraus, daß Jason allein wegen der Erbeutung des Goldenen Vlieses losgefahren war, und

ARGO
Grundriß

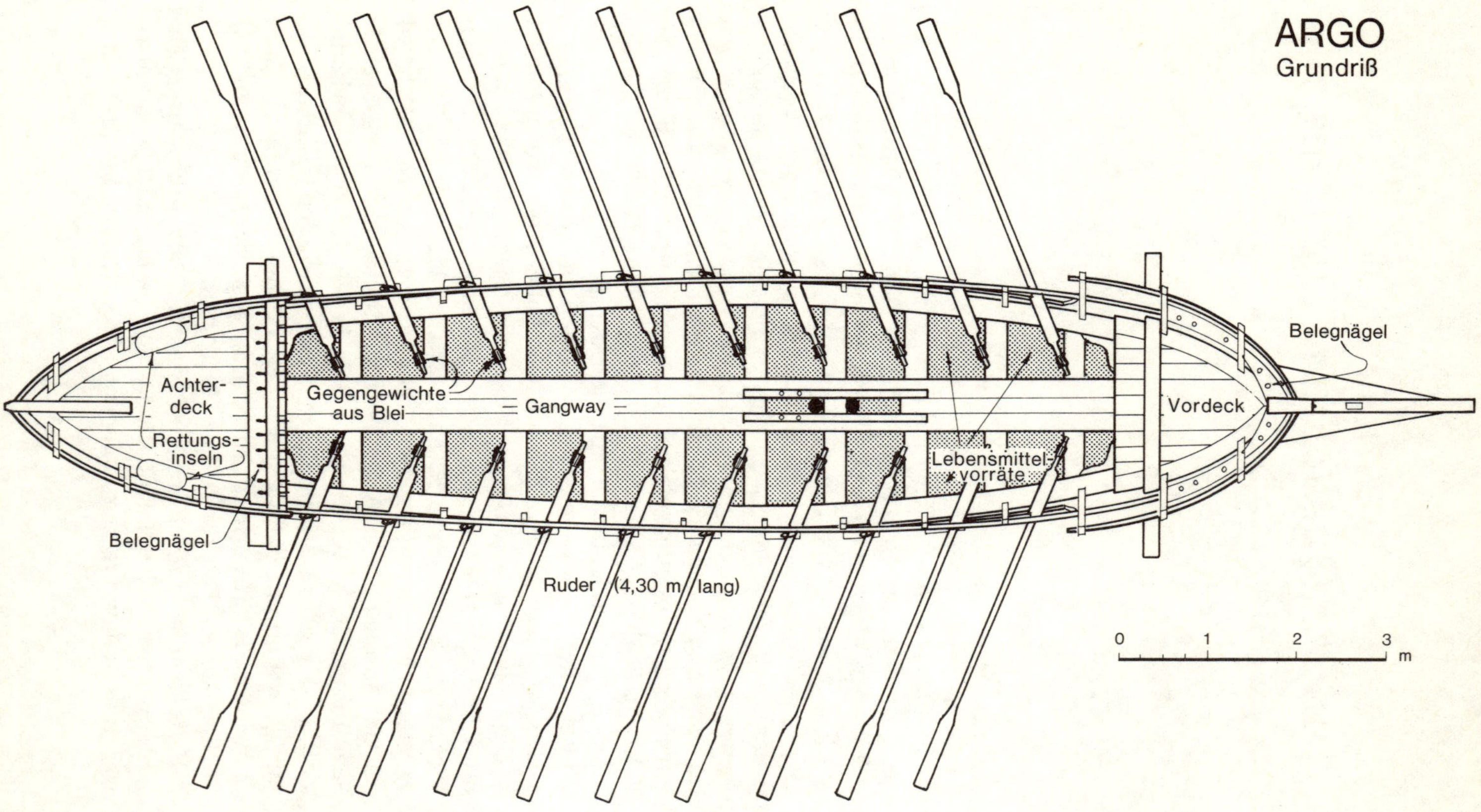
Belegnägel
Achter-
deck
Rettungs-
inseln
Belegnägel
Gegengewichte
aus Blei
Gangway
Lebensmittel-
vorräte
Vordeck
Belegnägel
Ruder (4,30 m lang)
0
1
2
3
m

ARGO
Segel- und Riggplan

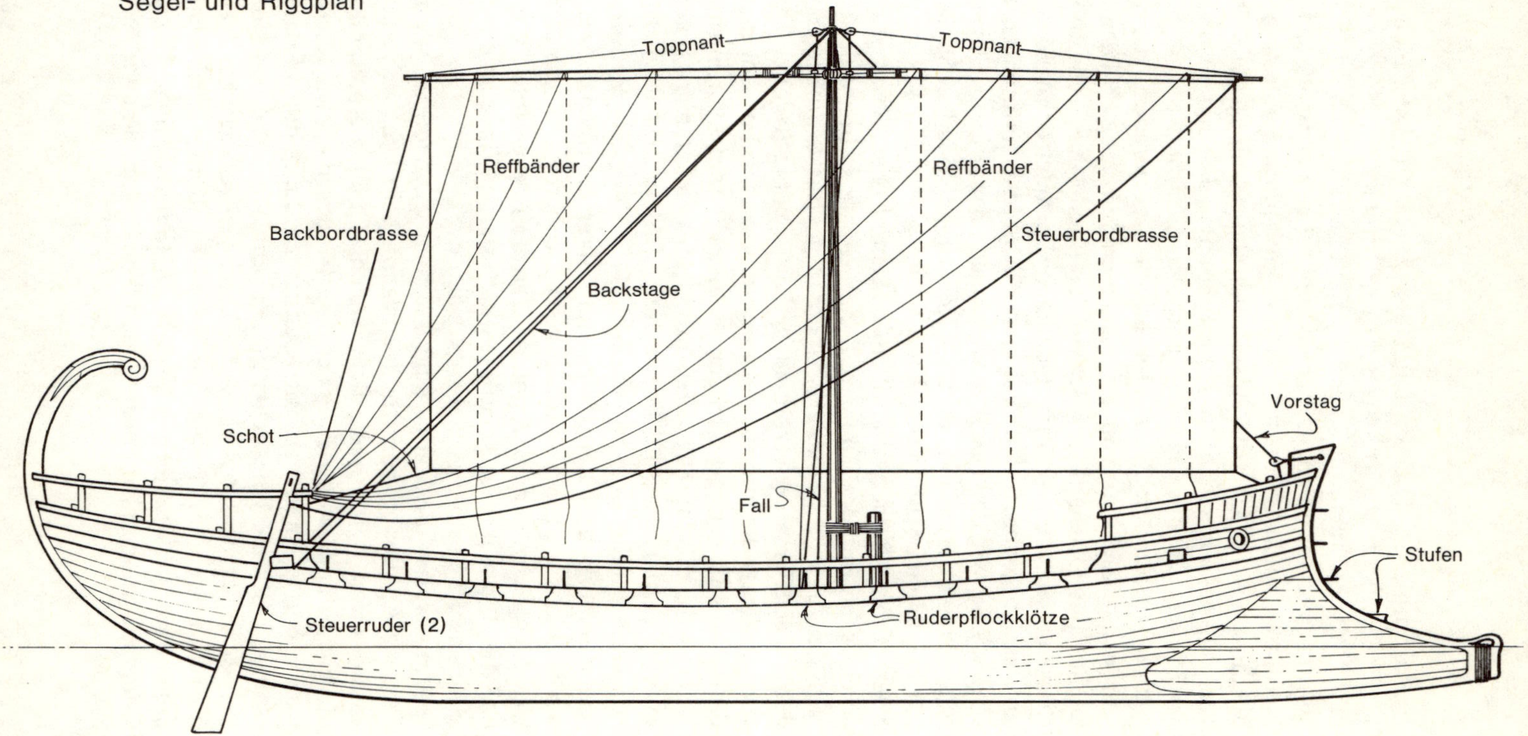

ein korinthischer Dichter, Eumelos, behauptete, daß Jason nach seiner Rückkehr aus Kolchis in Korinth und nicht in Iolkos gelebt hätte. Mit der Zunahme der uns überlieferten altgriechischen Texte wurden auch immer mehr Einzelheiten bekannt, obwohl nicht alle von ihnen miteinander übereinstimmen: Simonides bestätigte im 6. Jahrhundert v. Chr. die Episode von den Symplegaden, schrieb aber, daß das Vlies nicht golden war, sondern daß man es mit Hilfe des Farbstoffs der Seeschnecke purpurrot gefärbt hatte.

Im 5. Jahrhundert v. Chr. erblühte die Sage geradezu, denn nun wurde die Geschichte von Jason zu einem bevorzugten Thema der Dichter und Dramatiker. Aischylos hat mindestens sechs Bühnenstücke geschrieben, die auf verschiedene Episoden der Argonautensage zurückgehen, und obwohl fast alle Stücke verlorengegangen sind, wissen wir, daß es von ihm Dramen über *Phineus, Die lemnischen Frauen, Hypsipyle* und *Die Kabiren* gegeben hat. Sophokles hat Tragödien über Phrixos' Vater *Athamas,* über *Phrixos,* über *Die Kolcher,* über *Phineus* und über den *Kampf gegen König Amykos* geschrieben und drei Dramen, die Ereignisse während der Rückfahrt der *Argo* zur Grundlage hatten. Insgesamt verarbeiteten mindestens acht Tragiker verschiedene Episoden der Argonautensage, aber die Tragödie, die am bekanntesten werden und am meisten Einfluß auf die heutige Zeit haben sollte, war *Medea* von Euripides.

Da es für die damaligen Historiker und Geographen praktisch unmöglich war, etwas über das Schwarze Meer zu schreiben, ohne Hinweise auf die *Argo* zu geben, sind ihre Texte demzufolge mit vielen Bemerkungen über Plätze und Völker, die von den Argonauten besucht worden waren, durchsetzt. Der berühmteste der frühen Geschichtsschreiber, Herodot, vertrat die interessante Meinung, daß die *Argo* auf ihrer Rückreise durch starke Winde an die nordafrikanische Küste abgetrieben worden war.

Somit waren die Hauptereignisse der Argonautensage zu der Zeit, als Apollonios von Rhodos begann, sein Epos zu verfassen, wohlbekannt. Wir wissen nicht, welche Quellen Apollonios für diese vollständigste Fassung der Sage benutzt hat, aber seine Version von dem Angriff auf die Argonauten durch die auf dem Bärenberg lebenden Ungeheuer ähnelt sehr der Passage in Homers *Odyssee,* als Odysseus und seine Gefährten von den Lästrygonen überfallen werden. Es ist möglich, daß Apollonios noch über andere – nun verschollene – Texte von Homer verfügte, denn der Geograph Strabon hat erwähnt, daß Homer über »die Gebiete am

Propontis und am Pontos Euxeinos bis hin nach Kolchis, dem Ziel von Jasons Unternehmung«, geschrieben hatte.

Auch nach Apollonios' Werk übte die Sage immer noch eine große Faszination aus. Im Jahre 40 v. Chr. verfaßte Diodorus Siculus eine längere Prosaversion, die hauptsächlich wegen der beständig nüchternen Einstellung gegenüber den Ereignissen der Sage bemerkenswert ist. So nahm er beispielsweise an, daß es sich bei dem fliegenden Widder um die einen Widder darstellende Galionsfigur eines Kriegsschiffs handelte, auf dem Phrixos und Helle davonfuhren, und daß die Prinzessin als Folge ihrer Seekrankheit über Bord fiel und in den Fluten der Dardanellen ertrank. Weitere Versionen der Sage werden von Apollodoros und von Valerius Flaccus verfaßt, und dann, im 3. und 4. Jahrhundert, erschien eine orphische *Argonautica,* die dem Musiker Orpheus bei den Abenteuern eine Hauptrolle verlieh.

Schon sehr früh beschäftigten sich die Gelehrten interessiert mit der Frage, ob diese Geschichte nun auf Wahrheit beruhte oder nicht. Strabon war überzeugt davon, daß es sich um tatsächliche Begebenheiten handelte. Die Sage von den Argonauten zeige deutlich, so versichert er, daß »die Alten, sowohl zu Lande als auch zu Wasser, längere Reisen unternommen haben als die Menschen in der nachfolgenden Zeit«. Es war ebenfalls Strabon gewesen, der als erster erkannte, daß die kolchische Fertigkeit, mit Hilfe von Schaffellen Gold zu gewinnen, möglicherweise irgendwie mit der Sage von dem Goldenen Vlies im Zusammenhang stand. Doch je mehr Kommentatoren sich über die Sage Gedanken machten, desto abenteuerlicher und weiter hergeholt wurden die Interpretationen der Ereignisse. Das Goldene Vlies entwickelte sich zu einer Pergamenturkunde, die mit goldener Schrift versehen war, oder man sprach gar von einem Dokument, auf dem das Geheimnis der Alchimisten, wie man Unrat in Gold verwandelte, aufgeschrieben worden war.

Danksagung

Aus dem Bericht über die Fahrt der neuen *Argo* geht deutlich hervor, daß dieses Unternehmen nur durch die Hilfe sehr vieler Menschen, die in vielen verschiedenen Ländern leben, ermöglicht wurde. Die folgende Aufzählung dieser »Freunde der Argonauten« kann natürlich nicht vollständig sein, gibt aber ansatzweise ein Bild von dem internationalen Geist der Zusammenarbeit, der uns bei der Erreichung unseres Ziels geholfen hat.

Der erste Dank muß an Sarah Waters gehen, die wieder einmal die wichtigste Person bei der Koordinierung des Unternehmens gewesen ist. Mit der Hilfe von Constance Messenger in Windsor hat Sarah das Projektbüro mit ihrer gewohnten Gewandtheit geleitet. Ihre Rolle bei der Jason-Reise ist für den erfolgreichen Ausgang der Expedition von entscheidender Bedeutung gewesen, und es ist sehr beruhigend gewesen, zu wissen, daß sie die alltäglich anfallenden Basisarbeiten für das Unternehmen einwandfrei bewältigte. Die Mitarbeiter der Zeitschrift *National Geographic* auf der anderen Seite des Atlantiks sorgten wieder einmal für Ermutigung und für fotografische Unterstützung, wofür sie zu Recht bekannt sind.

Auf den Britischen Inseln kam die Hilfe von Lord Killanin; Dr. John Harvey; Arthur Beale Ltd.; E. P. Barrus Ltd. (Außenbordmotor für das Schlauchboot); Beaufort, Luft- und Seefahrtsausrüstung (die sehr großzügige Ausleihe von Rettungsinseln und Schwimmwesten); Henri-Lloyd (Ölkleidung); Munster Simms Engineering (Handpumpen); das Büro der Olympic Airways in London; Seafarer Navigation Ltd. (Notsender und andere Ausrüstungsgegenstände); Telesonic Ltd. und Zodiac UK (Schlauchboot).

In Griechenland füllte Wendy Vosmer auf beeindruckende Weise die Rolle aus, die von einem Besucher treffend als »Familienmutter« für die Bootsbauleute beschrieben worden war, und ein großer Dank geht an Clem und Jesse Wood für ihre nie versiegende Gastfreundschaft und ebenso an Andy und Metula. In Griechenland halfen außerdem Richard Arnold-Baker; Edward Hekinian; Pandelis Kartapanis, Schiffbauer in Pefkakia; Angelos Kilaidonis; Lance Rowell; Anastasis Rodopoulos; Harry Tzalas und Sotiris Zeibekis, der Hafenmeister von Lemnos. Von offizieller Seite erhielten wir Hilfe von der Olympic Airways, von dem Nationalen Fremdenverkehrsamt Griechenlands sowie vom Bürgermeister und dem Stadtrat von Volos.

In der Türkei muß ich mich bei der türkischen Kriegsmarine bedanken, besonders bei vier Admiralen, die in ihrem Dienst stehen: Mustafa Turuncoğlu, Kommandeur der türkischen Küstenwache; Yaşar Onkal, Leiter der Marineakademie; Sadun Öztürk, Befehlshaber im Bereich des Bosporus, der so zuvorkommend war, uns mit einem vollständigen Seekartensatz des Schwarzen Meeres auszustatten; und der Admiral A. D. Necdet Serim. Die Journalistin Sevin Okyay, die für die Zeitung *Milliyet* arbeitet, hat sich sehr bemüht, das Unternehmen zu unterstützen, und es ist immer wieder wundervoll gewesen, sie zu sehen, wenn sie uns während unserer Fahrt entlang der türkischen Küste in verschiedenen Häfen besuchte. Yelman Emcan vom Ministerium für Fremdenverkehr und Kultur hat hilfsbereit seine Mitarbeiter angeleitet, die Argonauten zu unterstützen, was sie mit der charakteristischen türkischen Gastfreundschaft und Liebenswürdigkeit taten, insbesondere in Çanakkale (Meryem Başlı und Lale Sümer), Erdek (Vural Menteşeoğlu), Istanbul (Cengiz Taner) und Samsun (Erdoğan Istanköylü). In Istanbul sorgte Bill Bauer, der Direktor des Sheraton-Hotels, für einen Aufenthalt, der weitaus angenehmer gewesen ist, als wir jemals erwartet hatten, und der Bürgermeister der Stadt, Bedrettin Dalan, betreute uns nicht nur auf unserer Hinreise aufs beste, sondern kümmerte sich bei unserer Rückkehr auch um das weitere Wohl der *Argo.* Mein Dank geht auch an einen weiteren Hoteldirektor, dem Besitzer des Avelok-Hotels in Erdek, für seine Hilfe und Gastfreundschaft. Die Gouverneure und Bürgermeister der Regionen und Städte entlang unserer türkischen Route waren freigebig mit ihrer Gastfreundschaft, weshalb wir Akçakoca, Amasra, Cide, Samsun, Sinop und Zonguldak in sehr guter Erinnerung behalten werden. In Istanbul waren wir Gäste des Jachtklubs von Fenerbahçe; in Ereğli wurden wir von Cengiz Güceri durch die Hadeshöhlen geführt und von Turgut Goray gastlich aufgenommen; mit ihm bekannt gemacht wurde ich durch Alpay Çin, den Vorsitzenden des türkischen Segelsportverbandes, dessen Mitglieder die Tradition der Kameradschaft zwischen Seeleuten auf beeindruckende Weise pflegten. Als uns die Steuerruder durchgebrochen waren, kamen uns bei den Reparaturen auf dem Festland Ayhan Demir (Sinop) und Hilmi Gürler (Samsun) zu Hilfe. Fundierten Rat im archäologischen Bereich gaben uns Mecmettin Akgündüz (Sinop) und Nihat Sümer (Samsun). Sevim Berker, der mit dem Fernsehteam der BBC in der Türkei zusammenarbeitete, war uns behilflich, ebenso das Kamerateam an der Küste, geleitet von John Miller von der Sendezentrale in Manchester, das irgendwie genug Zeit fand, uns die Post und Vorräte zu bringen, und es auch noch schaffte, der eigentlichen Aufgabe nachzukommen, nämlich einen Dokumentarfilm über die Reise zu drehen. Für die gleiche außerplanmäßige Aufgabe hat sich Stephen Phillips, Korrespondent bei ITN (Independent Television News), während seiner Besuche, um über den Verlauf des Unternehmens zu berichten, zur Verfügung gestellt.

In die UdSSR geht der Dank an das Handelsmarineministerium, und zwar dafür, daß die *Towarischtsch* für die Rückkehr nach Istanbul zur Verfügung gestellt worden ist, und für unsere denkwürdige Begrüßung in Georgien. Das sowjetische Fernsehen hatte bereits vor unserem Besuch der Sowjetunion den Grundstein für den Erfolg des Unternehmens gelegt. Die Mitarbeiter des Auswärtigen Amtes unter der Leitung von Lew Koroljew setzten mich in Verbindung mit den Produzenten von Juri Senkewitschs Sendereihe über Seereisen und mit der Kommission, zu der Boris Semjonow, Nina Sewruk, Irina Zhelezowa und Zinaida Jewgrafowa gehörten. Später kamen noch Sergej Skwortsow und Pawel Korschagin aus Moskau nach Georgien, um unseren Weg noch weiter zu ebnen.

Ich hoffe, daß der Bericht bereits eine Vorstellung von unserer wunderbaren Begrüßung durch die Georgier vermittelt hat; ein großes Lob dafür geht an Nugsar Popkhadse und an Othar Lordkipanidse. Von den vielen hilfreichen Gelehrten sollen Wachtang Licheli und Alexandre Alexidse stellvertretend für ihre Berufskollegen genannt werden, ebenso wie David Schalikaschwili und Tamar Makharoblidse für unsere zahlreichen Freunde beim georgischen Fernseh- und Radiosender. Auch die Namen der drei swanischen Goldsammler, die so freundlich gewesen sind, mir die uralte Technik des Goldsammelns unter Verwendung von Schaffellen zu zeigen, führe ich noch einmal besonders auf: David Dsaparidse, Walo Gulbani und Alexandre Dsaparidse.

Ich bitte, daß diejenigen »Freunde der Argonauten«, deren Namen weder gerade eben erwähnt noch in dem Bericht genannt worden sind, mir dieses Versäumnis vergeben werden. Als Entschädigung dafür hoffe ich, daß sie an der Geschichte der Jason-Reise ihre Freude haben werden und das Gefühl haben, daß ihre Anstrengungen, uns zu unterstützen, in Anbetracht der Ergebnisse lohnenswert gewesen sind.

Mein abschließender Dank geht an Monique Kervran nach Griechenland, in die Türkei und nach Frankreich, wo ihre scharfsichtigen archäologischen Auswertungen und ihre unermüdliche Unterstützung große Anerkennung gefunden haben.

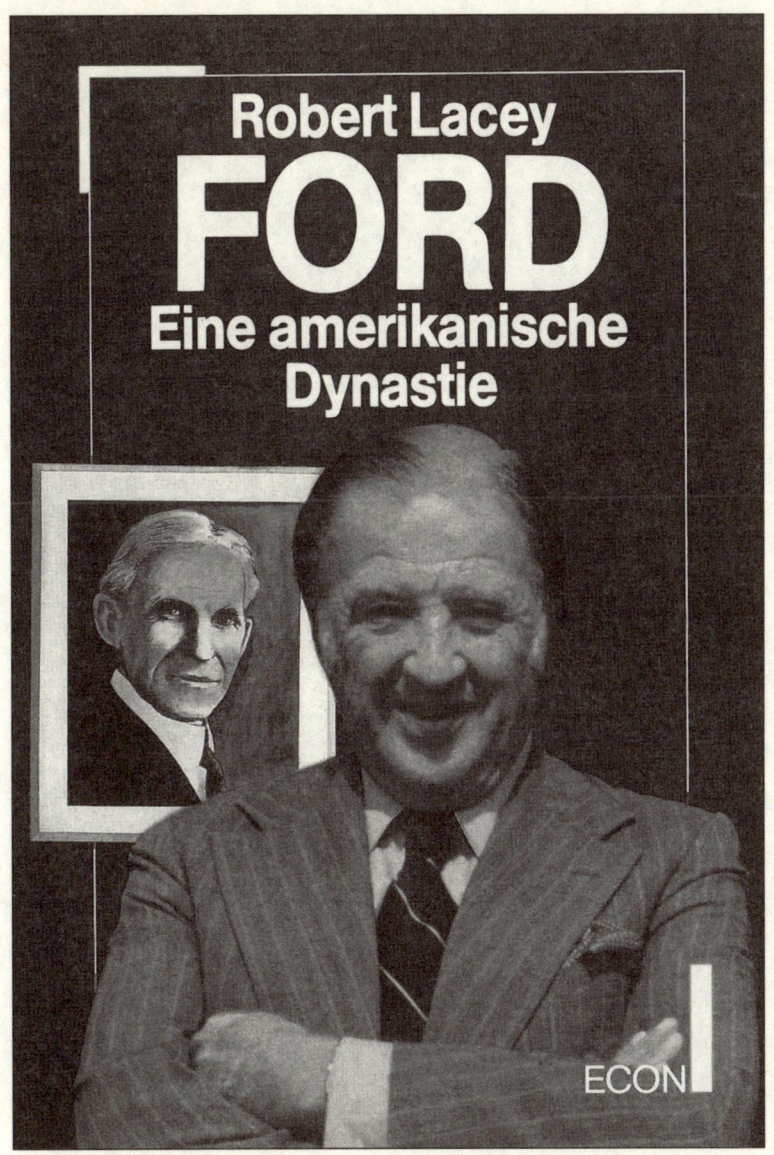

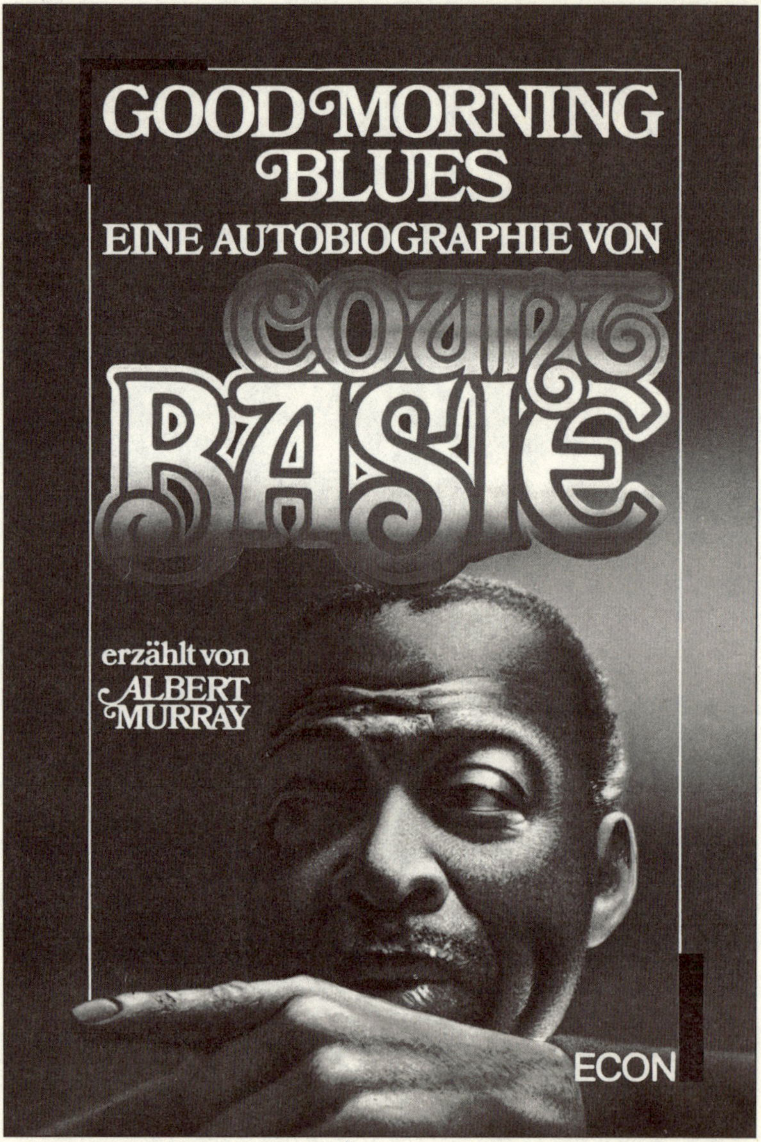

332 Seiten und 16 Seiten Schwarzweißabbildungen,
gebunden

ECON Verlag, 4000 Düsseldorf 30, Postfach 30 03 21

Peter Lauster
Die sieben Irrtümer der Männer
ECON